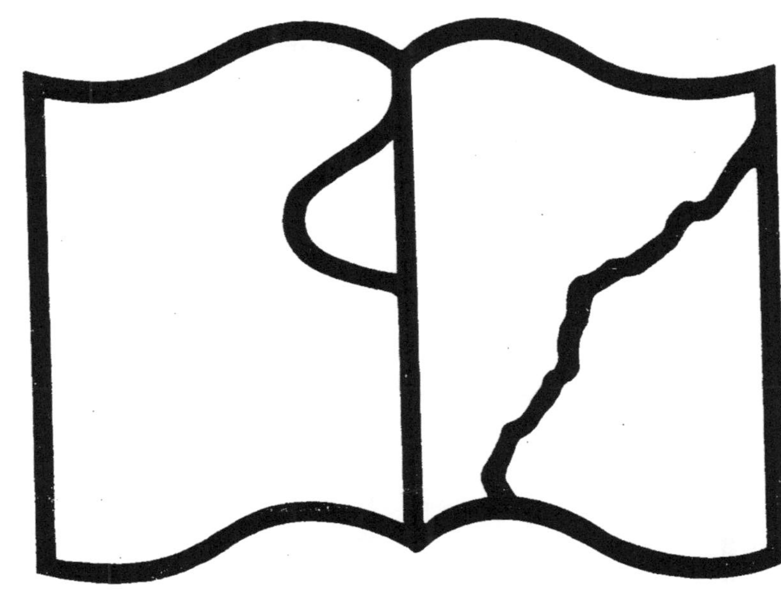

A
B

ÉTUDES

SUR LA

CIVILISATION FRANÇAISE

PAR

A. MARIGNAN

TOME PREMIER

LA SOCIÉTÉ MÉROVINGIENNE

PARIS

LIBRAIRIE ÉMILE BOUILLON, ÉDITEUR

67, RUE DE RICHELIEU, AU PREMIER

1899

Bibliothèque de l'École des Hautes Études; section des sciences philologiques et historiques. Liste des fascicules parus jusqu'à ce jour :

1. La stratification du langage par Max Müller, traduit par L. Havet. — La chronologie dans la formation des langues indo-européennes, par G. Curtius, traduit par A. Bergaigne, membre de l'Institut. 4 fr.
2. Études sur les Pagi de la Gaule, par A. Longnon, membre de l'Institut, 1re partie : l'Astenois, le Boulonnais et le Ternois. Avec 2 cartes. (Epuisé.)
3. Notes critiques sur Colluthus, par Ed Tournier. 1 fr. 50
4. Nouvel essai sur la formation du pluriel brisé en arabe, par Stanislas Guyard. 2 fr.
5. Anciens glossaires romans, corrigés et expliqués par F. Diez. Traduit par A. Bauer. 4 fr. 75.
6. Des formes de la conjugaison en égyptien antique, en démotique et en copte par G. Maspero, membre de l'Institut. 10 fr.
7. La vie de saint Alexis, textes des XIe, XIIe, XIIIe et XIVe siècles, publiés par G. Paris, membre de l'Institut, et L. Pannier. 15 fr.
8. Études critiques sur les sources de l'histoire mérovingienne, 1re partie, Introduction, Grégoire de Tours, Marius d'Avenches, par G. Monod. 6 fr.
9. Le Bhâmini-Vilâsa, texte sanscrit avec traduction et notes par A. Bergaigne. 8 fr.
10. Exercices critiques de la conférence de philologie grecque recueillis et rédigés par Ed. Tournier. 10 fr.
11. Études sur les Pagi de la Gaule, par A. Longnon, membre de l'Institut, 2e partie : Les Pagi du diocèse de Reims. Avec 4 cartes. 7 fr. 50
12. Du genre épistolaire chez les anciens Égyptiens de l'époque pharaonique, par G. Maspero, membre de l'Institut. 10 fr.
13. La procédure de la Lex Salica. Étude sur le droit Frank (la fidejussio dans la législation franke; — les Sacebarons; la glosse malbergique), travaux de R. Sohm, professeur à l'Université de Strasbourg, traduits par M. Thévenin. 7 fr.
14. Itinéraire des Dix Mille, Étude topographique par F. Robiou, avec 3 cartes. (Epuisé.)
15. Étude sur Pline le Jeune, par T. Mommsen, traduit par C. Morel. (Épuisé.)
16. Du C dans les langues romanes, par C. Joret. 12 fr.
17. Cicéron. Epistolæ ad Familiares. Notice sur un manuscrit du XIIe siècle, par C. Thurot, membre de l'Institut. 3 fr.
18. Études sur les Comtes et Vicomtes de Limoges antérieurs à l'an 1000, par R. de Lasteyrie. 5 fr.
19. De la formation des mots composés en français, par A. Darmesteter. 2e édition, revue, corrigée et en partie refondue, avec une préface par G. Paris. 12 fr.
20. Quintilien. Institution oratoire, collation d'un manuscrit du Xe siècle, par E. Chatelain et J. Le Coultre. 3 fr.
21. Hymne à Ammon-Ra des papyrus égyptiens du musée de Boulaq, traduit et commenté par E. Grébaut. 22 fr.
22. Pleurs de Philippe le Solitaire, poème en vers politiques publié dans le texte pour la première fois d'après six mss. de la Bibl. Nat., par l'abbé E. Auvray. 3 fr. 75
23. Haurvatât et Ameretât. Essai sur la mythologie de l'Avesta, par J. Darmesteter. 4 fr.
24. Précis de la déclinaison latine, par M. F. Bücheler, traduit de l'allemand, par L. Havet, enrichi d'additions communiquées par l'auteur, avec une préface du traducteur. (Epuisé, nouvelle édition sous presse.)
25. Anis-el-'Ochchâq, traité des termes figurés relatifs à la description de la beauté, par Cheref-eddin-Râmi, traduit du persan et annoté par C. Huart. 5 fr. 50
26. Les Tables Eugubines. Texte, traduction et commentaire, avec une grammaire et une introduction historique, par M. Bréal, membre de l'Institut. Accompagné d'un album de 13 pl. photogravées. 30 fr.
27. Questions homériques, par F. Robiou. Avec 3 cartes. 6 fr.
28. Matériaux pour servir à l'histoire de la philosophie de l'Inde, par P. Regnaud, 1re partie. 9 fr.
29. Ormazd et Ahriman, leurs origines et leur histoire, par J. Darmesteter. (Épuisé. Il reste quelques exemplaires sur papier fort.) 25 fr.
30. Les métaux dans les inscriptions égyptiennes, par C. R. Lepsius, traduit par W. Berend, avec des additions de l'auteur et accompagné de 2 pl. 12 fr.
31. Histoire de la ville de Saint-Omer et de ses institutions jusqu'au XIVe siècle, par A. Giry. 20 fr.
32. Essai sur le règne de Trajan, par C. de la Berge. 12 fr.
33. Études sur l'industrie et la classe industrielle à Paris, au XIIIe et au XIVe siècle, par G. Fagniez. 12 fr.
34. Matériaux pour servir à l'histoire de la philosophie de l'Inde, par P. Regnaud, 2e partie. 10 fr.
35. Mélanges publiés par la section historique et philologique de l'École des Hautes Études pour le dixième anniversaire de sa fondation. Avec 10 pl. gravées. 15 fr.
36. La religion védique d'après les hymnes du Rig-Véda, par A. Bergaigne, membre de l'Institut. T. Ier. (Epuisé).
37. Histoire critique des règnes de Childerich et de Chlodovech, par M. Junghans, traduit par G. Monod et augmenté d'une introduction et de notes nouvelles. 6 fr.
38. Les monuments égyptiens de la Bibliothèque Nationale (cabinet des médailles et antiques), par E. Ledrain, 1re livraison. 12 fr.

ÉTUDES SUR LA CIVILISATION FRANÇAISE

TOME PREMIER

LA SOCIÉTÉ MÉROVINGIENNE

Bibliothèque de l'École des Hautes Études; section des sciences philologiques et historiques. Liste des fascicules parus jusqu'à ce jour :

1. La stratification du langage par Max Müller, traduit par L. Havet. — La chronologie dans la formation des langues indo-européennes, par G. Curtius, traduit par A. Bergaigne, membre de l'Institut. 4 fr.
2. Études sur les Pagi de la Gaule, par A. Longnon, membre de l'Institut, 1re partie : l'Astenois, le Boulonnais et le Ternois. Avec 2 cartes. (Epuisé.)
3. Notes critiques sur Colluthus, par Ed Tournier. 1 fr. 50
4. Nouvel essai sur la formation du pluriel brisé en arabe, par Stanislas Guyard. 2 fr.
5. Anciens glossaires romans, corrigés et expliqués par F. Diez. Traduit par A. Bauer. 4 fr. 75.
6. Des formes de la conjugaison en égyptien antique, en démotique et en copte par G. Maspero, membre de l'Institut. 10 fr.
7. La vie de saint Alexis, textes des XIe, XIIe, XIIIe et XIVe siècles, publiés par G. Paris, membre de l'Institut, et L. Pannier. 15 fr.
8. Études critiques sur les sources de l'histoire mérovingienne, 1re partie, Introduction, Grégoire de Tours, Marius d'Avenches, par G. Monod. 6 fr.
9. Le Bhâmini-Vilâsa, texte sanscrit avec traduction et notes par A. Bergaigne. 8 fr.
10. Exercices critiques de la conférence de philologie grecque recueillis et rédigés par Ed. Tournier. 10 fr.
11. Études sur les Pagi de la Gaule, par A. Longnon, membre de l'Institut, 2e partie : Les Pagi du diocèse de Reims, Avec 4 cartes. 7 fr. 50
12. Du genre épistolaire chez les anciens Egyptiens de l'époque pharaonique, par G. Maspero, membre de l'Institut. 10 fr.
13. La procédure de la Lex Salica. Etude sur le droit Frank (la fidejussio dans la législation franke; — les Saccbarons; la glosse malbergique), travaux de R. Sohm, professeur à l'Université de Strasbourg, traduits par M. Thévenin. 7 fr.
14. Itinéraire des Dix Mille, Étude topographique par F. Robiou, avec 3 cartes. (Epuisé.)
15. Étude sur Pline le Jeune, par T. Mommsen, traduit par C. Morel. (Épuisé.)
16. Du C dans les langues romanes, par C. Joret. 12 fr.
17. Cicéron. Epistolæ ad Familiares. Notice sur un manuscrit du XIIe siècle, par C. Thurot, membre de l'Institut. 3 fr.
18. Études sur les Comtes et Vicomtes de Limoges antérieurs à l'an 1000, par R. de Lasteyrie. 5 fr.
19. De la formation des mots composés en français, par A. Darmesteter. 2e édition, revue, corrigée et en partie refondue, avec une préface par G. Paris. 12 fr.
20. Quintilien. Institution oratoire, collation d'un manuscrit du Xe siècle, par E. Chatelain et J. Le Coultre. 3 fr.
21. Hymne à Ammon-Ra des papyrus égyptiens du musée de Boulaq, traduit et commenté par E. Grébaut. 22 fr.
22. Pleurs de Philippe le Solitaire, poème en vers politiques publié dans le texte pour la première fois d'après six mss. de la Bibl. Nat., par l'abbé E. Auvray. 3 fr. 75
23. Haurvatât et Ameretât. Essai sur la mythologie de l'Avesta, par J. Darmesteter. 4 fr.
24. Précis de la déclinaison latine, par M. F. Bücheler, traduit de l'allemand, par L. Havet, enrichi d'additions communiquées par l'auteur, avec une préface du traducteur. (Épuisé, nouvelle édition sous presse.)
25. Anis-el-'Ochchâq, traité des termes figurés relatifs à la description de la beauté, par Cheref-eddin-Râmi, traduit du persan et annoté par C. Huart. 5 fr. 50
26. Les Tables Eugubines. Texte, traduction et commentaire, avec une grammaire et une introduction historique, par M. Bréal, membre de l'Institut. Accompagné d'un album de 13 pl. photogravées. 30 fr.
27. Questions homériques, par F. Robiou. Avec 3 cartes. 6 fr.
28. Matériaux pour servir à l'histoire de la philosophie de l'Inde, par P. Regnaud, 1re partie. 9 fr.
29. Ormazd et Ahriman, leurs origines et leur histoire, par J. Darmesteter. (Épuisé. Il reste quelques exemplaires sur papier fort.) 25 fr.
30. Les métaux dans les inscriptions égyptiennes, par C. R. Lepsius, traduit par W. Berend, avec des additions de l'auteur et accompagné de 2 pl. 12 fr.
31. Histoire de la ville de Saint-Omer et de ses institutions jusqu'au XIVe siècle, par A. Giry. 20 fr.
32. Essai sur le règne de Trajan, par C. de la Berge. 12 fr.
33. Etudes sur l'industrie et la classe industrielle à Paris, au XIIIe et au XIVe siècle, par G. Fagniez. 12 fr.
34. Matériaux pour servir à l'histoire de la philosophie de l'Inde, par P. Regnaud, 2e partie. 10 fr.
35. Mélanges publiés par la section historique et philologique de l'École des Hautes Etudes pour le dixième anniversaire de sa fondation. Avec 10 pl. gravées. 15 fr.
36. La religion védique d'après les hymnes du Rig-Véda, par A. Bergaigne, membre de l'Institut. T. Ier. (Epuisé).
37. Histoire critique des règnes de Childerich et de Chlodovech, par M. Junghans, traduit par G. Monod et augmenté d'une introduction et de notes nouvelles. 6 fr.
38. Les monuments égyptiens de la Bibliothèque Nationale (cabinet des médailles et antiques), par E. Ledrain, 1re livraison. 12 fr.

ÉTUDES SUR LA CIVILISATION FRANÇAISE

TOME PREMIER

LA SOCIÉTÉ MÉROVINGIENNE

DU MÊME AUTEUR :

Le Triomphe de l'Église au IVe siècle. Paris, Bouillon, 1887.

La Foi chrétienne au IVe siècle, Paris, Bouillon, 1888.

La Médecine dans l'Église au VIe siècle, Paris, Bouillon, 1887.

L'État économique de la France dans la première partie du Moyen Age par Lamprecht (traduit par l'auteur). Paris, Bouillon, 1889.

Louis Courajod. Un historien de l'art français (premier mémoire). Paris, Bouillon, 1899.

POUR PARAITRE PROCHAINEMENT :

La Société Carolingienne.

EN PRÉPARATION :

Étude sur la Sculpture française au XIIe siècle.

CHALON-S-S., IMPR. FRANÇAISE ET ORIENTALE DE L. MARCEAU, E. BERTRAND, S^r

ÉTUDES

SUR LA

CIVILISATION FRANÇAISE

PAR

A. MARIGNAN

TOME PREMIER

LA SOCIÉTÉ MÉROVINGIENNE

PARIS
LIBRAIRIE ÉMILE BOUILLON, ÉDITEUR
67, RUE DE RICHELIEU, AU PREMIER

1899

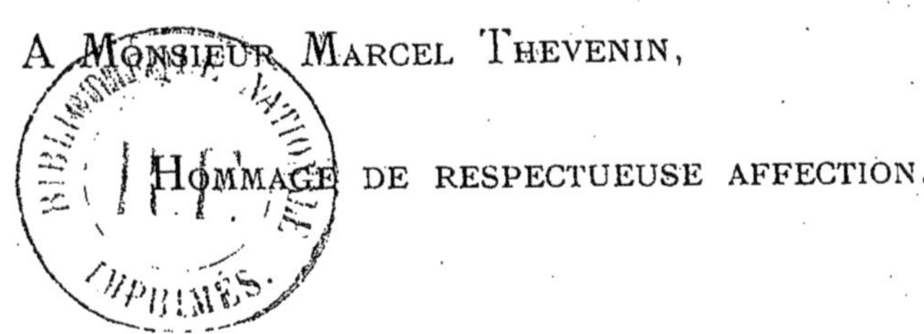

A Monsieur Marcel Thevenin,

Hommage de respectueuse affection.

PRÉFACE

On trouvera, dans les trois volumes que nous allons successivement publier, une étude d'ensemble sur l'histoire de la civilisation française pendant la période franque, c'est-à-dire du VIe à la fin du Xe siècle. Nous avons divisé ce travail en trois parties. La première est consacrée à la vie mérovingienne, et nous nous sommes efforcé de mettre en lumière ce qui appartient au passé gallo-romain, héritage transmis à la civilisation du moyen âge, et ce qu'ont apporté les nouveaux venus sur notre sol. Nous étudions dans la seconde partie tout particulièrement les conséquences d'une évangélisation hâtive, trop prompte, et surtout l'influence de l'Église sur la société qui va devenir la France. Enfin, dans la troisième nous avons fait le même travail pour la période carolingienne, mais pour éviter de nombreuses répétitions, — le culte des saints n'étant pas sensiblement différent, — un volume a pu suffire pour étudier la vie et les idées de cette époque. Dans ces études, nous avons cherché, comme on le verra, à rendre le passé plus sensible, plus tangible même, à le ressaisir aussi bien dans sa vie de tous les jours que dans ses usages et ses croyances. Le présent n'est-il pas, selon Leibnitz, le fils du passé, et Comte n'a-t-il pas raison en répétant sans cesse que nous sommes dominés par l'esprit des morts? Aussi avons-nous désiré connaître d'où nous venons. Nous avons interrogé les poètes, les historiens, les chroniqueurs, les hagiographes, les monuments légués par nos ancêtres, les nombreuses inscriptions qui nous restent, etc. Nous avons accepté bien souvent le témoignage de quelques Vies de saints, d'une date indéterminée, lorsque nous pouvions affirmer par des documents plus sûrs la véracité de ce témoignage. Nul ne connaît mieux que nous les imperfections de cette patiente et minutieuse enquête, à laquelle nous avons consacré de très longues années, mais, à côté de la nouveauté de l'entreprise, nous serions heureux, si elle pouvait être de quelque utilité aux jeunes gens qui désirent étudier le passé et pour lesquels la connaissance des origines de la civilisation française est avant tout nécessaire.

A. MARIGNAN.

Paris, le 20 février 1899.

INTRODUCTION

Simple coup d'œil sur la population de la Gaule après les invasions germaniques

La conversion de Clovis au catholicisme fut pour la Gaule le commencement d'une ère nouvelle comme aussi la fin d'un drame qui avait eu deux siècles de durée et qui avait jeté sur notre patrie des hordes germaniques nombreuses, des peuplades venues de toutes parts pour chercher soit du butin, soit des terres, un domicile enfin.

Au sixième siècle, les incursions sont terminées, les royaumes se fondent, les colonies germaniques, — à l'exception du duché de Normandie né au neuvième siècle et les apports assez importants des Francs sous la deuxième race, — sont établies éparses sur le sol.

Avant d'étudier la civilisation mérovingienne, il est nécessaire de connaître à la fois quelle a été l'étendue et la profondeur de la culture romaine, il est utile de localiser les différentes colonies germaniques, pour nous rendre compte des éléments si divers qui ont formé la nationalité française. Cette étude nous donnera l'explication des différents milieux qui vont naître, ici plus attachés à la civilisation gréco-romaine, là plus germaniques.

Et ces siècles sont d'une importance capitale. Nous assistons en ce moment à la naissance d'une nation nouvelle composée d'éléments divers qui, pour des raisons multiples, se trouvent en présence. Leur fusion est désormais nécessaire, mais ne peut se produire sans trouble et sans guerre. La terre des Gaules a soif du sang barbare !

Avouons cependant que cette analyse ne saurait être qu'approximative. Si les cimetières mérovingiens, si les noms de lieux trahissent le séjour des peuplades germaniques, nous n'avons que des noms, nous ne connaissons que des lieux, nous ne pouvons pénétrer plus avant, évaluer la densité de ces populations, savoir le nombre des nouveaux venus et leurs rapports avec les indigènes. Partout règne l'obscurité, partout le doute. Ce serait pourtant un résultat acquis, si nous pouvions fixer avec précision les lieux occupés par ces colonies barbares. L'histoire de la civilisation y trouverait son compte. Notre bel art gothique n'a pu pousser que sur une terre romaine, mais fortement colonisée par les Germains. Notre poésie épique, autrefois si goûtée par l'Occident, n'a pu germer que sur un sol gallo-romain, mais apportée par les Barbares.

Quel spectacle souvent douloureux pour l'historien est l'étude des différentes causes qui ont formé la personnalité française, si vacillante, mais à la fois si souple et si simple! Elle a ses profondes racines sur le sol gaulois, mais elle n'a pas trouvé assez de force pour vivre et il lui a fallu de nombreuses greffes pour prospérer. Elle s'assimile cependant avec une facilité vraiment étonnante les institutions qu'elle ne crée pas, qui ne sont jamais le résultat lent et régulier de son évolution, elle les accepte de l'étranger.

Sous l'Empire elle devient romaine, plus romaine même que l'Italie; au moment des invasions, il lui faut répudier le passé, accepter les institutions franques, quitte plus tard à faire tous ses efforts pour les vaincre et les rejeter. A la fin du quinzième siècle, elle abandonne l'esthétique qu'elle avait produite et subit presque sans résistance les influences extérieures, devient italienne, regarde désormais du côté des Alpes et conserve avec un soin jaloux une doctrine artistique qu'elle n'a pas créée. Mais avec quelle souplesse, elle transforme d'une manière originale les conceptions étrangères; par son travail intérieur, elles deviennent à la fois plus simples et plus claires. Et dans son vaste territoire elle représente en miniature le monde occidental, si varié par la culture, à cause des éléments si différents qui le composent. Ces luttes incessantes entre les diverses nations occidentales sont un spectacle vraiment intéressant et plein de promesses. Leur durée sera aussi la preuve de leur supériorité sur des mondes nouvellement créés.

Quel était l'état de la Gaule au commencement de l'établissement des Germains? Allaient-ils trouver des villes riches et prospères, une population heureuse sous la domination romaine, un commerce florissant? Quelle était la situation économique de ces contrées pour qu'il fût possible de faire aux nouveaux venus des concessions si étendues? Comment ces Barbares vont-ils s'établir sur ces terres déjà cultivées, au milieu de ces villes déjà fort anciennes? Enfin, quel est le degré de civilisation des nouveaux venus et comment s'opérera le mélange de ces deux races si différentes? Tels sont les problèmes qu'il importe de poser si on ne peut même espérer les résoudre complètement.

Les peuplades qui étaient établies sur le sol de la Gaule au moment de l'arrivée de César avaient été dans l'impossibilité de fonder une union durable. Ces races si diverses, Celtes, Ibères, Ligures, n'avaient pu créer une nationalité assez forte pour maintenir leur indépendance. La race celtique, qui avait fondé autrefois un Empire d'une étendue considérable, réduite aujourd'hui à des limites assez étroites, devait être la proie ou des Germains ou des Romains. Les contemporains se rendaient compte de cette alternative : la barbarie ou la civilisation.

Ce fut la civilisation qui l'emporta. La Gaule conquise par César commence désormais à vivre sous la tutelle de l'Empire. Après la conquête, il ne resta du passé qu'une population autrefois vaincue, des Ligures et des Ibères déjà soumis. Les Celtes dont le rôle avait été de faire pénétrer la civilisation du Sud dans les pays lointains du Nord furent décimés et presque détruits.

L'état de civilisation des peuples vaincus était loin de ressembler à celui des Germains. Sédentaires depuis longtemps, adonnés à l'agriculture, ils avaient un commerce, une industrie assez développés. Les villes n'étaient le plus souvent que des lieux de refuge, mais le village triomphait, donnant à la civilisation celtique un caractère avant tout agricole où la propriété collective du sol appartenait au clan.

L'art que possédaient ces peuplades était tout primitif. Aucune architecture n'était créée pour les besoins religieux[1]. La métallurgie cependant avait atteint un degré assez élevé et l'art de l'émailleur était trouvé. L'ornementation était avant tout linéaire, elle connaissait le point, la ligne, les zigzags même compliqués, les cercles concentriques, les stries, les petites roues, la simple et double crossette, elle avait conservé du contact oriental certains motifs décoratifs comme le signe en S et le *swastika*. Ces motifs décoratifs ne disparaîtront pas pendant l'époque gallo-romaine, ils ne seront pas complètement vaincus par l'art impérial, ils vivront ici et là, attestant encore une survie des temps passés dans les couches populaires et reparaîtront rajeunis et pleins de vie aux temps mérovingiens. La civilisation à peu près semblable des nouveaux venus leur permettra de s'affirmer.

C'est dans un tel milieu si simple et encore tout primitif que Rome apporte sa civilisation, fruit d'un long passé. La ville naquit superbe et magnifique. Elle se montre à nous, encore toute blanche, dans sa plus riche parure, au lendemain même de la défaite, avec ses temples nombreux, nécessités par un polythéisme développé, avec ses thermes et son amphithéâtre. Partout s'élèvent des colonies romaines, centres de civilisation artificiellement créés. Elles défendent dans leurs murs un commerce développé, une industrie luxueuse, produit des découvertes lentement acquises. Elles se livrent à la culture de la vigne et à celle des arbres fruitiers. Les travaux entrepris par

1. Cf. Notre mémoire sur L. Courajod dans la *Revue du Moyen Age*, *Un historien de l'Art français*, 1897.

les Romains deviennent innombrables; partout on défriche, partout avec une flore nouvelle on fait pénétrer la culture romaine. Des villes somptueuses s'élèvent aussi bien sur les bords du Rhin que sur les rives de la Manche; leurs débris attestent encore la civilisation gréco-romaine, des *castra* en ruines nous indiquent aussi les efforts de l'Empire pour la défendre contre les attaques des Barbares.

Ces édifices nombreux, ces constructions élevées pendant les deux premiers siècles, au milieu d'un peuple étonné, encore tout agricole, montrent l'ardeur, l'âpreté romaines à se rendre maître du sol conquis. L'état économique de l'Italie facilitait cette émigration et nous explique la naissance si rapide de ces villes et pourquoi rien de bien original ne naquit sur notre sol durant cette longue domination. L'art importé par le vainqueur, qu'il n'avait pas lui-même créé, pratiqué le plus souvent par les légions romaines et par des corporations devenues plus tard héréditaires, vit de modèles transmis, se répète sans cesse et arrive à une monotonie vraiment désespérante. Aucun édifice ne trahit une originalité particulière, preuve de la participation des anciennes peuplades; il est le même partout aussi bien sur les plages de la Méditerranée que sur les bords du Rhin.

Et ce ne fut pas la seule transformation que la conquête fit subir à la Gaule. Les *oppida*, les *vici* étaient environnés d'épaisses forêts empêchant les promptes communications, étant par cela même un obstacle à toute civilisation. Les Romains se mettent à l'œuvre, tracent avec un coup d'œil génial les voies nombreuses qui doivent sillonner le sol, reliant les *civitates* nouvellement fondées par un réseau de routes vraiment étonnant et portant la civilisation dans les contrées les plus éloignées. Une étude minutieuse de toutes ces voies, mais qui serait ici mal placée, les nombreuses *villæ* ou *vici* établies sur leurs bords, les monuments des cités les plus lointaines, celles qui sont situées sur les rives de la Manche comme en Belgique, les noms de lieux qui trahissent dans ces contrées une origine latine sont la preuve de ce travail vraiment prodigieux comme aussi de l'influence éphémère de la culture gréco-romaine.

Les peuples vaincus se montrent fidèles à l'Empire; quelques légions cantonnées sur les bords du Rhin, placées avant tout pour défendre les frontières des incursions des Barbares, quelques cohortes établies à Trêves et à Lyon, enfin trois mille hommes sur les Alpes assurent la sécurité du pays conquis. Les vaincus acceptent les lois romaines qui apportent des conceptions juridiques inconnues jusqu'alors et qui entraînent des transformations sociales très durement senties, ils oublient tout ce qui rappelle le passé, les faits glorieux des ancêtres ; ils vont même avec un empressement vraiment étonnant prendre la langue des vainqueurs, c'est-à-dire perdre leur âme toute jeune, encore hésitante à exprimer des sentiments déjà perçus. Ils attendront désormais tout de Rome, le regard sans cesse tourné vers l'autre côté des Alpes, ils demanderont à la Ville éternelle des titres et des dignités. Et en échange de tous ces biens, qui amènent des maux sans nombre, Rome exige le sacrifice de toute indépendance, elle détruit systématiquement la religion des ancêtres, poursuit son clergé et donne à ces populations encore fétichistes une religion fort ancienne, faite d'éléments si divers, un polythéisme gréco-oriental très développé. La vieille religion qui s'était réfugiée dans les couches inférieures de la société indigène, cherche quelquefois à protester contre cette absorption si complète, elle manifeste sans succès son insubordination, mais vaincue par les procédés très habiles des vainqueurs, elle se soumet et n'est plus ici et là qu'un souvenir déjà lointain des temps passés.

On comprend facilement les transformations que Rome fait subir à l'état social encore si simple des vieilles peuplades. Le code romain, juridiction qui connaissait un droit de propriété presque exorbitant, allait leur être imposé, détruisant la propriété collective des *vici*, créant une nouvelle division de la terre et faisant passer entre les mains des riches conquérants ou des chefs des anciennes peuplades les terres immenses de la

Gaule. Ce fut l'origine de maux sans nombre subis par les indigènes, l'acceptation d'un droit de propriété qui deviendra néfaste aux générations futures, conception avec laquelle il faudra toujours compter. C'est enfin la naissance d'un prolétariat immense dans les grandes villes gallo-romaines où venaient se réfugier ces paysans dépouillés, réclamant du travail à l'industrie et au commerce.

Le troisième siècle nous montre déjà le mal profond de ces cités artificiellement créées. La grande transformation économique avait eu à la longue un résultat malheureux, celui de dépeupler les campagnes, d'augmenter à l'excès la population urbaine, de créer une différence très grande au point de vue de la culture entre la cité et le village. Les anciens paysans dépouillés viennent chercher dans les villes les moyens d'existence, réclamant du travail. Les grandes fêtes que l'Empire donnait dans les cités, les plaisirs de toute sorte, les amusements quotidiens attiraient aussi une population peu laborieuse, heureuse de trouver une vie plus facile et plus gaie, un travail moins dur et moins monotone. Nous ne pouvons avoir une juste appréciation de la population urbaine de la Gaule, mais les monuments publics, les amphithéâtres surtout nous montrent combien elle a dû être considérable en proportion du nombre total des habitants. Ce prolétariat des villes sans cesse accru devint un grand danger pour la civilisation gallo-romaine, il forma une tourbe composée aussi bien de toutes les infortunes comme aussi de toutes les paresses, gens sans foyer, le plus souvent prêts à tout et qui sont dans chaque époque troublée les vrais Barbares.

L'état économique du plat pays n'était pas meilleur. Les lourdes charges fiscales qui pesaient sur la terre transformèrent l'agriculture. Les petites propriétés, qui avaient été du reste assez rares, ne purent plus subsister, elles devaient céder la place à la grande culture dont l'étendue augmentait chaque jour. Tout allait à l'encontre de l'amour du sol. Le paysan oubliait les bienfaits de la terre, l'abandonnait volontiers. A côté d'une consommation toujours croissante, la production était relativement faible. Le blé atteint un prix inconnu jusqu'alors. La campagne manque peu à peu de bras pour la culture. Les familles rurales deviennent moins nombreuses et la terre elle-même désappréciée, méprisée, subit une baisse énorme. Les contemporains nous disent que faute d'acheteurs les propriétés se transforment en forêts. Nous ne pouvons évaluer le nombre d'hectares laissés en friche, mais par l'étendue des terres octroyées en Gaule au temps des empereurs, par l'établissement des Goths, des Burgondes et des Francs, il est permis d'affirmer qu'il devait être fort considérable.

La diminution de la production rurale eut pour conséquence la cherté des vivres, rendant les impôts plus lourds et plus difficiles à supporter. Une misère se cache désormais sous une fausse grandeur. Le luxe se développe, la vie de plaisir ne connaît aucune limite, l'épargne méconnue devient désormais impossible et force l'homme à vivre au jour le jour, incertain du lendemain. Les spectacles sont plus nombreux et la foule les fréquente assidûment. Saint Jérôme s'indigne de voir les classes inférieures porter aux tavernes l'argent péniblement gagné et Salvien jette l'anathème à ces populations qui à la veille des plus grands désastres s'amusent dans les cirques.

Puis apparaît la haine des classes, faite de misère et d'envie, nourrie chaque jour des désespérés de la faim, des paysans qu'a chassés un maître trop dur. Elle s'étend partout, menace même l'édifice social et souvent des hordes de paysans sous le nom de Bagaudes se soulèvent, détruisent les villes, foyers de leur malheur, les monuments, produits de la civilisation gallo-romaine.

L'Empire romain chercha un remède efficace à ces maux et sans se rendre compte des causes lointaines de ce mauvais état social, de la fondation trop prématurée de ces villes, de l'introduction néfaste d'un droit de propriété inconnu jusqu'alors, enfin de la complexité de ce malaise économique, par un raisonnement trop simpliste, par une prédominance vraiment fâcheuse de la notion de l'État qui aboutissait à l'absorption complète de l'individu, il appliqua tout un système économique qui est le premier essai d'un socialisme d'État.

La ville avait été administrée par la *Curie*, sorte de conseil municipal, composée de propriétaires moyens, de petits *possessores* qui avaient le soin des affaires urbaines. Ils supportaient pendant leur charge les frais des services municipaux, lourd fardeau qui éloignait de ces fonctions. Ajoutez à cela que l'État s'était déchargé sur eux de la perception de l'impôt. Ils avaient à fournir la somme fixée et dont ils étaient rendus responsables. Comme ils ne pouvaient rien réclamer aux grands propriétaires, qu'ils avaient seulement le droit de demander l'impôt aux petits, leur fonction était la plus détestée de l'Empire. *Tot curiales, tot tyranni,* disent les contemporains. Ils cherchent par tous les moyens à échapper à ces fonctions : l'État les rend obligatoires et héréditaires.

Il en fut de même pour le commerce et l'industrie. Au nom de la raison d'État, de l'alimentation et des services publics, les corporations sur lesquelles reposaient le commerce et l'industrie deviennent héréditaires : le fils doit suivre le métier de son père. L'État maintient avec une férocité douloureuse pour tous une hiérarchie sociale qui, isolant les différentes classes et rendant impossible les appels des forces vives des classes inférieures, finit par tarir le peu de vie qui restait encore aux cités.

Ce ne fut pas tout. L'État devient lui-même industriel et crée dans les villes des fabriques d'armes, des gynécées, ateliers où des femmes travaillent la toile. La *Notitia dignitatum* nous fait connaître les principales villes qui procuraient ainsi les armes, le vêtement. Trêves avait une manufacture d'étoffes brochées et brodées, Narbonne, Lyon, Troyes, Autun, etc., possèdent des fabriques d'État. Tout un monde travaille dans les villes. L'État divise par cela même les mécontents, paralysant leurs efforts, arrête les révoltes. Il vend aussi le plaisir, c'est lui qui donne les fêtes, les amusements dans la cité. Quand le prix des denrées est trop élevé, avec une conception tout à fait simpliste il fixe le tarif des choses. L'édit de Dioclétien est la première tentative que nous connaissions de l'établissement d'un *maximum*.

L'intervention de l'Empire, ses mesures législatives qui prétendaient régler les conditions du travail, la situation des individus, enfin même le prix des choses, aboutissent à la reconstitution des castes et d'une hiérachie sans vie et n'adoucissaient en rien les souffrances économiques du monde romain. Ces mesures apportent même encore plus de misère et de douleurs. L'État ne tarda pas à montrer sa faiblesse et se vit obligé à faire appel aux Barbares, ses voisins, à leur donner de petites portions de territoires sur le sol de la Gaule et à créer ainsi des centres dangereux pour la défense, mais fort utiles pour la subsistance des habitants. L'Empire les distribue à plusieurs reprises çà et là sur les parties les plus éprouvées. Installés le plus souvent en masse sur le territoire octroyé, ils travaillent la terre et forment des villages, gardant leurs mœurs, leurs coutumes, obéissant à un chef barbare, sorte d'îlot germanique dont l'influence s'étend sur la population voisine, mais dont nous ne pouvons évaluer la densité. Ils sont quelquefois établis sur les terres des grands propriétaires comme le soldat romain et restent alors leurs tributaires. Les récits contemporains nous les montrent établis sur les grandes *villæ* gallo-romaines qu'ils défendent quelquefois contre les hordes barbares. La *Notitia dignitatum* nous permet de connaître l'emplacement de ces différents centres octroyés; les noms des lieux trahissent encore le séjour de ces Barbares. Nous trouvons des Teutons à Chartres, des Bataves et des Suèves à Bayeux et à Coutances, des Suèves au Mans, des Francs à Rennes, des Bataves à Arras, à Noyon, à Rennes, à Senlis, à Tongres; des Lètes à Clermont-Ferrand; des Germains à Langres, à Semur, à Époisses (Côte-d'Or), à Famars, près de Valenciennes. Et ce n'est pas seulement des Germains que nous voyons comme corps de troupe, mais des Maures à Vannes, à Osimiis (Finistère), des Dalmates à Avranches.

Cet état économique si misérable aboutit à une dépopulation croissante, les villes voient leur population décroître, leur commerce et leur industrie diminuer. Ajoutez à cela les exigences du fisc qui réclame de ces *civitates* et les mêmes impôts et les mêmes redevances. Les panégyristes des empereurs de la fin du troisième siècle nous montrent combien la Gaule avait eu à souffrir. Ils réclament pour la ville visitée par le prince une diminution d'impôt et indiquent les misères, l'état déplorable de la cité. A partir de cette époque, les plaintes s'élèvent de tous les côtés, les récits contemporains nous peignent la triste situation des habitants de la campagne appauvris et ruinés. Ce qui avait été autrefois cultivé commence à devenir inculte, les marais se forment, la misère augmente et les empereurs qui arrivent en hâte pour défendre la Gaule contre les hordes barbares trouvent difficilement des récoltes suffisantes pour ravitailler leurs troupes.

L'archéologie nous permet aussi de voir combien la population a diminué. Vers la fin du troisième siècle, les villes furent obligées de se défendre contre les incursions des Barbares devenant chaque fois plus fréquentes. Elles construisent à la hâte et avec tous les matériaux qu'elles avaient sous la main les murs des fortifications. Les parties les plus éloignées de la cité, les places furent sacrifiées ; la population se replia sur elle-même et n'occupa qu'un espace fort restreint. Les plans des villes gallo-romaines du quatrième siècle sont donc une preuve de la décadence des cités situées aussi bien à l'ouest qu'au centre de la Gaule. Aussi pouvons-nous dire qu'au commencement du quatrième siècle les cités, tout en conservant leur caractère romain avec leurs temples, leur forum, leurs basiliques, ne sont plus que l'ombre d'elles-mêmes. Nous sommes déjà loin des beaux jours de l'Empire ! Là, une industrie végétait, alimentée par les ateliers de l'État, un commerce autrefois prospère et développé, en relation avec les parties orientales les plus éloignées de l'Empire, réduit aujourd'hui à n'être plus qu'un quasi-colportage et qui ne rappelait cette prospérité passée que par des monnaies nombreuses.

Et que dire de la population qui composait alors une *civitas* gallo-romaine? La société pouvait désormais à l'exception de quelques commerçants et industriels se diviser en deux classes. L'une riche, désireuse de jouir, l'autre simple instrument de travail, colons ou esclaves, parquée sur le sol ou dépendant d'un maître, perdant toute virilité et toute dignité humaine. *Possessores* de vastes territoires, grands propriétaires qui cherchaient par tous les moyens à agrandir leurs biens, dussent-ils les laisser en friche, paysans qui sous des dénominations bien diverses travaillent pour ce petit monde devenant de moins en moins nombreux : tel était l'état social de la Gaule.

Cette aristocratie oisive et frivole qui avait acquis une grande puissance au milieu d'un monde d'un égoïsme féroce, où la richesse seule donnait le rang et où la pauvreté était un opprobre, était au-dessous de sa tâche. Les plus grandes personnalités de ce monde accusent l'absence complète de caractère. Et pourtant combien ces temps si douloureux eussent été propices à la naissance d'individualités fortement trempées ! Ce ne sont pas les Ausone d'un catholicisme douteux, les Sidoine Apollinaire si habile à flatter tous les pouvoirs, qui pouvaient aider à transformer une société telle que nous la représentent Salvien et saint Jérôme. Oublieux des maux soufferts, des catastrophes imminentes, le noble passait les quelques mois d'été dans la *villa* somptueuse qu'il a fait construire pour lui et les siens. Habitation superbe, sorte de ville en miniature, avec ses thermes, ses portiques, ses salles d'été et d'hiver, ses vastes jardins si habilement dessinés. C'est sa *villa urbana*. Près d'elle sont les offices, la vaste cuisine, édifice assez grand, le plus souvent à deux étages. Enfin la *villa rustica*, plus éloignée, qui comprend l'habitation des esclaves et des affranchis qui travaillent pour le maître, et à côté de ces *casæ* nombreuses se trouvent les celliers, les granges, les étables. C'est un petit monde d'esclaves, la *familia* de la *villa* qui vit là pour les besoins du patron et des siens. Et plus loin encore se trouvent le moulin, le four, avec les artisans que nécessitent les travaux des champs. A côté des bergers, des laboureurs vivent sur ces terres, des maçons, des charpentiers, des forgerons. Dans une zone plus éloignée, des lots de terre sont divisés avec leur *casa* et donnés à des colons qui travaillent pour eux, mais qui payent une redevance que le maître ne peut élever et fournissent quelques corvées au patron pour les besoins de la *villa*. Le mauvais état social a fait peser sur eux son influence dissolvante. Libres au point de vue juridique, tous ces colons n'en sont pas moins attachés à la terre et vendus avec elle. Les fils doivent même cultiver les champs qu'ont travaillés leurs pères. L'étendue totale de ces *villæ* variait, mais en général elles égalaient en grandeur celle de nos villages actuels.

La littérature n'est que le pâle reflet de ce monde si vain, si ignorant des maux passés et de la misère publique. Elle nous apparaît hautaine et dédaigneuse, pédante et artificielle. Elle a cessé aussi depuis longtemps d'être comprise des foules, de parler à l'âme des simples, elle s'est isolée dans une convention inféconde, regardant non l'avenir si sombre et si tragique, mais le passé rempli de gloire et d'éclat.

Le christianisme n'avait pu la transformer. Venu assez tard en Gaule, il avait déjà subi une métamorphose vraiment radicale. Les grandes fortunes de l'Empire, l'aristocratie l'ont accommodé à leur profit. Il a répudié les conceptions des premiers jours, si chères aux chrétiens primitifs. L'Église admet désormais les hiérarchies et consacre la propriété. Les nobles peuvent venir dans son sein, ils trouveront même protection près des autels. Il en sera toujours ainsi d'un idéal trop haut ; il deviendra la proie des habiles qui profiteront même de sa doctrine.

Un tel état social rendait le pouvoir bien faible contre les peuplades germaniques qui depuis des siècles menaçaient les frontières de l'Est. Le Gallo-Romain les connaissait depuis longtemps. On peut voir, dès les premiers empereurs le système qui va être employé pour arrêter le flot barbare toujours prêt à déverser sur la rive gauche du Rhin. Auguste octroie aux Suèves et aux Sicambres des territoires sur le sol gaulois et Tibère accorde aussi à quarante mille Germains la même hospitalité. Et si les écrivains contemporains mentionnent fort rarement des concessions aussi importantes, la raison en est qu'ils se préoccupent surtout de raconter les événements historiques, qu'ils n'ont nul souci de ces établissements et qu'ils ne voient en eux du reste qu'une politique fort habile de défendre le sol conquis par les congénères de ceux qui les attaquent. Ces établissements ont dû être plus nombreux, mais ce n'est qu'à partir du milieu du troisième siècle qu'on voit qu'ils sont fréquents. Colons et esclaves, tel est donc le principal mode d'invasion pacifique des Germains en Gaule, et les contemporains félicitent même le gouvernement impérial de ses sages mesures. Eumène nous raconte que le prix du blé a subitement baissé.

Mais, vers le milieu du troisième siècle, les Gallo-Romains se voient sans cesse menacés par les Barbares. Tout d'abord pillards, ces Germains avaient suivi les voies romaines, détruisant les *villæ*, ravageant les prés et les vignes. Ces fréquentes incursions furent fort nuisibles aux cités qui se trouvaient voisines des frontières et à l'aristocratie qui voyait ses fils réduits en servitude, emmenés par ces hordes. Les provinces du Nord et de l'Est, les deux Belgiques et des Germanies qui avaient reçu dans certains centres pendant les deux premiers siècles l'influence de la civilisation romaine deviennent à la fin du troisième siècle le champ des incursions des Barbares qui ruinent sans cesse les cités, pillent et détruisent les castra. L'archéologie nous permet de constater la destruction de nombreuses fermes et maisons de campagne établies en dehors de la cité. Les trésors enfouis, les monnaies confiées à la terre nous prouvent à la fois les paniques des populations livrées ainsi sans défense et les incursions répétées des Barbares. Aussi pouvons-nous admettre sans trop nous tromper que la population plus grossière est sans cesse renouvelée. Il y avait même là une invasion aussi bien violente que pacifique, qui ne pouvait être appréciée par les contemporains. Ils n'ont pas dû s'apercevoir de ces vagues incessantes qui déferlaient sur l'Est, amenant des milliers de Germains, ils n'ont pas vu aussi ces flots saxons prenant pied peu à peu sur le sol de la partie ouest de la Gaule.

Les frontières de l'Est et du Nord et des côtes de la Manche si mal défendues, le mauvais état économique, la faible densité de la population rendaient faciles ces longues promenades des bandes germaniques. C'est de l'Est que le roi des Alamans

Crocus descendant en Gaule pille Langres, détruit Clermont et va mourir au siège d'Arles. C'est du Nord que les Francs envahissent et dévastent les villes situées sur leur passage et poussent même, sans trouver aucune résistance, jusqu'en Espagne. La ruine de certaines villes fut si complète que plusieurs ne purent se relever. Julien racontant dans une lettre adressée au Sénat la destruction des cités gallo-romaines par les Barbares nous prouve qu'il se rendait un compte exact de l'état misérable de notre pays. Ammien Marcellin nous montre que les contemporains considèrent la Gaule comme la plus pauvre de l'Empire. Et malgré l'effort constant des empereurs, leur bravoure, la Gaule se voit sans cesse ravagée. Eux partis, les Germains reviennent à chaque instant piller et ruiner les contrées voisines. Et si les villes de ces contrées conservent au point de vue archéologique leur caractère romain, on se tromperait si l'on pensait que leur population est restée gallo-romaine. Elles sont composées d'éléments fort divers ; on peut même dire que les habitants, dans les villes plus voisines des frontières, étaient désormais de plus en plus d'origine germanique.

Toutes les nombreuses causes que nous avons exposées trop rapidement n'ont pas hâté la chute de l'Empire. Elles auraient persisté, aggravant sans cesse un état social déjà mauvais, mais ne pouvant accélérer la ruine du régime. L'Empire n'avait pas tenu ses promesses, il avait absorbé à son profit toute individualité, pressuré les petits, ruiné les classes moyennes. Deux fatalités étaient réunies contre lui. Les frontières de l'Est devaient être rompues un jour ou l'autre par les Germains. Les peuples établis sur les bords du Rhin étaient de plus en plus pressés par les peuplades situées derrière eux et le mouvement des hordes inconnues jusqu'alors : les Huns, qui se rendent maîtres du vaste Empire des Goths, sont les vrais destructeurs, sans nul doute inconscients, de l'Empire romain. Ils ont hâté la fin d'un régime détesté par le plus grand nombre. L'histoire d'un peuple est remplie d'accidents qui semblant seulement résulter du hasard sont la cause de bouleversements qu'on aurait pu prévoir. Il faut ajouter encore la nécessité pour les empereurs de diviser en deux grandes parties le vaste Empire, division qui tout en répondant aux exigences présentes eut une importance excessivement fâcheuse pour l'avenir. Elle fit naître sans cesse des causes de trouble, des guerres civiles, qui eurent pour conséquence de précipiter sur le sol romain des hordes barbares : on obtenait la victoire par leur secours. Le monde romain était ainsi sous l'influence de ces Barbares bien avant la chute de l'Empire.

Les parcelles de terrain octroyées par l'État n'étaient rien en comparaison des territoires concédés au commencement du cinquième siècle dans les parties les plus éloignées des frontières de l'Est au milieu de cette population fort paisible, oublieuse depuis longtemps des maux de la guerre, adonnée au commerce et à l'industrie, mais où l'état économique que nous avons décrit, avait développé également des *latifundia* assez étendus. Les Wisigoths qui avaient été, comme *fœderati*, au service de l'Empire, reçurent de l'empereur Honorius en l'an 419 l'*Aquitania secunda* et quelques villes voisines, c'est-à-dire la partie sud-ouest de la Gaule, et formèrent un royaume, tout d'abord modeste, qui eut Toulouse pour centre.

Ces peuplades n'arrivaient point des bords du Rhin. La civilisation orientale les avaient pénétrées pendant un long séjour sur les rives du Pont-Euxin. Elles avaient déjà connu la culture gréco-orientale sur les vastes territoires qu'avaient conquis les Goths avant l'arrivée des soldats d'Attila. Ce fut la cause à la fois de leur supériorité sur les autres peuplades germaniques comme aussi la raison de leur faiblesse. Ils viennent s'établir dans le milieu social que nous avons décrit, encore peu propres à recevoir le degré de civilisation que possédaient les villes du midi de la Gaule. S'ils ne sont pas barbares et grossiers, ils ne possèdent pourtant qu'une culture encore primitive, avant tout agricole, et où le village est le centre unique de la vie économique. Que faire devant cet état déjà compliqué, si ce n'est la conservation de l'ordre social déjà ancien, et l'adaptation plus ou moins facile d'institutions primitives où l'armée formait la base? Les nouveaux venus ne purent modifier d'une manière sensible la partie sud-ouest de la France. Établis sur les bords de la Garonne, ils se montrent à nous les défenseurs de la culture antique, les admirateurs du monde ancien. Arrivés relativement en petit nombre, — les historiens évaluent à un demi-million les guerriers goths établis sur ces contrées, — ils se trouvèrent trop clairsemés sur cette terre étrangère pour conserver encore une unité nationale, et fonder un royaume durable. Joignons à cela le mode d'établissement romain alors en usage qui leur fut aussi funeste et qui ne leur permit pas de lutter avec succès contre la civilisation antique. S'ils trouvèrent de grands domaines dont ils purent tout d'abord, sans soulever les clameurs de la population indigène, prendre, suivant la coutume romaine, les deux tiers des terres labourables et des esclaves pour la cultiver, au lieu du tiers, s'ils s'établirent dans les villes inconnues à leurs lois, l'esprit germanique se trouva morcelé, divisé, répandu ici et là au milieu de la population indigène. Il vécut isolé sur ce vaste territoire à côté du Gallo-Romain en rapport constant avec lui, perdant les qualités particulières à la race, très vite absorbé par la culture des indigènes. Leur royaume est destiné à la mort. Les Wisigoths pourront bien faire la conquête sous leur roi Euric de la Provence et d'une partie de l'Espagne, et étendre leur royaume jusqu'aux bords de la Loire, ils ne sauraient fonder un établissement durable. Ils deviendront dans le siècle la proie des Francs, et plus tard ils seront définitivement vaincus par les Maures.

La royauté wisigothique gagna au contact de la culture romaine, elle devint souveraine, absolue, exerça même quelquefois le pouvoir d'une manière despotique. Elle hérita des prérogatives de l'empereur byzantin si étendues et forma par cela même un mélange assez bizarre des conceptions romaines et des coutumes germaniques. Le pouvoir central se développe sur une terre si préparée à la soumission individuelle. Le royaume qu'Euric a pu rendre indépendant est fortement pénétré par la culture romaine. Droit, justice, administration portent l'empreinte du passé. La chancellerie de l'Empire dure encore, la ville a conservé l'administration impériale, elle a gardé ses curiales qui forment son conseil municipal, le *defensor*, l'avocat du peuple. Le comte aidé d'assesseurs, juristes exercés, prononce le jugement. L'armée elle-même ne peut conserver dans un pays aussi civilisé son caractère vraiment germanique. Désormais le soldat goth vivra à côté du Gallo-Romain appelé sous les armes et supportera comme lui les prestations, les charges militaires qui pèseront sur la société du Bas-Empire.

Ainsi s'explique l'installation relativement facile des Goths sur le sol de la Gaule. La royauté wisigothique doit être considérée comme la continuation de l'Empire. Le roi eut sa cour, ses grands dignitaires, nés d'hier, qui vont former une noblesse foncière à côté de l'aristocratie indigène. Ce fut surtout celle-ci qui se montra dédaigneuse de ces Barbares. Sidoine nous montre que la royauté a conscience de sa faiblesse, qu'elle apprend très vite la langue latine, qu'elle cherche par tous les moyens à appeler aux affaires cette aristocratie indigène, instruite depuis longtemps par le gouvernement impérial ; mais cette noblesse hautaine, dédaigneuse et fidèle au catholicisme, vit à l'écart de l'arien détesté, de ces Barbares si grossiers et sans culture, elle se réfugie dans les cloîtres ou dans le clergé séculier. Partout nous la trouvons l'ennemie irréconciliable de ces rois ariens qui la persécutent. Les évêques mêmes du parti orthodoxe ont toujours leurs regards fixés vers le Nord, attendant avec impatience le Messie qui doit les délivrer de l'hérétique.

L'arrivée des Wisigoths dans le midi de la Gaule ne resta pas sans influence salutaire sur l'état social. Les *latifundia* furent divisés, des villages se fondèrent, la classe moyenne des libres détruite depuis longtemps reparut, les villes mêmes conservèrent encore le peu de l'activité qu'elles possédaient. La cité ne devint pas comme dans le Nord un grand village. La civilisation romaine se trouva même protégée par les rois. Les relations extérieures ne cessèrent pas, elles devinrent même plus fréquentes avec le royaume des Ostrogoths, avec Ravenne et les côtes de la Syrie et de l'Égypte. L'agriculture ne fut pas dans ces parties de la Gaule la seule activité des habitants, l'industrie et le commerce continuent. Les monnaies sont encore en usage et nous constaterons même un certain luxe dans les demeures de l'aristocratie. Ce n'est pas à tort qu'aux yeux des contemporains de Grégoire de Tours cette partie de la Gaule paraissait plus civilisée, mais aussi plus frivole.

L'établissement des Wisigoths a laissé des traces nombreuses dans le midi de la France. Les villages qui trahissent une colonisation germanique en Languedoc sont assez fréquents. Leur centre principal est le département de la Haute-Garonne et le Tarn. Le Gers et l'Ariège en possèdent aussi. Les cimetières mérovingiens qui accusent leur séjour sont au contraire plus nombreux dans le bas Languedoc, dans la grande plaine qui comprend les départements de l'Hérault et de l'Aude. M. Barrière-Flavy a pu donner la carte des cimetières mérovingiens du midi et de l'ouest de la France. « Les bords de la Garonne et de ses principaux affluents, dit-il, fournissent la plus grande partie des cimetières barbares connus au sud de ce grand fleuve, dans les contreforts des Pyrénées, il s'en rencontre rarement; au Nord, c'est-à-dire vers le centre de la France, nous ne connaissons jusqu'à présent l'existence d'aucune sépulture nettement caractérisée, à l'Ouest, au contraire, dans les départements voisins de l'Océan, ces nécropoles apparaissent nombreuses jusqu'à la Loire. En résumé, l'établissement de ce peuple semble s'être uniquement cantonné dans les régions qui forment comme un grand arc de cercle commençant au Rhône et finissant à l'embouchure de la Loire, en passant par l'Hérault, l'Aude, la Haute-Garonne, le Lot-et-Garonne, les Charentes et les Deux-Sèvres. » Ils sont au nombre de cent trente-cinq environ[1].

Les Goths n'étaient pas venus dans le Midi sans posséder un art tout à fait primitif dont la grammaire décorative était encore fort simple, une poésie épique qui comprenait des chants guer-

1. Barrière-Flavy, *Les Sépultures barbares du Midi et de l'Ouest de la France*, p. 28-29. Cf. notre étude sur Courajod, *l. c.*

riers, légendes des temps antérieurs. L'ornementation de ce groupe germanique avait même subi l'influence orientale au moment où, maîtres d'un grand empire, ils étaient venus habiter le pays autrefois si riche des colonies grecques du Pont-Euxin. L'influence orientale de ces contrées se fait surtout sentir dans la décoration des objets de parure et des vases de métaux précieux. Les monuments funéraires, comme nous le verrons, attesteront aussi un lien très étroit avec ceux de Ravenne, courant artistique d'une source différente qui doit peu aux motifs décoratifs gréco-romains. Mais nous ne sommes pas en droit d'en conclure que les Wisigoths n'ont pas goûté la civilisation gallo-romaine plus éloignée que Ravenne de l'influence byzantine ; ils l'ont respectée dans ses lois, comme dans son administration et sa justice.

La langue de ce royaume resta latine non sans subir quelques influences germaniques. Ce fut surtout vrai pour les mots nécessaires aux besoins les plus immédiats, aux relations de tous les jours. L'armée conserva sa langue et ses mœurs et réveilla ce Midi autrefois si tranquille, engourdi, déshabitué depuis longtemps de faire la guerre. Il deviendra même de plus en plus turbulent.

L'influence des coutumes des Wisigoths sur les conceptions juridiques des Gallo-Romains fut encore assez grande, et prouve combien le gros de la population était relativement, barbare pour pouvoir accepter le système des compensations pécuniaires en cas de délit. Nous voyons aussi quelques coutumes germaniques acceptées par la société gallo-romaine. Il y eut ainsi un droit populaire fort imprégné d'usages gothiques. Le serment, la procédure de la défense de l'individu devant le juge nous indiquent la persistance du droit de vengeance, l'importance encore fort grande de la *gens*.

Ce n'était pas le seul établissement durable que Rome octroya à des peuples germaniques en Gaule. Les Burgondes qui avaient habité pendant deux siècles les contrées situées entre l'Oder et le Weser s'étaient peu à peu avancés, et au Ve siècle, ils s'étaient établis près de Worms où ils avaient fondé un royaume qui fut bientôt détruit par les Huns. Cette défaite si célèbre, chantée par la poésie épique, coûta la vie à un grand nombre de Burgondes. A ceux qui restaient encore au lendemain de la défaite, Aétius assigna la Savoie comme nouvelle patrie. Établi désormais sur les terres de la Gaule, ce petit royaume prospéra rapidement; nous voyons même que le nombre des guerriers avait sensiblement augmenté, car l'Empire romain les appelle pour défendre contre les Huns la civilisation gréco-romaine.

L'étendue du territoire octroyé fut tout d'abord assez limitée. L'Empire avait considéré les Burgondes comme de simples alliés et leur avait assigné suivant le mode d'installation militaire le tiers des terres, mais avec le temps, favorisés par les luttes des empereurs, ils s'étendent sur le territoire ouvert sans défense. Enfin appelés par les riches Gallo-Romains, qui voulaient échapper aux lourds impôts, ils se rendent maîtres de Lyon et fondent un royaume qui s'étendra jusqu'à la Loire.

Malgré ces conquêtes successives, ce nouvel établissement eut la durée éphémère de celui des Wisigoths. Les mêmes causes s'opposaient à sa prospérité. A mesure que les Burgondes s'avançaient vers le centre de la France, ils trouvaient une population gallo-romaine plus nombreuse dont ils subissaient peu à peu l'influence. Ajoutez à cela la difficulté d'adapter plus ou moins bien leurs institutions très simples à l'ordre déjà établi.

Les villes existaient encore avec leurs curies, leur administration plus compliquée, avec leurs classes plus nombreuses. Il fut donc nécessaire de faire des concessions à l'esprit gallo-romain. Du reste, aux yeux de la population indigène, ils n'apparaissaient pas comme des vainqueurs; eux surtout n'avaient aucun droit à ce titre, car vaincus par les Huns, l'Empire les avait reçus comme des suppliants. Les droits des Romains furent reconnus, les Burgondes conservèrent leur code si simple, si peu en rapport avec la civilisation gréco-romaine. Et si nous rencontrons des plaintes au sujet des propriétaires dépouillés, nous devons l'attribuer à la cupidité individuelle, à la faiblesse du pouvoir central qui ne pouvait empêcher de tels abus de la force si fréquents aux époques de troubles.

Il faut avouer cependant que l'accroissement de plus en plus considérable de ce royaume nécessita plusieurs partages de terres. On admet en général qu'un second partage donna aux Burgondes la moitié de celles-ci et qu'enfin un troisième leur accorda les deux tiers des esclaves qui les labouraient. Ce fut sans nul doute à l'imitation des Wisigoths.

La royauté burgonde prenant possession des territoires gallo-romains gagna au contact de l'Empire. Le roi, chef des peuples germaniques, bénéficia des attributions des empereurs byzantins. Il représenta pour ainsi dire le pouvoir impérial et acquit par là de nouvelles prérogatives. Pour les connaître, il faut analyser les droits de l'empereur byzantin. L'assemblée populaire, autrefois si puissante, perdit ce que la royauté gagna en étendue et en autorité. Les coutumes elles-mêmes subirent aussi des influences romaines.

La ville dut conserver dans certaines parties de ce royaume son ancienne physionomie. Les documents contemporains mentionnent le *defensor*. L'autorité augmente même ses attributions, preuve que la curie devait encore fonctionner dans certaines cités. Mais, si la fusion des deux races avait été facilitée par les lois, elle était rendue plus difficile par la langue et surtout par la religion. Les Burgondes étaient ariens et l'aristocratie gallo-romaine, comme celle du midi de la Gaule, se tint à l'écart, malgré les flatteries incessantes de la royauté. La conversion plus récente du roi Sigismond ne put désarmer cette aristocratie, elle fut la principale cause de la chute de ce royaume

Les lois burgondes nous montrent un peuple encore primitif, connaissant l'agriculture et vivant non dans des cités, mais dans des villages ou des fermes isolées. A partir de Lyon, les villages se pressent plus nombreux à mesure que l'on s'avance vers l'Est. L'art que ce peuple apporta ressemble à celui des Wisigoths, mais les objets qui trahissent une influence orientale sont des produits importés ou imités.

La colonisation des Burgondes fut assez forte malgré le

chiffre tout d'abord peu élevé, — à peu près 50,000 guerriers répandus sur le territoire de la Savoie. Les noms de lieux qui indiquent leur séjour se localisent dans les départements de la Savoie et du Doubs où ils sont nombreux. Assez fréquents dans celui du Jura et de l'Isère, ils apparaissent plus clairsemés en Franche-Comté, dans l'Ain et la Côte-d'Or[1].

Les cimetières mérovingiens viennent encore prouver l'existence de ces colonies germaniques attestées déjà par les noms de lieux. Le vaste groupe de sépultures, dit M. Longnon, s'étendant du lac de Neuchâtel à l'Isère indique tout le pays colonisé par les Burgondes et d'où ils s'étendirent sur le reste de la Bourgogne. Au Sud-Est, ajoute M. Bertrand, nous trouvons un groupe compact de sépultures, dans le Jura, la Savoie, la Suisse occidentale, avec annexes dans la Côte-d'Or et la Haute-Saône. Il faut ajouter ceux du Doubs pour avoir les trois grands centres de la colonisation burgonde[2].

Les contrées situées sur les bords de la Manche n'étaient pas moins pénétrées par la colonisation germanique. Là, des bandes saxonnes viennent tout d'abord piller les côtes, détruire les récoltes ; emportant le butin pris aux indigènes. Les *villæ* détruites, les *castra* en ruines attestent ces dévastations. L'archéologie nous prouve que dès la moitié du IIIe siècle, les habitants jusqu'au Maine furent en proie à une panique provoquée par les bandes qui pillaient et brûlaient tout ce qu'elles trouvaient sur leur route. Les ruines qu'on a trouvées à Alonnes près du Mans, à Jublains, à Roulles, les *villæ* nombreuses qui étaient situées sur les collines de la Sarthe et de l'Huisne sont les témoins de la destruction d'un grand nombre d'édifices par le fer et le feu aux IIIe et IVe siècles. Les trésors enfouis à la hâte par la population terrorisée, retrouvés de nos jours, nous montrent aussi la venue de ces Barbares. Les habitants fuient devant ces hordes indisciplinées et se réfugient dans les villes. On peut

1. Cf. Bertrand, *Les Cimetières mérovingiens. Revue archéologique*, tome XXXVIII, p. 199 et p. 390, *Supplément à ces cimetières*.
2. Cf. la carte de l'*Atlas historique* de Schrader, dressée par M. Longnon.

dire qu'au milieu du quatrième siècle, la civilisation gréco-romaine avait cessé d'exister dans ces contrées. Les Saxons après plusieurs excursions en Gaule songèrent à s'y établir.

Ils s'étendent sur les côtes de la Manche, pénètrent même dans l'intérieur des terres et s'établissent dans le Bessin actuel, dans le Pas-de-Calais jusqu'à Évreux. Ils fondent ensuite des colonies sur les bords de la Seine-Inférieure jusqu'à l'extrémité du Cotentin. Nous ne pouvons pas apprécier exactement la conquête saxonne du sixième siècle, car les Normands venus en plus grand nombre fondèrent le duché de Normandie à la fin du neuvième siècle et détruisirent une grande partie des lieux autrefois dénommés par les Saxons. Mais ceux qui ont étudié l'art du onzième siècle dans ces contrées peuvent se rendre compte combien est pénétrée d'éléments décoratifs barbares l'ornementation de ce pays.

Les contrées voisines furent vers la fin du cinquième siècle occupées par les Bretons. Les villes de la quatrième Lyonnaise sont envahies, et un royaume qui comprend les anciennes *civitates* des Redons et des *Ossemii* devient pendant la période franque plus ou moins indépendant.

L'archéologie nous montre encore quelques îlots germaniques dans les pays situés plus au centre. Ce sont les Taifales établis dans les départements de la Saintonge et des Deux-Sèvres, les Alains aux environs de Valence et d'Orléans.

Tandis que les pays de la Méditerranée, de l'ouest de la France et des bords de la Manche étaient occupés par des races germaniques, les frontières de l'Est avaient à supporter de la part des Francs des attaques sans cesse répétées.

Malgré tout l'effort de l'Empire de placer dans ces contrées des peuplades germaniques, nous voyons qu'à partir du milieu du troisième siècle ces frontières sont mal gardées et que les Barbares pénètrent bien souvent sur la rive gauche du Rhin. Ils pillent sans cesse et détruisent les contrées voisines: les villes, les *castra* et les fermes isolées. Aussi pouvons nous admettre sans trop nous tromper que la population de l'Est et du Nord est sans cesse renouvelée par les nombreuses guerres qui ont ensanglanté cette partie de la Gaule. Elle était du reste fort grossière. Saint Jérôme nous le dit, « *ad Rheni semibarbaras ripas.* » Et à mesure qu'on s'avançait vers Paris, on trouvait dans cette région des Germains en grand nombre, et si les villes par leurs monuments élevés autrefois, ressemblent à une cité romaine, nous devons reconnaître que leur population est fort mélangée. Les empereurs à partir de la fin du IIIe siècle, les Posthume, les Probus, les Aurélien, les Constance et surtout Julien avaient cherché à refouler ces peuplades et à porter remède à l'état si misérable de la Gaule. Mais, eux partis, les Barbares venaient aussitôt piller le plat pays et rendre vains les efforts des légions.

L'Empire même subissait progressivement depuis le milieu du IVe siècle l'influence des Germains. Une invasion pacifique sourde, mais continue, avait lieu et ce n'est plus comme aux siècles antérieurs par le colon et l'esclave que les Barbares pénètrent dans l'Empire romain, mais ils possèdent au contraire le commandement des troupes romaines, ils sont à la tête de l'armée et les empereurs ne sont bien souvent que des créatures des Ricimer, des Stilicon, des Arbogaste, etc. On dirait que la race latine s'est appauvrie et qu'elle doit faire appel aux forces jeunes, brutales des Barbares. Il faut ajouter aussi que les rivalités des empereurs, les compétitions sans cesse renaissantes, rendaient bien faible le pouvoir central. C'est au milieu de ces transformations politiques et sociales que les Francs avaient pu se rendre maîtres de la Toxandrie, ensuite de la *Belgica Prima* jusqu'à Tongres. A partir de cette époque, les Alamans, autre peuplade germanique, envahissent l'Alsace, pénètrent dans la vallée du Doubs et sur les bords de la Moselle jusqu'à Trèves. Les Ripuaires possèdent déjà Cologne.

Et à mesure que l'Empire s'affaiblit, les Germains s'avancent peu à peu sur les territoires gallo-romains. Les Francs vont jusqu'à la Somme et les Alamans jusqu'à Metz. Le pays est le plus souvent pillé, détruit, la population réduite en servitude. La *dura ferocitas* des Francs a laissé des traces dans l'hagiographie des siècles ultérieurs. Enfin Clovis détruit définitivement le dernier vestige de la civilisation romaine dans notre pays et les contrées jusqu'à la Loire se soumettent à lui. L'archéologie a conservé encore le souvenir de ces hordes barbares prenant possession de ces territoires si enviés. Le Vermandois, la Thiérache, le Laonnois, le Soissonnais, la Brie, toute la contrée enfin qui s'étend entre l'Escaut, la Somme, l'Oise, l'Aisne et la Marne souffrirent des maux horribles, parcourus dans tous les sens par les hordes immigrantes: «ils furent une fois de plus pillés, ravagés, ruinés à fond, livrés au feu et à l'égorgement. C'est alors que périt tout ce qui avait été respecté par les premières invasions. C'est alors qu'achevèrent de disparaître toutes ces villas et emplacements gallo-romains au Nord et au Midi : Nizy, Blanzy, Bazoches, Arlaines pour ne citer que des noms célèbres[1]. » C'est aussi là que se fixèrent les principales colonies germaniques.

Par ces victoires successives l'établissement des Francs dans le nord et dans l'est de la Gaule est attesté par les noms de lieux qui se pressent nombreux dans toute cette région. Nous croyons leur colonisation vraiment profonde et importante. Les cimetières mérovingiens y sont aussi très nombreux et, si nous ne pouvons certifier le caractère complètement germanique de la population, nous pouvons voir, comme nous l'avons dit au sujet des cimetières wisigothiques, que les indigènes ont accepté très vite les coutumes des vainqueurs.

Il faut dire aussi que dans cette partie le système des villages est prépondérant. Sa limite Sud serait une longue ligne qui passerait à Poligny, Chagny, Saulieu, Vézelay, Auxerre, Sens, Villeneuve, Alençon, Mamers, Nogent-le-Rotrou, Vibraye et irait vers Château-du-Loir. La ligne Est partirait de Salins, Ormans, Chaux-de-Fonds, Belfort, Strasbourg, Metz, Trêves, Verviers, Aix. Sa limite Nord serait Maestricht, Bruxelles, Courtray et Bergues.

La carte des cimetières mérovingiens, celle des noms de lieux et des villages coïncident complètement et confirment

1. Fleury, *Antiquités du département de l'Aisne*, II, p. 107.

ainsi la colonisation fort dense des Germains dans cette partie de la France. Nous devons dire aussi que si les trois mille guerriers qui reçoivent le baptême avec Clovis peuvent faire croire à un nombre relativement restreint de Francs, les noms de lieux, les cimetières prouvent le contraire. On aurait tort du reste de prendre pour base cette estimation, car les documents historiques indiquent des invasions plusieurs fois répétées des Germains plus grossiers, terreur des armées franques déjà établies, appelées par Sigebert contre Chilpéric et par Brunehaut contre Clotaire II. On peut même voir que cette infiltration continue jusqu'à la fin du règne de Charlemagne.

Nous avons esquissé à grands traits les conséquences de la conquête romaine. La civilisation apportée par les vainqueurs transforme rapidement notre sol. Partout naissent des villes remplies de monuments somptueux, partout des *villæ* s'élèvent sur les bords des fleuves ou sur le penchant des collines. Les fonctionnaires qui représentent Rome, les professeurs qui enseignent la jeunesse des villes, les marchands et les colons propagent la langue latine, mais ce n'est pas en un ou deux siècles qu'on peut transformer un pays aussi étendu. Le plat pays presque abandonné à lui-même avait dû subir très superficiellement l'influence romaine. Et si le Midi pouvait être considéré au temps de Pline comme une province romaine, plus romaine que l'Italie, le Centre, l'Est, l'Ouest et le Nord ne pouvaient lui être comparés[1]. On peut même dire que dans ces centres, à partir du milieu du IIIe siècle, les guerres se répètent sans cesse, les hordes pillent, déciment la population des campagnes, et qu'il était désormais impossible d'y faire pénétrer plus profondément la langue et la culture romaines. Dans ces parties de la Gaule, l'œuvre était donc laissée inachevée et c'était à l'Église qu'était échue la tâche de la terminer. On peut dire en effet que c'est surtout à elle qu'on doit la romanisation des populations septentrionales de la France. Mais elle représenta

1. A. Marignan, *Un historien de l'art, L. Courajod*, **Paris, Bouillon**, où j'ai réuni toutes les preuves.

Rome et sa culture et quand on étudie l'histoire de notre civilisation, il faut pour la comprendre ne jamais oublier l'œuvre qu'elle a accomplie. Mais ce ne fut que petit à petit que cette complète transformation put s'opérer; pour l'instant il fallut faire des concessions aux nouveaux venus et la langue latine accepta un certain nombre de mots d'origine germanique. Quand on pense au vocabulaire restreint d'un paysan contemporain de Grégoire de Tours, on peut y reconnaître une influence germanique relativement considérable. Guerre et agriculture, telles étaient alors les occupations de ce monde, tels sont aussi les mots acceptés par la langue latine qui les expriment.

Avec le règne de Clovis commence notre étude sur la civilisation mérovingienne et sur l'état religieux de ces différents groupes. La domination romaine a cessé, l'influence des usages et des coutumes germaniques s'étend sur tout le monde occidental. La civilisation s'abaisse de plus en plus jusqu'au jour où Germains et Romains auront les mêmes mœurs et le même degré de culture. Cet abaissement ne fut pas seulement dû aux invasions, il provenait aussi de la misère et de l'état lamentable des populations indigènes. La société romaine qui va disparaître représentait ce qu'il y avait à cette époque de plus élevé dans l'humanité, elle résumait le long travail des ancêtres, ce que les vieilles civilisations orientales avaient trouvé; elle gardait avec soin l'héritage déjà précieux de la culture grecque. Mais combien décadent et vieux nous apparaît le Gallo-Romain des derniers temps de l'Empire! Toute virilité lui fait défaut et il ne crée rien d'original. Dominé par les œuvres anciennes, le lettré du cinquième siècle n'est plus capable d'en concevoir de nouvelles. Il vit du passé et se complaît dans son imitation.

A côté de cette société se présente à nous le monde barbare. Les récits contemporains nous peignent le caractère encore grossier et tout primitif de sa civilisation. Il est tout à fait inculte. Mais nous pouvons voir sans effroi ces hommes du Nord occuper le sol gallo-romain, car après des bouleversements sans nombre, ils vont permettre à une société plus jeune, plus forte, de progresser. Le peuple gallo-romain va perdre par eux son âme d'emprunt. Le monde antique avait sacrifié les droits de l'individu, les Germains apporteront des conceptions nouvelles qui développeront peu à peu la liberté individuelle, mais ce ne sera pas impunément que Rome aura régné cinq siècles sur la Gaule. Il faudra toujours compter avec les conceptions juridiques romaines et le Germain, dès son arrivée sur notre sol, sera la première victime de ce droit. La royauté grandira au détriment de la liberté individuelle. Il faudra certainement des siècles pour permettre une culture plus élevée, mais vraiment originale. La société qui va naître, ne regardera plus de l'autre côté des Alpes, elle vivra de sa vie propre et cherchera à fonder une culture nationale sur les ruines du passé. Mais sa durée sera relativement courte, car viendra bientôt, avec l'appui et le secours de l'Église, la revanche du milieu conquis, comprimé, la résurrection de l'esprit antique tout d'abord timide, mais peu à peu plus audacieux. Il luttera avec les conceptions germaniques et les temps modernes verront sa complète victoire.

Le rôle de la Gaule fut très important pour la civilisation occidentale du moyen âge. Elle ne fit pas en vain le sacrifice des libertés perdues, de son originalité encore primitive. Notre pays fut le trait d'union entre l'ancienne civilisation gréco-romaine et la barbarie. Ce fut même un bien que ces peuplades aient été initiées par la Gaule à la culture antique. Elle leur arriva plus amortie, plus appropriée à leur état social.

LA SOCIÉTÉ MÉROVINGIENNE

CHAPITRE PREMIER

La Cour

Au commencement du sixième siècle, Clovis n'est plus le petit roi de Tournay, le chef franc a installé ses guerriers sur les terres fécondes de la Champagne, sur les plaines fertiles de la Seine. Si ses premières conquêtes avaient apporté la ruine et la désolation sur le sol gallo-romain, à mesure qu'il s'avançait sur les terres conquises, le roi salien trouvait une population de plus en plus dense, un état économique qui n'auraient pu permettre de telles spoliations et de pareilles cruautés. Le royaume franc s'étendit de plus en plus et avec une rapidité vraiment étonnante ; le vieux régime romain disparaît anéanti par les hordes. Il clôt le siècle par la faillite et la ruine.

Devenu chrétien, le chef franc ne se contenta pas du royaume déjà conquis. Il conduisit ses troupes contre les ariens Wisigoths, et cette guerre, première croisade occidentale, ne fut qu'une chevauchée à travers les villes du Midi. Les soldats de Clovis traversèrent ces cités si divisées, pillèrent sans pitié les biens de l'hérétique, enlevèrent les trésors des églises ariennes et se rendirent maîtres de la Gaule jusqu'à la Garonne ; seuls la Provence, la Septimanie et le royaume des Burgondes restèrent en dehors de la domination franque. Les fils de Clovis continuèrent plus tard ce que leur père n'avait pas osé ; ils s'emparèrent du vaste royaume des Burgondes, et possédèrent avec la Septimanie toutes les contrées importantes de la Gaule.

Ce vaste royaume, ce *regnum Francorum* composé de territoires qui possédaient une civilisation bien différente, était loin d'être homogène. Les pays situés à l'est et au nord de la Gaule, ce qui deviendra l'*Austrasia*, étaient encore barbares et grossiers. Quelle différence avec le centre de la France, le royaume des Burgondes et les villes situées sur la Méditerranée ou sur les bords de la Garonne ! A mesure que l'on descend vers le Sud, le degré de culture augmente, la civilisation s'élève, les villes se pressent plus nombreuses. Ces différences seront une des causes nombreuses de la désagrégation future de ce vaste royaume. Les contemporains ne tardèrent même pas à s'apercevoir du peu de cohésion de ces différentes contrées, déjà au septième siècle un travail lent et obscur est en train de s'accomplir ; les parties les plus éloignées peuvent être regardées sinon comme tout à fait indépendantes, du moins retenues par un lien plus lâche.

Après la destruction du régime romain, il était nécessaire de reconstruire sur des bases nouvelles cette société si bouleversée ; il fallait donner à ce pays dévasté, pillé de tous côtés, à ces cités quasi en ruines, un pouvoir central assez fort pour retenir encore ces éléments si disparates, pour fondre, pour mêler jusqu'à l'unité les populations qui pouvaient, sans trop de bouleversements, permettre cette fusion. Que de plaies saignantes ! Depuis des siècles, la misère et la ruine ! Que de maux accumulés depuis les invasions ! Que de crimes atroces ! L'avenir est encore bien sombre, la vie et la propriété sont si incertaines dans ce monde bouleversé ! Poser des principes fermes et justes, gouverner avec plus d'équité pour conquérir l'amour des sujets conquis, répandre au milieu de cet arbitraire incohérent, de ce despotisme quotidien, un peu de justice, réfréner l'humeur guerrière des Francs si réfractaires à une vie sédentaire, apporter la pacification spirituelle par la défaite des hérésies, tous ces devoirs incombent à cette royauté salienne qui a montré dès sa venue sur le sol gallo-romain et son énergie et sa force brutale. C'est à la race des Mérovingiens, à cette royauté encore trop jeune et tout instinctive, qu'échoit cette lourde tâche !

De quels moyens disposait-elle pour donner un peu d'unité à ce royaume si étendu ? Appelée naguère à une destinée qu'elle n'avait pu prévoir, n'était-elle pas encore toute récente et ses institutions ne rappelaient-elles pas les pays lointains encore barbares et grossiers de la Germanie ? Était-elle assez souple pour réunir ces éléments si divers et travailler avec succès à l'unité du royaume ? Si les chefs des peuplades autrefois au service de Rome avaient vu croître leur autorité, si la royauté salienne s'était élevée sur le sol gallo-romain, si elle se présente à nous déjà plus forte et plus centralisée, elle n'en est pas moins encore primitive. Ses attributions même sont fort restreintes et les services qu'elle peut rendre sont peu nombreux : défendre le sol conquis, assurer la paix publique par des moyens peut-être efficaces dans un pays de médiocre étendue, mais insuffisants pour de vastes royaumes, rendre la justice par l'intermédiaire de ses comtes, qu'elle peut surveiller et sur lesquels elle fait peser son autorité : tels sont les devoirs qui lui étaient imposés avant la conquête de la Gaule. Et que dire de son code si simple et si peu développé? Né dans un milieu tout agricole quoique ayant subi l'influence de la culture romaine, il ne connaît que le village, centre de l'activité du paysan germanique. Les classes qui composaient la société barbare étaient peu nombreuses. A côté du roi et de quelques familles nobles viennent les hommes libres, qui forment la nation, puis les affranchis et les non-libres. La propriété du sol autrefois collective, aujourd'hui individuelle, est limitée encore par les droits de la *gens*, par ceux mêmes des covillageois. Si, au point de vue politique le Franc est libre, il est encore complètement soumis à sa *gens*, à sa famille dans le sens le plus large, au point de vue juridique et économique. C'est elle qui protège l'individu, qui le soutient et qu garantit l'honneur de ses membres[1].

Cet état social encore si primitif ne saurait suffire. A mesure que les Francs se rendent maîtres de la Gaule, ils rencontrent des populations urbaines. Que pouvaient-ils faire, sinon d'adapter tant bien que mal à leur code tout primitif le milieu social soumis, englober sans distinction en une seule classe les libres Gallo-Romains ? Les grands propriétaires, les anciennes familles sénatoriales furent compris parmi les autres indigènes sous une seule classe qui, en droit, paraît avoir été considérée comme moins libre que le simple Franc, mais qui, en fait, par sa naissance, par sa culture, par sa richesse, par ses relations même personnelles avec la royauté, était bien au-dessus du Germain. Il fallut peu à peu reconnaître l'état social gallo-romain, compter avec les grandes familles indigènes. L'aristocratie ne resta pas sans influence sur la royauté, elle encouragea Clovis à embrasser la

1. Pour tout ce chapitre, cf. les travaux de mon ami et maître M. Lamprecht et surtout sa *Deutsche Geschichte*, tome I. C'est le premier volume d'une histoire fort savante et toute récente qui mériterait d'être traduite en français, car nous ne possédons aucune histoire de l'Allemagne ; cf. Brunner, *Deutsche Rechtsgeschichte*, 2 vol. 1892, Duncker. Cet ouvrage contient une bibliographie très abondante des travaux déjà publiés. Cf. ma traduction de Lamprecht, *Études sur l'état économique de la France pendant la première partie du Moyen âge*. Paris, 1889, Bouillon. Nos nombreuses citations renvoient aux éditions de Grégoire de Tours, de Frédégaire, de Fortunat, de Sidoine Apollinaire, enfin des recueils de formules et des conciles publiés par la Société des *Monumenta Germaniæ Historica*, de Berlin.

religion chrétienne. Le rôle même de ces riches Gallo-Romains fut tout autre que celui des grands *possessores* soumis aux Wisigoths et aux Burgondes. Ils acceptèrent la royauté mérovingienne et se montrèrent bienveillants envers elle. Les évêques même facilitèrent ses débuts. Les écrivains contemporains n'ont aucune haine contre ces Barbares ; le mépris de Sidoine Apollinaire pour tous ces guerriers a même disparu. De nouvelles générations sont nées, habituées au contact quotidien avec les Francs.

Les lettres de Fortunat vantent autant le savoir, la générosité d'un chef barbare, d'une dame franque, que la science et la bonté d'un riche Gallo-Romain.

Le droit politique franc ne pouvait évidemment rester ce qu'il était en Germanie. Quelle différence entre le pays où il était né et les contrées qu'on avait désormais sous les yeux ! La situation topographique de la Gaule, sa division déjà fort ancienne en *civitates*, acceptée par l'Église, les nombreux travaux exécutés par les Romains, la création des villes, les grands centres encore existants, enfin le pays sillonné de routes permettant un commerce assez étendu, rendaient impossible le maintien des institutions franques.

En Germanie, les droits, les prérogatives de la monarchie étaient fort restreints. L'assemblée populaire, le *concilium*, autrefois toute-puissante, représentait encore la souveraineté du peuple. Chef militaire, juge de ses sujets, le roi franc réunissait en lui les deux grandes attributions de l'État. Une séparation des deux pouvoirs n'existait pas. Dans un état aussi primitif, qui n'avait pas besoin d'un grand nombre de fonctionnaires, où tous les citoyens participaient aux charges publiques et rendaient la justice sous la présidence du comte, délégué du roi, dans les différentes circonscriptions de la nation, ces fonctions ne coûtaient rien à l'État. Le roi salien n'avait besoin d'aucun impôt pour payer la solde des soldats. Les armées permanentes que Rome entretenait pour sa défense étaient inconnues aux Germains. Tous les hommes libres étaient soldats et devaient, durant la guerre, s'entretenir et s'équiper à leurs frais. Les revenus des terres que la race royale possédait, le butin pris aux ennemis et partagé avec les guerriers, en dernier lieu une partie des amendes formaient alors ses ressources pécuniaires. Aucune distinction n'existait entre les propriétés de l'État et les possessions privées de la royauté.

Pour rendre possible l'établissement des Francs en Gaule, il avait fallu que la royauté salienne acquît pendant ses guerres avec l'Empire romain une très grande puissance, qu'elle absorbât en elle la souveraineté populaire et qu'elle se présentât avec des droits parfaitement définis et une autorité incontestable. La loi Salique nous permet de voir cette transformation de la royauté. Il faut avouer néanmoins que si sa puisssance a augmenté, si la monarchie a pu lutter avec succès contre l'assemblée populaire, si elle est déjà le représentant de la volonté du peuple, ses attributions sont encore peu developpées dans un tel état social encore agricole.

C'est à cet instant qu'elle pénétra en Gaule et qu'elle s'établit d'une manière durable sur notre sol. Le passé favorisa son essor. Ce ne fut pas impunément que Rome avait fait sentir sa domination pendant cinq siècles ! Le droit romain qui avait abouti à l'omnipotence de l'État fit sentir son influence sur les conceptions politiques de la monarchie naissante. La royauté franque s'éleva sur les ruines de ce grand passé. Héritier des droits de l'empereur byzantin, le roi franc devient le représentant de l'autorité ; l'assemblée populaire s'efface, le prince ne la considère plus comme la base de son pouvoir. Le travail d'adaptation fut d'abord lent, le plus souvent inconscient, et dans les transformations que subit le pouvoir royal, en théorie encore limité, mais en fait presque absolu et despote, ce ne fut pas le Gallo-Romain qui y perdit. Le Franc libre fut seul à sentir défavorablement les résultats de la création de ce vaste royaume. Il perdit de plus en plus sa raison d'être. Son rôle s'efface peu à peu, et ses prérogatives, autrefois si chères, seront bientôt dans ce vaste royaume un lourd fardeau dont on se débarrassera volontiers.

Le caractère extérieur de la royauté resta ce qu'il était auparavant. Le roi franc garda avec soin les attributions et les pouvoirs qu'il tenait des institutions germaniques. Comme ses ancêtres, il reste le chef militaire, le juge de ses sujets. Les influences romaines ne peuvent rien sur l'union encore fort étroite de ces deux pouvoirs, mais en possession d'un territoire plus étendu, la royauté eut besoin d'un plus grand nombre de fonctionnaires, et prise au dépourvu, elle accepta les cadres de l'administration impériale, sa chancellerie, ses impôts et ses douanes. Manquant encore d'une notion claire et des devoirs et des droits de l'État, elle les adapte tant bien que mal à ses institutions, mais sa manière de percevoir les impôts, de les lever, accuse son ignorance de la vraie notion de l'État. Les charges publiques n'apparaissent plus prélevées pour les services que l'État doit rendre, mais comme redevance qui parut tout de suite fort lourde aussi bien aux Gallo-Romains qu'aux Francs. Les vastes territoires qui appartenaient au fisc romain, désormais la propriété de la royauté, les revenus annuels fournis par ces impôts et par les douanes permirent aux rois mérovingiens de faire face aux nécessités de l'heure présente, de récompenser ses dévoués serviteurs. Mais là encore, elle décèle son caractère tout primitif, elle ne connaît pas la vraie valeur de la richesse, elle gaspille les ressources de l'État et n'attache même à la terre qu'une valeur secondaire. Le roi mérovingien la prodigue sans compter à l'Église et aux fonctionnaires du royaume.

Ce qui subsista du passé, ce fut donc surtout les institutions financières créées par Rome, c'est-à-dire le legs le plus dur. Leur maintien momentané développa la rapacité, l'égoïsme des fonctionnaires royaux.

Le milieu social gallo-romain fut peu modifié par la venue des Francs et leur établissement n'eut pas immédiatement un résultat heureux pour les populations. Le vieux monde subsista avec ses conceptions, néfastes au bonheur du plus grand nombre. Elles vont même dissoudre la royauté mérovingienne. Les grandes fortunes, les *Latifundia* immenses, lieux de misère et de douleur pour la classe rurale, ne furent pas détruits. Partout la liberté disparaît et la grande propriété augmente et se développe. Bien des siècles passeront encore avant qu'une marche ascendante vers la liberté puisse commencer.

L'influence du pays conquis se fit sentir tout de suite sur les successeurs de Clovis. Tout alla à l'encontre du développement lent et régulier de la monarchie mérovingienne. Si la royauté franque avait grandi et illustré la nation dans sa défense contre Rome si, encore limitée dans ses droits, elle avait pu surveiller ses fonctionnaires et se les attacher par la crainte, le vaste royaume, qu'elle posséda par ses conquêtes successives, ne lui permit pas de répondre aux nécessités présentes.

Appelés à succéder à l'Empire romain, maîtres de toute la Gaule, les rois mérovingiens ne tardèrent pas à montrer l'action qu'exercent une grande richesse et une autorité presque absolue sur une race encore jeune et tout instinctive. L'arbre généalogique des Mérovingiens en est la preuve. A peine quelques héros que la légende a dû chanter ; les aînés, venus des forêts lointaines, forts, robustes et grossiers, puis les fils débauchés et perdus de souillures, vieux à vingt ans, enfin la longue lignée de ces rois que Dante ne fera qu'entrevoir. Si nous voyons dans les aînés la grandeur épique de la race, les instincts guerriers, la rudesse germanique, les fils au contraire nous montrent la prompte transformation des Francs sur le sol gallo-romain. Quelle vie ! La corruption qui s'étale partout; des guerres inutiles sans cesse répétées, l'absence de vues politiques, les bouleversements sociaux détruisant l'effort de l'ancêtre jusqu'au moment où il faudra encore faire appel aux hommes d'Austrasie, qui avaient conservé avec un sang plus pur ces instincts guerriers, cette rudesse germanique, pour défendre l'Europe occidentale contre le plus grand danger qui la menaçait : l'invasion des Arabes.

Établi sur le sol gallo-romain, le roi Clovis considéra ce que sa vaillance avait conquis comme son propre bien. Pendant sa vie, cette conception toute germanique n'offrit aucun danger, elle donna même un peu de force au pouvoir central assez faible dans un pays aussi mal divisé et formé d'éléments si peu homogènes : mais à sa mort, le droit d'hérédité fit son apparition sur la terre des Gaules. L'héritage est laissé à ses fils qui partagèrent le vaste royaume sans tenir compte de l'état de civilisation de chacune de ses parties. Ce fut la cause de maux sans nombre. La société est décimée par des guerres si fréquentes que le chroniqueur indique avec soin « l'année paisible », et pourtant, malgré ces guerres civiles, malgré ces fléaux, les épidémies, les incendies si nombreux, les tremblements de terre qui font des ravages épouvantables, la société a soif de vie. Vivre est le cri qui retentit sur cette terre si altérée des Gaules, et du Nord arrivent de nouvelles peuplades germaniques pour féconder les immenses territoires encore déserts.

Et au milieu de ces guerres continuelles, à côté de cet absolutisme de la race royale, inconnu aux peuplades germaniques, naissent parallèlement deux forces puissantes dont le but principal est l'affaiblissement même de cette royauté : l'aristocratie laïque et religieuse. Il faut avouer cependant que les grands dignitaires de l'Église, les évêques, ont une part bien moindre dans cette lutte. Ils ont soutenu au contraire le pouvoir royal, l'ont aidé de leurs conseils et ont reconnu son autorité sans limite. Le peuple lui-même reste fidèlement attaché à ses rois. Ni les crimes inouïs des princes, ni les vexations de toutes sortes, le plus souvent injustes, ne sauraient l'émouvoir. Il reste simple spectateur de cette lutte, indifférent et passif. Il semble pressentir le peu de profit qui lui reviendra de la victoire de l'un ou de l'autre parti.

On peut donc dire que les seuls adversaires de la royauté sont les fonctionnaires du royaume, devenus avec le temps, par leurs richesses et par leurs prérogatives, une noblesse née d'hier, sans passé ni ancêtres, mais aujourd'hui insolente et toute-puissante. Et à peine un siècle s'était écoulé depuis la fondation du royaume, que cette aristocratie laïque s'est acquis assez d'autorité pour se faire reconnaître des droits par cette royauté décadente. On peut voir les vains efforts tentés par quelques rois du septième siècle pour arracher à ces grands, déjà hautains, la puissance qu'ils ont usurpée.

Malgré les nombreuses causes de dissolution de ce royaume, il y eut encore assez de cohésion pour maintenir les parties de ce vaste État si peu homogène. La raison en est que le royaume franc, obligé par la force même des choses de se replier sur lui-même, ne ressemblait pas aux autres États fondés jadis par les Burgondes et les Wisigoths ; plus au Nord, en contact incessant avec la Germanie, il puisa de nouvelles forces par l'émigration constante de ces peuplades, et à mesure que les Francs s'établissaient sur le sol gallo-romain, le mélange des institutions germaniques et des usages fort anciens des indigènes aboutissait à une création sinon originale, du moins particulière, qui persistait malgré la faiblesse de la maison mérovingienne. Si l'on ajoute à cela que la population du Nord, sur laquelle la royauté franque s'établit, était plus germanique que gallo-romaine, l'on aura ainsi l'explication du maintien et de la durée à travers les siècles de ce mélange tout d'abord artificiel des institutions germaniques et romaines.

Au moment où Clovis fonde le royaume franc, l'état économique de la Gaule était, nous l'avons vu, dans une profonde décadence. Le caractère agricole, dans les provinces du Nord, s'étend de plus en plus sur tous les centres de l'activité humaine et réduit les villes à n'être que de grands villages. Les rois mérovingiens séjournent très peu dans les cités. Les grands revenus des propriétés de la couronne qu'il fallait consommer sur place les obligent au contraire à mener une vie errante, passée successivement sur toutes les terres du royaume. Là, dans ces vastes domaines les produits naturels nécessaires à la vie de la cour étaient centralisés, et ce n'était qu'au moment de ceindre la couronne, ou dans des cas de nécessité que les princes séjournaient dans les villes, le plus souvent entretenus aux frais des sujets. Ils s'installaient dans les palais encore debout des temps gallo-romains[1].

Nous avons très peu de renseignements sur ces nombreuses *villæ* royales. Les textes nous indiquent que les constructions de ces demeures princières étaient le plus souvent en bois. L'influence de l'architecture gallo-romaine se faisait sentir sur ces habitations. Leur plan devait ressembler aux anciennes *villæ gallo-romaines*. Elles comprenaient la maison seigneuriale, habitation des princes, et de grands biens divisés en petits lots, donnés en culture soit à des fermiers, soit à des esclaves Des intendants royaux les surveillaient. La maison seigneuriale était précédée d'un portique à colonnes, d'un grand *atrium* et comprenait généralement deux étages. Les chambres étaient nombreuses et séparées par des rideaux. Nous ne savons rien de la décoration de ces habitations. Grégoire de Tours, les chroniqueurs ne nous ont laissé aucun témoignage, et à ce point de vue, nous sommes moins renseignés que pour l'époque carolingienne[2].

1. Cf. Grég. de Tours et Frédégaire indiquent quelques *villæ* royales. On sait que le père de Clovis, Childéric avait pour résidence *Dispargum*, dont on n'a pu encore préciser l'emplacement. Cf. Grég. de Tours, *H. F.*, VI, 9, p. 77. Elles étaient disséminées sur tout le territoire et avaient été peut-être sous l'Empire des *villæ* du fisc. Elles sont surtout dans l'Est de la France. Cf. *Brennacus.* Grég. de Tours, *H. F.*, IV, p. 22, p. 158. Longnon l'identifie avec Berny-Rivière (Aisne), arrondissement de Soissons. Cf Longnon, *Géographie de la Gaule au VIe siècle*, p. 401. Cf. *Compendium villa* (Compiègne) où Clotaire II mourut. Cf. Grég. de Tours, *H. F.*, IV, 31, p. 758. Elle est plusieurs fois mentionnée. Cf. *Sauriciacus.* Longnon dit que Longueval au diocèse de Laon, non loin de Soissons, occupe l'emplacement de cette *villa* disparue. Cf. Longnon, *l. c.*, p. 403. Grég. de Tours, *H. F.*, IX, c 37, p. 391. Cf. *Pontico villa.* Longnon, *l. c.*, p. 405, y voit Ponthion dans la Marne. Cf. Grég. de Tours, *H. F.*, IV, 28, p. 163, VI, 37, p. 277. Cf. *Victoriacus villa* où Clotaire, fils de Chilpéric, fut élevé. Cf. Grég. de Tours, *H. F.*, VI, c. 41. Son nom revient assez souvent. C'est Vitry, dans le Pas-de-Calais (arrondissement d'Arras). *Cala.* Cf. Longnon, *l. c.*, p. 358, qui l'identifie avec Chelle tout près de Paris. Cf. Grég. de Tours, *H. F.*, VII, p. 4, p. 293. Cf. *Rotojalum villa.* Cf. Grég. de Tours, *H. F.*, X, 28, p. 439. C'est Rueil. On trouve aussi mentionnés Clichy, Choisy, Épinay, Marlenheim, etc.

Il existait encore à cette époque un grand nombre de palais gallo-romains. Cf. pour Metz. Grég. de Tours, *H. F.*, VIII, 36, p. 351. D'autres textes mentionnent des palais à Trêves. Il y en avait plusieurs à Paris. L'un était situé aux Thermes, où Childebert et son épouse Ultrogote résidaient. Nous verrons qu'il s'étendait très loin, car le roi pouvait en passant par ses jardins venir entendre la messe à Saint-Germain-des-Prés. Une autre résidence royale existait sur l'emplacement du Palais de Justice, où lors des derniers travaux exécutés en 1892, on découvrit des anciens restes de constructions gallo-romaines. Ceux de Marseille, de Bordeaux et d'Arles durent être utilisés par les rois ou les fonctionnaires mérovingiens.

2. Viollet-le-Duc a voulu dessiner dans son ouvrage, *Histoire de l'habitation humaine*, une *villa* royale, mais sa description ne repose sur aucun texte. Les

A côté des chambres destinées aux fonctionnaires de la cour, il y avait aussi un oratoire, une chapelle desservie par un prêtre désigné par le roi, souvent même par un saint personnage[1]. Les clercs disaient la messe, accomplissaient les cérémonies religieuses pour tous les habitants de la villa royale. Le baptême des enfants des rois était souvent célébré dans ces oratoires[2].

Ces grandes *villæ* devenaient le centre de l'administration mérovingienne. C'est là que le roi mérovingien, les cheveux longs et flottants, la lance à la main, insigne et symbole de son pouvoir, assis sur sa *cathedra*, apparaît à son peuple dans tout l'éclat de sa puissance[3]. A côté de lui, les grands dignitaires du royaume, les fonctionnaires né-

chroniqueurs mérovingiens ne nous ont pas laissé des renseignements suffisants sur les villas royales, et il faut arriver au IXe siècle pour trouver une description assez minutieuse de ces grandes fermes. Cf. Plath, *Die Königspfalzen der Merowinger und Karolinger*, 1892 (tiré à part), il ne donne que la préface de son livre qui n'a pas encore paru. Ce même auteur a publié en 1894 un travail intéressant sur les constructions de l'époque franque, mais il n'a utilisé que les sources carolingiennes. Cf. *Deutsche Rundschau*. Plath, *Merovingische und Karolingische Bauthätigkeit*, 1894 (tiré à part). Martin Marville, *Essai sur les villas royales ou palais du fisc des rois mérovingiens dans le département de l'Aisne*, donne quelques indications, mais peu importantes. Fleury, *Antiquités du département de l'Aisne*, II, p. 211. Elles abondaient dans ce département. L'archéologie ne peut donner aucune description de ces *villæ*, car elles étaient le plus souvent en bois. Nous savons qu'elles comportaient un grand nombre d'édifices, le plan général ne devait pas sensiblement différer des *villæ* gallo-romaines décrites par Sidoine Apollinaire. Bâties le plus souvent sur la pente d'une colline, ou élevées sur des terrasses, elles étaient entourées de remparts ou d'une haie épaisse, quelquefois aussi défendues par un cours d'eau. Après avoir passé par des portes solides, le visiteur pénétrait sous un portique ; cf. Fortunat, *Carm.*, IX, 15, p. 219, M. G. : *quadrata porticus*. Il était orné de sculptures en bois, *sculpturata lusit in arte faber*. Il entrait alors dans un vaste atrium. Grég. de Tours, *H. F.*, V, 50, p. 242, *in atrio Brinnacinsis domus*. On voyait alors de nombreux édifices. Tout d'abord la maison du roi située au milieu, le plus souvent à deux étages, cf. Grég. de Tours, *H. F.*, V, 50, p. 243. De grandes salles étaient situées au rez-de-chaussée, c'est là que se réunissaient les hauts fonctionnaires de la cour et quelquefois des évêques. Cf. Grég. de Tours, *H. F.*, V, 49, p. 242. On trouvait plus loin les bâtiments qui servaient aux cuisines, aux gynécées, vastes salles où les femmes travaillaient, cf. Grég. de Tours, *H. F.*, IV, 26, p. 161, des hangars pour mettre le bétail fort nombreux. Cf. Grég. de Tours, *H. F.*, p. 26, p. 162. Tout un personnel habitait là et plus loin encore demeuraient les agriculteurs qui labouraient les terres du fisc.

1. Cf. Mabillon, *Acta*, I. *Vita Desiderii*, c. 2, p. 10. Cf. *Boll.*, 17 août. I, *Vita Bertharii*, p. 170. Elle avait des reliques particulières. Cf. Marculfe, *Formul.*, I, 40 (Zeumer, p. 68).

2. Cf. Grég. de Tours, *H. F.*, V, 34, p. 226-227.

3. Grég. de Tours, *H. F.*, VII, 33, p. 313. *Post hoc rex Gunthramus data in manu regis Childeberti hasta, ait : hoc est indicium, quod tibi omne regnum tradidi.* La *cathedra* royale s'appelle le *solium regni*. Cf. Sickel, *Götting. Anzeigen*, 1889, p. 963. Cf. Grég., *H. F.*, V, 17, p. 208. *Imponens eum super cathedram suam cunctum ei regnum tradedit.*

cessaires à la direction des affaires. Dans la conception de l'époque un grand seigneur, un roi ne pouvaient se passer d'une nombreuse suite. Les petits rois, les reines même ont aussi leur cour, marque de la richesse et de la puissance[1]. Il était facile de faire vivre tout cet innombrable personnel sur les produits de la terre qu'il fallait consommer pendant l'année. Paraître en public avec un grand nombre de serviteurs était pour le temps le plus grand luxe, et nous verrons plus tard combien était onéreuse aux populations la visite que les rois et les évêques faisaient dans les différentes parties du royaume.

Le monde qui vit auprès du roi est pris parmi les différentes classes de la société. Le prince ne dédaigne ni l'esclave ni le lite, il n'a aucun mépris pour le Gallo-Romain. Il est libre d'appeler à son service qui lui plaît et son choix élève tout de suite, par un wergeld plus important, celui qui a été choisi. Aussi voyons-nous à la cour des rois francs, des Gallo-Romains, des lites, des esclaves appelés à des fonctions publiques, groupe bizarre, différent et par la langue et par l'état même de civilisation. Comme le prince n'avait pas eu besoin en Germanie d'un personnel aussi nombreux, il fut obligé dès son établissement en Gaule d'emprunter à l'état social ancien bien des coutumes, des usages, et d'avoir recours aussi à l'Empire pour les fonctions que nécessitait un si vaste royaume. Les charges des serviteurs de la maison royale des temps passés restent les mêmes au point de vue du titre, mais combien changées, combien transformées sur la terre gallo-romaine !

C'est tout d'abord le *major domus*, autrefois l'intendant général de la maison royale, aujourd'hui sur le point de devenir le plus haut fonctionnaire du palais. Nommé tout d'abord par le roi, quelquefois pris parmi les membres de sa famille, il abandonne de plus en plus les fonctions du temps passé, toutes privées, pour prendre en main la

1. Cf. Fortunat, *Carmen*, VI, 5; cf. Grég. de Tours, *H.F.*, IX, 19, p. 373; 36, p. 391. Le luxe se développe et les rois subissent l'influence du milieu gallo-romain. Chaque prince a sa cour, ses nombreux serviteurs. Les princesses ont aussi leur centre d'influence et un grand nombre de fonctionnaires. Cf. Grég. de Tours, *H. F.*, VI, 45, p. 284. Aussi Grég. de Tours, *H. F.*, V, 49, p. 240. Les fils des rois reçoivent dès le berceau un trésor pour pouvoir entretenir une telle cour. Cf. Grég. de Tours, *H. F.*, VI, 35, p. 315, et aussi la suite qu'on donne au fils de Childebert II. *H. F.*, IX, 36, p. 391. *Cui comitibus domesticis, majoribus atque nutriciis vel omnibus qui ad servitium regale erant necessarii delegatis.* Ce fut sans nul doute une des causes de l'appauvrissement de la maison royale. Les particuliers étaient aussi suivis d'un grand nombre de serviteurs. Cf. Grég. de Tours, *H. F.*, IX, 9, p. 365.

surveillance des affaires du palais, pour s'occuper de l'administration du royaume. Le *major domus* devient bientôt indispensable à la royauté et chaque prince a son maire du palais. Les guerres sans nombre qui depuis le milieu du sixième siècle affaiblissent la royauté et divisent le royaume, la mort des rois, qui laissent des enfants le plus souvent mineurs, la puissance de l'aristocratie laïque qui augmente chaque jour, toutes ces causes font de cette charge, qui à l'origine était sans grande importance, la plus haute fonction du royaume. C'est elle qui personnifie la lutte de l'aristocratie contre la royauté et chaque victoire gagnée par celle-là transforme la fonction du maire du palais, la rend de plus en plus importante jusqu'à ce qu'enfin elle remplace le roi lui-même[1]. Ce n'est pas ici le lieu de faire l'histoire de cette lutte, de retracer les actes divers de ce drame, disons toutefois que dès le commencement du septième siècle, après avoir obtenu sa nomination des grands du royaume, le maire du palais devient inamovible et enfin rend sa fonction héréditaire. Le jour était proche où la race mérovingienne allait être remplacée par celle des maires du palais de l'*Austrasia*.

Les fonctionnaires qui sont auprès du roi peuvent se diviser en deux catégories, ceux qui sont préposés au service intérieur du palais et ceux qui s'occupent de l'administration du royaume. Parmi le personnel privé, il faut nommer le *cubicularius* chargé du soin des appartements royaux, le *comes stabuli*, le comte des écuries royales, le *spatarius*, le porte-glaive, le *princeps pincernarum*, le chef des échansons, le *senescalcus* ou sénéchal qui a la haute direction des serviteurs de la cour, car, à côté de ces grands dignitaires vivaient sous leurs ordres, un grand nombre de domestiques préposés à la cuisine, aux appartements, aux écuries, à la chasse du roi.

Il faut aussi compter parmi le personnel privé, les médecins qui vivent au palais, les *domestici*, intendants des domaines et du fisc et du roi, enfin les prêtres préposés au service du culte.

1. Cette fonction à l'origine n'est pas ce qu'elle deviendra au VIIe siècle. Le *major domus* a la direction des biens royaux et surveille les serviteurs de la maison. Chaque prince a son *major domus*. Les princesses même en possèdent. Cf. la fille de Chilpéric, Riguntha. Grég. de Tours, *H. F.*, VI, 45, p. 285. Grégoire de Tours ne connaît pas encore la haute fonction du *major domus*. On peut constater leur importance grandissante sous les reines Brunehaut et Frédégonde. Elles eurent intérêt à relever les prérogatives de ces serviteurs, leurs favoris le plus souvent. Représentant de l'aristocratie franque, inamovible déjà sous Clotaire II, il devint le plus grand personnage du royaume. Le *major domus* eut le commandement des antrustions de la couronne et fut le juge suprême des sujets. Cf. Brunner, *Deutsche Rechtsgeschichte*, II, p. 107.

Comme le prince n'a aucune armée permanente, il a gardé autour de lui des fidèles qui rappellent le *comitatus* des temps anciens. Ce sont les *anstrustions* de l'époque mérovingienne, sorte de gardes à cheval, qui l'entourent à la guerre et le protègent dans le danger. Au sixième siècle, les hommes des classes inférieures pouvaient être admis à faire partie de ce corps d'élite, mais à mesure que la puissance royale décroît, que les affaires se centralisent entre les mains du maire du palais, l'accès en devient plus difficile et nous voyons des personnages influents en faire partie. La raison en est aussi à ce qu'on les emploie aux affaires du royaume.

Pour l'administration de l'État le roi avait besoin d'un certain nombre de hauts fonctionnaires. C'était tout d'abord ceux qui appartenaient à la chancellerie, les *referendarii* préposés à l'examen des diplômes et des chartes royaux, les *cancellarii*, qui étaient chargés de les rédiger et de les dicter à des scribes pour les soumettre ensuite à la signature du roi. Un des référendaires possédait l'anneau et le sceau du prince et avait le pas sur tous les autres. Joignez à cela un certain nombre de *notarii*, de scribes, cette foule d'employés subalternes que Rome avait connus, et vous aurez, à côté des paysans, qui travaillent les terres des *villæ* royales, des gynécées où se fabriquaient les vêtements les plus indispensables et dont le voisinage était très dangereux aux rois, le personnel qui habitait dans ces demeures dont nous ne connaissons que les noms. Les affaires publiques nécessitaient un va-et-vient quotidien, c'était toujours l'arrivée de quelque haut fonctionnaire suivi de son escorte, d'une ambassade étrangère, d'un évêque, d'un comte qui venaient décrire au roi l'état malheureux de certaines provinces, quelques sujets qui sollicitaient des évêchés, qui demandaient le pardon d'une faute ou réclamaient contre autrui le châtiment d'un affront subi.

C'était là aussi que les rois francs plaçaient leur trésor enfermé dans des coffres aux doubles serrures et qui comprenait l'or et l'argent, les objets précieux, les tapisseries de prix, la vaisselle magnifique, les bijoux de la maison royale. Un fonctionnaire, le *camerarius*, était préposé à leur garde. La royauté montre ici son degré de culture encore tout primitif. Ce qui préoccupe avant tout le roi franc, c'est son trésor. Quand on déclare la guerre, c'est surtout lui qu'on protège, c'est celui de l'ennemi qu'on pille et qu'on vole. Que de crimes commis pour s'emparer du trésor du roi vaincu ! On dirait quand on lit les documents contemporains que les rois ont estimé très peu ces terres nombreuses léguées par le fisc impérial, qu'ils ont gaspillées par des donations exagérées et le plus souvent sans vue politique aux leudes et aux églises du royaume[1].

Le palais comprenait encore une école créée exclusivement pour ceux qui voulaient être fonctionnaires, qui désiraient aider la maison royale dans l'administration du royaume. Les fils des grandes familles y étaient le plus souvent envoyés et le roi avait soin de les nommer après un séjour assez long dans cette école, à des fonctions élevées[2]. Des maîtres étaient chargés de l'instruction de ces élèves, ils leur enseignaient la grammaire, les lettres, sans nul doute la connaissance du droit soit germanique, soit romain, tel que la loi wisigothique l'avait condensé. Nous ne pensons pas qu'il y eût une séparation bien marquée entre ceux qui prenaient la voie administrative ou les premiers ordres ecclésiastiques ; à cette époque aucune distinction n'existait, l'enseignement revêtait avant tout le caractère religieux. Il faut cependant reconnaitre que dans cette école palatine les connaissances nécessaires pour une bonne administration devaient être surtout enseignées. Après un stage assez long sous l'œil du maître et la surveillance du maire du palais, le jeune homme, d'ordinaire fort riche, restait à la cour auprès du roi. La conception de cette époque ne considérait aucune fonction comme inférieure du moment qu'il s'agissait du service royal. Servir le roi dans toutes les circonstances de la vie, l'approcher était l'ambition la plus haute d'un jeune fils de famille mérovingien. Nous ne pouvons voir aucune hiérarchie dans cette cour, aucun *curriculum* honorifique bien fixé. Le caprice du prince, la faveur de la reine, la situation importante du jeune élève faisaient avancer très rapidement aussi bien le Gallo-Romain que le Germain. Cette école, dont

1. On ne peut citer tous les passages relatifs aux trésors des rois dans les chroniques. Cf. Grég. de Tours, *H.F.*, V, 35 ; VI, 45. Il joue un rôle considérable dans les conceptions de l'époque mérovingienne. Cf. le trésor de Mummole. *H. F.*, VII, 40; VII, 38 ; VIII, 3. On les cachait pour les soustraire à l'ennemi. Grég. de Tours, *H. F.*, VII, 45 ; VI, 24-26 ; X, 21.

2. Cf. Grég. de Tours. *H.F.*, X, p. 29. Fortunat, *Carmen*, IV, 7. Cf. Mabillon, *Acta*, I. *Vita S. Leodegarii*, I, 6. Les vies des saints écrites vers la fin du VIe siècle relatent presque toujours la naissance illustre de l'Élu de Dieu. Il a dédaigné la vie des cours pour celle du monastère. Les fils des grandes familles, aussi bien gallo-romaines que germaniques, étaient envoyés à l'école du palais. Cf. Fustel de Coulanges, *La Monarchie franque*, p. 145, note I. Cf. Du Moulin-Eckart, *Leudegar, Bischof von Autun*, 1890, p. 46, et Waitz, *Deutsche Verfassungsgeschichte*, 22, p. 108. Ils étaient très nombreux et venaient à la cour soit appelés directement par le roi, soit envoyés par leur famille auprès de lui. Ces *pueri aulici* étaient les pages de la cour mérovingienne.

le recrutement devait être annuel, était surtout la pépinière des fonctionnaires royaux. Ils apportaient dans les provinces les vues politiques de la cour et habitués depuis leur jeunesse à servir le roi, ils continuaient à lui garder un attachement durable. Ce fut surtout vrai pour le premier siècle de la monarchie mérovingienne.

A la mort du roi, les fonctionnaires devaient jurer obéissance et fidélité à son successeur. Le nouveau prince parcourait les villes de son royaume pour recevoir le serment de fidélité de tous ses sujets, ou chargeait le comte de chaque *civitas* de l'obtenir en son nom. La majorité était fixée à douze ans dans le droit franc, à quinze ans suivant les autres coutumes germaniques. Les fils de roi pouvaient régner à cet âge, ce qui explique les écarts moraux de ces jeunes souverains, affranchis d'une tutelle quelquefois fort sévère. Les attributions royales sont nombreuses; chef militaire, il décide de la paix et de la guerre, il décrète le contingent nécessaire à l'expédition prochaine. Le prince est aussi le juge suprême de son peuple, et les comtes les délégués de son autorité dans les provinces. Il maintient la paix intérieure du royaume. Des conceptions nouvelles inconnues au monde gallo-romain pénètrent de plus en plus dans la vie du peuple franc. Commettre un délit, un crime, c'est troubler la paix publique et par cela même tomber sous le coup de la justice royale. C'est ce point de vue qui permet à la royauté de combattre ces vengeances privées qui troublaient chaque jour le royaume, de mettre des bornes à la *vendetta* franque et d'ordonner aux comtes ou aux centeniers de poursuivre le criminel et de le traduire devant le tribunal. Cette conception de la paix royale domine le droit de l'époque franque. Elle fait naître tout un groupement inconnu au peuple gallo-romain, une hiérarchie puissante basée sur les services rendus à la couronne et habitue les sujets à attendre tout du roi. Cette conception augmente le prestige du prince, car être sous sa protection, avoir une charte signée par lui était une faveur qui créait des avantages très importants et qui élevait le wergheld de l'homme qui en était l'objet. Nous voyons à cette époque que tous les sujets : hommes, femmes, enfants se réclament de cette protection. Les marchands, les juifs, les étrangers peuvent la recevoir. Elle s'étend même plus loin, elle établit des catégories parmi les propriétés du royaume, et place sous la protection royale aussi bien les *villæ*, séjour habituel des princes, les chemins où il doit passer que les monastères et les églises favorisés par le roi.

Si les droits de la royauté mérovingienne étaient limités par les coutumes, le prince avait en fait une autorité toute-puissante, on peut même dire sans borne, et qu'il exerça souvent d'une manière arbitraire et despotique[1]. Les récits contemporains, nous le verrons, représentent les rois durs, pleins d'âpreté, leur caractère est brutal, emporté, le plus souvent instinctif et ne sachant pas dominer encore la colère du moment. Malheur à celui qui refuse de se soumettre à leur volonté. Ils réclament de tous les fonctionnaires du royaume l'obéissance la plus passive et l'exécution rapide et complète de leurs ordres[2].

Celui qui ne veut pas se soumettre à la volonté royale était déclaré « sans paix », c'est-à-dire sans feu ni lieu. Privé de ses biens qui retournaient au fisc, exilé le plus souvent hors du royaume, ou détenu dans un monastère, il attend l'apaisement de la colère royale ou un nouveau règne. Quelquefois le châtiment est plus grand, la privation de la vue ou la mort. La guerre étant partout et la violence permanente, la rébellion, la trahison ne sont point rares dans ces royaumes si divisés. Aussi voyons-nous bien souvent des actes de cruauté inouïe envers même ceux qu'un simple soupçon a compromis. Les hauts dignitaires de la cour ne sont jamais sûrs de conserver longtemps la faveur royale. A la mort du prince, le parti de la reine faisait chèrement payer un moment de faveur. L'amitié même du roi n'était pas pour les fonctionnaires un sûr garant d'une longue puissance. Fantasque, irascible, trop jeune le plus souvent, le prince se montrait fort dur et souvent injuste envers ses serviteurs. Disgraciés, ils vivaient bientôt oubliés loin de la cour. L'amitié du roi coûtait du reste fort cher, il fallait renouveler par des présents, par des dons onéreux les marques de dévouement et quelquefois à la mort du fonctionnaire, le fisc réclamait sous prétexte d'exaction une grande partie

1. Les habitants de la Gaule asservis depuis longtemps à l'Empire, ne craignent pas d'exprimer aux rois leur complète soumission. Cf. Grég. de Tours, *H. F.*, II, 34, p. 97 : *Tu enim es caput populi, non populus caput tuum.* Le prélat de Tours dit à Chilpéric, Grég., *H. F.*, V, 19, 216, qu'il n'a aucun maître au-dessus de lui. Cf. aussi les paroles de Gontram Boson adressées au roi Gontran : *Tu es dominus et rex regalis in solio resedis et nullus tibi ad ea quæ loqueris ausus est respondere.* Grég. de Tours, *H. F.*, VII, p. 14, p. 299. La langue latine exprime même des sentiments d'obéissance servile. Cf. tout le chapitre de Grégoire de Tours, *H. F.*, VII, 33, p. 313-314 : *Rex est, cui vos nunc deservire debetis*, et encore V, p. 21, 219 : *Si propitius audire dignaretur rex verba servorum suorum.*

2. Grég. de Tours, *H. F.*, V, 36, p. 314 ; VIII, 15, p. 333 et 36, p. 351 ; et VII, 35, la colère même des reines. *H. F.*, V, 39, p. 228 ; VI, 32, p. 372, p. 315.

de la fortune du défunt. La royauté nous apparaît donc dès sa naissance, égoïste et despote. Son propre intérêt et non celui de ses sujets, tel est son but. Les conséquences fâcheuses de cette conception se montrent aussitôt, elles donnent naissance à une adulation, à une corruption qu'on ne craignait pas d'étaler et qui font sentir son action même sur les nominations épiscopales.

Toutes les forces morales aboutissaient donc à augmenter le prestige et l'autorité de la royauté. Nous venons de voir l'influence du milieu conquis ; les droits des empereurs byzantins arrivés même à l'autorité la plus absolue concourent au développement de la royauté franque encore primitive. Et ce n'est pas tout, l'Église elle-même, qui avait considéré Clovis comme un Messie, fit plus encore, elle déclara le chef de la maison mérovingienne, celui qui sera le grand ancêtre, le défenseur de la foi, *rex qui erat non solum prædicator fidei catholicæ sed defensor*. Et elle alla encore plus loin ; elle fut amenée à des comparaisons avec les rois de Juda, et si Clovis n'est pas encore l'oint du Seigneur, il en est le bien-aimé, celui que Dieu a choisi pour gouverner la terre.

L'autorité royale va grandir entraînée par ces trois puissances et, sans bien comprendre l'esprit plus élevé des Pères de l'Eglise, elle se développera surtout en vue de son propre intérêt. Et si les grands se révoltent contre cet absolutisme, s'ils obtiennent des privilèges au détriment de cette royauté trop despote, le peuple se soumet et subit sans se plaindre l'arbitraire et du roi et des grands. Mais la conception de l'Eglise n'avait pas seulement en vue l'intérêt particulier de la royauté, car si elle proclamait le roi le défenseur de la foi, elle le déclarait aussi le protecteur des siens. Il devait même l'enrichir, car les dons étaient agréables à Dieu. Malheur aux rois qui se sont montrés avares vis-à-vis des églises, plus malheureux encore ceux qui les ont dépouillées ! On le voit donc, deux grandes forces sont nées dont le développement parallèle et l'alliance sont les fondements de notre histoire.

CHAPITRE II

Les Villes

L'Église avait accepté, deux siècles avant la formation du royaume franc, les anciennes divisions de la Gaule. La *civitas* avait gardé, à quelques rares exceptions près, les limites qu'elle avait eues sous l'Empire. Les diocèses s'étaient ainsi formés, correspondant assez exactement aux circonscriptions politiques anciennes, et chaque évêque avait maintenu avec un soin jaloux l'intégrité de son territoire. La royauté franque accepta ces divisions, et chaque *civitas* avec sa ville, avec son territoire qui comprenait un certain nombre de *vici* ou de *villæ* et quelques monastères, forma un tout parfaitement distinct[1]. Elle eut à sa tête, nous le verrons, un comte et un évêque. On peut dire même qu'elle gagna en importance et qu'elle devint le seul centre, la seule *patria* qui pouvait alors exister. Les écrivains ont toujours soin de nous indiquer la *civitas* à laquelle appartient le personnage dont ils racontent la vie[2]. Un contemporain de Grégoire de Tours se disait donc de telle ou telle province, et nous pouvons voir que, malgré l'idée subsistante de l'unité du royaume franc, il n'y avait pas une union bien solide entre les *civitates* voisines, et bien souvent des haines naissaient engendrées aussi par les divisions du royaume[3]. Le lien qui les unit est du reste assez lâche ; à mesure même qu'on avance, la royauté a perdu toute autorité, elle a octroyé en fractions à l'aristocratie laïque et religieuse ses droits régaliens et nous n'avons bientôt que des groupes fragmentaires. Ce sont par exemple les Poitevins, les Périgourdins, les habitants de Tours, etc. On peut même dire que toutes ces parties sont juxtaposées les unes aux autres, mais ne possèdent aucune unité de pensées, aucun esprit national. En ce moment, l'Église seule est homogène ; le pouvoir spirituel est assez fort pour ne pas permettre des divisions territoriales contraires aux circonscriptions ecclésiastiques.

1. Cf. Falbeck, *La Royauté et le Droit royal francs*, p. 19, et Roth., *Beneficialwesen*, p. 171.
2. Cf. Grégoire de Tours, VII, 36, et Roth., *l. c.*, p. 172.
3. Cf. Mabillon, *Acta*, I, *Vita Cesarii*, 17, p. 650.

C'est elle aussi qui contribuera dans une large mesure, à fondre, à unir tous ces éléments si disparates.

Les villes, chefs-lieux des *civitates* ou diocèses, étaient dans le royaume franc le centre de l'activité économique. Elles conservaient leurs fortifications élevées autrefois à la hâte au commencement du quatrième siècle pour se garantir des incursions des Germains. Les habitants n'avaient rien épargné pour les construire : les monuments les plus sacrés, les tombeaux mêmes avaient servi de pierres de taille et composaient les assises de ces épais remparts. Le plan de ces enceintes était relativement fort simple et se composait d'un parallélogramme régulier ou irrégulier. Comme un grand nombre de ces fortifications existent encore, elles peuvent nous permettre d'étudier le système de défense employé à la fin de l'Empire. Un rempart assez haut, pourvu d'un chemin de ronde, coupé de distance en distance par des tours, le plus souvent rondes, quelquefois carrées, entoure la cité[1]. Ces tours, assez élevées, presque toujours à deux étages, étaient munies à l'extérieur de petites fenêtres en plein cintre, qui permettaient aux habitants de voir l'ennemi ; à l'intérieur elles avaient une ou deux portes qui les mettaient en communication avec le chemin de ronde. Ajoutez à cela deux ou quatre grandes portes placées entre ces tours qui donnaient accès à la ville, un grand fossé qui entourait l'enceinte, et vous aurez l'aspect de ces cités gallo-romaines.

Isolée le plus souvent, entourée près des portes même par d'épaisses forêts, la ville est là, méfiante, l'œil fixé sur la plaine, attentive au

1. Il se composait en général d'une base formée de gros blocs de pierre enlevés aux temples ou aux monuments funéraires et d'une partie plus légère en petit appareil séparé par des enduits de briques. L'épaisseur de ces remparts variait de trois à quatre mètres. Cf. pour Angers, *Congrès archéologique*, 1863. Cf. pour Tours, Giraudet, *Histoire de Tours*, p. 24. Cf. pour le Mans, *Revue du Maine*, Robert Charles. *Enceinte gallo-romaine*, 1881, p. 118. On ne trouve aucune fondation dans le sol. Cf. pour Senlis. On voit le petit appareil employé avec des cordons de briques à la tour de l'évêché. Cf. pour Sens. *Congrès archéologique*, 1880. Cf. pour Arles. *Bulletin monumental*, 1878. On peut aussi étudier les fortifications des *castra*. Grégoire de Tours nous a laissé une description importante des fortifications de Dijon. *H. F.*, III, 19, p. 129. *Quatuor portæ a quattuor plagis mundi sunt positæ, totumque ædificium triginta tres torres exornant, murus vero illius de quadris lapidibus in viginti pedes desuper a minuto lapide ædificatum habetur, habens in altum pedes triginta, in lato pedes quindecim.* Cf. pour Clermont, Grégoire de Tours, *Vitæ Patrum*, III, p. 672. Les chemins de ronde ont en général disparu, nous n'en connaissons qu'un seul exemple. Cf. pour Fréjus, *Bulletin monumental*, XXX. Petit, *Esquisse des monuments romains de Fréjus*, p. 120. Nous possédons encore quelques portes gallo-romaines. Cf. Caumont, *Abécédaire d'Archéologie* (ère gallo-romaine), p. 205. Nîmes, Autun, Trèves, etc.

moindre bruit. Les tours des remparts lui permettent de faire le guet, de se rendre compte de l'extérieur ; chaque quartier surveillait la partie des fortifications qui lui était échue. Les documents nous prouvent qu'il existait des milices urbaines dans les villes. Des Goths sont signalés par des veilleurs dans la cité d'Arles[1]. Des portes solides munies de grosses serrures aux verrous épais, lui permettaient d'être chez elle[2]. Lorsque le soleil se couchait, les habitants fermaient les portes à double tour, et la cité pouvait dormir tranquille à l'abri d'une surprise. Cette ville si ombrageuse, ouvrant ses portes avec peine et, après de nombreux pourparlers, aux personnages même les plus influents[3], est l'image de la vie qui s'y menait, vie étroite, faite d'égoïsme, de méfiance, de haine du dehors.

Et ces craintes étaient fondées. Heureuse la ville qui offrait à l'ennemi de solides remparts ! Elle ne pouvait être vaincue que par surprise ou par la famine. Le siège était souvent fort long et l'adversaire découragé, trouvant difficilement la possibilité de ravitailler ses soldats, abandonnait la place. Les textes nous montrent que la trahison n'était point rare. L'ennemi cherchait toujours à nouer des relations avec les habitants de la cité, et les Juifs surtout parlementaient avec eux et quelquefois leur ouvraient les portes[4]. Aussi les indigènes surveillaient avec soin cette population étrangère et la rendaient responsable quelquefois des maux qu'elle n'avait point commis.

Quelle rumeur pendant ces sièges ! Du haut des remparts les habitants crient des injures à l'ennemi[5], échangent des défis avec lui[6], font pleuvoir sur les assiégeants de la poix, de la graisse enflammée,

1. *Vita Cesarii, Acta Boll.*, 6 août. III, 15, p. 65.
2. Cf. Grégoire de Tours, *H. F.*, III, 9, p. 117 : « *Cumque portæ civitatis obseratæ essent.* » Cf. *H. F.*, VI, 11, p. 256.
3. Cf. Grégoire de Tours, *De gloria martyrum*, 78, « *quia jam obseratis pro nocte portarum valvis ingredi non poterunt.* » On vous interrogeait. « *Interrogantesque de muro urbis responderunt se adesse cum homine.* »
4. La population si divisée créait des partis nombreux. On s'observait de tous côtés et les légendes circulaient à travers la cité. Dans les calamités publiques chacun criait à la trahison de l'autre. Les Juifs étaient souvent pris en flagrant délit. Cf. *Vita Cesarii. Acta Boll.*, 6 août, III, 22, p. 69. Cf. Grégoire de Tours, *H. F.*, 3, p. 119, aussi *De virtutibus S. Juliani*, 13, 570. Un citoyen de la ville qui avait ouvert les portes de la cité en passant par la fenêtre de l'abside de la basilique était mort subitement, frappé par la colère divine ; son corps, disait la légende, avait été rejeté hors du tombeau.
5. Cf. Grégoire de Tours, *H. F.*, VI, II, p. 256. Cf. Frédégaire, *Chron.*, IV, 25, p. 130.
6. Cf. *Vita Cesarii. Acta Boll.*, 6 août, III, 23, 70. Grégoire de Tours. *H. F.*, III, 14, p. 121. *H. F.*, VII, p. 36, p. 316. Cf. Frédégaire, *Chron.*, IV, p. 19.

des pierres et des flèches[1]. D'autres, pris de peur, passent à l'ennemi, le soir, à la nuit close, en descendant à l'aide d'une corde tendue sur le chemin de ronde[2]. Des clercs, des Juifs correspondent avec lui[3]. Et quelle angoisse pour les assiégés de voir l'effort persistant de l'adversaire! Les gardes signalent à chaque instant les travaux déjà entrepris: les murs cernés par les troupes, les machines de guerre, les béliers, les catapultes, placées près des tours[4]. La ville prévoit déjà le jour où elle sera obligée de se rendre. Alors la population se décide d'envoyer un suppliant auprès du roi. L'ambassadeur choisi était presque toujours un prêtre, le plus souvent l'évêque, reconnu par sa piété, célèbre quelquefois même par ses miracles. Il parlait avec douceur, prêchait la concorde, menaçait au nom du saint. Pleins de cœur, instruits, les documents nous les montrent à la hauteur d'une si noble tâche. Ils s'avancent sans crainte au-devant des troupes ennemies, le plus souvent sans escorte, ils se trouvent sans faiblir en présence du roi si prompt à la colère, si violent dans sa vengeance. Porteurs de paroles de paix, ils se déclarent les envoyés du saint et annoncent que l'Élu de Dieu commande au roi la miséricorde, car sa vengeance serait terrible si le prince mettait à mal une population qui se livre. Le Barbare a souvent peur, au seul nom du saint il craint pour ses jours, et pardonne. Il part quelquefois abandonnant à la hâte tous ses projets.

Mais il n'en fut pas toujours ainsi. Rares étaient les cités qui pouvaient se confier à la sûreté de leurs remparts, car les fortifications

1. Les sièges n'avaient pas changé et la tactique était toujours la même. Rome avait légué les découvertes du passé. Cf. Frédégaire, *Continuationes S. R. M.*, 20, 177. On faisait sortir le menu peuple; quelquefois dans la crainte que les vivres vinssent à manquer, *jussit expelli minoris populi ab urbe*. Cf. Grégoire de Tours, *H. F.*, II, 33, p. 95. On lance des remparts des flèches. « *Illisque de muro sagittantibus* » et des pierres « *sæpius lapides jecit e muro.* » *H. F.*, VII, 37, p. 317. Les assiégés se rassemblent dans une tour, « *in unam se turrem congregant* ». Les portes étaient surtout attaquées. Cf. Grégoire de Tours, *H. F.*, VII, 37, p. 317. Il était nécessaire de faire une trouée. *Leudeghiselus novas ad distruendam urbem machinas præparabat. Plaustra enim cum arietibus, cletellis et axebus tecta, sub quæ exercitus properaret ad distruendos muros.* Les assiégés, « *cupas cum pice et adipe accensas super eos proicientes, alias vero lapidibus plenas super eos deiciebant* ». Les béliers employés, les machines de guerre entouraient la ville. Cf. Grégoire de Tours, *H. F.*, IV, 30, p. 166. Cf. *Vita Genovefæ* (édition Kohler), VII, 33, et *Vita Bertharii*, *Acta Boll.* Août, I, p. 170.

2. Mabillon, *Acta*, I. *Vita Cesarii*, 16, p. 641.

3. Cf. Concile d'Angers (453), Labbe, *Concilia*, VI, p. 18, canon. 4. Cf. *Vita Cesarii*, 17, p. 642.

4. Grégoire de Tours, *H. F.*, 37, p. 317.

avaient alors deux siècles de durée et quelques parties tombaient en ruines ; la plupart avaient besoin même des soins paternels des évêques pour être réparées[1]. La défense était le plus souvent impossible et l'ennemi pouvait, après un siège relativement court, entrer impunément dans la cité assiégée, après avoir ravagé son territoire. Le chroniqueur relate avec angoisse les maux soufferts. C'est toujours la même tactique. En les lisant, on se croirait encore au temps des invasions. La campagne est ravagée, les *villæ* sont détruites, les *vici* ruinés, les monastères incendiés. Telle est encore à cette époque la manière de faire la guerre : les écrivains contemporains l'appellent « more barbarico ». Le roi Théodoric envahit l'Auvergne et trouve une population enfermée avec ses biens dans l'église de Brioude. Les soldats enfoncent les portes et tuent sans pitié ce peuple sans défense[1]. Et ces ravages causés par ces armées, le plus

1. Il est nécessaire d'indiquer les ravages des armées franques en Gaule. On pourra juger des bouleversements incessants occasionnés par ces guerres sans nombre. La Bourgogne est pillée par les fils de Clovis. Cf. Grégoire de Tours, *H. F.*, III, 6, 7, 8, p. 113, 117 ; III, 2, p. 118. On peut voir ce que les princes promettaient aux soldats pour les encourager. « *Me sequimini, et ego vos inducam in patriam, ubi et aurum et argentum accipiatis, quantum vestra potest desiderare cupiditas, de qua pecora, de qua mancipia, de qua vestimenta in abundantiam adsumatis.* » L'Auvergne fut pillée par les soldats de Théodoric (vers 532). Cf. *H. F.*, III, II, p. 118. L'armée ravage tout. 12, p. 118. Les habitants du plat pays sont emmenés en captivité. Cf. *H. F.*, III, 13, p. 119. Les fils de sénateurs sont réduits en servitude. *H. F.*, III, 15, p. 122. Ils ont tout détruit « *præter terram vacuam quam secum barbari ferre non poterant.* » *De virtutibus S. Juliani*, 23, p. 574. On égorge la population. Cf. *In gloria martyrum*, 104, p. 559 : « *populum inclusum in ore gladii trucidantes.* » La panique était générale ; les paysans confiaient souvent à la terre le peu qu'ils possédaient. Cf. Grégoire de Tours, *De virtutibus S. Martini*, IV, 15, p. 653. *Vitæ Patrum*. Cf. 3, p. 665. Cf. Frédégaire, *S. R. M.*, II. *Chron.*, III, 88, p. 117. Childebert ravage la Champagne. Cf. *H. F.*, IV, 17, p. 155 : « *in campaniam Remensem accedit, et usque Remus civitatem properans, cuncta predis atque incendio devastavit.* » Ce fut ensuite le tour des Saxons qui dévastent toute la partie du Riez. « *Discurentes per villas urbium vicinarum, diripientes prædas, captivos abducentes vel etiam cuncta vastantes.* » Ils se divisent l'année suivante en deux corps d'armée et peuvent impunément dévaster la partie de la Gaule du côté de Nice et d'Embrun. Les récoltes sont perdues, les fermes incendiées, et ils arrivent jusqu'à Avignon. Cf. Grégoire, *H. F.*, IV, 42, p. 177. Le patrice Mummole les arrête au moment où ils pénètrent dans le royaume de Sigebert. Il leur défend de passer le Rhône. « *Ecce regionem domini mei regis depopulati estis, collegistis segetis, pecora devastastis, tradedistis domus incendiis, olivita et vinita succidistis.* » Ils vont en Auvergne commettre de nouvelles dévastations. Puis ce sont les Lombards, qui ravagent les contrées situées sur les bords de la Méditerranée et arrivent jusqu'à Aix. Les habitants de cette ville sont obligés de leur donner un tribut, vers 574. Cf. Grégoire de Tours, *H. F.*, IV, 44, p. 178. Les dégâts causés sont incalculables : le chef lombard « *accedens, tam de pecoribus quam de hominibus denudavit.* » D'autres bandes dévastent en même temps la partie du côté de Grenoble et s'avancent jusqu'à Valence. « *Tunc datis pariter cunctis in præda,* » p. 179. La partie

souvent indisciplinées, sont si épouvantables, qu'après leur passage on trouve avec difficulté du bétail pour la culture de la terre. Ils se répètent sans interruption pendant toute la période mérovingienne.

Après la nomination régionale des comtes, on penserait pouvoir espérer des temps plus paisibles, il n'en est rien : les Sarrazins dévastent la partie méridionale de la Gaule, et les armées de Charles Mar-

ouest de la France est ravagée par les armées de Chilpéric, Poitiers, Limoges, Cahors sont mises au pillage. Le souvenir de ces dévastations demeurera dans l'esprit des contemporains. « *Qui Pectavus veniens, contra Gundoaldum ducem pugnavit. Terga autem vertente exercitu partis Gundoaldi, magna ibi stragem de populo illo fecit. Sed et de Toronicam regionem maximam partem incendit et nisi ad tempus manus dedissent, totam continuo debellasset. Cummotu autem exercitu, Lemovicinum, Cardurcinum vel reliquas illarum propinquas pervadit, vastat, evertit, ecclesias incendit, ministeria detrahit, clericus interfecit, monasteria virorum deicit, puellarum deludit et cuncta devastat. Fuitque tempore illo pejor in ecclesiis gemitus quam tempore persecutionis Diocliciani.* » Grégoire de Tours, *H. F.*, IV, 47, p. 183. C'est ensuite le tour de l'Auvergne plusieurs fois ruinée. Cf. Grégoire de Tours, *H. F.*, V, 13, p. 201. Les armées de Mummole détruisent le plat pays. Aucune partie de la Gaule n'est épargnée. Le pays entre Chartres et Paris dévasté par Chilpéric. Cf. Grégoire de Tours, *H. F.*, VI, 31, p. 271. Les armées de Gontran allant conquérir la Septimanie, ravagent les villes situées sur les bords de la Saône et du Rhône. Cf. Grégoire de Tours, *H. F.*, VIII, 30, p. 343. *Litoratam de fructibus quam de pecoribus valde depopulati sunt*, 17. Le Sud est aussi pillé. Cf. VIII, 30, p. 344. *Devastantes universa regiones, succensis domibus, incensis segitibus, decisis olivitis, etc.* » A son retour, il dévaste l'Auvergne. Les habitants quelquefois émigraient à l'approche des armées ennemies. Cf. Grégoire de Tours, *H. F.*, IX, 12, p. 369 : « *Multi... in aliis regionibus abscesserunt.* » Grégoire nous a donné la description des ruines dans les civitates par ces armées. Cf. pour Bourges « il ne resta plus rien ». *H. F.*, VI, 31, p. 270. *De virtutibus S. Juliani*, 7, p. 567, *H. F.*, VII, 35, p. 315. Cf. ce qu'il dit de ces ravages : « *Talis depopulatio inibe acta est, qualis nec antiquitus est audita fuisse, ut nec domus remaneret nec vineam, nec arbores, sed cuncta succiderent, incenderent, debellarent.* » Cf. aussi p. 316, pour Tours. *H. F.*, VI, 35, 250 ; pour Marseille, *H. F.*, VI, II, p. 256 ; pour Saintes, *In gloria confessorum*, 31, p. 780 ; pour Reims, cf. *De virtutibus Sancti Juliani*, 42, p. 577 ; pour Chartres, cf. Mabillon, *Acta*, I. *Vita Leobini*, 70, p. 619. Cf Grégoire de Tours. *De virtutibus S. Martini*, III, 27, p. 619. Les guerres de Chilpéric contre Sigebert amenèrent de nouveaux maux. Ce dernier appela de Germanie en 574 des troupes pour le défendre. *Sigibertus rex gentes illas quæ ultra Renum habentur, commovit.* Ces hordes ravagent tous les environs de Paris. « *Vicos quoque qui circa Parisius erant maxime tunc flamma consumpsit ; et tam domus quam res reliquæ ab hoste direpti sunt, ut etiam et captivi ducerentur.* » Le roi ne pouvait se faire obéir de ces bandes « *sed furorem gentium quæ de ulteriore Rheni amnis parte venerant, superare non poterat.* » Grégoire de Tours, *H. F.*, IV, 49, p. 184. Cf. Frédégaire, *Chron.*, 40, p. 140. Brunehaut désire les troupes d'outre-Rhin « *gentes que ultra Renum adtraherint, qualiter Clothario, potuissent resistere.* » Frédégaire mentionne les guerres contre Clotaire II et Brunehaut, sans indiquer les dévastations nombreuses de ces armées ; il parle aussi des ravages occasionnés par les Alamans dans les contrées du Jura. Frédégaire, *Chron.*, IV, 37, p. 138. Mais il faut ajouter aussi les pillages commis dans la partie sud-est de la Gaule par les Sarrazins et ensuite par les troupes de Charles Martel.

tel détruisent les contrées situées sur leur passage. Ajoutez à ces maux matériels, la population le plus souvent réduite en servitude, les matrones arrachées du foyer domestique, les clercs tués au pied des autels, les églises et les monastères souillés, et vous aurez les conséquences de ces guerres sans cesse repétées. Et après toutes ces luttes et ces continuels ravages, on serait en droit de se demander ce qui restait encore de la population indigène. A-t-elle pu survivre à tous ces désastres ? On ne saurait répondre à une question aussi difficile, car si les chroniqueurs nous montrent la Gaule parcourue en tous sens par les armées, ils ne nous donnent que des indications bien imparfaites sur la population. En les lisant, on a cependant l'impression que les habitants du plat pays durent succomber, et réduits le plus souvent en servitude, suivre les armées ennemies. La population urbaine subit un meilleur sort. A l'abri des surprises, protégée par les remparts des cités, elle vit quelquefois l'ennemi forcé d'abandonner un siège trop long.

Les villes avaient quelquefois des faubourgs qu'il ne faudrait peut-être pas considérer comme ceux de nos cités modernes. C'étaient bien plutôt des maisons isolées, des habitations au milieu des champs placées le plus souvent sur les deux bords de la voie romaine. Ces demeures devaient être construites plus légères que les autres, car elles étaient les premières sacrifiées. Elles avaient à subir sans défense les attaques ennemies ; aussi, voyons-nous les habitants venir au moment de la guerre se réfugier dans le bourg, emportant les objets mobiliers qu'ils possédaient. Nous avons montré que les armées étaient surtout terribles pour ces populations ; elles détruisaient en un moment l'effort et le labeur de l'année, l'espérance des pauvres gens, la moisson sur le point d'être récoltée, les cabanes des paysans[1].

Ce n'était plus la ville d'autrefois, la colonie si hautaine, si belle dans sa jeune splendeur. La vie romaine avait circulé là, créant des édifices nombreux, des temples, des basiliques, des capitoles, des thermes, etc. Maintenant ces monuments gisent presque détruits sur le sol[2]. Cer-

1. Ils sont souvent mentionnés par les chroniqueurs. La plupart des anciennes colonies romaines en possédaient. Pour Marseille, cf. Grégoire de Tours, *H. F.*, IV, II, p. 256; pour Tours, *De virtutibus S. Juliani*, 34, p. 578. Cf. pour Saintes, *In gloria confessorum*, 34, 780 ; pour Reims, cf. *De virtutibus S. Juliani*, 32, p. 577 ; pour Chartres, cf. Mabillon, *Acta*, I, *Vita Leobini*, p. 80; pour Bordeaux, cf. *In gloria confessorum*, 44, p. 775.

2. Grégoire de Tours nous dit que les incursions des Barbares en ont détruit un grand nombre. *H. F.*, I, 32, p. 49. Chrocus surtout « *cunctas ædes*

tains ont été utilisés par l'Église[1], quelques-uns vont devenir des forteresses redoutables[2], d'autres servent déjà de carrières aux habitants. Il circule autour d'eux bien des légendes. Les contemporains de Grégoire de Tours les considèrent comme l'habitation des démons. Les thermes surtout, anciens lieux de débauche et de corruption, très mal vus par l'Église, étaient devenus la demeure privilégiée des habitants de l'enfer[3].

Les monuments antiques paraissaient déjà fort anciens à une population si vite renouvelée par les guerres. Ils étaient là, mornes et déserts, dans l'intérieur des villes ou au milieu des champs. Ils sont devenus le plus souvent le lieu de réunion de la jeunesse, le rendez-vous de l'enfance[4]. On les voyait, à certaines heures du jour, sauter, jouer entre eux sur ces places jadis si vivantes où la civilisation romaine avait vécu[5]. Personne ne songeait à ce qu'étaient autrefois ces grandes ruines. Les morts préoccupaient fort peu l'imagination populaire de cette époque. Les habitants vivaient le regard dirigé vers l'avenir si incertain. Les grandes misères du passé n'avaient laissé dans la pensée des contemporains aucune trace et personne n'était rendu responsable de ce présent si funeste, si malheureux. Le clergé y voyait au contraire la punition des fautes passées, des crimes, des luxures sans nombre. Les Francs surtout avaient été regardés comme les vengeurs de Dieu oublié, les misères apportées par eux, le châtiment mérité des folles orgies[6].

Les édifices élevés pour embellir la ville mérovingienne ne ressemblent plus aux monuments construits par l'effort d'une population d'esclaves si nombreux que l'imagination a de la peine à s'en rendre

quæ antiquitus fabricatæ fuerant, a fundamentis subvertit». Les tremblements de terre si fréquents à cette époque en ont renversé un certain nombre. Cf. Lyon, Soissons, etc.

1. Les chroniqueurs parlent très peu des monuments antiques, ils relatent quelquefois les réparations faites aux murailles, aux aqueducs des cités, aux anciens palais des empereurs mais se taisent sur les temples, sur les amphithéâtres. Nous savons cependant par l'archéologie que l'emplacement d'un certain nombre d'édifices païens a été utilisé par l'Église. Les évêques construisirent une basilique à l'endroit même où le paganisme célébrait son culte.

2. Les amphithéâtres surtout furent utilisés comme châteaux fortifiés. Cf. l'histoire des arènes de Nîmes, celle d'Arles.

3. Cf. Grégoire de Tours, *Vitæ Patrum*, 2, p. 692.

4. Cf. Grégoire de Tours, *De virtutibus S. Martini,* IV, 17, p. 654. Les enfants des esclaves se mêlaient aussi à ces jeux. Cf. IV, 18, p. 654.

5. Cf. Grégoire de Tours, *H. F.*, II, 5, p. 67. Cf. VI, 6, p. 251.

6. Grégoire de Tours, *H. F.*, II, 9, p. 67. Cette idée est exprimée aussi par l'hagiographe.

compte. Plus de grands amphithéâtres, plus de ces palais gigantesques qui rappelaient les mauvais jours. La population est désormais heureuse de bâtir des églises, des chapelles, des oratoires, des hôpitaux, des monastères en l'honneur du saint qu'elle vénère et qui la protège contre les attaques du dehors.

La cité au temps mérovingien ne ressemble pas à la ville antique, mais n'a pas encore revêtu le caractère qu'elle a eu aux siècles ultérieurs, elle n'est pas un grand village. La ville possède encore une population où les degrés sociaux sont assez nombreux. Il ne faudrait pas croire à une cité aussi simplifiée que les textes juridiques la représentent. La diversité des fonctions, sans égaler celle des derniers temps de l'Empire, est encore assez grande. Les lois barbares les ont toutes englobées dans une seule classe, mais elles ne s'en distinguent pas moins. A côté des hauts fonctionnaires royaux, il y a les grandes familles indigènes, les hommes libres assez nombreux à cette époque, les employés des douanes, les industriels et les commerçants. Ces derniers sont encore assez puissants et forment des corporations. Celle de Verdun s'engage pour un emprunt fait par la ville. Des Syriens, des Grecs orientaux, de nombreux Juifs font le négoce, exercent la médecine, prêtent à gage. L'entrée de Gontran à Orléans nous montre même pour une ville du centre de la Gaule, la diversité des langues qui y étaient parlées. Nous trouvons aussi la mention d'agriculteurs qui vendent le produit de leurs travaux, des hommes à la journée qui travaillent aux champs, des pauvres qui ont même des bœufs pour labourer la terre d'autrui. Les textes nous indiquent aussi des maçons, des tailleurs de pierre. On les voit réparant les murs de la ville, les aqueducs de la cité, construisant une église. On ne peut dire à quelle classe ces ouvriers appartiennent. Ajoutez enfin le clergé qui a à sa tête l'évêque, les moines établis aux portes de la ville et vous aurez à côté des non-libres qui forment la domesticité de ces fonctionnaires, les classes différentes qui habitent dans l'enceinte des remparts[1]. Mais on peut voir à cette

1. Les classes diverses sont mentionnées par les écrivains. Cf. *seniores loci*. Grégoire de Tours, *H. F.*, VI, II, p. 256. *De virtutibus S. Juliani*, 29, p. 576. Des *cives loci*. Cf. *Vita Sulpicii*, Mabillon, *Acta*, II, 12, p. 172. Les grands propriétaires venant saluer le roi Gontran. Grégoire de Tours, *H. F.*, IX, p. 657. Des artistes qui réparent des aqueducs. Cf. Grégoire de Tours, *H. F.*, II, 33. *De miraculis S. Martini*, 51, p. 248. Des marchands à Verdun. Cf. *H. F.*, III, 34, p. 137. Des banquiers, *argentarii*. Cf. *Vita Leodegarii*, Mabillon, *Acta*, I. Des *negociatores*. *De virtutibus S. Martini*, 29, 65,6 ; *In gloria confessorum*, 110, p. 819. *H. F.*, VII, 44, p. 322, *H. F.*, X, 26. *Vita Genevofæ*, 6, p. 26 ; des

époque des symptômes graves qui vont transformer le caractère urbain des cités. Une révolution économique, née déjà à la fin de l'Empire, s'accomplit en ce moment. La population des villes avait tiré sa subsistance presque exclusivement des campagnes et des villages, mais avec la décadence progressive de l'industrie et du commerce, avec la décroissance de la population, les habitants des cités vont demander le moins possible au pays plat, la culture de la terre se fera dans leurs murs.

La ville aura donc ses champs, ses terres ensemencées soit dans son enceinte, soit sur son territoire[1]. Les textes nous prouvent déjà l'existence de vignes, de jardins potagers, de champs à côté des maisons, et cela constituait un sérieux avantage en cas de siège. Ces terrains même seront très importants pour l'avenir, car par le seul fait d'une population croissante et sans aucun travail du propriétaire, ces lots de terre vont augmenter de valeur et un jour viendra qu'ils seront vendus assez cher, et le capital de ces nombreuses ventes permettra au commerce de se développer plus à l'aise et plus libre. Il faudra encore attendre quelques siècles, car le capital est en ce moment presque improductif et se compose de trésors inutiles au développement commercial.

verriers Juifs. *De gloria martyr.*, X. Des marchands Juifs, Fortunat, IV, 3 ; syrien, *H. F.*, VII, 31. Leblant, *Inscriptions chrétiennes de la Gaule*, n° 374, 613 A ; des médecins Juifs. Grégoire de Tours, *H. F.*, V, 6, p. 198 ; *In gloria confessorum*, 110, p. 819, des boutiquiers, des marchands. Concile de Tours III (538), canon 30. *M. G. H. Concilia*, I, p. 82, pauvres avec des bœufs. *De virtutibus S. Martini*, II, p. 472. *De gloria martyrum*, XVII. Des petits métiers, menuisiers, pêcheurs, serruriers. Cf. *H. F.*, 49, p. 241 ; *H. F.*, VIII, 10, p. 331 ; *H. F.*, II, 33, fonctionnaires des douanes. Cf. Havet, *Questions mérovingiennes*, p. 15 (Dipl. 40, Letronne). Des *monetarii urbis*. Cf. Grégoire de Tours, *De gloria conf.*, 104, sans indication de classe. Grégoire de Tours, *H. F.*, III, 34, p. 137, des corporations de *negociatores*, à Verdun, ceux-ci s'engagent vis-à-vis de Théodebert à lui garantir les sommes versées et le taux des intérêts comme cela se passait dans les autres *civitates*, « *cumque hi negutium exercentes responsum in civitate nostra, sicut reliquæ habent, præstiterint, pecuniam tuam cum usuris legitimis reddimus* ».

1. Cf. Grégoire de Tours, *H. F.*, III, 3, p. 119 : « *Sed in tam grande spatio munitio ista distenditur, ut manentes infra murorum septa terram excolant, frugesque in habundantiam collegant.* » Grégoire indique un *castrum*, mais certaines villes comme Trèves, Nimes, Marseille, Vienne, qui avaient été fortifiées déjà au premier siècle, ont dû avoir des terrains cultivés dans leur enceinte, car elles possédaient un périmètre trop étendu pour une population très peu dense. Il faudrait cependant faire des réserves pour les cités entourées d'un rempart au IVe siècle. L'enceinte était fort petite. C'est ce qui rend difficile l'évaluation de la population urbaine. On peut bien mesurer le périmètre compris dans l'intérieur des cités, mais on ne peut savoir ce qui était abandonné à la culture. Les textes des cartulaires qui contiennent des chartes de la période carolingienne nous indiquent aussi les terrains qu'on cultivait dans l'intérieur des villes.

On doit donc se représenter la ville avec une population fort réduite[1]. Nous sommes déjà loin du nombre d'habitants qu'avait connu l'Empire, la population urbaine est clairsemée, et il ne paraît pas qu'elle se soit accrue pendant les invasions germaniques[2].

C'était dans de telles cités que le pouvoir spirituel avait quelque chance d'être écouté, que l'opinion publique avait quelque force. On voit que certains faits produisaient dans la ville une vive impression, qu'un acte royal, inique et injuste soulevait le peuple contre le comte, que la foule s'élevait contre quelque action immorale de la part des habitants. Une mauvaise réputation force l'individu à venir se défendre ou à demander le serment dans l'église, un créancier trop dur envers un débiteur provoque le blâme du clergé.

L'évêque avait la direction morale et spirituelle des fidèles groupés en paroisses et son action se fait toujours sentir avec profit. Quand on lit les Vies des Saints on dirait même que la ville gallo-romaine est bien à lui, que le délégué du roi, le comte, n'habite pas la cité. C'est lui qui répare les murs, qui s'occupe de la canalisation des eaux, qui restaure les aqueducs gallo-romains, qui élève des hôpitaux et des églises.

La population qui vivait dans l'enceinte était loin d'être homogène, nous l'avons vu. Une langue différente, des religions diverses encore, des mœurs, des coutumes rendaient bien difficiles toute fusion, toute unité. La langue la plus usitée était la langue latine, mais combien

1. Levasseur, *La population française*, I, p. 105. L'auteur nous indique pour l'époque gallo-romaine : 10 millions d'habitants et croit à une diminution fort considérable à la fin de l'Empire. Cf. p. 107. Il n'y aurait eu alors que huit millions d'âmes en Gaule. Ces estimations ne sont que de pures hypothèses qu'aucun texte ne saurait justifier. Les écrivains de la fin de l'Empire romain ont constaté seulement la dépopulation de la Gaule. Elle était due, nous l'avons vu, à des causes multiples. On peut affirmer cependant qu'à partir de cette époque les incursions si meurtrières des Vandales et des Huns, des Saxons et des Francs avant leur installation définitive, furent fort nuisibles aux habitants. Il faudra attendre des siècles pour constater une augmentation sensible, malgré l'apport des Germains. Aussi croyons-nous à la faible densité des *civitates*. Cf. Grégoire de Tours, *H. F.*, VI, 51, 270. Le digne prélat nous dit que la *civitas* de Bourges c'est-à-dire tout le territoire de cette cité (*urbs, vici, villæ*), avait levé 15.000 hommes contre Chilpéric. Les villes elles-mêmes étaient fort réduites, car le chroniqueur appelle importantes des localités qui sont encore actuellement peu denses. Cf. Uzès, Comminges. Grégoire s'étonne que le *castrum de Dijon* ne soit pas appelé *civitas*.

2. Les textes mentionnent fort rarement des constructions nouvelles ; on bâtit peu et on utilise les maisons qui restaient encore debout. Quelques travaux sont signalés par Grégoire de Tours, *H. F.*, VI, 20, p. 262. V, 45, p. 238, et *De virtutibus S. Martini*, IV, 45, p. 238.

transformée ! A mesure qu'on s'avançait vers le Nord, la population germanique plus dense parlait la langue des ancêtres. Ce n'est que peu à peu que les limites de la langue germanique ont reculé[1]. Les textes nous prouvent que le gaulois était encore parlé dans certaines contrées, à Orléans par exemple. Des mots même employés dans le langage courant avaient une origine celtique[2]. La campagne surtout était loin d'être romaine; les langues vaincues persistaient malgré la longue domination impériale, dont l'influence avait été rendue bien difficile depuis la fin du IIIe siècle[3]. Nous avons donc à distinguer les différentes parties de la France. Les villes du Midi étaient encore considérées par les contemporains relativement plus civilisées. Les évêques du Nord les redoutent même à cause de l'esprit mondain et frivole qui y règne[4]. Mieux défendues, éloignées des frontières, elles avaient pu conserver encore, malgré leur dépopulation, la civilisation gréco-romaine. Nous verrons bientôt qu'il n'y a pas une seule Gaule, mais bien au contraire un certain nombre de parties si différentes entre elles.

1. Les parties de l'ouest de la France qui avait reçu des colonies saxonnes et plus tard des Normands devaient avoir créé des centres où la langue germanique dominait. Cf. encore au IXe siècle. Le concile de Tours ordonne aux évêques de parler soit en langue romaine, soit en langue germanique pour être compris du peuple. Cf. Labbe, *Concilia*, VII, p. 1263, et A. Darmersteter, *Cours de grammaire historique de la langue française*, p. 26, note 2. Nous savons aussi que des colonies germaniques relativement nombreuses s'étaient établies dans le Beauvaisis, dans le département de la Somme, le Soissonnais, dans l'Aube. Inutile de dire que l'Est et le Nord devinrent le centre de l'établissement des Barbares. Le concile de Reims nous montre encore au IXe siècle que la langue germanique était en usage. Cf. A. Darmersteter, *l. c.*, p. 26. Il cite aussi les conciles de Mayence, les capitulaires de Charlemagne (Boretius). I, p. 174. (M. G. H.). Suchier dit qu'à St-Amand (près de Valenciennes) la langue allemande dominait encore au IXe siècle. Cf. sa note si intéressante, *Zeitschrift für roman. Philologie*, t. XV (1891), p. 42. Pour Noyon. Munmolin est nommé évêque (659), *quia prævalebat non tantum in teutonica sed etiam in romana lingua. Acta. Belg. selecta*, IV, 403. Cf. pour Corbie, l'abbé Adhalard qui parlait les trois langues (roman, latin, allemand). Mabillon, *Acta*, IV, p. 335, cité par Darmesteter. Pour Reims, encore au IXe siècle. Hincmar, *Annales Remensis*. Pertz. I, p. 494.

2. Il devait y avoir en Auvergne des îlots qui parlaient la langue celtique. Sidoine nous dit que la noblesse du pays adopta celle des Romains seulement au milieu du Ve siècle, Cf. *Ep.*, III, 2. Cf. Grégoire de Tours, *H. F.*, I, 42 et *In gloria confess.*, 72, p. 791.

3. Cf. Le livre si savant de M. Bonnet, *Le latin de Grégoire de Tours*, p. 22, 30. « On croira sans peine que le peuple ait mis plus de cent ans encore à dépouiller cette rude écorce celtique dont parle Sidoine. »

4. Cf. Grégoire de Tours, *H. F.*, VI, 9, 254. Domnolus refuse d'aller à Avignon et donne pour excuses : « *nec permitteret, simplicitatem illius inter senatores sophisticos ac judices philosophicos fatigari, adserens, hunc locum humilitatis sibi esse potius quam honoris.* » Cf. IX, 65, 371.

Il dut y avoir un moment fort pénible pour ces populations, surtout pour les premières générations qui s'établirent sur le sol gallo-romain à cause de la difficulté à communiquer avec les indigènes. Un compromis fut nécessaire : la langue latine accepta un certain nombre de vocables appartenant aux travaux quotidiens des nouveaux venus. Guerre et agriculture sont les occupations de ce monde : tels sont aussi les mots d'origine germanique qui ont pénétré dans la langue latine. Et quand on songe au vocabulaire fort restreint d'un paysan contemporain de Grégoire de Tours, on peut se rendre compte de l'influence profonde des Germains.

Au moment des invasions, les indigènes résidaient surtout dans les villes, ceux même du pays plat étaient venus se réfugier dans les cités. Les agriculteurs qui étaient restés dans les *villæ* et dans les *vici* avaient été décimés ou réduits en servitude, mais il ne faudrait pas généraliser et croire à une population urbaine composée exclusivement de Gallo-Romains, les documents nous montrent cependant des Germains domiciliés dans les cités [1]. Nous savons même que certains chefs francs, les hauts fonctionnaires du royaume apprenaient la langue latine, cas assez rares sans doute, car les poètes vantent certaines personnes parce qu'elles la savent. Il n'en était pas ainsi des Gallo-Romains. On voit même que les difficultés étaient grandes pour les indigènes.

L'unité de foi, qui fut la conséquence des conquêtes de Clovis fut un bienfait pour la civilisation. L'Église put désormais réunir tous ces éléments si divers, les mêler sous des règles fixes qu'elle va chercher à imposer. Mais combien la tâche est ingrate! Les conciles du midi de la Gaule nous indiquent que dans la Septimanie les races persistèrent encore plus longtemps et formaient dans la cité des groupes qui créaient de constantes divisions, se regardaient avec des yeux jaloux et se menaçaient sans cesse, toujours prêts à en venir aux mains.

Les ariens assez nombreux dans le midi de la Gaule n'avaient pas encore disparu. Grégoire de Tours, Césaire d'Arles, les conciles les mentionnent et nous racontent les inimitiés qui naissaient du voisinage des deux religions. Les divisions étaient fréquentes dans ces villes du

1. Nous avons vu que les villes à partir de Paris avaient reçu des Germains. Cf. pour Rouen, Grégoire de Tours, *H. F.*, VIII, 1, p. 346, mais les cités du Centre et du Midi leur donnèrent aussi l'hospitalité ; pour Clermont, cf. Grégoire de Tours, *H. F.*, III, 16, p. 125., Cf. *H. F.*, V, 35, p. 170, à Arles. Cf. Mabillon, *Acta I. Vita S. Cesarii*, II, 32, p. 676.

Midi et les injures grossières amenaient des luttes, sans cesse reprises, car la haine de l'Église contre l'arianisme fut violente et passionnée; elle se rappelait les mauvais jours, la persécution qu'elle avait subie et qui avait compromis un moment son existence. Après les victoires de Clovis, sa joie fut grande, et elle put considérer l'hérésie désormais vaincue. Les rois mérovingiens vont s'occuper de la conversion des hérétiques. Le sixième siècle est donc une époque de transition bien vite passée et l'arianisme disparut peu à peu. Mais pendant cette période, le pouvoir spirituel fit tous ses efforts pour empêcher le contact des deux religions. Il défendit les mariages mixtes et punit sévèrement tous ceux qui s'étaient assis à la table d'un hérétique[1].

Les Juifs étaient très nombreux en Gaule. La royauté les avait trouvés au moment de son arrivée, et ils formaient dans la plupart des villes des unités irréductibles, des îlots isolés dans la population urbaine. L'Église aidée par les rois mérovingiens chercha à les convertir, mais sans succès; les écrivains contemporains n'enregistrent que des conversions isolées, dans la population partielle, et les conciles nous montrent, par la répétition de leurs ordonnances, qu'on ne pouvait obtenir de résultat satisfaisant. La population chrétienne les craignait beaucoup. On les avait vus pendant certains sièges communiquer avec l'ennemi, livrer la ville aux assiégeants et laisser la population surprise entre les mains du vainqueur implacable. Ils étaient les adversaires de la religion chrétienne. C'est à eux qu'on attribue les maux dont on souffrait. N'est-ce pas eux aussi qui insultent les images des saints? Le peuple se soulève, se révolte, détruit leur synagogue, et force les Juifs à fuir. Ceux-ci laissent passer la tourmente et émigrent dans des villes plus hospitalières. Ils retournent peu à peu et redeviennent puissants dans la cité qui les avait chassés. A Orléans, lors du passage du roi Gontran, les Juifs réclament au prince la reconstruction de leur synagogue[2].

1. Les papes demandent aux rois mérovingiens de convertir les ariens. Cf. la lettre de Pélage (Jaffé, *Reg.* N° 628) au roi Childebert, celle de Grégoire le Grand à Brunehaut (Jaffé, 1169). Les ariens irrités insultent la fille de Clovis et lui jettent des ordures à la face. Cf. Grégoire de Tours, *H. F.*, III, 10, p. 117. On devait éviter de recevoir à sa table des ariens. Grégoire de Tours, *de Virtutibus S. Martini*, VIII, p. 634. Les prêtres demandaient aux personnes leur religion. *Eo quod se adsererent esse catholicos*. La haine était encore fort vive entre ariens et catholiques. Cf. Grégoire de Tours, *In gloria martyrum*, 81, p. 543. L'Espagne était d'un accès difficile pour un orthodoxe.

2. Les Juifs étaient fort nombreux en Gaule pendant la période gallo-romaine. A. Marignan. *Un historien de l'art français. L. Courajod.* Bouillon, p. 89 et

Il y avait donc des Juifs dans toutes les villes de la Gaule ; les documents en mentionnent même dans les cités les plus septentrionales. Honnis, persécutés en théorie, mais en fait le plus souvent tolérés pendant l'époque mérovingienne, les Juifs vivent séparés de la communauté chrétienne et gardent par cela même leurs mœurs, leurs usages; isolés, ils ont un quartier particulier dans la cité.

A côté d'eux, et non moins nombreux, des Syriens, des Grecs orientaux habitaient aussi les villes importantes de la Gaule. Arrivé depuis des siècles, ce petit monde commerçant avait propagé la doctrine chrétienne. Nous les trouvons installés dans les centres les plus peuplés de la Gaule, et les invasions des Perses et des Arabes en Syrie et en Égypte vont augmenter encore le contingent de ces émigrés[1].

Ce n'étaient pas seulement les Juifs et les Ariens qui étaient une cause de discorde entre les habitants de la cité. Le choix d'un évêque, l'arrivée d'un comte entraînaient aussi des dissensions fort regrettables.

note I. La royauté les accepta, mais chercha sans grand succès à les convertir. Chilpéric en fit baptiser un certain nombre en 582. Cf. Grégoire de Tours, *H. F.*, VI, 17, p. 259. Les conciles, les capitulaires répètent qu'il faut qu'ils soient baptisés et prouvent l'inefficacité des moyens. Les Juifs revenaient bien vite à leur ancienne religion. Cf. Grégoire de Tours, *H. F.*, 17, p. 25. Des querelles s'élevaient entre ceux qui étaient restés fidèles et les apostats. Cf. pour Clermont, Grégoire de Tours, *H. F.*, VI, 17, 260; pour Tours, *H. F.*, V, 11, p. 200. On les voit riches faisant des avances aux cités. Cf. Grégoire de Tours, *H. F.*, VII, 23, p. 305. Ils vendent aussi des objets d'art, *H. F.*, IV, 35, p. 169 et IV, 12 ; vont à la cour, *H. F.*, VI, 2, p. 247. Les Chrétiens se soulèvent contre eux, détruisent leurs synagogues. Cf. Grégoire de Tours, *H.F.*, V, 11, p. 200. Ils partent alors et se réfugient à Marseille. Pour la carte des Juifs répandus en France, cf. Aronius, *Regesten zur Geschichte des Juden*, l'auteur a rassemblé tous les textes qui prouvent la présence des Juifs dans la plupart des cités de la Gaule. Nous parlerons bientôt du commerce des Juifs.

1. Cf. pour la période gallo-romaine, le travail si intéressant de Scheffer-Boichorst, *Zur Geschichte der Syrer im Abendlande* dans les *Mittheilungen des Instituts für œsterreichische Geschichtsforschung*, IV Band (1885), p. 522. Cf. pour la période mérovingienne. Grégoire de Tours, *H. F.*, VIII, 1, nous les montre à Orléans. Cf. pour Besançon, *Revue archéologique*, XXXVIII, p. 85; pour Arles, cf. Leblant, *Inscriptions de la Gaule*, II, n° 259, n° 521, et aussi *Vita Cesarii*, Mabillon, *Acta*, II, 1, p. 639. Le concile de Narbonne les indique assez nombreux dans le Sud-Ouest. Cf. Concile de Narbonne (589). Labbe, *Concilia*, VI, p. 763. Cf. Leblant, *Inscriptions de la Gaule*, II, n° 642. Pour le centre de la Gaule, cf. Almer, *Inscriptions de la ville de Vienne*, IV, p. 393, n° 1892. Grégoire se fait traduire à Tours des légendes syriaques. On en voit dans les cités les plus septentrionales, même à Trêves. Cf. Grégoire de Tours, *Miracula S. Martini*, III, 10; *Vitæ Patrum*, c. 3. Ce petit monde était fort peu scrupuleux et par cela même mal vu par la population indigène, Cf. Sidoine Apollinaire, *Epist.*, livre I, p. 8. Cf. Salvien, *De Gubernat. Dei*, IV, p. 69.

La nomination d'un prélat livrait carrière à des rancunes personnelles, à des haines difficiles à oublier[1]. Il en résultait des luttes finissant le plus souvent par des meurtres. S. Léger trouve la ville divisée en deux camps[2]. Il cherche par tous les moyens à apaiser les familles ainsi désunies. Et ces querelles incessantes engendraient dans le bourg des maux sans nombre et entretenaient une agitation permanente[3]. L'inimitié naissait le plus souvent soudaine et spontanée, et les motifs de ces luttes étaient futiles: des injures pendant le repas, des discussions vaines et puériles ; d'autres plus graves : des intérêts compromis, une mort à venger[4]. La royauté fit tous ses efforts pour calmer les partis ; le comte était alors chargé de surveiller les familles, de prononcer la paix entre eux, mais quelquefois sans succès. Le pouvoir ne recule même pas devant le meurtre des chefs des factions pour amener un peu de calme dans la cité bouleversée. Mais les conceptions juridiques du droit de vengeance, acceptées par la société gallo-romaine paralysèrent pour longtemps tout progrès. L'accord en cas de meurtre était souvent difficile ; la composition donnée, les partis restaient ennemis ou le redevenaient plus tard[5]. De là des conflits incessants, des luttes sans cesse renouvelées[6]. Au milieu de ces vengeances combien était fragile la vie des individus, la propriété vacillante ! La mort d'un parent sans héritier direct entretenait souvent des luttes très longues qui coûtaient bien du sang[7].

Parmi les hauts fonctionnaires royaux, le comte habitait généralement la ville. C'était lui qui représentait le pouvoir central. Choisi indifféremment parmi les familles indigènes ou germaniques, il arrivait dans la cité, avec un nombreux personnel d'esclaves ; sa

1. Grégoire de Tours, *H. F.*, IV, 39, p. 172. Cf. pour Marseille, IV, 49, p. 172.

2. Grégoire de Tours, *H. F.*, V, 20 p. 217.

3. Grégoire de Tours, *H. F.*, V, 32, p. 224. Cf. Mabillon. *Acta*, II, *Vita Leodegarii*, I, 18.

4. Grégoire de Tours, *H. F.*, IX, 19. p. 373. *H. F.*, VII, 47, p. 323.

5. Grégoire de Tours, *H. F.*, V, 32, p. 224. L'église est souillée par la dispute de nobles francs. Cf. *H. F.*, V, 35, p. 228, querelle entre le comte et l'évêque. Le premier veut venger la mort de son oncle empoisonné. Tours troublé par les actions du comte Leudaste. *H. F.*, V, p. 48, 49, p. 239, 240. Marseille divisée entre son évêque et le patrice Dynamus. Cf. *H. F.*, VI, 11, p. 255. Cf. le clergé de Lisieux, *H. F.*, VI, 36, p. 277. Cf. pour Tours, *H. F.*, VII, 31, p. 305, VII, 7, p. 323, pour Rouen, *H. F.*, VIII, 31, p. 346. Cf. VIII, 18, p. 337.

6. Grégoire de Tours, *H. F.*, X, 27, 438.

7. Les formules de Marculf nous ont conservé le libellé de ces actes de composition. Cf. II, 16, 18, celles de Tours, 16.

maison d'un luxe barbare, mais d'autant plus développé qu'il était plus primitif, l'emportait souvent sur celle des indigènes.

Ce monde de fonctionnaires était, comme ceux de l'Empire au temps de Sidoine Apollinaire, très mauvais pour les populations. Rien n'est changé à ce point de vue, et nous voyons souvent les nombreuses et incessantes vexations qu'ils font subir au peuple. Les sources nous les montrent audacieux, rapaces, volant le fisc, pressurant les sujets du roi [1]. Le comte est en vérité le maître dans sa *civitas*. On est même étonné des méfaits qu'il commet, des cruautés sans nombre qu'il ordonne, sans se soucier de l'autorité royale, presque toujours sûr de l'indifférence des rois mérovingiens. Ce qui préoccupe avant tout les princes, ce n'est pas la bonne administration du royaume, c'est de recevoir régulièrement les impôts des *civitates*, et les récits contemporains nous montrent que le plus souvent leur espé-

1. Sigivald qui gouverne l'Auvergne sous Théodoric commet des crimes épouvantables. Cf. Grégoire de Tours, *H. F.*, III, 16, p. 125 : « *Multa mala in ea faciebat. Nam et res diversorum pervadebat et servi ejus non desistebant a furtis, homicidiis ac superventis diversisque sceleribus, nec ullus mutiri ausus erat coram eis.* » Il veut même les terres du clergé. *H. F.*, III, 36, p. 831. Partheuus qui avait levé des impôts sur le peuple de Trèves provoque une révolte qui a lieu à la mort du roi Théodebert. Cf. *H. F.*, III, 18, p. 156. Cf. l'administration du patrice Celse sous Goutran. Grégoire de Tours, *H. F.*, IV, 24, p. 160 : « *cui tanta deinceps habendi cupiditas extitit, ut sæpius ecclesiarum res auferens suis ditionibus subjugaret.* » Assistant à la messe, il entend la lecture d'un passage du prophète Isaïe (5, 8) : « *Væ his qui conjungunt domum ad domum et agrum ad agrum copolant usque ad terminum loci, exclamasse fertur : Incongrue hoc væ mihi et filiis meis.* » Cf. aussi la conduite du comte Palladius. Grégoire de Tours, *H. F.*, IV, 39, p. 172. Cf. celle du cubicularius Charegysélus, *H. F.*, IV, 51, p. 187. On peut voir aussi l'administration de Leudaste, comte de Tours. Cf. Grégoire de Tours, *H. F.*, V, 48, p. 239 : « *Ibique se amplius honoris gloriosi supercilio iactitat, ibique se exhibet rapacem prædis, turgidum rixis, adulteriis lutulentum. Ubi seminando discordias et inferendo calumnias non modicos thesauros adgregavit.* » Ce comte avait dépouillé les pauvres gens et amassé un grand bien. « *Omnes thesauros, quos de spoliis pauperum detraxerat, secum tulit.* » Gregoire de Tours, *H. F.*, VII, 22, p. 305, nous montre les agissements d'un haut fonctionnaire de la cour dans une cité et les trésors qu'il avait amassés. « *Equi ejus ac pecora per segites pauperum vineisque dimittebantur. Quod si expellebantur ab his quorum evertebant labores, statim a suis percolibantur.* » Il s'emparait des terres de l'Eglise, et accusait en justice les intendants, « *actores ecclesiæ* », des biens ecclésiastiques. Il récompensait ses agents qui se portaient cautions de ces ventes fictives. Cf. Le comte de Bourges. Grégoire de Tours, *H. F.*, VIII, 42, p. 354. Ils sont quelquefois chassés par le peuple. Cf. Grégoire de Tours, *H. F.*, VIII, 18, p. 337 et 44, p. 354. La conduite du duc de Beppolénus à Angers. Il se permet tout : « *Andecavus vero veniens, multa mala ibidem gessit, ita ut annonas, fœnum, vinum, vel quicquid repperire potuisset in domibus civium ad quas accesserat, nec expectatis clavibus, disruptis osteis, devasteret; multusque de habitatoribus loci cædibus adfecit protrivitque.* Cf. aussi *H. F.*, IX, 9, p. 366; IX, 10, p. 367.

rance est déçue. Comme au temps de l'Empire, la perception est mal faite, le pouvoir central ne reçoit qu'une part relativement minime des sommes perçues [1]. Et ce n'est pas le peuple qui en bénéficie, il est autant et sinon plus pressuré par les fonctionnaires, mais bien le comte avec ses agents subalternes. Comme la fonction est renouvelable, il faut quasi l'acheter, en tous cas, il est nécessaire d'être une *persona grata* à la Cour, de se bien faire valoir du roi, et le plus sûr moyen pour arriver à cé but, c'est sous la forme de dons, un achat de la charge [2]. Et c'est ainsi que la flatterie se développe à la Cour, que l'égoïsme de la royauté s'accuse à chaque instant, que la corruption s'étale sans honte, comme aussi les châtiments les plus cruels dictés par la cupidité insatiable des rois mérovingiens.

L'éloignement du pouvoir central, les communications très difficiles, à cause du mauvais état des routes, facilitaient cette usurpation et faisaient du comte un petit roi en miniature. Ce n'était pas impunément qu'il offrait ainsi des dons souvent onéreux aux princes; arrivé dans le comté, il pouvait exploiter pour ainsi dire son district. Délégué du prince, il en avait tous les pouvoirs. Juge, protecteur de ceux que le roi avait choisis, chef de la petite armée levée sur son territoire [3], qu'il devait conduire au prince, il avait en outre la haute surveillance du comté. Ses attributions étaient donc très nombreuses. Maintenir la paix intérieure, diriger la police de la *civitas*, rechercher les criminels et juger des délits commis sur son territoire : telles sont les principales fonctions des comtes. Ajoutez à cela la surveillance des travaux publics, la réparation des routes, la restauration des édifices, des ponts, la surveillance des douanes et des impôts [4]. Le comte s'informera si ces derniers sont bien perçus et remettra chaque année au fisc les sommes de ces impôts et des amendes qui appartiennent à la couronne, auxquelles les habitants de la *civitas* ont été condamnés soit pour n'avoir pas obéi au *bann* du roi en venant se joindre aux troupes du comte, soit pour avoir commis quelque méfait.

1. Le fisc était le plus souvent volé. Les sommes n'arrivaient pas au pouvoir central Cf. Grégoire de Tours, *H. F.*, VI, 28, p. 266. « *Marcus quoque referendarius post congregatus de iniquis discriptionibus thesauros.* » Les biens des fonctionnaires confisqués, on alléguait toujours qu'ils avaient été soustraits au fisc. Cf. aussi Grégoire de Tours, *H. F.*, IX, 19, p. 366, et *H. F.*, VII, 26, p. 340.

2. Cf. Grégoire de Tours, *H. F.*, IV, 42, p. 175 : « *Cumque ad renovandam actionem munera regi per filium transmisisset.* »

3. Grégoire de Tours, *H. F.*, IV, 30, p. 165.

4. Brunner, *Deutsche Rechtgeschichte*, II, p. 166.

Le caractère moitié germanique moitié romain de cette fonction rendait défectueux cet organisme qui aurait dû être plus souple, plus docile aux ordres du pouvoir central. Si la fonction était dans les premiers temps révocable, si le roi mécontent avait pu exiler son fonctionnaire, confisquer ses biens, s'il commettait des exactions à son préjudice, et quelquefois le mettre à mort à cause de sa trahison, le comte chercha de plus en plus à se tailler une petite royauté dans sa *civitas*. Cette tentative, nous l'avons dit, fut facilitée par l'éloignement du roi, par les circonstances politiques, par l'impossibilité bien souvent de transmettre rapidement les ordres.

La situation devient avec le temps de plus en plus avantageuse aux comtes. Ces fonctionnaires avaient été au sixième siècle choisis par le roi, le plus souvent, parmi les hauts dignitaires de la Cour ou les favoris du palais. Ils s'établissaient dans le comté qui leur avait été désigné, sans relation, ne connaissant personne parmi la population, et le plus souvent d'une race différente. Inconnu de ses administrés, ceux-ci l'observent et se méfient. L'évêque lui-même le craint et le considère comme son ennemi. Il vit donc dans la ville toujours surveillé et sent que son personnel et lui sont comme superposés à la cité. Pour être puissant, il comprend qu'il a besoin de l'appui de l'autorité royale, qu'il doit l'acquérir et s'enrichir au plus vite aux dépens de la population[1]. Pour arriver à ce but, les comtes ne reculent devant rien : les biens même de l'Église ne sont pas épargnés, et les guerres sans nombre des fils et petits-fils de Clovis leur permettent encore des fortunes rapides. Les comtes du sixième siècle n'ont donc aucun intérêt à maintenir la paix[2].

1. Les comtes peuvent se permettre toutes les injustices, satisfaire impunément toutes leurs vengeances, etc. Cf. Grégoire de Tours, *H. F.*, V, 36, p. 355, Cf. aussi Grégoire de Tours, *H. F.*, VIII, 44, p. 390. Cf. Grégoire de Tours, *H. F.*, IX, 27, p. 382. IX, 35, p. 390. Il en fut de même pour le maire du palais. Les écrivains contemporains nous disent les iniquités qu'ils exercent. A partir du VIIe siècle, nous pouvons voir le caractère despotique de cette charge. Cf. l'administration du maire du palais Protadus à la cour de Brunehaut, Frédégaire, *Chron.*, IV, 27, p. 131 : « *sæva illi fuit contra pensonas iniquitas ; fiscum nimium stringens, de rebus personarum ingeniose fisco vellens implere et se ipsum ditare.* » Qui ne connaît les faits iniques du maire du palais Ebroïn ? Comme les écrivains du VIIe décrivent surtout la lutte de la royauté avec les grands, nous avons très peu de renseignements sur l'administration particulière de chaque *civitas*.

2. Les comtes étaient si désireux de piller qu'ils donnaient l'exemple aux soldats. Chilpéric se voit forcé de tuer le comte de Rouen, qui ne voulait cesser le pillage du territoire de Bourges. Cf. Grégoire de Tours, *H. F.*, VI, 31, p.

Le pouvoir central reconnaît leurs services, à côté d'un wergheld le plus élevé, par l'abandon d'une partie de certains impôts, perçus dans la *civitas*, et des amendes des procès jugés dans son district. Grégoire de Tours nous montre qu'à côté des comtes rapaces et iniques, il y avait quelquefois des fonctionnaires excellents, visitant les campagnes, soulageant les infortunes et sachant se faire aimer de la population. Inutile de dire que le nombre en était fort rare et que l'évêque les donne comme exemples à ses contemporains.

Isolés pour ainsi dire au milieu de cette population si peu homogène, ils restent donc pendant le sixième siècle les représentants et les défenseurs de la royauté, mais ils commencèrent peu à peu à prendre conscience de leur force. Les temps favorisaient l'extension de leur pouvoir [1]. Après les luttes des enfants royaux, il fut nécessaire de chercher un remède à ces maux. Les rois du septième siècle crurent le trouver dans le recrutement régional des comtes. Et nous pouvons voir encore dans cette nouvelle conception le caractère de la royauté franque. Pour éviter les nombreuses concussions commises par ces fonctionnaires au détriment de la couronne, Clotaire II déclare qu'ils seront choisis parmi les grands propriétaires de la *civitas* [2]. La royauté pourra avoir recours contre eux en cas de concussion. Les biens qu'ils vont posséder dans la contrée seront un sûr garant de leur charge [3].

La fonction du comte s'éleva aussitôt. Il devint par cela même le

271 : « *Chilpericus vero rex cum exercitu suo a prædis arcere non possit Rhodomaginsem comitem gladio trucidavit.* » Le butin dans ces guerres était immense, les troupes s'en allaient, « *ad propriam, tantas prædas secum sustulerunt, ut omnis regio illa, unde egressi sunt, valde pateretur evacuata vel de hominibus vel de ipsis pecoribus* ». De même aussi les armées du comte Desiderius sur le territoire de Tours. Grégoire de Tours, *H. F.*, VI, 31, p. 271. Cf. aussi *H. F.*, VII, 13, p. 298. Cf. Le duc Nicet pille une partie de l'Auvergne et amène en servitude les habitants des *castra*. Grégoire de Tours, VIII, 30, p. 344; cf. *H. F.*, X, 3, p. 410. X, 9, p. 416.

1. Cf. Grégoire de Tours, *H. F.*, VIII, p. 337. Frédégaire, *Chron.*, IV, 18, p. 128; IV, 28, p. 132.

2. Déjà des fonctionnaires relèvent la tête ; les comtes Ursinus et Bertefredus disent à la reine Brunehaut : « *Nunc autem filius tuus regnat, regnumque ejus non tua sed nostra tuitione salvatur.* » Grégoire de Tours, *H. F.*, VI, 4, p. 246. Cf. Grégoire de Tours, *H. F.*, IX, 9, p. 365.

3. Edit de Clotaire II. M. G. H. *Capitularia*, p. 22 : « *Et nullus judex de aliis provinciis aut regionibus in alia loca ordinetur ; ut si aliquid mali de quibuslibet condicionibus perpetraverit, de suis propriis rebus exinde quod male abstolerit, juxta legis ordine debeat restaurare.* Un peu plus tard on voit la même convention maintenue. Cf. Mabillon, *Acta*, II, *Vita Leodegarii*, c. 4, p. 682, *ne de una provincia rectores in aliam introirent.* »

plus grand personnage de la *civitas*, à côté de l'évêque et quelquefois même aussi aimé que lui de ses sujets, parce qu'il appartenait le plus souvent à une famille déjà ancienne et riche du comté. Mais comme la royauté a perdu de plus en plus ses ressources pécuniaires, par l'abandon de ses droits régaliens à différentes églises, monastères, ou à des personnages influents, elle se voit obligée de reconnaître les services rendus par ses comtes, en leur octroyant les terres du fisc, c'est-à-dire d'augmenter encore leur puissance territoriale. Les comtes forment alors une aristocratie avec laquelle le pouvoir central est forcé désormais de compter.

Des causes nombreuses, une situation difficile et compliquée faite à la royauté depuis Clotaire II, allaient transformer cette fonction autrefois instrument docile du pouvoir central, dès lors devenue de plus en plus indépendante. Les rois mérovingiens venus de pays moins riches avaient donné, avec une libéralité vraiment surprenante, et expliquée seulement par l'état primitif de leur culture, aux monastères, au clergé, aux grands du royaume, les terres les plus importantes du fisc, ces propriétés qui avaient été autrefois à l'Empire romain. Les biens de la couronne se trouvèrent bientôt entre les mains des grands fonctionnaires, des évêchés, des monastères. Les immunités sans cesse octroyées amoindrirent même les revenus que le roi tirait des amendes et des impôts. La royauté ne peut payer les services des grands fonctionnaires qu'avec les terres du fisc, réparties dans les différentes *civitates* du royaume. On divise les biens royaux, on les donne aux comtes et ces donations épuisent de plus en plus les ressources de la maison royale. On aperçut bientôt les dangers d'un tel système. Clotaire II reconnaît la toute-puissance d'une aristocratie de fonctionnaires ainsi créés et dotés, d'un clergé qui est propriétaire de la plus grande partie des terres de la Gaule. Mais il était trop tard. Les générations antérieures avaient accumulé fautes sur fautes et les nouvelles allaient supporter ces erreurs. Déjà au commencement du septième siècle, les comtes sont donc de grands personnages. Ils appartiennent aussi bien à la race germanique qu'à la population gallo-romaine et sont dans la *civitas* la plus grande personnalité à côté de l'évêque. Ils cherchent désormais à rendre leur fonction héréditaire[1].

1. Waitz, *l. c.*, II, 2, p. 38. L'auteur donne déjà quelques exemples pour la période mérovingienne.

On peut se rendre compte en lisant les récits contemporains avec quelle lenteur les ordres du pouvoir central sont transmis à ses agents. Ils nous montrent aussi de quel côté sera la victoire. Le comte va jouer de plus en plus le rôle de petit roi dans sa *civitas*.

L'intérieur des villes devait être relativement triste. Les jeux et les amusements, les grandes fêtes de l'Empire ont à peu près disparu, surtout dans le Nord de la Gaule, car les amphithéâtres furent encore fréquentés dans le Midi pendant le sixième siècle. Désormais, les cérémonies religieuses, quelques danses en usage aux fêtes des saints, mais défendues même par l'Église, composaient les grands jours de joie du peuple mérovingien. La visite d'un roi aux fêtes religieuses dans les villes de son royaume ou au moment de prendre la couronne pour recevoir le serment de fidélité de ses sujets, donnaient lieu à des réjouissances publiques. Les préparatifs achevés, le peuple avec le clergé allait au-devant du prince, comme sous l'Empire, les bannières déployées, les étendards flottant au vent [1]. Les rues étaient tapissées, des étoffes de soie, des courtines ornées de peintures ou brodées étaient suspendues aux murs des maisons. Chacun faisait montre de ses plus beaux ornements, ce que son trésor contenait de plus précieux; on étalait ainsi sa richesse aux regards émerveillés des passants. Les étrangers abondaient et les hôtelleries ne pouvaient quelquefois suffire à contenir les voyageurs.

Nous verrons bientôt que les fêtes religieuses étaient relativement nombreuses. L'Église avait dû tolérer les joies bruyantes, les repas copieux, la boisson surtout après les longs jours de Carême. Les appétits de jouissance étaient alors très développés, et nous pouvons voir que les nouveaux venus n'ont pas tardé à copier les mœurs, les plaisirs du monde gallo-romain. Chilpéric ne fait-il pas réparer à Soissons et à Paris les amphithéâtres pour donner des jeux au peuple!

Dans la ville, à travers les rues, boueuses le plus souvent, on voyait des enfants difformes ou monstrueux que les parents confiaient aux mendiants pour demander l'aumône et attirer ainsi la pitié

1. Cf. I, XIII. *Panegyrici latini* (Beihrens) Teubner. Eumène. *Constantino Augusto*, VIII, p. 187 : « *Exornavimus vias quibus in palatium pervenitur;* » au sixième siècle, l'entrée de Gontran à Orléans. Grégoire de Tours, *H. F.*, VIII, p. 326 : « *Processitque in obviam ejus inmensa populi turba cum signis atque vixillis canentes laudes.* » On portait des cierges ou des lampes allumés, comme dans l'antiquité. Cf. Mabillon, *Acta*, I, *Vita Leodegarii*, I, 6, p. 685.

des passants [1]. Exposés au froid, en haillons, ils étalaient leur misère, sales et affamés. Des muets se promenaient à travers la cité, battant des mains avec des tablettes. C'était tout un monde de mendiants, composé de paralytiques traînés sur de petites voitures en bois, enfants mal venus, aveugles conduits au moyen d'une corde par un guide souvent intolérant [2]. Ces mendiants font du reste tous les métiers, même celui de voleurs. Ils dépouillent les voyageurs sur les routes, et ils gagnaient si bien leur vie qu'on pouvait considérer la mendicité comme une profession. L'Église fit tous ses efforts pour arrêter le nombre croissant de ces gens sans aveu, parcourant les voies romaines, détroussant les voyageurs attardés; elle chercha, nous le verrons, par des matricules à leur donner un domicile fixe, à les retenir auprès des églises et des monastères.

Aux heures de midi et le soir au coucher du soleil, la ville s'animait. Les agriculteurs revenaient du travail des champs, les enfants de toutes les classes s'emparaient des places et s'amusaient en poussant des cris [3]. Les esclaves se mêlaient à ces jeux. Le clergé les voyait d'un mauvais œil, estimant que cette promiscuité, ces jeux entre fillettes et garçons ne pouvaient avoir que des conséquences fâcheuses pour la moralité. Aussi fait-on un mérite à ceux qui n'ont pas connu durant leur jeunesse les joies bruyantes, les plaisirs de la rue.

L'intérieur de la ville n'était pas, comme on pourrait le croire, divisé avec soin, mais au contraire les maisons s'entassaient dans des rues le plus souvent étroites et sans air. L'Empire les avait connues, ces ruelles dangereuses, soit à la sécurité des passants, soit à la salubrité publique. Ausone nous décrit les rues exiguës du Bordeaux relativement moderne, tel qu'il était au quatrième siècle, et Sidoine nous les signale aussi à Clermont.

A cette époque, les rues ne portaient aucun nom. On désignait alors les maisons par le voisinage d'une église, d'un oratoire, d'une fontaine, et comme la cité était relativement peu peuplée, les habitants savaient tout de suite où se trouvait la demeure qu'un étranger réclamait [4].

1. Grégoire de Tours, *De virtutibus S. Martini*, II, 46, p. 625; III, p. 16, 636. Cf. Frédégaire, *Chron.*, III, 18, p. 99. Grégoire de Tours, *Vitæ Patrum*, IX, p. 698.
2. Grégoire de Tours, *De virtutibus S. Martini*, II, 46, p. 625; 47, p. 624, III, 16, p. 636.
3. Grégoire de Tours, *De virtutibus S. Martini*, IV, 17, 654 ; *ibidem*, 18, p. 65; *Vitæ Patrum*, 2, 692.
4. Cf. Grégoire de Tours, *H. F.*, III, 15, p. 124.

Les mesures d'hygiène faisaient complètement défaut. Le ruisseau coulait sale et fangeux au milieu des rues, le bétail passait matin et soir à travers la ville, laissant partout des traces de son passage. Dans ces rues étroites, sans air, encombrées, les maladies naissaient rapidement. Les épidémies, fréquentes pendant ces siècles, décimaient ces populations sans défense contre le fléau. L'évêque était toujours vigilant, prêt à tout pour calmer l'effroi de ses fidèles. Il visitait les malades, prenait souci des indigents. C'était lui aussi qui gardait avec un soin jaloux la contrée encore non contaminée, et qui faisait établir des gardes pour surveiller les habitants des cités voisines pour les empêcher de sortir. Un cordon sanitaire était créé et les gardes placés tout autour avaient même l'ordre de tuer ceux qui n'obéissaient pas à ces mesures. Gallus, évêque de Clermont, écrit en 643, au moment d'une peste dans le midi de la Gaule, au peuple de Cahors, de ne pas venir aux foires de Ruthènes et aux villes voisines, afin que le mal ne pénètre pas dans la cité de Clermont[1].

1. Quand une peste venait à se déclarer dans un royaume voisin, le roi ou l'évêque prescrivait la prière. « *Jussit omnem populum ad ecclesiam convenire et rogationes summa cum devocione celebrare... vigiliisque adesse instanter omnes jubet.* » Il ordonne un jeûne de trois jours, de ne manger que du pain de froment, et de boire de l'eau. Cf. Grégoire de Tours, *H. F.*, IX, 21, p. 379.

En 546. Peste dans le Midi de la France, elle s'étend vers le centre et le Nord Cf. Grégoire de Tours, *H. F.*, III, p. 144.

En 556. Epidémie mentionnée dans le Centre, à Clermont. Grégoire de Tours, *H. F.*, IV, 16, p. 153.

En 563. Épidémie qui fait de grands ravages dans l'Auvergne, en un seul jour 300 habitants périrent à Clermont. Cf. Grégoire de Tours, *H. F.*, IV, 31, p. 166.

En 571. Peste dans le centre de la Gaule. Elle s'étend partout : « *Urbes infirmitate valde depopulatæ sunt.* » Grégoire de Tours, *H. F.*, IV, 31, p. 168. Cf. *De virtutibus S. Juliani*, 45, p. 582.

En 577. Peste. « *Magna lues populum devastavit.* » Cf. Grégoire de Tours, *H. F.*, V, 17, p. 208.

En 580. Peste : « *gravissima lues est subsecuta.* » Grégoire de Tours, *H. F.*, V, 31, p. 226.

En 582. Peste qui sévit en Gaule : « *malignicæ cum pustulis et vissicis.* » Grégoire de Tours, *H. F.*, VI, 14, 258. Cf. aussi Mabillon, *Acta*, I, *Vita Ebrulfi*, 17, p. 357.

En 584. Peste à Narbonne, elle sévissait depuis trois ans, Albi est aussi éprouvée. Grégoire de Tours, *H. F.*, VI, 33, p. 274. Cf. pour les processions. *H. F.*, X, I, P. Diacre, *Gesta Lang.*, 3.

En 587. Peste à Marseille apportée par un navire venant d'Espagne. Grégoire de Tours, *H. F.*, IX, 22, p. 380. Elle s'étend en Italie et en Gaule. *H. F.*, IX, 20, 378 ; envahit Metz, IX, 13, 369.

En 586. Grande peste générale. Grégoire de Tours, *H. F.*, VIII, 39, p. 352.

A mesure que le pouvoir s'était consolidé, il avait pris des mesures pour faire régner une certaine sécurité dans les villes et les villages. Il ordonne la création dans les centaines de corps de police composés d'hommes libres, groupes qu'il rendit responsables de la recherche et de la prise des criminels [1]. Des serfs furent préposés aussi à des guets de nuit et à des rondes. Chaque ville possédait une prison et les Vies des saints nous prouvent, ainsi que les récits de Grégoire de Tours, qu'elles étaient toujours remplies, soit de malfaiteurs, soit de débiteurs insolvables [2]. D'ailleurs, les rues étroites de la cité permettaient les vengeances si fréquentes, les guets-apens, les meurtres si nombreux. Le soir, la cité devenait triste et déserte. On aperçoit par les rues, des torches ou des lanternes qui éclairaient

En 590. Peste à Marseille. Grégoire de Tours, *H. F.*, X, 25, p. 437. Elle fit fuir les habitants des villes ou des *vici*, il y eut alors un moment d'arrêt, la ville se dépeupla, mais lorsque les citoyens voulurent y rentrer, le mal reprit aussitôt. Grégoire de Tours, *H. F.*, IX, 22, p. 380. Cf. *H. F.*, X, 23, p. 435.

En 593. Peste à Tours. L'évêque ordonna des rogations et des jeûnes sévères. Grégoire de Tours, *H. F.*, X, 30, p. 442.

En 593. Peste dans le Midi, à Nantes, etc. Cf. Grégoire de Tours, *H. F.*, X, 30, p. 442, et Paul Diacre, *Hist.* L. III, 24. M. 6, H. S. R. L, p. 105.

En 599. Peste dans le midi de la Gaule. Fréd., *Chron.*, IV, 18, p. 128. Ce chroniqueur n'indique pas comme Grégoire de Tours les épidémies.

En 598-599. Peste à Marseille et dans toute la Provence. Cf. Frédégaire, *Chron.*, IV, 18, p. 128.

En 618. Peste dans le Midi. Cf. *Liber Pontificalis* (Edition Duchesne), I, p. 319.

En 643. Peste dans le Midi et le centre de la France, à Cahors. Cf. Dom Bouquet, *Historiens des Gaules*, IV, XIX, p. 48.

En 654. *Pestilentia gravis super homines venit*, cf. Annales Xantenses, Pertz. II, p. 219.

En 664. Peste dans le Nord. Cf. Bède, *H. F.*, III, 25.

En 676. Peste dans le Midi, *Liber Pontificalis*, I, p. 354.

1. Fortunat et Grégoire de Tours louent quelquefois les comtes d'avoir arrêté les criminels et donné par là une certaine sécurité. Les fonctionnaires pouvaient commander aux habitants de la localité où le meurtre était commis de poursuivre le criminel. Ils étaient condamnés à une certaine amende s'ils refusaient. Cf. *Decretio Clotarii I*, *Capitularia* I, 16, 17, p. 7, et aussi *Decretio Childeberti II*, *ibid.*, 12, p. 17. Le comte est entouré d'une escorte et a sous ses ordres un certain nombre de gardes *(milites)*. Grégoire de Tours, *De virtutibus S. Martini*, IV, 39, p. 659, 41, p. 660, nous décrit une de ces prisons. *De virtutibus S. Martini*, IV, 26, p. 656. « *Erat enim hujusmodi carcer, ut super struem tignorum axes validi superpositi pulpitarentur, ac desuper, qui eosdem obpremerent insignes fuerant lapides collocati. Nihil minus et ostium carceris, sera ferro munita, obducto clave pessulo obserabatur.* »

2. Grégoire de Tours, *De virtutibus S. Martini*, IV, 656, 26. Cf. Sidoine, *Ep.*, VIII, 2, et Grégoire de Tours, *De virtutibus S. Martini*, IV, 25, p. 30. Le traitement y était fort dur.

un personnage suivi d'une escorte[1]. Les contemporains tremblaient toujours pour leur vie. L'insécurité était partout et les habitants s'aventuraient difficilement à travers la ville endormie.

Les documents nous montrent que les incendies étaient fort fréquents à cette époque. Ils consumaient des quartiers entiers, des villages. La panique rendait les efforts difficiles, le plus souvent inutiles ; les citoyens prêtaient volontiers leur concours pour éteindre les incendies, mais la discipline, l'ordre, les moyens même manquaient.

Par suite de l'incurie de ce monde affolé, les accidents se multipliaient nombreux ; la peur gagnait bien vite les plus audacieux et les habitants se résignaient à laisser le feu dévorer les maisons voisines[2]. Et au milieu de ces désastres, l'évêque cherchait à conjurer le mal, à encourager les citoyens à faire leur devoir. C'est encore lui qui calme l'effroi de la population, rassure les esprits par des pratiques religieuses, présente des reliques au feu, qui est considéré comme l'œuvre du démon, fait le signe de la croix et s'avance, l'Evangile ouvert devant les flammes, moyens aussi efficaces aux yeux des contemporains que l'eau que l'on jette[3]. Les scènes qui se produisaient en présence de ces malheurs sont indescriptibles. Les femmes surtout se faisaient remarquer par leurs cris ; paralysées par l'effroi, les unes restaient immobiles, d'autres se laissaient tomber des fenêtres, c'était un sauve-qui-peut général.

1. Grégoire de Tours, *L. de Miraculis B. Andreæ apostoli*, 14, p. 834. « *Et deducentes eum ad domum cum facibus et lucernis, eo quod jam nox advenisset, introduxerunt eum in domum suam.* »

2. En 584, un incendie consuma la plus grande partie de la ville de Bourges, Grégoire de Tours, *H. F.*, VI, 39, p. 278. A Orléans, en 580, les maisons sont dévorées par les flammes sans qu'on sache comment le feu avait pris, les champs et les blés brûlaient aussi, pertes énormes, « *ut ditioribus nihil penitus remaneret* ». Grégoire de Tours, *H. F.*, V, 33, p. 236. Le feu se propage rapidement, Grégoire de Tours, *H. F.*, VIII, 33, 349. Les secours manquaient le plus souvent. Des cris, des pleurs se faisaient entendre. Mabillon, *Acta*, *Vita Cæsarii*, I, p. 662 : « *Repente exurgens omnis civitas videns sui exitium, in ejulatum atque clamorem conversa est.* » La liste serait très longue si on voulait mentionner tous ces désastres. Un incendie détruit la ville de Bazas, Grégoire de Tours, *H. F.*, II, 34, p. 98, VI, 21, p. 662. On s'adressait à l'évêque : « *Sancte Cesari, orationibus tuis, exstingue ignem sævientem.* » Grégoire de Tours, *Vitæ Patrum*, 6, p 684.

3. On chantait des psaumes pour éteindre l'incendie, Mabillon, *Acta*, II, *Vita Aridii*, 211, p. 162. Les habitants se rendaient de suite auprès de l'évêque pour réclamer le secours divin, Grégoire de Tours, *De virtutibus S. Martini*, 2, p. 589, Mabillon, *Acta*, I, *Vita Cæsarii*, 20, p. 631. Le prélat allait au-devant du feu, les Evangiles ouverts, après avoir longuement prié, Grégoire de Tours, *Vitæ Patrum*, 6, p. 684, *Acta Boll.*, 31 juillet, VII, *Vita S. Germani*, 14, p. 205.

Les tremblements de terre aussi semaient l'épouvante. Les habitants voulaient sortir des maisons, camper en pleine campagne, quelquefois même abandonner la ville. Les femmes poussaient des cris déchirants; le moindre bruit, la moindre rumeur, produisaient des paniques dans la cité; les habitants croyaient pendant plusieurs jours sentir la terre trembler sous leurs pas[1]. Là encore, l'évêque veillait, il distribuait les secours, ouvrait aux blessés la maison épiscopale, les monastères près de la ville. Il fallait ensuite songer à cette foule sans abri. C'était dans ces calamités que son zèle se déployait, que sa bonté lui attachait en un moment et pour toujours la sympathie et l'amour des fidèles.

Dans ces villes où vivait une population ignorante et très grossière, circulaient des légendes terribles. Les habitants avaient vu des croix tracées sur les portes des demeures par des mains inconnues, signes avertisseurs d'un grand fléau[2]. Le délire s'emparait des esprits. On entendait même des voix qui vous ordonnaient de fuir. Le clergé était impuissant à calmer la frayeur des habitants dont un grand nombre partait. L'évêque parcourait les rues de la ville, répandant l'eau sainte sur toutes les maisons. Le peuple le suivait attristé, pleurant et gémissant, portant des cierges ou des torches à la main. Des bruits sinistres, des récits puérils, semant la peur parmi le peuple, se répandaient. La foule expliquait alors par des versions invraisemblables des événements les plus simples. Le peuple aime le tragique, son imagination frappée brode sur un fait vrai les récits les plus fantastiques. Il devient acteur dans tout ce qu'il raconte. La vérité ne paraît même pas l'intéresser. Et combien d'événements de cette nature ont porté l'effroi dans cette population si crédule! Un jour, les habitants se rassemblent, on s'informe et l'on apprend que le diable a pris possession d'une maison, et s'y est installé avec toute sa troupe. La demeure devient aussitôt déserte, nul ne veut l'habiter. Le clergé

1. La peur était si grande que certains devenaient fous, Grégoire de Tours, *De virtutibus S. Martini*, 34, p. 658. Cf. pour celui de 582, *H. F.*, VI, 21, p. 262, les murs de Bordeaux, de Soissons sont détruits, *H. F.*, V, 33, p. 225. En 580, tremblement de terre à Bordeaux. Il renverse un grand nombre de maisons, le peuple prend peur et croit que le dernier jour arrive. Il émigre en hâte. « *Unde et multi ad civitates alias transierunt.* »

2. Grégoire de Tours, *H. F.*, V, 4. Les maisons qui se couvrent de signes. Maison hantée par le diable aspergée d'eau bénite, *De virtutibus S. Martini*, III, 376, 41 ; Mabillon, *Acta*, I, *Vita Leobini*, 22, p. 641 ; Grégoire de Tours, *Vitæ Patrum*, 3, maison maudite bénie. Nous verrons dans le *Culte des Saints* les croyances populaires.

accourt pour faire fuir les démons par les prières, il parcourt la maison en aspergeant les murs avec de l'eau bénite, en chantant des psaumes. Les conceptions antiques survivent là, toujours les mêmes. Les habitants de cette demeure ne furent calmés que lorsqu'ils eurent entendu la fuite du diable.

Les villes situées sur les bords des fleuves avaient quelques ponts pour permettre aux habitants de passer sur l'autre rive. Les grands travaux entrepris par les Romains avaient cessé, il fallait le plus souvent se contenter d'un pont fait avec des bateaux réunis, placés les uns à côté des autres, et maintenus par des planches clouées[1]. Des chars attelés de bœufs y passaient[2]. Il existait aussi des ponts en bois qui étaient généralement habités[3] ; nous lisons qu'à Paris, au temps de Grégoire, ces ponts supportaient des maisons à deux étages. Ceux en pierre bâtis par les Romains existaient encore, quelques-uns même sont parvenus jusqu'à nous[4]. Les accidents n'étaient pas rares, sur ces ponts en bois, sur ces bacs, souvent emportés par les crues. Les textes contemporains nous montrent combien étaient peu sûrs ces passages et combien fragile était la construction de ces ponts, dont la rupture occasionnait en temps de fête de nombreux accidents.

Chaque ville possédait une hôtellerie, auberge le plus souvent sale et malpropre. Les familles riches craignaient toujours en voyage ces hôtels, où la cuisine répandait ses odeurs désagréables. Les textes mentionnent aussi des tavernes, où les habitants et surtout les étrangers venaient boire[5].

Les maisons mérovingiennes étaient construites le plus souvent sur le plan de la demeure antique. Les temps si incertains ne permettaient pas du reste la construction d'un grand nombre de maisons,

1. Ponts de bateaux ; Grégoire de Tours, *In gloria martyrum*, 68, p. 534, en bois, *H. F.*, V, 48, p. 241. Une barque faisait aussi le service entre les deux rives et transportait les voyageurs.

2. Grégoire de Tours, *In gloria confessorum*, I, 30, p. 767, « *imposito plaustro, cum bubus in ponte, quod super naves locatum erat* ». Il était quelquefois rompu par le vent, *De virtutibus S. Martini*, 11, 17.

3. Grégoire de Tours, *De virtutibus S. Martini*, II, 16, 614. Les maisons construites sur ces ponts à Paris, Mabillon, *Acta*, *Vita S. Leobini*, 62, p. 79 ; *H. F.*, V, 49, p. 240.

4. Pour les ponts romains, Grégoire de Tours, *Vitæ Patrum*, XVII, 3, p. 370.

5. Sidoine Apoll., *Carmina*, 132. On y abritait les chevaux. Cf. Fortunat, *Vita S. Germani*, 65, p. 16. C'est surtout le colporteur, le marchand qui y loge.

et la population fort réduite utilisait les anciennes demeures. Aussi trouvons-nous, dans le midi et le centre de la Gaule, la maison ordinaire à deux étages et rarement à trois[1]. Les textes se taisent sur les maisons à locataires; cette question ne peut être élucidée. Il est bien fait mention de boutiques, mais sans nous indiquer si les commerçants sont propriétaires de l'immeuble.

A mesure que l'on s'avançait vers le Nord, on devait trouver différents changements dans l'habitation, transformations dues à l'influence franque. C'est surtout vrai, nous le verrons bientôt, pour les grandes fermes du plat pays.

Nous ne possédons aucun ancien édifice qui puisse nous montrer ce qu'était alors l'habitation des riches et des grands fonctionnaires de l'État. Les palais en briques construits par les empereurs furent utilisés soit par les rois, soit par les comtes ou les ducs francs. Quelques-uns même élevèrent dans les cités méridionales des édifices magnifiques en bois. Ces demeures très élevées, étaient entourées d'un vaste portique dont les colonnes supportaient des chapiteaux ornés de sculptures d'une finesse remarquable[2].

L'archéologie ne pouvant nous fournir aucune indication sur les maisons de l'époque franque, il est donc nécessaire d'avoir recours aux descriptions des écrivains contemporains, pour se représenter l'habitation des familles riches et puissantes. La façade de ces maisons était fort simple; comme dans l'antiquité, des portes en bois ou en bronze en fermaient l'entrée[3]. Nous connaissons par les tombeaux, les marteaux de métal, les serrures qui étaient aux portes de ces habitations. Il était défendu de faire graver la croix sur le seuil de la demeure; l'Église la permettait seulement sur la façade, comme on peut le voir encore sur bien des maisons des villages méridionaux[4]. L'hôte qui entrait dans la maison se trouvait dans le vaste atrium des demeures gallo-romaines. C'était là qu'étaient

1. Grégoire de Tours, *H. F.*, VIII, 42, p. 354, maison à trois étages.

2. Grégoire de Tours, *H. F.*, VII, 22, 303, *In gloria Martyrum*, 8, p. 493. Fortunat, *Carmina*, IX, 15.

3. Fortunat, *Vita S. Germani*, 24, p. 176, fermée avec des verrous, Grégoire de Tours, *H. F.*, III, 15, p. 124 : « *invenit januas atrii divinitus reseratas.* »

4. Codex Justiniani, liv. I, 42, 8, aussi le concile *in Trullo*, canon 172. Il y avait des fidèles qui la plaçaient au-dessus, Grégoire de Tours, *H. F.*, V, 30, Le Blant, *Nouveau recueil des Inscriptions chrétiennes de la Gaule*, n° 221.

reçus les nombreux serviteurs ou clients du riche propriétaire[1]. Les fleurs, les tapisseries retenues par des tringles en fer et suspendues dans les arcades de l'atrium rendaient fort agréable cette grande pièce indispensable aux demeures méridionales. A côté, était l'oratoire de la famille. Il avait remplacé celui dédié aux Lares, et contenait aujourd'hui des reliques des saints[2]. La sculpture étant très peu employée par l'Église, les fidèles ne connurent pas ces statuettes à bas prix que l'antiquité païenne avait fabriquées en grand nombre, mais la relique remplaça, nous le verrons, cette imagerie religieuse, pour un temps assez long. La peinture, la mosaïque furent employées à l'ornementation des oratoires des classes riches[3]. Il n'était pas rare, dans le Midi de la France, que la demeure se terminât par une terrasse qui était le plus souvent construite en bois. On l'appelait *solarium* et elle était orné de plantes grimpantes[4]. Les familles aimaient d'y venir en hiver jouir pendant le jour du soleil et, en été, elles y séjournaient pour respirer les fraîcheurs du soir. Le système de chauffage des appartements était sans nul doute celui employé dans l'antiquité. Les documents nous parlent de brasiers brûlant dans les chambres, de cheminées avec du bois, des calorifères chauffant la demeure princière[5].

En face la porte d'entrée, après avoir passé l'*atrium*, on entrait dans une pièce assez grande, très ornée, c'était le *triclinium*[6], qui rappelait celui des Gallo-Romains, dont les murs recevaient des tapisseries

1. *Acta Boll.*, *Vita S. Germani*, 5, p. 202. *Atrium* mentionné à Auxerre; pour Arles, Grégoire de Tours, *In gloria confessorum*, 3, p. 750, *Acta Boll.*, *Vita S. Cesarii*, I, 19, p. 643, « *in atrio domus;* » il était le jour de réception très visité, *Vita Cesarii*, III, p. 27, p. 70. Il y avait des fleurs, des arbres même. Cf. *Sub una arbore atrii*, Grégoire de Tours, *In gloria confessorum*, 5, p. 752.

2. Grégoire de Tours, *In gloria confessorum*, 3, p. 750.

3. Fortunat, *Vita S. Germani*, 23, p. 158. *Regula S. Cesarii*, *P. L.* Migne, 67, XLII, p. 1116, défend aux nonnes de placer dans leurs chambres ou dans l'oratoire: « *nec vela cerata appendi, nec tabulæ pictæ affigi nec in parietibus, vel cameris ulla pictura fieri debet.* »

4. La *domus* d'un certain Vincent dont le solarium était en bois, « *cujus solarium ex ligno factum.* » Cf. Mabillon, *Acta*, I, *Vita S. Cesarii*, 21.674.

5. Cheminée mentionnée dans la salle à manger, Sidoine Apoll., *Carmina*, II, 2, *Vita S. Radegundis*, S. R. M., I, 5, p. 367, cf. Fortunat, *Vita S. Radegundis*, 2, p. 39. Pour les brasiers, Grégoire de Tours, *De gloria confessorum*, 70. Servante « *quæ tunc plenam, ut assolet, pro injuria hiemis aculam cum carbonibus retinebat.* »

6. Pour le *triclinium*, Grégoire de Tours, *In gloria confessorum*, 3, p. 750. Cf. Isidore, *Orig.*, XV, III, Migne, *P. L.*, 82, p. 541, et Pardessus, *Dipl.*, p. 83. On le trouve même à Reims: « *vela tria quæ sunt ad ostia diebus festis triclinii.* »

et dont les portes étaient fermées par des épais rideaux que l'on changeait les jours de fête[1]. C'était la chambre la plus riche et la plus aimée de cette époque; aux dîners de cérémonie, les serviteurs répandaient sur le pavé des joncs, des feuillages, des fleurs pour les fêtes de la famille[2]. Les murs même étaient couverts de verdure, de guirlandes de roses. Fortunat nous parle de tapisseries où des oiseaux becquetaient des raisins, représentation orientale qui rappelle les fresques charmantes de Pompéi.

Le luxe du *triclinium* était encore très grand. Ce n'était pas assurément la richesse mobilière des maisons gallo-romaines, où tant d'œuvres artistiques se trouvaient réunies, mais les habitations franques se distinguent encore par les meubles relativement nombreux, les tapisseries et la vaisselle d'or ou d'argent.

Les meubles du *triclinium* comprenaient la table avec ses bancs, si la famille était d'origine germanique [3], d'un ou plusieurs *sigma* avec ses lits, si elle était indigène [4]. Puis venaient les tables à deux, trois ou quatre pieds destinées au service des repas [5]. On y plaçait les plats avec les mets, les coupes, les calices. Dans les familles germaniques riches, la *cathedra* ou siège du maître de la maison se faisait remarquer par la richesse des coussins, par la matière, bronze ou bois, quelquefois revêtue d'ivoire dont elle était composée[6].

1. On l'appelle aussi *recubitus*, Grégoire de Tours, *Vitæ Patrum*, p. 670. Pour les tapisseries. Fortunat, *Carmina*, liv. III, 13.

2. Grégoire de Tours, *De gloria confessorum*, XCII. Murs tapissés de fleurs ou de plantes odoriférantes, guirlandes avec des roses, Fortunat, *Carmina*, liv. XI, 11, X, 2.

3. Grégoire de Tours, *H. F.*, II, p. 23, *De gloria martyrum*, 8, p. 493.

4. Pour les *sigma*. Cf. Grégoire de Tours, *H. F.*, II, 23.

5. *Abacus* mentionné par Sidoine Apollinaire, *Epist.*, II, p. 25. Fortunat, *Vita S. Martini*, II, v, 86. *Stibalium*, Sidoine Apoll., *Epist.*, II, 2, p. 25.

6. *Cathedra*, sorte de fauteuil avec un dossier où les grands personnages et les femmes nobles se plaçaient. Elles pouvaient être en bois recouvertes de plaques soit en métal, soit d'ivoire. Nous en possédons encore une du VIe siècle. Elle se trouve à Ravenne et appartenait à l'évêque Maximien. Alinari, *Phot.*, n° 10295, Grégoire de Tours, *Vitæ Patrum*, 5, p. 667, *P. S. M.*, II, *Vita S. Radegundis*, I, p. 365. On disait aussi *sella*, Grégoire de Tours, *Vitæ Patrum*, 670. Pour *Sellula*, Grégoire de Tours, *Vitæ Patrum*, 14, p. 718. Elle devait être plus petite. Il y avait aussi les sièges pliants comme les chaises curules. Il s'en est conservé une à l'église Saint-Denis. Suger fit faire au XIIe siècle le dossier actuel. On plaçait des coussins et des tentures sur ces sièges, Grégoire de Tours, *H. F.*, *IX*, 35, p. 390. Grand fauteuil, « *in faldaone sedebat* », Frédégaire, *Chron.*, IV, 34, p. 135. Cf. fauteuil avec dossier. Manuscrit de la *Genèse* (Vienne), Garrucci, *Storia dell' arte*, IV, tav. 119 et 244 ; petits sièges, tav. 119-4, escabeau, tav. 121-122.

Les chambres à coucher des membres de la famille venaient ensuite et elles n'étaient pas moins luxueuses. Les meubles qui les ornaient étaient relativement nombreux. C'était tout d'abord le lit en bois ou en bronze, très simple, formé de deux montants assez élevés, reliés par deux barres parallèles[1]. L'antiquité nous a conservé un certain nombre de ces lits en bronze, et nouspouvons juger des formes alors en usage et qui ont dû se perpétuer pendant des siècles, puisqu'on les retrouve à l'époque carolingienne. Le lit en bois devait être cependant le plus usité; sa garniture se composait en général d'une paillasse[2] sur laquelle on plaçait les matelas soit en laine, soit en plumes[3]. Il comprenait ensuite les draps de toile et les couvertures qui étaient, dans les demeures des grands, très ornées et le plus souvent brodées. Puis des traversins et des coussins en plumes en complétaient la garniture[4]. Les anciens avaient l'habitude de placer à

1. Chambre à coucher chauffée. Cf. *S. R. M.*, II, *Vita S. Radegundis*, I, 5, p. 367. Pour le lit, Grégoire de Tours, *Vitæ Patrum*, VI, 3, p. 682. *Sponda lecti*, Frédégaire, *Chronic.*, IV, 52, p. 145. Un évêque de Lyon avait construit pendant sa jeunesse un beau lit en bois pour l'évêque S. Gall de Clermont. Grégoire de Tours, *Vitæ Patrum*, 8, p. 698, Alinari, *Photog.*, n° 10318. Un ivoire du musée de Ravenne reproduit la mort de la Vierge. (VIIIe ou IXe s.) On y voit un lit paré avec son escabeau et ses couvertures qui retombent en petits plis, les descriptions littéraires correspondent à cette représentation. Fortunat, *Vita S. Germani*, 19, p. 120. Cf. les lits qui se trouvent représentés dans le manuscrit de la Genèse. Garrucci, *l. c.*, tav. 113, 114. Les pieds sont tournés, à colonnes. Ils sont un peu élevés. Un tapis luxueux le recouvre. Des coussins y sont aussi placés. Cf. le lit du Codex Cosma Indicopleuste. (Vatican, Garrucci, *l. c.*, pl. 148.) Il est paré et pourvu d'un escabeau.

2. Grégoire de Tours, *Vitæ Patrum*, 2, p. 738. On employait aussi le foin. Pour la paille, Fortunat, *Vita S. Germani*, 21, p. 128, « *stipula lectuli* »; Grégoire de Tours, *De virtutibus S. Martini*, III, 42, p. 642, *De virtutibus S. Juliani*, 23, p. 574.

3. « *Dormire in pluma*, » *Vita S. Clodoaldi*, VIII, 1 ; Grégoire de Tours, *Vitæ Patrum*, 2, p. 738, indique des *culcita*, le petit banc *scamnum* pour monter sur la couche, Fortunat, *Vita S. Paterni*, 15, p. 34, « *in pluma neque caput reclinans* ».

4. La *Regula S. Cesarii*, *P. L.*, tome 67, XL, p. 1115, défend les *lectuaria sæcularia de coloribus tecta in usu non habeatis*. Cf. la *Regula S. Aureliani* (Migne), *P. L.*, 68, XVII, p. 391, recommande que les lits soient simples et ne soient pas ornés comme dans les maisons des laïques : « *Lectualia vero ipsa simplicia sint, nam satis indecorum est, si in lecto religioso stragula sæcularia aut tapetia picta resplendeant.* » La *Regula S. Cesarii*, *P. L.* Migne, tome 67, XLII, p. 1116, mentionne les draps, *stragula secularia*. Pardessus, *Dipl.*, *tapete quod habeo in lecto*. Cf. *Plumaria et acupictura et omne polymitum vel stragula sive ornaturæ*. Pour les *stragula*, Grégoire de Tours, *Vitæ Patrum*, 2, p. 738. *De gloria Confessorum*, 30, p. 172, *S. R. M.* II, *Vita S. Radegundis*, II, 8, p. 383. Pour les *tapetes* et les *plumellæ*, Grégoire de Tours, *Vitæ Patrum*, 14, I, 718, 6, p. 684. « *In lectulo decubans a lectuaria ipse coopertus*. On se couchait quelquefois avec le *colobium*, sorte de tunique de dessous avec des manches courtes, *Vitæ Patrum*, VIII, 2, p. 692.

côté du lit un escabeau pour y monter plus commodément. La chambre était ensuite garnie de sièges, de petits bancs, de coffres de dimensions différentes qui servaient à conserver les vêtements, les parures, de tables, petites ou grandes, à trois ou quatre pieds pour poser les peignes, les petites fioles qui contenaient les parfums, les épingles, objets de toilette si aimées des femmes, les boucles et les fibules[1].

Les coutumes anciennes n'avaient pas changé et nous voyons les contemporains rester, comme jadis, longtemps au lit. On y lisait [2]. Des tapis sur les murs et aux portes complétaient le mobilier de l'appartement le plus retiré de la maison[3].

Il est à peine besoin de remarquer que le mobilier de la demeure variait suivant la fortune du propriétaire. Dans les familles aisées, les appartements étaient moins somptueux, les meubles plus rares, la couche plus sommaire.

Les fenêtres étaient souvent petites, garnies de châssis en verre ou

1. Nous avons un certain nombre de meubles indiqués dans les documents. Ils mentionnent surtout les *scamna* ou escabeaux, les *scabella*, les *subsellia*, sorte de chaises, les *sellæ*, les *formulæ*. Ces sièges avaient différentes formes et étaient le plus souvent en bois. Leur décoration toute particulière était avant tout géométrique. L'ornementation barbare servait surtout à ces meubles. Les pays du Nord nous en ont conservé un certain nombre, Weiss, *Kostümkunde*, II, p. 277, fig. 193. Les entrelacs, zigzags, spirales étaient alors les motifs décoratifs les plus aimés. Sulpice Sévère, *Dialog.*, II, I, parle des *tripetia*, sièges à trois pieds particuliers à la Gaule. Grégoire de Tours, *H. F.*, X, 27, p. 439, mentionne des bancs, Mabillon., *Acta*, II, *Vita S. Agili*, 20, p. 310, indique une *formula* placée près du feu. Pour les chaises, Fortunat, *Vita S. Germani*, 19, p. 101, des *sellæ*. Grégoire de Tours, *Vitæ Patrum*, 5, p. 667, des *formulæ*. On y faisait sa prière. *S. R. M.*, II, *Vita S. Radegundis*, II, 8, p. 383 : « *super formulam et se ad orationem prosternit.* Cf. aussi Grégoire de Tours. *In gloria confessorum*, 90, p. 806. Sièges étroits. « *Sellæ arctæ*, Fortunat, *Vita S. Martini*, II, v. 99. Escabeaux en bois fort durs, Fortunat, *Vita S. Martini*, IV, V. 522, « *dura sedilia ligna* ». Grégoire de Tours mentionne encore des *scamna*, *H. F.*, V, 18, p. 211, V, 14, p. 203. On y mettait des coussins et des tentures, *H. F.*, IX, 35, p. 390. Il y avait aussi des *arcæ* ou coffres et des armoires en bois, en fer ou en bronze. On les fermait à clef. Ces meubles servaient surtout à mettre le linge, les vêtements, les parures, l'argenterie, même l'argent. Le musée de Naples nous a conservé un exemplaire de ces coffres dont le modèle devait s'être perpétué, Grégoire de Tours, *H. F.*, III, 26, *Vitæ Patrum*, XIV, p. 718 ; *De virtutibus S. Martini*, II, 39, 623, « *in hanc arcellolam* », sorte de petit coffre, de petite armoire. Grégoire de Tours, *H. F.*, 40, p. 103, et aussi la *Regula S. Aureliani*, Migne, I, tome 63, VIII, p. 359, les mentionnent. Il est défendu au moine d'avoir dans le dortoir des *armoriola*, la *Regula S. Cesarii. P. L.*, 67, XXVI, p. 1112, indique des *arcella* et des *pressoriola*.

2. Grégoire de Tours, *De virtutibus S. Martini*, 42, p. 642.

3. Sidoine Apoll., *Epist.*, I, 2, 2, p. 3, Grégoire de Tours, *H. F.*, III, 7, p. 115.

fermées avec de simples rideaux à certaines heures du jour et surtout en hiver. Il n'était pas rare de voir des marbres découpés à jour, remplir l'ouverture et laisser passer l'air[1].

Les grandes familles possédaient dans leur habitation une salle de bains à laquelle un certain nombre d'esclaves étaient préposés. Les habitudes antiques étaient encore fortement enracinées. Le bain était considéré comme indispensable. L'heure choisie était soit le matin avant le *prandium*, soit le soir vers cinq heures avant la *cena.* Les maisons les moins aisées en possédaient et la loi Salique en mentionne dans le nord de la Gaule [2].

Des esclaves présentaient les linges chauds, les *strigiles* ou racloirs pour la peau, les savons pour la toilette du corps. On usait comme autrefois de l'huile parfumée, contenue dans des ampoules [3].

Puis venaient les offices, les cuisines, où tout un petit monde d'esclaves travaillait. Les écrivains nous ont laissé les noms des différents ustensiles de cuisine [4]. Ce sont les trépieds, les marmites, les seaux, les vases en bois ou en argile qui étaient alors si nombreux; puis

1. Grégoire de Tours, *Vitæ Patrum*, XIII, p. 715, Mabillon, *Acta*, I, *Vita S. Leobini*, 3, p. 115.

2. Ils sont souvent mentionnés, Fortunat, *Vita S. Germani*, 61, Grégoire de Tours, *De virtutibus S. Martini*, IV, I, p. 649 Mabillon, *A. S.*, II. *Vita Agili*, XVI, p. 308, *Vitæ Patrum*, 3, 682; on les prenait au moment du repas : «*Exsurgentes igitur, abluti balneis ad convivium discumbebant.* » Grégoire de Tours, *H. F.*, V, 21, p. 118.

3. Le savon, *M. G. H., S. R. M.*, II, *Vita S. Radegundis*, 17, p. 370 : « *Cum sapone a capite usque ad plantam membra singula diluebat.* » Pour les linges, cf. aussi, 9, p. 368 et 17, p. 370. Pour les parfums, Frédégaire, *Chron.*, 49, p. 145 : « *inunctus in balneo nescio quibus ungentes.* »

4. Nous possédons une longue terminologie des ustensiles qui servaient à la cuisine : *Cucuma*, chaudron, Fortunat, *Vita S. Germani*, 13, p. 12, *Id.*, *Vita S. Paterni*, 15, p. 34 : « *accessentes ad vasa ubi pulmentaria decoquebant.* » Grégoire de Tours, *De gloria martyrum*, 96, p. 553. *Catimus*, bassin plat où l'on faisait bouillir la viande. Fortunat, *Carmina*, VI, 81, cite des *scafæ*, baquets, des *tripes*, des *trixuriæ*, des *patellæ*, etc. Ces ustensiles étaient les mêmes que ceux dont on se servait dans l'antiquité. Le musée de Naples en possède une collection fort intéressante, Sommer, *Photographies*, n° 11123, 11124, 11152, etc. Grégoire de Tours, *In gloria martyrum*, 80, p. 543, mentionne un bassin en cuivre *æneum*.

Les cimetières mérovingiens ont fourni aussi un certain nombre de seaux, *Bulletin de la Société des Antiquaires de Picardie*, tome XI, p. 139. Van Robais nous a donné le dessin d'un petit seau en bois, recouvert de cuivre repoussé, provenant du cimetière de Miannay. On en a trouvé à Enverneu un autre qui porte une ornementation plus riche. Quelques scènes s'y trouvent représentées : Daniel dans la fosse aux lions et le symbole du poisson, Lindenschmidt, *Handbuch der deutschen Alterthumskunde* (temps mérovingiens), I, pl. XXXI, en a donné quatre exemplaires trouvés dans les nécropoles des bords du Rhin. Deux portent une riche décoration.

les casseroles, les passoires qui servaient à préparer les mets, et à clarifier le vin. Les cimetières mérovingiens nous en fournissent un certain nombre, et nous voyons que leur décoration était en général fort simple. C'était toujours une ornementation géométrique : entrelacs, chevrons, pointillés, etc.

Chaque demeure avait enfin un gynécée[1]. De là, la maîtresse de la maison surveille le travail de ses esclaves, et le plus souvent elle brode avec la soie qu'elle a reçue de l'Orient des étoffes qui servent à la confection des riches vêtements. C'était dans cette partie la plus retirée de la maison que la matrone habitait. Comme à l'époque de Sidoine Apollinaire, elle apparaît fort rarement dans les fêtes bruyantes et dans les repas. Aussi, les grandes maisons possédaient-elles toujours des jardins, où pouvaient vivre et s'amuser les enfants des riches patriciens. Les poètes nous vantent les jardins des matrones et des reines, où les roses, si aimées alors, parfumaient l'air[2].

Il faut ajouter à cette description les nombreuses dépendances d'une maison mérovingienne. C'était tout d'abord le *cellier*, appelé le plus souvent *apotheca*[3], où des amphores, des *dolia*, des tonneaux en bois contenaient le vin, l'huile, le blé de la récolte précédente. Le vin plus ancien était étiqueté et daté. Ces amphores, le plus souvent sans anses, telles que l'antiquité leur en avait transmis le modèle, étaient enfoncées en terre jusqu'au milieu, ou appuyées contre le mur, les unes à côté des autres. La colonne Trajane nous permet de voir la forme des tonneaux usités dans les parties septentrionales de la Gaule[4]. Il faut ajouter à cette description sommaire les fours destinés à la cuisson du pain, les écuries pour les chevaux nécessaires à la famille du propriétaire, les réduits pour la basse-cour ; autant d'annexes que l'on doit supposer à priori, malgré le silence des textes.

Les chambres et les salles étaient éclairées par des cierges et des

1. Pour le gynécée où les jeunes filles faisaient la toile, Grégoire de Tours, *De virtutibus S. Martini*, III, 37, p. 641. *H. F.*, IX, 39, p. 393, Sidoine Apoll., *Epist.*, II, 2, p. 25.

2. Fortunat, *Carmina*, VI, 7, *S. R. M.*, II. *Vita S. Radegundis*, I, II, p. 368 : « *post prandium dum ambularet per hortum.* »

3. Cf. Mabillon, *Acta*, II, *Vita Leodegarii*, 18, p. 666, « *apotheca* rempli d'amphores». Cf. Grégoire de Tours, *In gloria martyrum*, 50, p. 524, « *vinum, quo in apothecis nostris habebatur* ». Pour le blé, cf. Grégoire de Tours, *In gloria martyrum*, 47, p. 527.

4. Tonneaux mentionnés. Cf. Mabillon, *Acta*, II, XVIII, p. 787 : « *vas vinarium quod tonna dicitur*, » et *Acta*, II, *Vita S. Leodegarii*, 18, p. 666.

lampes [1]. Les dernières surtout sont très souvent mentionnées. Elles servaient aussi bien aux usages domestiques qu'aux églises. Le musée de Naples nous en a conservé un grand nombre de modèles en bronze supportées par des chaînes et suspendues au plafond de la chambre à l'aide d'une corde. Elles se composaient d'un gobelet ou d'un récipient qui contenait l'huile et d'une mèche, le plus souvent formée d'un peu de papyrus. Nous en possédons un certain nombre en argile, trouvées dans les tombeaux. La décoration est avant tout géométrique, et quelquefois sur le centre de la lampe, est dessiné un animal. A côté de ces lampes à bon marché, produits d'une industrie locale, les grandes maisons faisaient aussi usage de candélabres, où étaient suspendus soit des lampes, soit des cierges, et qui éclairaient les *triclinia* les jours de fêtes. Pendant les jours ordinaires, des esclaves se tenaient à côté de la table du maître des cierges à la main [2]. La fumée devait être fort incommodante, car elle ne pouvait pas être évitée. Les anciens avaient l'habitude d'enlever la partie de la mèche brûlée soit avec une petite pince, soit avec les doigts, coutume qui s'est conservée dans les pays du Midi.

Il y avait aussi des lanternes, mais qui devaient servir aux esclaves pour accompagner leurs maîtres [3].

1. Lampes retenues par des crochets et suspendues au plafond par des cordes. Cf. *De virtutibus S. Martini*, III, 18, p. 637 et 698, *In gloria confessorum*, 3, p. 750. Lychnus, « *ei erat conca supposita, in qua oleum defluens decidebat.* 28, p. 164, *H. F.*, IV, « *Lignus enim ille, qui fune suspensus ardebat* », aussi p. 167. Cf. *H. F.*, p. 490, et VII, 5, p. 329. Des torches sont mentionnées comme très usitées, cf. Formules de Marculf, I, II, p. 49. Grégoire le Grand, liv. I, ch. v, p. 242 : « *Omnes lampades implevit aqua, atque ex more in medio papyrum posuit.* » Candélabres portant des cierges : « *Cereferalibus accensis.* » Cf. Grégoire de Tours, *De gloria confessorum*, 78, p. 796.

2. Des esclaves tenant un ou deux flambeaux pendant le repas. Cf. Grégoire le Grand, *Dialog. S. Benedicti*, II, 20, p. 267 : « *Qui ante mensam ei lucernam tenebat,* » et Grégoire de Tours, *In gloria martyrum*, 8, p. 493. Cf. *H. F.*, V, 3, p. 193. Il était dangereux de laisser éteindre les cierges dans les repas, car des assassinats pouvaient avoir lieu. Cf. Grégoire de Tours, *H. F.*, III, 30, p. 134.

3. Pour les torches de pin, *tæda*, cf. Grégoire de Tours, *De cursu stelarum ratio*, 14, p. 862. Pour les chandelles souvent mentionnées. Cf. Formules de Marculf, *M. G. H.*, I, p. 49, et Cf. Grégoire de Tours : « *Repperit ibi duas candelulas ex cera ac papiro formatas,* » *De virtutibus S. Martini*, 50, p. 644. La mèche, « *favillam papiri* ». On usait du briquet pour les allumer Cf. Grégoire de Tours, *In gloria martyrum*, 56, p. 527 : « *Arreptam silicem ferro verberat.* » On éclairait aussi les lampes des appartements avec des cierges. Cf. Grégoire de Tours, *ibidem*, 14, p. 498 ; 8, p. 493, des *lucernæ*, lampes souvent mentionnées. Cf. Mabillon, *Acta*, I. *Vita S. Launomari*, 20, p. 342.

Dans la Gaule du Nord, à côté des anciennes demeures gallo-romaines qui devaient encore exister, les Francs apportèrent avec les constructions des transformations importantes dans le plan des habitations. Ces demeures, comme nous le verrons, ont à la fois le caractère urbain et rural, surtout à partir de Paris et dans la *Francia*.

Les artistes italiens ou étrangers qui venaient dans les contrées septentrionales, travaillaient seulement aux grandes églises construites quelquefois en pierre, mais les demeures des habitants élevées par les charpentiers si renommés du pays du Nord, étaient en bois souvent peintes ou dorées[1].

L'emplacement de ces demeures était en général un rectangle assez étendu, entouré d'une haie fort épaisse qui en défendait l'accès. L'entrée de la maison est placée sur un des côtés les plus longs du rectangle[2].

La demeure du maître était le plus souvent à deux étages, et terminée par un toit unique à doubles rampants. Les historiens de l'époque mérovingienne ne nous donnent aucune indication précise sur les maisons en bois, et leur silence en rend fort difficile la description détaillée. On dirait pourtant qu'elle se composait d'une *curtis*, vaste cour, le plus souvent fort simple, quelquefois entourée d'un portique soutenu par des colonnes. On peut voir aussi que dans les habitations plus luxueuses l'influence romaine dominait encore, car les documents font mention d'un *atrium* à colonnes au milieu de l'habitation, avec jardin agrémenté de fleurs.

Après avoir franchi cette vaste cour, on se trouvait en face de la demeure du maître, située ainsi sur le plus long côté du rectangle. Une porte, dont les jambages avaient reçu une ornementation sculptée particulière aux peuplades du Nord, composée d'entrelacs et de têtes d'animaux, permettait au visiteur l'entrée dans une vaste pièce où habitait le propriétaire franc avec sa famille. Elle servait à la fois de *tri-*

1. Maisons en bois, cf. Grégoire de Tours, *H. F.*, V, 4, p. 195. La plupart étaient mal construites, un grand vent les emporte. Cf. Grégoire de Tours, *H.F.*, 41, p. 233, les portes Cf. Grégoire de Tours, *H. F.*, IV, 12, bois. Cf. p. 149. Cf. *H.F.*, IV, 48, p. 182. Cf. Meitzen, *Das Deutsche Haus*, Berlin, 1892, pour la maison, de bois en général. Cf. Karl Weinhold, *Die deutschens Frauen in dem Mittelalter*, II, p. 77, 901. Mais ce travail se rapporte surtout à la seconde partie du moyen âge.

2. On peut encore voir aujourd'hui le plan des maisons franques en parcourant la Champagne et la partie Est de la France. Il serait nécessaire de relever avec soin les différents plans des maisons normandes et des demeures franques. Cf. pour l'Allemagne, le travail si intéressant de A. Meitzen, *Siedelung und Agrarwesen der Westgermanen and Ostgermanen*. 1895. Hertz, Berlin.

clinium et de chambre à coucher. C'était même l'unique salle de réception. De nombreux sièges, des bancs recouverts de coussins ou de tentures étaient placés là. Le plan des maisons du Nord était beaucoup plus étendu que celui des cités méridionales. La séparation de la vie urbaine de la vie agricole n'était pas aussi tranchée, et elles avaient encore ce double caractère. Tout à côté de ces demeures se trouvaient des édifices nombreux, nécessaires à l'exploitation rurale : la *scuaria*, la *vaccaria*, l'*ovilia*, la *porcaritia*, le *granarium*, les *cellaria*. Les textes nous indiquent aussi le four.

La maison en pierre persista dans le Midi et le centre de la France, sans toutefois régner sans conteste, même dans ces régions. Si pendant la période mérovingienne, les écrivains mentionnent la construction de nombreuses églises, ils se taisent sur les édifices civils; à peine quelques diplômes, quelques Vies de saints nous relatent de nouvelles constructions qui ne peuvent prouver une bien grande activité. On peut en conclure que la population utilisait les anciennes demeures qu'on réparait tant bien que mal, à l'aide des anciens édifices antiques[1].

L'agriculture avait réglé l'emploi de la journée. On allait au travail dès le lever du soleil. Le chant du coq indiquait l'heure[2]. Le fidèle faisait alors sa prière et partait après avoir fait un petit repas. Ce premier déjeuner fort simple, consistait en pain trempé dans du vin, en dattes, en miel, en olives avec du sel, ou en un morceau de fromage[3]. On travaillait ensuite jusqu'à midi, heure à laquelle avait lieu le *prandium*[4]. Le paysan, même le lettré, se reposait après ce repas. C'est encore l'usage dans les fermes du midi de la France de dormir après le déjeuner[5].

Le repas du soir, qui avait toujours lieu vers le coucher du soleil, la *cena*, était le plus copieux; surtout en hiver, les familles restaient

1. Grégoire de Tours, *H. F.*, VI, 20, p. 262, mentionne quelques constructions.
2. Grégoire de Tours, *Vitæ Patrum*, 4, 671.
3. Repas du matin, vin et pain. Grégoire de Tours, *H. F.*, III, 15, p. 125. *H. F.*, VI, 5, p. 249, pain avec dattes, etc.
4. Repas de midi. Cf. Grégoire de Tours, *Vitæ Patrum*, 2, p. 670. On mentionne surtout ces deux repas. Cf. *Acta Boll.*, *Vita S. Cesarii*, 37, p. 646 : « *ad prandium vero et ad cœnam mensæ suæ sine cessatione quotidie legebatur.* » Un *prandium* du roi fort simple, mais avec plusieurs plats, « *cum diversis ferculis* ». Grégoire de Tours, *H. F.*, 8, p. 211. Deux repas par jour. Cf. Grégoire, *H. F.*, V, 10, p. 199.
5. Cf. Sidoine, *Epist.*, XI, 9. Grégoire de Tours, *De gloria confessorum*, 78. On se couchait après le repas.

longtemps à table, car les veillées étaient plus longues. La vie était celle d'autrefois, faite d'habitudes constantes, de pratiques invétérées.

Malgré les guerres nombreuses, le roi et sa cour, les comtes et les grandes et riches familles dans les cités, tenaient à profiter de la fortune conquise et des loisirs que leur faisait la paix.

Les nombreuses fêtes instituées déjà par l'Église créaient aussi des diversions plus sensibles et rendaient la vie moins monotone. Les dîners réunissaient le soir les amis de la maison. Le *triclinium* était préparé pour recevoir les hôtes, les lits dressés ou les bancs recouverts de tenture[1]. L'habitude de manger couché sur des lits se conserva encore plus longtemps dans le midi et le centre de la Gaule[2]. La table quadrangulaire, en forme de *sigma*, entourée de lits des trois côtés, pouvait contenir neuf convives. La place d'honneur était le bout à droite de la table ; à gauche, la seconde[3]. La mode franque avait introduit dans les parties septentrionales de la Gaule la table ronde ou carrée sur laquelle les mets étaient placés[4]. Autour d'elle se plaçaient les convives, assis sur des bancs recouverts de tapis ou de coussins. Elle pouvait recevoir cinq ou six convives. On mettait plusieurs tables dans les dîners plus nombreux. L'habitude était de couvrir les tables de nappes fort riches, en étoffes précieuses, qui recevaient des broderies, une ornementation variée, quelquefois même un tissu avec des plumes[5]. Certaines mosaïques nous ont conservé encore les dessins de ces nappes[6]. On mettait des fleurs sur

1. Dîner *ad sextam*. Cf. Grégoire de Tours, *De virtutibus S. Martini*, II, I, p. 609. On met des fleurs sur la table, des roses, cf. Fortunat, *Carm.*, X, II, Cf. Grégoire de Tours, *In gloria confessorum*, 62, p. 785, la *cœna* avait lieu au coucher du soleil.

2. La coutume romaine persistait. On se couchait sur des lits. Cf. Grégoire de Tours, *H. F.*, II, 23 : « *Primus recumbit in toro.* » Ils étaient garnis de pourpre ou de fin lin. On quittait sa chaussure pour se mettre sur ces lits. Cf. Sidoine Apol., *Epist.*, I, 2.

3. Grégoire de Tours, *H. F.*, V, 18, p. 211. Cf. *In gloria martyrum*, 79, p. 541.

4. Grégoire de Tours, *H. F.*, V, 14, p. 203. Cf. *In gloria martyrum*, 79, p. 541, et *H. F.*, V, 21, p. 218.

5. On voit qu'elles sont bordées et fort luxueuses. Cf. Grégoire de Tours, *In gloria martyrum*, 96, p. 553. *Extat mensa niveis velata mantilibus, opere pulmario exornata.* Cf. Fortunat, *Vita S. Martini*, II, p. 90, *Carmina*, X, 11. Pardessus, *Dipl.*, I, p. 83.

6. Les mosaïques de S.-Vital de Ravenne nous montrent le dessin de ces nappes très fines. Ce sont des arabesques, des motifs décoratifs géométriques. Cf. Alinari, *Photog.*, 10325.

la table, des corbeilles de fruits[1]. Les Francs avaient l'habitude de faire enlever la table à la fin du service, et les convives restaient là, assis pendant des heures entières à boire ou à causer[2]. Il y avait un grand nombre de serviteurs aussi bien dans les maisons royales que dans les demeures des grands et des évêques qui servaient les convives. Un *pincerna* ou échanson s'occupait des vins et surveillait les autres esclaves[3].

Les invités se lavaient les mains avant le repas ; les esclaves faisaient passer un bassin[4], quelquefois de très grand prix, et de l'aiguière qu'ils tenaient à la main, ils versaient de l'eau sur celles des hôtes[5]. Des serviettes étaient présentées aux convives pour s'essuyer les doigts[6]. On ne se servait pas à cette époque de fourchettes : la viande était prise avec les doigts, les *cochlearia* et les *ligulæ* étaient des cuillères pour les sauces[7]. Elles avaient différentes

1. Cf. Fortunat, *Carmina*, X, 11.

2. Cf. Grégoire de Tours, *H. F.*, X, 27, p. 439 : « *ablata mensa, sicut mos Francorum est.* »

3. Cf. Grégoire de Tours, *Vitae Patrum*, I, p. 687. *H. F.*, V, 46, p. 238. Cf. *pincerna. Ibidem*, *Vitæ Patrum*, I, p. 687. Cf. *De virtutibus S. Juliani*, 6, p. 571. Fortunat vante le nombre des serviteurs du patrice Mumnole et le grand air de sa maison. Fortunat, *Carmina*, VII, 14. La table et le service du roi est fort considéré. *S.R.M.*, II, *Vita Chrothildis*, II, p. 368.

4. Les *Aquamanile* sont souvent mentionnés Cf. *S. R. M.*, II, *Vita S. Chrothildis*, 19, p. 370. Cf. *ibidem*, *Vita S. Radegundis*, II. On se lavait la figure et les mains, I, 17, p. 370. Cf. *Acta Boll.*, 1 septembre, *Vita S. Domnoli*, II, p. 7, 3 mai, *Vita S. Fidoli*, VI, p. 590. Cf. Grégoire de Tours, *H. F.*, IV, 46, p. 18.

5. On se lavait à l'eau chaude avant de manger. Cf. *Vitae Patrum*, 2, p. 678.

6. On tendait à chacun des serviettes. « *Ipsa aquam sive mappam singulis porrigebat.* » Cf. *Vita S. Radegundis*, *S.R.M.*, II, 17, p. 370.

7. Pour la table préparée, cf. le manuscrit de la *Genèse* de Vienne, qui nous donne une représentation d'un repas. On voit les convives revêtus de la tunique, couchés autour du sigma. Des coupes, des assiettes sont placées sur la table. La servante pose les mets dans des plats et des esclaves les font passer aux invités, Garrucci, *l. c.*, tav. 120, 2. Cf. le précieux texte dans la Vie de S. Radegonde, *S.R.M.*, II, 58, p. 370, *parata mensa, missorium, cocleares, cultellos, cannas (pocula* ou *cantharus), potum et calices*. On voit donc que chaque convive avait une cuiller, un couteau pour couper la viande et la piquer avec la pointe, et une coupe pour boire. Sur la table des plats, des carafes étaient placés. C'est sans nul doute un service fait d'après les habitudes germaniques. Cf. Grégoire de Tours, *H. F.* X, 27, p. 439. On prenait les mets et surtout les sauces avec sa *cochleare*. « *Ipsa cibos cum cocleare porrigere.* » *Vita S. Radegundis*. *S.R.M.*, II, p. 370. C'était un beau luxe d'avoir sur la table une belle vaisselle d'argent. Les testaments mentionnent des *cochlearia*. Cf. S. Rémy, Pardessus, *Dipl.*, I, p. 82, *cochlearia, tria quæ meo nomine sunt titulata*. Cf. *Vita Cesarii*, 19, p. 642. On désirait montrer avant tout la grande quantité d'orfèvrerie qu'on possédait, quelquefois grossière et jaunâtre. C. Sidoine Apol., *Epist.*, II, 2. On sait la belle argenterie du patrice Mumnole, que le roi Gontram confisqua. Pour les inscriptions, cf. Le Blant, *Recueil des Inscriptions chrétiennes*

formes, et le plus souvent elles étaient en argent ou en or. Les *ligulæ* étaient en général plus petites. Nous en possédons quelques-unes. On y trouve l'inscription, *Vivas in Deo*, le *monogramme du Christ*, le nom du *propriétaire*. On aimait à montrer l'abondance de l'argenterie pendant ces repas[1]. Une longue terminologie existait pour désigner les différentes formes des plats en métal, qui étaient employés pour le service[2]. Ils étaient le plus souvent en argent. Il y

de la Gaule, n° 583, le nom du propriétaire et le monogramme du Christ, et le Nouveau Recueil, n° 26. On en trouve un certain nombre dans les musées de province, cf. surtout ceux de Saint-Germain, de Troyes, etc.

1. Les cimetières mérovingiens nous ont conservé quelques vases de différentes formes. Cf. Fleury, *Les Monuments antiques du département de l'Aisne*, II, p. 115. On y trouve des cruches, des vases avec ou sans anses. Cf. ceux d'Arcy-Sainte-Restitue, fig. 223, fig. 216. « La terre est grossièrement malaxée, elle est faite de pâte noirâtre dans la masse, grise moins souvent, rougeâtre et jaunâtre moins fréquemment encore. » Cf. Fleury, *ibidem*, p. 109. On voit qu'ils portent des traces de l'action du feu et qu'ils ont dû servir à la confection des aliments. Les formes varient, mais manquent de grâce. Ils sont le plus souvent lourds et trapus. La décoration est surtout géométrique : raies, stries, entrelacs, nattes la composent. Cf. p. 151. On a trouvé aussi un petit nombre de vases de verre. Cf. Fleury, *l. c.*, fig. 250. La nécropole de Voyenne en a fourni quelques exemplaires, mais il faut avoir une grande prudence, car ces vases peuvent appartenir à l'époque gallo-romaine. Nous avons des coupes en verres rougeâtres et à tons violacés, d'autres en forme de cloche et de couleur blanche. Il faut ajouter enfin des *ampulla* en verre. Cf. aussi Bulletin archéologique du Comité des travaux historiques et scientifiques, 1891, n° 1. *La question franque au Congrès de Charleroy*, p. 17. « On trouve des vases de terre noire ou grise, rarement blanche ou rouge ; à carène saillante et à pied et ouverture rétrécis; chez les riches, ces vases funéraires sont remplacés par des fioles ou des coupes apodes de verre, quelquefois décorées de filets d'un émail blanchâtre d'une extrême ténuité. » Cf. Lindenschmidt, *Handbuch der deutschen Alterthumskunde* (les temps mérovingiens), I, pl. XXXII, donne des calices, des coupes, des gobelets, des vases en forme de cornets. Cf. Lindenschmidt, *l. c.*, p. 478, indique un texte de la Vie de saint Odon qui relate de telles coupes : « *cornua grandium taurorum agrestium deaurata et gemmis intexta, potibus apta.* » Nous avons aussi des cruches, pl. XXXIV, fig. 7, 9, sur le même modèle de celles qui sont encore en usage dans l'Italie méridionale, des jarres, fig. 8, des pots ansés, fig. 6. Cf. aussi les vases sans anse de la pl. XXXV. Il faut mentionner les différents vases trouvés en Normandie. Cf. Cochet, *La Normandie souterraine*, p. 325, avec figures, 326, pl. X. Cf. XI. Cf. aussi *Le Tombeau de Childéric*, I, p. 338 et 339. Cf. De Baye, *Le Cimetière d'Herpes* (Charente), donne un certain nombre de vases en verres d'une très grande finesse, pl. XXVI, des cruches, pl. XVIII, des bouteilles en verre, pl. XXIV.

2. Les textes font mention d'un grand nombre de vases ou de plats qui servaient à mettre les mets. Pardessus, *Dipl.*, I, p. 83 : « *vas argenti amplissinum refertum cucibis delicatoribus.* » Pour les plats en argent. Cf. Mabillon, *Acta*, II, *Vita Arnulfi*, 14, p. 143, il pesait soixant-douze livres. On s'offrait de tels plats comme souvenirs. Cf. Mabillon, *Vita Cesarii*, II, 26, 670, certains plats en argent sont appelés *Gabcatæ*. On y gravait des inscriptions. Cf. Fortunat, *Carmina*, VII, 24, 25. Cf. des *disci* sur la table, Fortunat, *Carmina*, X, 11. Il y en avait en or. Cf. Grégoire de Tours, *H. F.*, 7, 111, *missoria aurea*. Cf. Fortunat, *Vita S. Germani*, 13, p. 14. Les rois en offraient, Fortunat, *Carmina*, IX, 10. Cf.

avait des *feretra*, des *missoria* ou grand plat, des *gavatæ*, plateaux en argent où on gravait des vers. Fortunat en composa un certain nombre pour ses amis. On usait encore de grandes écuelles en bois, quelquefois sculptées, généralement rondes, qui servaient à porter aux convives la volaille et les viandes. Des corbeilles ornées de peintures étaient remplies de fruits et reposaient sur la table. Les assiettes ou plats plus petits donnés aux convives, étaient le plus souvent en argent, quelquefois même en or. Les familles pauvres devaient se servir de plats grossiers en argile ou en bois. Le personnel nécessaire aux soins domestiques, au service de la table, était nombreux. Il comprenait les échansons, les cuisiniers, les esclaves qui portaient les mets, ceux qui avaient soin des convives.

On mettait le vin ou la bière dans des vases en métal ou en bois. Ces derniers étaient appelés *flacones*. Les esclaves remplissaient les coupes, *pocula*, ou verres, pendant le repas[1].

Des serviettes étaient données à chaque convive, et elles étaient nécessaires, car on s'essuyait souvent les doigts [2]. Pendant le repas, la coutume était de réciter le *Benedicite* sur les mets qu'on vous présentait, de les signer, car il ne fallait rien manger sans avoir fait le signe de la croix. Le diable pouvait profiter de cette circonstance, de cet oubli, et nuire à l'hôte imprudent. Les différentes coupes qu'on servait à boire, devaient être bénies par le signe de la croix [3]. Après

un *urceus* en argent, Grégoire de Tours, *De gloria martyrum*, 37, p. 512; *H. F.*, VI, 2, il pesait 50 livres et était orné « *ex auro et gemmis* ». Cf. *H. F.*, V, 11, 4. Cf. des vases d'or ornés de pierres précieuses. Fortunat, *Vita S. Martini*, III, V, 578. Il y en avait aussi en marbre, « *marmoreus discus* ». Nous avons une longue terminologie de coupes. Cf. des *poculæ* en verre. Grégoire de Tours, *Vitæ Patrum*, 1, p. 687, d'autres appelées anax. Cf. *De virtutibus S. Juliani*, 8, p. 568. « *urceus qui anax dicitur*, » des *hydria*, des *amphora*. Cf. *In gloria martyrum*, 23, p. 502, des lagenæ, sorte de carafes en argile. Cf. *In gloria martyrum*, 25, p. 504. Pour les *ampullulæ*, cf. Grégoire de Tours, *In gloria confessorum*, 9, p. 754. On y mettait du vin. Fortunat, *Vita S. Germani*, 13, p. 14. On fait ensuite mention des vases en bois, les esclaves y versaient du vin. Cf. *duo lignea vascula plena quæ vulgo flacones vocantur*. Cf. Grégoire le Grand, *Dialog. S. Benedicti*, II, ch. 18, p. 267, des écuelles en bois rondes. Cf. Fortunat, *Carmina*, XXI, 16. On trouve aussi des bassins en bois, « *Duabus pateris ligneis quas vulgo bracchinon vocant.* » Cf. Grégoire de Tours, *H. F.*, IX, 28, p. 383. On plaçait la viande et les légumes dans des plats appelés en général, *Fercula*, et l'on disait alors un repas de deux ou trois *fercula* ou services. Il y avait aussi des assiettes en bois, *paterula lignea*. Cf. *Acta Boll.*, *Vita S. Germani*, tome VII, II, 2, p. 218.

1. *S.R.M.*, II, *Vita S. Radegundis*, 17, p. 370.

2. Grégoire de Tours, *De virtutibus S. Martini*, I, p. 633. Cf. Grégoire de Grand, *Dialog. S. Benedicti*, I, 4, 239.

3. Grégoire de Tours, *In gloria martyrum*, 106, p. 561.

le dîner, les convives écoutaient quelquefois une lecture pieuse, ou racontaient quelques miracles des saints, quelques faits glorieux de l'Élu de Dieu[1]. Les assistants y voyaient une allusion au temps présent, oracle qui souvent était écouté. Ces repas sévères étaient surtout usités dans les maisons ecclésiastiques, à la table des évêques, mais ceux des particuliers étaient plus bruyants et plus gais. Nous en parlerons bientôt. Ajoutons cependant que dans les maisons des laïques, les banquets se terminaient souvent par l'ivresse des assistants et même des serviteurs, car les tables enlevées, les convives buvaient, chantaient quelquefois très tard, dans la nuit. Les querelles sanglantes, des meurtres terminaient quelquefois, ces repas où avait régné une grande gaieté.

Nous ne pouvons énumérer les différents mets qui étaient alors en usage. Les contemporains prisaient, comme autrefois, un excellent cuisinier, et la table royale était toujours donnée comme type dans les familles bourgeoises[2]. On ne peut reconnaître dans les récits contemporains les mets préférés des Germains; il est à croire que leur cuisine fort simple était composée de ce que le plat pays pouvait fournir, c'est-à-dire de la viande de porc, des œufs, du lait et de quelques légumes connus ; mais en contact avec les Gallo Romains, les Francs trouvèrent un grand nombre de légumes, de fruits, qui leur étaient inconnus et une manière toute nouvelle de les préparer, preuve évidente de l'influence gallo-romaine sur la table des rois mérovingiens. Nous avons des menus de quatre plats. La viande de boucherie était fort prisée et celle de porc était surtout réservée aux classes inférieures. On aimait beaucoup les jambons

1. Grégoire de Tours, *H. F.*, V, 14, p. 203, *De virtutibus S. Martini*, IV, 31. On chantait aussi des hymnes, Fortunat. *Carmen*, VI, 7.

2. Un cuisinier était fort prisé, Cf. Grégoire de Tours, *H. F.*, III, 15, 123 : « *In hac die vicini atque parentes mei invitabuntur in domo mea. Rogo, ut facias mihi prandium, quod admirentur, et dicant, quia in domo regis melius non aspeximus.* » Cf. *H. F.*, V, 43, p. 239, repas fort copieux : « *epulis optimis expletis.* » Fortunat, *Carmina*, II, 14. Cf. aussi, VII, 14. On sortait de table tout troublé par les vins. Fortunat, *ibidem*, XI, 23. Ils étaient fort longs : « *de quo vespere surgentes cœnæ inhiabant usque ad illud lucis tempus quo superius diximus.* » Cf. Grégoire de Tours, *H. F.*, V, 20, p. 218, copieux repas chez les moines, *Vitæ Patrum*, 3, p. 665. On se levait fort tard de table. Cf. Grégoire de Tours, *H. F.*, III, 15, p. 123, « *media nocte* ». On fait mention des repas composés de trois plats, « *tribus ferculis inlatis* ». Cf. Grégoire de Tours, *In gloria martyrum*, 79, p. 542. L'habitude romaine continuait. On prenait de l'aloès pour pouvoir dîner plus vite et recommencer aussitôt. Cf. Grégoire de Tours, *H. F.*, III, 36, p. 139.

de Besançon, mais les mets fort goûtés étaient en général la volaille[1] et le gibier, les poissons de rivière. On voit aussi une très grande consommation de coquillages et d'huîtres. Nos pères ont apprécié celles du Médoc [2]. La chasse, la pêche offraient aussi une alimentation abondante. La dernière surtout, pendant les longs et nombreux jours de jeûne, donnait la nourriture à la population. Le lait, les œufs étaient aussi employés [3]. Les textes mentionnent des mets plus délicats, des poulardes farcies, des bouillons de volaille, des oies, des poulets et du bœuf rôti.

Les légumes étaient très appréciés[4]. Dans les grandes maisons, on les

1. Nos ancêtres faisaient une grande consommation de volailles. Cf. Grégoire de Tours, *H. F.*, III, 15, p. 123. On faisait aussi des bouillons de volailles qu'on prenait avec des pois-chiches. Cf. *H. F.*, V, 18, p. 212, on appelait cette soupe une *juscella*. Cf. Fortunat, *Carmina*, VII, 2. On les servait dans les maisons riches sur des écuelles en verre contourné. Cf. Fortunat, *Carmina*, X, 9. On mentionne aussi l'oie, les faisans. Cf. Marculf, Formules, I, II, p. 49. Les produits de la chasse, les lièvres, les lapins. Cf. Fortunat, *Carmina*, X, 3. Les cerfs, les grives, les canards sauvages. Cf. Ausone, *Epist.*, 3 et 4. Grégoire de Tours, *H. F.*, V, 4, p. 196. On en mangeait même pendant le carême, mais c'est surtout les viandes de bœuf, de mouton, d'agneau et de porc qui sont le plus souvent mentionnées. On appelait un dîner où il n'y avait que de la viande, *more senatorum*. Cf. Sidoine Apol., *Carmina*, II, 9. On les servait rôties, cuites dans leur jus, *ibidem*, II, 9, avec des légumes. Cf. Fortunat, *Carmina*, X. 9. VII, 14. Sidoine mentionne les noirs boudins parfumés de serpolet qu'on servait dans les hôtelleries. Cf. Sidoine Apol., *Epist.*, 32.

2. On aimait beaucoup les huîtres du Médoc. Ausone cite celles de Marseille, de Narbonne, de Saintes et de l'Armorique, mais le poète préfère celles de Bordeaux. Cf. Ausone, *Ep.*, IX. On faisait aussi usage de moules et des clovisses. Le pauvre même en mangeait beaucoup. Cf. *Epist.*, VII, 37. Les anciens les prenaient avant la viande. On les fait bouillir. *Epist.*, VII, 45. Le poisson était aussi fort recherché. On l'apprêtait avec de l'huile. Fortunat, *Carmina*, VII, 12. Fortunat nous parle des saumons du Rhin et des truites de la Moselle. Les textes indiquent très souvent le poisson comme mets, mais ne précisent pas l'espèce. Cf. Ausone, *Carmina*, X. Fortunat, *Carmina*, X, 9, VII, 34, VII, 4. Cf. Fortunat, *Vita S. Amantii*, 27, p. 57 ; Grégoire de Tours, *H. F.*, V, 36, p. 228. Mabillon, *Acta*, II, *Vita S. Filiberti*, 32, p. 791. Ils sont nommés *Marsuppæ*. On fait bouillir aussi du poisson avec des légumes, cf. Grégoire de Tours, *Vitæ Patrum*, 3, p. 665. Fortunat, *Carmina*. X, 9, pour les poissons de l'Adour et ceux de la Garonne, cf. Sidoine Apol., *Epist.*, XXXV.

3. On fait aussi mention des œufs frais au repas du matin, cf. Fortunat, *Carmina*, XI, 27, le soir avec du beurre, *ibidem*. Le lait était servi dans des jarres en terre noire, XI, 18, aussi du miel comme dessert, cf. Grégoire de Tours, *De virtutibus S. Martini*, 17, 578, des plats doux sont aussi mentionnés, cf. *Règle de S. Césaire*, *P. L.*, 67, p. 1111, I, 71, p. 727, cf. *Vita S. Radegundis*, *S. R. M.*, II, I, p. 369 : « *In mensa sub fladone*, » cf. Forcellini (De Vite), III, 92 (flan.). On faisait aussi des crèmes avec des blancs d'œufs, cf. Fortunat, *Carmina*, XI, 14.

4. Les légumes étaient fort nombreux. Chaque maison avait un jardin potager. Cf. Fortunat, *Vita S. Amanti*, 47, p. 59. On les servait tantôt seuls, tantôt avec de la viande. Cf. Fortunat, *Carmina*, XI, 18. Ils sont placés sur des plats d'argent ou de marbre. On les préparait avec du miel. Cf. Fortunat, *Carmina*,

servait sur des plats en marbre. Les cuisiniers faisaient des figures qui émerveillaient les convives. Ils plaçaient dans de grandes assiettes de la viande dressée comme une montagne et mettaient les légumes tout autour[1]. Les Francs aimaient beaucoup les oignons. La loi Salique indique des raves et des légumes secs. La salade est très souvent mentionnée, enfin les documents prouvent qu'il y avait un grand nombre de légumes connus.

Les vins les plus aimés étaient ceux de Chalon, de Mâcon, de Dijon et de la Moselle, on appréciait aussi le muscat de Béziers[2]. Les vins d'Espagne arrivaient en Gaule et étaient fort goûtés. On prisait surtout ceux de Saragosse. L'Italie, l'Orient même envoyaient les vins plus chers, celui de Gaza par exemple[3]. On le buvait le plus souvent avec de l'eau, car boire du vin pur était encore fort remarqué. Les esclaves préparaient avant le dîner le mélange et versaient ensuite le vin atténué dans les coupes des convives. Nos pères faisaient usage de l'eau chaude pendant l'hiver. Grégoire nous parle ensuite d'un mélange, de vin avec du miel, fort apprécié à cette époque. La bière était la boisson des hommes du Nord[4]. Les Francs en faisaient une

X, 9, mais aussi à l'huile avec du sel. Cf. *S. R. M.*, II. *Vita S. Radegundis*, 22, p. 371. On mentionne les fèves, les lentilles. Cf. Marculf, Formules, 1, 11, p. 40. Les gens pieux, nous le verrons, avaient l'habitude de ne manger que du pain et des légumes, quelquefois des choux. Cf. Grégoire de Tours, *De gloria confessorum*, 98.

1. Les fruits aussi étaient prisés, des prunes noires. Cf. Fortunat, *Carmina*, X, 18. Cf. Grégoire de Tours, *H. F.*, III, 15, p. 124. On les servait dans des corbeilles ornées de peinture; on mentionne aussi des amandes, des pistaches, des dattes. Cf. Marculf, Formules, I, II, p. 49. Les pommes surtout celles dites de Perse étaient fort douces. Cf. Fortunat, *Carmina*, II, 14; VI, 6, 7. Des châtaignes sont envoyées par Fortunat à S. Radegonde. Cf. *Carmina*, X, 22. On dirait que les fruits étaient quelquefois servis avant la viande. Cf. Fortunat, *Carmina*, IV, 14, X, 12. Figues. Cf. Fortunat, *Carmina*, V, I.

2. Pour les vins de la Gaule, ceux de Septimanie étaient fort prisés dans le Nord. Cf. Fortunat, *Vita S. Amanti*, 69, p. 61. Ceux de Chalon, de Dijon, cf. Grégoire de Tours, *H. F.*, III, 9, p. 130, celui de Meaux. Fortunat en reçoit de l'archidiacre. Cf. Fortunat, *Carmina*, III, 27. Le vin de Bordeaux déjà fameux au IVe siècle. Cf. Ausone, *Epist.*, 9.

3. Pour les vins de l'Orient, vin de Sarepta, de Gaza, de Chio, Sidoine Apol., *Carmina*, X, 71. Cf. Fortunat, *Carmina*, III, 10, cf. Grégoire de Tours, *H. F.*, VIII, 29, de Gaza. Cf. *De gloria confessorum*, 64, p. 786, cf. Cassiodore, *Var.*, XII, 12. Ces vins orientaux étaient plus forts que ceux de la Gaule. On les buvait aussi avec du miel. Cf. Fortunat, *Carmina*, VII, 5. Pour l'Italie, cf. Fortunat, *Carmina*, III, XIII. On les appelait Falerna et se trouvent souvent mentionnés. Grégoire de Tours, *De virtutibus S. Juliani*, 36, p. 579, p. 614, 619, 801. On leur donnait l'épithète *nobile*. *H. F.*, III, p. 130. Ils venaient en général de la Campanie. Migne, *P. L.*, 82, Isidore, *Etym.*, XX, 712.

4. Bière souvent mentionnée, cf. Formules de Marculf, I, 11, p. 49. Cf. Grégoire de Tours, *In gloria confessorum*, p. 799. Elle était usitée depuis long-

très grande consommation. On ne sait pas quelle était la plante employée pour la fermentation, car le houblon ne fut usité qu'au IXe siècle. On mêlait la bière avec du miel.

Les écrivains contemporains nous parlent de liqueurs faites avec des plantes aromatiques, avec des roses, des fruits. C'était encore une habitude antique qui se perpétuait[1].

Il y avait plusieurs sortes de pains[2] : celui de froment et d'orge, enfin un autre plus grossier fait avec du seigle; on le mangeait toujours rassis. Les Gallo-Romains avaient l'habitude de le faire en forme de couronne, le plus souvent petits et ronds, partagés par une croix. Les Barbares, au contraire, leur donnaient une forme curieuse : ils

temps dans le nord de la Gaule, cf. Pline, *H. N.*, XXII, 164, cf. Mabillon, *Acta*, II, *Vita S. Columbani*, 26, p. 16. On en faisait une grande consommation, cf. Grégoire de Tours, *In gloria confessorum*, I, p. 748. Les Alamans avaient établi un impôt sur la bière, cf. *Lex Alam* , XXII, cf. aussi Mabillon, *Acta*, II. *Vita S. Galli*. Pertz, *Scriptores*, II, 1, p. 6. On la chauffait dans le Nord et on la buvait aussi mélangée avec du vin ou du miel, cf. *S. R. M.*, II, *Vita S. Arnulfi*, 25, p. 444. On la mettait en tonneaux, « *in vas, quod lingua communi Tonnam vocant, mittere jussit* », Mabillon, *Acta*, II, *Vita Salabergæ*, 19, 429 ; il y est dit : « *jus tritici vel hordei quod cervisam nuncupant et arte conficitur humana, qua occidentalium pleræque nationes utuntur, facere jussit* ». Les agriculteurs en buvaient pendant le travail des champs, cf. Grégoire de Tours, *In gloria confessorum*, 7, p. 748. Cf. Weinhold, *Die deutschen Frauen*, II, p. 63. Cf. Mabillon, *Acta*, II, *Vita S. Columbani*, 26, p. 16, *vas quod tybærum nuncupant*. On y mettait la bière, *cervisia, quæ ex frumenti vel hordei succo excoquitur*. Les usages variaient suivant les contrées.

1. Il y avait un certain nombre de boissons, cf. pour l'eau et le miel, Grégoire de Tours, *H. F.*, V, 10, p. 199. Fortunat, *Vita S. Radegundis*, 59, p. 44. On parle en outre de *sicera* sans indiquer sa composition, *ibidem*, p. 99, « *vel omne quod inebriare potest*, cf. Mabillon, *Actâ*, II, *Vita S. Colombani*, 33, p. 18. L'hydromel était une boisson fort aimée. Cf. Grégoire de Tours, *H. F.*, VIII, 31, du vin avec des poires « *piratium* ». Cf. Forcellini (De Vite), IV, p 681, *vinum ex piris factum*. Celle des Barbares consistait en un mélange d'absinthe, de miel et de vin. Cf. Grégoire de Tours, *H. F.*, VIII, 42. Frédegonde en offre à Prétextat, évêque de Rouen. On mentionne aussi certaines liqueurs dont il est difficile d'indiquer la composition, parmi celles-ci, le *garus*, fait avec des plantes aromatiques, cf. Pline, *H. F.*, 31, 43, cf. Marculf. Formules, p. 49, cf. *S. R. M.*, II, *Vita S. Radegundis*, I, 15, p. 369, cf. la liqueur faite avec le *costum*, plante orientale. Cf. Pline, *H. F.*, 12, Cf. Marculf, Formules, II, p. 49.

2. Cf. pour le pain de froment, Grégoire de Tours, III, p. 130, pour le pain d'orge, *Vitæ Patrum*, XVI, 721, « *panis hordeacius* », 19, p. 737, *Vita S. Genovefæ* (Kolher), IV, p. 55, pour la forme des pains en Germanie. Weïnhold, *l. c.*, p. 59. Le pain était mal fait à la campagne. Les petites demeures n'avaient pas de four et le pain était cuit sur le feu, cf. Grégoire de Tours, *In gloria martyrum*, 15, p. 498, « *panem formavit, quem, segregatis prunis, cinere ferventi contegit decoquendum*, » cf. *ibidem*, 18, p. 200. On faisait cuire un certain nombre de pains pour toute la semaine. On les plaçait sur une petite planche en bois, cf. *De virtutibus S. Martini*, III, 57, p. 646. Les maisons les plus considérables avaient des fours, *De gloria Martyrum*, 8, p. 494.

représentaient des animaux, des enfants, des hommes avec la pâte. Cette coutume s'est continuée jusqu'à nos jours.

Les invasions barbares auraient pu faire croire à un recul marqué de la vie et des habitudes antiques. Nous venons de voir qu'il n'en est rien. Le Franc, arrivé en Gaule, apporte avec lui ses coutumes, mais ne saurait faire disparaître des usages de vie privée consacrés par des siècles de durée. Il ne faut donc pas considérer la société franque seulement comme guerrière: après ses longues chevauchées, le Franc retourne avec le butin qu'il a conquis dans son home et se livre, pendant que la paix lui accorde quelques loisirs à une vie relativement large et opulente. C'est alors que les *triclinia* sont ornés, que la riche vaisselle d'argent s'étale sur les tables, que les vins de la Gaule et de l'Orient sont bus par ses hôtes et lui. Obéissant à un sentiment tout à fait humain, il profite aussi des avantages matériels que lui a apportés le milieu qu'il a conquis et qui ne tarda pas à faire sentir sur lui son influence.

CHAPITRE III

Les Villages

A côté des villes que nous venons de décrire, il y avait encore les *vici* qui comprenaient à la fois les villages déjà existant à l'époque gauloise et ceux nouvellement fondés par les Germains, enfin les anciennes propriétés gallo-romaines, les *villæ* ou fermes isolées. Depuis l'arrivée des Francs, les villages s'étaient multipliés et ils apparaissent surtout nombreux dans le nord et l'est de la France, car les guerriers de Clovis n'avaient pas reçu dans ces contrées comme les Burgondes et les Wisigoths les deux tiers des terres des pays occupés ; ils s'étaient établis à mesure qu'ils descendaient vers la Loire sur des terres laissées en friche, dans des *castra* détruits ou sur les propriétés enlevées quelquefois aux possesseurs. Des forêts très épaisses donnaient pour de longs siècles de grands espaces à défricher. Après les conquêtes de Clovis, les villages n'offraient pas la même physionomie dans toute la Gaule et la loi Salique ne saurait convenir à un groupement agricole des bords de la Garonne ou à des *villæ* existantes dans le Sud-Est. Les *castra*, les fermes isolées abondaient dans ces contrées[1]. Une partie, qui comprend les départements du Gard et de l'Hérault, un certain nombre de villages du côté de Toulouse, formaient avec l'Auvergne une exception dans ce grand îlot.

Les documents mentionnent aussi de nombreuses *villæ* gallo-romaines encore debout[2]. Fortunat nous décrit les grandes maisons de campagne des riches familles de l'Ouest, celle de *Præmiacum* près de Bordeaux, propriété charmante, bâtie sur une petite hauteur, arrosée par la Garonne[3]. Le poète vante ses piscines magni-

1. Pour le système de fermes dans la région d'Avignon, Cf. Grégoire de Tours, *H. F.*, IV, 42, p. 177. Pour les Basses-Alpes, *ibid.*, IV, 42, p. 176. Pour Nantes et Rennes, *ibid.*, 24, p. 381, IX, et I, 19, 24 p. 381.
2. Cf. Fortunat, *Carmina*, I, 20.
3. Il faut aussi parler de la *villa* de Nicet sur les bords de la Moselle, non loin de Coblentz. Elle avait une enceinte flanquée de 30 tours. Le palais était bâti sur la hauteur et avait trois étages. A l'entrée de la *villa*, se trouvait une grande tour dans laquelle était une chapelle consacrée aux saints. Elle renfermait aussi des armes en cas d'attaque. On y avait fait des travaux im-

fiques. Il n'oublie pas celle de *Veregine*, si agréable, avec sa maison supportée par trois arcades, située, elle aussi, tout près d'une rivière[1]. Quelques-unes même étaient d'une très grande étendue et entourées d'un haut et épais rempart. Elles ressemblaient en ce moment à des *castra*.

Mais à côté de ces *villæ* luxueuses, il y avait aussi des fermes isolées que les indigènes avaient construites soit sur les coteaux, soit sur les bords des fleuves si nombreux en Gaule. Elles comprenaient comme autrefois la maison d'habitation du maître, les différentes annexes nécessaires à l'exploitation rurale, plus loin les divers lots de terre concédés aux non-libres. Elles étaient d'une étendue plus ou moins grande et la langue du temps les appelle indistinctement *domus*, *agellum*, *villa* et quelquefois *prædium*. Les maisons des non-libres sont appelées *casæ ;* disséminées sur toute l'étendue des terres cultivables, elles formaient un vaste ensemble, une sorte d'unité agricole[2]. Il serait fort intéressant de connaître la vie intérieure de ces grandes fermes, la division du travail, le nombre d'esclaves nécessaires à la culture, mais les documents nous manquent pour une description détaillée.

On trouvait aussi les constructions nécessaires à cette exploitation : les fours, les celliers, le moulin, l'aire pour dépiquer le blé.

La *villa* formait donc un grand complex où tout un monde de non-libres travaillait sous la direction d'un *agens* chargé de surveiller les travaux. Il avait la haute direction de la maison, et c'était lui qui recevait et exécutait les ordres du maître[3]. Le plan de ces fermes isolées, l'organisation du travail intérieur, la différenciation des fonctions[4],

portants. L'eau était amenée par des conduits de la montagne voisine pour faire tourner la meule du moulin à blé. Des arbres fruitiers, des vignes étaient cultivés dans l'enceinte ou sur les coteaux. Cf. Fortunat, *Carmina*, III, XII.

1. Fortunat, *Carmina*, X, 9, nomme aussi la *villa* de Childebert sur les bords de la Moselle. Pour Veregine, Fortunat, *Carmina*, I, 19. Pour la villa Bisson à 7 milles de Bordeaux, Fortunat, *Carmina*, I, 18, mentionne des thermes, des atria très ornés, etc.

2. Grégoire de Tours, *H. F.*, IX, 5, 369 : « *Villa cum casis et hominibus.* » *H. F.*, IV, 46, p. 181 ; VII, 25, p. 306; IX, 35, p. 390.

3. Grégoire de Tours, *H. F.*, IX, 35, p. 390 : « *Interea mandatum mittit agenti.* » Dans ces grandes fermes, les femmes esclaves vivaient dans une promiscuité dangereuse. Le maître de la propriété et ses fils se croyaient tout permis, Id., *ibid.*, *H. F.*, IX, 27, p. 382.

4. On y trouve des *aratores*, les *vinitores*. Pardessus, *Dipl.*, Test. Aridii, I, p. 138. Les vignes exigeaient un travail plus soigné, une connaissance agricole plus développée. Il est à croire que leur culture était entre les mains des Gallo-Romains même sur les terres de la Moselle. Les Francs l'ignoraient encore.

la comptabilité que nécessitaient ces exploitations agricoles, la petite industrie indispensable à la *villa*, en un mot, tout le passé avait été légué à l'Église, qui va le transmettre aux nouveaux venus. Il faut donc considérer ces grandes fermes si fréquentes dans le midi et l'ouest de la Gaule comme de petits villages qui vivaient de leur vie propre. Les mariages se faisaient aussi dans ces grands *latifundia* entre les les esclaves de la même *villa*[1]. On voit même l'habitude encore persistante dans les localités du midi de la France d'appeler *étrangère* celle qui vient, en se mariant, habiter un autre village

Les *villæ* comprenaient donc une population avant tout agricole, car les travaux des champs ne demandaient pas une différenciation de fonctions bien précises. L'agriculture exige des paysans à peu près les mêmes connaissances et ne favorise pas un développement régulier. Les laboureurs étaient dans ces *villæ* les plus nombreux, puis venaient les bergers, les gardiens de chevaux, ceux qui conduisaient les porcs à la glandée. L'industrie n'était pas très développée dans ces grandes fermes, elle ne comprenait que les artisans nécessaires à l'agriculture. Il faut nommer tout d'abord les charrons, les forgerons, les bourreliers. Ces métiers étaient le plus souvent entre les mains des non-libres protégés par les grands propriétaires sur les terres de qui ils vivaient[2]. Les lois franques nous racontent que ces artisans étaient relativement considérés par les contemporains, car elles établissent un wergheld plus élevé pour les orfèvres, les forgerons, les menuisiers, les tisserands, etc. Les grands propriétaires désirent avoir des artisans déjà connus et quelquefois même ils ne craignent pas de les obtenir par la force[3]. C'est surtout vrai pour les contrées septentrionales, preuve de la faible diffusion des connaissances techniques. Les temps du reste favorisaient de tels abus. Les grandes *villæ* avaient donc des orfèvres qui travaillaient pour le maître et qui pouvaient vendre à son profit les objets fabriqués par eux. On ne comprendrait pas le nombre immense de fibules, de plaques de ceinturons, etc., sans une fabrication très active dans un grand nombre de *villæ* seigneuriales.

La construction de ces fermes était le plus souvent en pierre dans le

1. Sidoine Apoll., *Epist.*, XV et XLIII.
2. Grégoire de Tours, *De virtutibus S. Martini*, 58, p. 629.
3. Grégoire de Tours, *De virtutibus S. Martini*, II, 58, p. 629. « *Erat ingenuus genere. Audiens autem Leodastis, qui tunc Turonicum regebat comitatum, quod talis artifex esset, calumniari cœpit, dicens : Refuga es tu dominorum, nec tibi licebit ultra per diversa vagare. Et vinctum domui suæ custodiendum diregit.* » Id., *ibid.*, III, 41. Cf. aussi Fortunat, *Carmina*, V, 14.

midi, le centre et l'ouest de la Gaule. On avait là sous la main des anciens édifices détruits, des carrières de pierre qu'on pouvait utiliser. Mais à partir de Lyon les nombreuses demeures qui formaient ces grandes fermes étaient le plus souvent en bois. Il était surtout ainsi dans le nord et l'est de la Gaule.

A mesure que nous avançons vers le Nord, en deçà même de la Loire, les villages deviennent fréquents. Ils se pressent nombreux et revêtent un caractère avant tout germanique, sans toutefois nous permettre de nous rendre compte dans ces contrées de l'établissement des Francs, car il n'y eut de la part de la royauté aucune action sur la distribution des terres. La colonisation se fit lentement, elle accepta la nature des lieux, elle se plia aux exigences du sol. Les nombreuses terres laissées incultes déjà par les anciens habitants, les *castra*, les *vici* abandonnés ou habités par une population fort réduite, enfin les bois qui permettaient des défrichements continus facilitèrent cette colonisation. Les Germains purent donc s'établir même aux portes de Paris, sans soulever aucune réclamation de la part des indigènes, qui avaient fui le plus souvent devant les troupes barbares ou qui avaient été auparavant réduits en servitude par des pillards. Et c'est ainsi que les noms d'origine germanique coudoient dans les départements de l'Est et du Nord ceux qui trahissent un établissement gallo-romain, sans toutefois prouver une population indigène encore compacte. Ils sont là, sans que nous puissions indiquer le moment précis de leur naissance, car la colonisation ne fut pas terminée après les invasions; et si le pouvoir central était maintenant assez fort pour arrêter les peuplades en deçà du Rhin, pour les forcer à s'établir et à demeurer sur le sol, les événements politiques, la possibilité de trouver encore en Gaule de grands espaces vides, qui permettaient de nouveaux établissements, facilitèrent pendant de longs siècles un apport constant de Germains[1].

La colonisation n'en continua donc pas moins, mais sourdement jusqu'au dixième siècle.

L'étude des noms des lieux d'origine germanique dans cette partie de la Gaule nous montre aussi l'apport relativement important de ces nouveaux venus. Les villages nouvellement fondés étaient donc d'une étendue inégale, proportionnés au nombre des habitants

1. Sidoine Apoll., *Epist.*, XV et XLIII.

ou à la quantité des terres labourées. Ils comprenaient en général des maisons élevées sans ordre, en tas (*dorf*), comme on disait en langue germanique[1]. Les demeures placées sans aucun ordre étaient en général des constructions en bois. Plus loin, s'étendaient les champs, qui comme de nos jours, étaient divisés en des lieux dits, non loin des habitations. Ces propriétés étaient séparées soit par des pierres qu'on plaçait tout autour des champs, soit par des haies en bois qui en marquaient les limites et empêchaient aussi le bétail de détruire le travail déjà fait. De petits chemins y conduisaient et permettaient à chaque famille de travailler les différents lots de terre qu'elle possédait dans ces lieux. Un grand nombre de servitudes pesaient alors sur ces propriétés et la coutume obligeait les paysans à moissonner en même temps. Cette culture obligatoire allait entraver pour un temps le développement régulier de l'agriculture. Les villages comme les fermes étaient entourés d'une palissade qui séparait les maisons d'avec les champs. Les lois nous indiquent dans chaque demeure des jardins potagers qui produisaient les légumes nécessaires à l'alimentation. Après les champs, venait plus loin la forêt indispensable au village. C'était là en effet, que les agriculteurs menaient paître les nombreux troupeaux qu'ils possédaient, c'était là où les esclaves conduisaient les porcs à la glandée, c'était d'elle enfin qu'ils tiraient le bois nécessaire au travail des champs et aux besoins domestiques. Chaque paysan avait le droit de marquer un arbre et de le considérer durant l'année comme sa propriété.

Les lois barbares nous prouvent la naissance de ces villages, elles nous montrent encore les liens étroits entre les co-villageois. Les biens d'un défunt sans héritier font retour à la communauté. Ici

1. Si nous savons qu'ils ont formé des agglomérations assez homogènes, nous ne pouvons décrire la création de ces villages. Comment les Francs se sont-ils établis sur le sol gallo-romain? Comment les terres ont-elles été divisées ? La vieille *centaine*, groupe guerrier, a-t-elle fait subir son influence sur la répartition des terres appartenant aux villages ? Ceux-ci se composaient-ils de quelques grandes familles, de *gentes*, dont les documents nous permettent de voir encore l'importance ? Ce sont autant de problèmes qu'on ne saurait résoudre, surtout pour la France, pays déjà morcelé et d'une civilisation fort ancienne. Nous croyons cependant qu'on ne peut admettre pour la Gaule une colonisation systématique; les troupes franques se sont établies dans les lieux déjà habités, elles ont défriché ensuite la forêt voisine pour de nouveaux établissements. Les terres qu'elles avaient sous la main permettaient, du reste, des lots plus ou moins grands, proportionnés aux membres des familles qui venaient s'y établir. Il est nécessaire d'ajouter qu'il ne faudrait pas concevoir ces villages comme de grandes agglomérations, bien au contraire.

le sang coule plus pur, car le Franc, nous l'avons vu, ne s'est pas établi comme les autres peuplades, séparé et divisé, sur les propriétés gallo-romaines[1].

La demeure de chaque paysan où vivait une famille nombreuse, formait un long rectangle et était entourée d'une palissade en bois, clôture assez solide, toujours fermée et à laquelle on accédait à l'aide de portes. C'était là qu'habitait le maître de la maison sous la protection d'une paix particulière. Des chiens en liberté en gardaient l'entrée. Ces habitations occupaient un espace assez grand, car à côté de la modeste maison du paysan se groupent les différentes annexes nécessaires à l'exploitation et à l'élevage du bétail. La demeure de l'agriculteur, placée sur le côté le plus long du rectangle, était le plus souvent en bois, recouverte de chaume.

La loi Salique nous décrit pour le Nord et l'Est la construction de ces demeures. Elle nous permet de constater qu'elles sont en général mal bâties, une secousse assez forte suffisait pour les effondrer ; une pierre lancée sur la toiture pouvait tomber à l'intérieur, le toit laissait lui-même le plus souvent pénétrer la pluie[2].

Les appartements de l'agriculteur ne devaient pas être très nombreux; une salle unique où la famille se réunissait aux heures des repas et quelques pièces formaient alors la maison rurale. Les différents serviteurs préposés à la garde du bétail couchaient dans les étables où étaient renfermés les animaux qu'ils surveillaient pendant la nuit. A côté de l'habitation, point central de cet ensemble économique, se trouvent d'autres petits bâtiments. Ces différents édifices en bois, la *scuria*, écurie pour les chevaux, la *vaccaria* pour les vaches, l'*ovilia* pour les brebis, la *porcaritia* pour les porcs étaient en général mal construits. Puis venaient les celliers avec les grands *dolia*, les tonneaux, les greniers à foin pour conserver les produits agricoles de l'année. Dans ces maisons à deux étages vivait une famille nombreuse augmentée des esclaves qui aidaient au travail de la terre. Cette quotidienne promiscuité rendait inévitables les vices que les documents constatent.

Le mobilier de l'agriculteur était fort simple : un lit de nattes ou d'herbes sèches, des bancs avec coussins, des vases en terre ou en

1. Lamprecht, *État économique de la France pendant la première partie du moyen âge* (traduction Marignan), Bouillon, 1889, p. 12.

2. Cf. pour la maison, Lamprecht, *ibidem*. On y trouvera la description des meubles, p. II.

bois, des coffres pour placer les vêtements ou les objets plus précieux composaient le mobilier de ces demeures. La *screonea* ou le gynécée, lieu où viennent travailler les femmes de la ferme, esclaves ou membres de la famille du paysan, est au rez-de-chaussée, quelquefois dans une chambre voûtée plus basse. Elles travaillent pendant la journée, tissent et filent suivant les besoins de la maison.

Les habitudes romaines ont survécu aux invasions. Les Francs eux-mêmes avaient été à l'école de Rome. Les procédés agricoles n'étaient pas perdus, mais transmis aux générations suivantes pour les perfectionner. Mais, il dut y avoir, sans nul doute, un moment douloureux pour ces peuplades, car en venant en Gaule, les Germains durent abandonner la vie d'autrefois plus libre, faite de guerres incessantes. Il leur fallut devenir tout à fait agriculteurs, s'occuper des travaux des champs et perdre peu à peu les instincts guerriers.

Ce ne fut pas l'œuvre d'un jour. Des siècles étaient nécessaires à cette transformation, car les guerres sans nombre de l'époque mérovingienne toutes de rapine, nous font comprendre avec quelle difficulté le pouvoir spirituel put réprimer les excès, les violences de la nation franque. Son grand amour pour la liberté, pour cette vie faite de pillage, la rend si peu propre à demeurer sur ces terres, dans ces villes qui exigent une civilisation plus élevée, qui réclament des temps plus paisibles ! Aussi a-t-elle de la peine à reconnaître une loi qui amoindrit sa liberté, un règlement royal qui la limite, une ordonnance ecclésiastique qui la restreint.

La création des nombreux *vici* après l'établissement des Francs avait rendu bien difficiles les fonctions si multiples du comte. Nous avons vu qu'il devait parcourir sa *civitas*, s'informer des délits causés sur son territoire, juger les procès si fréquents à cette époque. Comme, malgré tous ses efforts il lui était impossible de remplir cette charge, la royauté transforma de très bonne heure en officier royal le *centenier*, cet ancien fonctionnaire, que les Germains avaient déjà connu. Cette fonction n'était donc pas une création nouvelle, mais si les attributions du *centenarius* avaient été à l'origine avant tout militaires, s'il avait été considéré le chef élu des cent *gentes*, il devint avec le temps et à mesure que la royauté augmenta son pouvoir, le délégué du comte, un officier du prince. On groupa alors un certain nombre de *vici* et de *villæ* autour d'une *condita*, petite centaine, ayant à sa tête un *centenarius* qui devint par cela même une sorte de juge de paix de canton. La *civitas* pouvait compter plusieurs *conditæ* ou *vicariæ*. Il y eut par ce fait une division des fonctions juridiques du comte et une distinction naquit entre la haute et la basse justice, mais ce dernier conserva toujours les affaires criminelles, les questions qui intéressaient l'État, et surtout celles qui se rapportaient à la propriété. Au *centenier* furent réservés les simples délits et les causes civiles moins importantes.

Un crime venait-il à être commis dans un village, le centenier devait en avertir aussitôt le comte. Si la famille du défunt connaissait le meurtrier, elle le poursuivait au prochain plaid devant le comte et demandait le wergheld, chose qui n'était pas toujours facile. Un assassinat a été commis : on a trouvé un homme *inter duas villas occisum*[1]. Une rumeur se répand dans les alentours et arrive aux oreilles du centenier, le chef de la *condita*. Il va agir comme le fait de nos jours le ministère public. Il prévient aussitôt le comte qui se rend sur les lieux et fait sonner du cor pour annoncer sa présence. Les habitants des deux villages s'y rendent immédiatement. Le comte, après les avoir réunis, prononce les paroles suivantes : *Homo iste in vestro agro et in vestibulo est occisus.* Il somme alors les propriétaires du champ de venir au prochain *mallus* justifier par serment qu'ils sont innocents de ce meurtre. S'ils ne juraient pas, ils se reconnaissaient coupables et devaient payer la composition. Dans la pratique, il est évident que si quelque villageois dénonçait le coupable, il était aussitôt saisi et c'était sur lui que retombait la composition. Il devait payer ou s'exiler.

Les grandes propriétés qui appartenaient au fisc, à des familles riches ou à des fonctionnaires, à des églises ou aux monastères étaient divisées en petits lots octroyés pour un laps de temps à des tenanciers qui vivaient du produit de la terre. Les maisons qu'ils habitaient étaient de pauvres masures, bâties en bois, composées de deux ou trois pièces où vivait une famille nombreuse. Ces demeures étaient, du reste, mal construites et quelquefois le vent les emportait[2].

1. Loi Salique, *Appendice. Capitularia*, p. 9. *De homine inter duas villas occiso.*

2. Pour le *tugurium*, Cf. Grégoire de Tours, *In gloria martyrum*, 47, p. 521; *hospitiolum*, cf. 89, p. 548. *casula*, *De virtutibus S. Juliani*, 45, 581. Grégoire de Tours, *Vitæ Patrum*, I, p. 741 : « *Decubuit super fœnum ad quiescendum* ». Les demeures les plus pauvres avaient un petit jardin potager, entouré de haies, Grégoire de Tours, *Vitæ Patrum*, XIV, 2, p. 719. Pour la mauvaise construction de ces *casæ*, Grégoire de Tours, *H. F.*, IV, 20, p. 158, V, 41, 233 ; *In gloria martyrum*, 10, p. 495 : « *Erat autem a foliis,*

Recouvertes de chaume, noires de la suie résineuse, elles avaient un aspect misérable. Les écrivains contemporains les appellent *tugurium, hospitiolum, casa* ou *casula*. Une salle, unique le plus souvent, abritait toute une famille et de simples nattes de joncs servaient de couche ordinaire à ces agriculteurs. Les meubles devaient être très peu nombreux : une table, un ou plusieurs bancs, les instruments de travail composaient le mobilier sommaire de ces familles, car les non-libres. chargés du bétail couchaient sur le foin dans les granges. La nourriture de cette classe fort nombreuse à cette époque était assez grossière. Elle se composait d'un pain bis le plus souvent mal fait, de poissons et de légumes assaisonnés de miel ou d'huile et de viande de porc pendant l'hiver. Ils buvaient un vin d'une qualité inférieure, appelé *crucium*. Isidore de Séville lui donne l'épithète d'*insuave*[1].

La vie de ces paysans, c'est-à-dire de tous ces non-libres qui, depuis le colon jusqu'à l'esclave, travaillaient la terre, était du reste fort triste, le plus souvent précaire. Levé de bonne heure, il travaillait aux champs jusqu'au coucher du soleil, et s'occupait ensuite des soins du bétail, des bœufs qui labourent. Tout vient à l'encontre de sa prospérité. Ce sont les guerres nombreuses qui, nous l'avons vu, détruisent la récolte, qui bouleversent pour des années le champ ensemencé ; ce sont les épidémies si nuisibles au bétail[2]. Ajoutez encore les hivers rigoureux, les inondations[3], les maladies inconnues

quæ ignibus maxima præstant fomenta, contectum ». Le paysan se servait de torches infectes. Ausone, *Epist.*, IV. Leur lit était le plus souvent une natte de joncs. Grégoire de Tours, *Vitæ Patrum*, XIX, 2, p. 738, « *Nisi tantum illud quod intextis iunci virgulis fleri solet. quas vulgo mattas vocant* », ou un grabat, Grégoire de Tours, *De virtutibus S. Martini*, III, 42, p. 642.

1. Isidore, *Etym.*, XX, III, p. 719: « *quod servi potant* ».

2. Grégoire de Tours. En 583, grande maladie des troupeaux, *H. F.*, VI, 31, p. 271 ; en 584, VI, 44, 284; elles étaient très meurtrières : « *Morbus pecorum iteratis invaluit, ita ut vix quicquam remaneret* ». Cf. aussi celle de 590, *H. F.*, VIII, 30, p. 442. Maladie des chevaux, Grégoire de Tours, *De virtutibus S. Martini*, III, 23, p. 640.

3. On peut constater les ravages des inondations, si fréquentes à cette époque. En 580, le Rhône déborde et cause des dommages fort graves à la population des villes situées sur ses bords. : « *Ripas excidens, grave damnum populis intulit* ». Il renverse une partie des murs de la ville de Lyon : Grégoire de Tours, *H. F.*, V, 33, p. 225 Il y eut la même année dans l'Auvergne une grande inondation qui empêcha les semailles et qui apporta des maux sans nombre, *H. F.*, V, 33, p. 225 : « *Quæ grande de pecoribus excidium, de culturis detrimentum, de ædificiis fecere naufragium* ». En 583, inondation de la Seine et de la Marne, *H. F.*, VI, 25, p. 268. En 585. même dégât, des pluies aboudantes détruisent les vignes et les prés, *H. F.*, VIII, 23, p. 340.

qui sévissent sur toute une population sans défense et comme la circulation des produits devient de plus en plus réduite, la population est forcée de consommer sur place la récolte de l'année, heureuse si celle-ci est abondante, malheureuse si elle vient à manquer. C'est ce qui explique les nombreuses famines si sensibles à cette époque[1]. Quand on lit les récits contemporains, on se demande avec étonnement comment ce monde a pu trouver l'existence supportable au milieu des malheurs publics. Comment le travail a-t-il pu résister et vaincre cette incertitude même?

Si les documents nous permettent de constater la fondation de nombreux villages, si nous pouvons par la création des monastères disséminés dans toute la Gaule nous rendre compte des nouveaux défrichements, il nous faut cependant avouer que durant cette période l'agriculture ne fit aucun progrès. On conserva l'héritage du passé sans chercher à le développer. Les forêts furent défrichées, des nouveaux centres de culture naissent de tous côtés par l'activité incessante des moines, mais ce fut tout.

La cause la plus nuisible à l'état économique de l'époque mérovingienne ce fut surtout l'impossibilité où l'on se trouvait touchant la circulation des produits. Le caractère agricole s'étend par cela même sur toute la Gaule et les villes deviennent peu à peu, à quelques exceptions près, de grands villages; déjà même les contrées

1. Grégoire de Tours nous a donné des renseignements sur les famines de son temps. En 585 : « *Magna hoc anno famis pene Gallias totas oppressit* ». Le blé était fort rare et le peuple fabriquait le pain comme il pouvait : « *Namque plurimi uvarum semina, flores avellanorum, nonnulli radices herbæ felicis arefactas redactasque in pulverem, admiscentes parumper farinæ, panem conficiebant. Multi enim herbam segetum decidentes, similiter faciebant* ». On faisait le pain avec des pépins de raisin, des noisettes, des racines de fougères pulvérisées, le blé vert servait à sa confection, G. de Tours, *H. F.*, VII, 45, 322. Les décès étaient fort nombreux et quelquefois on mourait tout enflé. Cf. *ibidem*, p. 322. Le prix du blé était très élevé et les marchands spéculaient : « *Graviter tunc negutiatores populum expoliaverunt, ita ut vix vel modium annonæ aut semimodium vini uno triante venumdarent* ». Grégoire de Tours, *H. F.*, VII, p. 44, p. 322. Autre famine sans date. Mabillon, *A. S.*, II, *Vita Ausberti*, 23, p. 1009. Les familles riches, les évêques s'efforçaient de nourrir le peuple. Humanité du sénateur Ecdicius, qui aida quatre mille pauvres pendant une famine qui désolait la Bourgogne, Cf. Grégoire de Tours, *H. F.*, II, 24, p. 86. « *Nam invaliscente fame, misit pueros suos cum equitibus et plaustris per vicinas sibi civitates, ut eos qui hac inopia vexabantur sibi adducerent. At illi euntes, cunctos pauperes, quodquod invenire potuerunt, adduxerunt ad domum ejus, ibique eos per omni tempus sterelitatis pascens, ab interitu famis eximit* ». Cf. aussi celle de 590, qui fut non moins terrible, *H. F.*, X, 25, p. 437. Elle s'étendit surtout vers les provinces du Centre et de l'Ouest. En 684, disette à Poitiers, Mabillon, *Acta*, II, *Vita Filiberti*, 32, p. 791.

septentrionales avaient revêtu ce caractère sous les derniers rois de la première race. La vie semblait être retirée de ces grands centres autrefois si prospères, et les nombreuses routes créées par le pouvoir impérial sans cesser d'être parcourues, ne sont pas aussi fréquentées par les marchands ; les récits de translations de corps saints nous montrent même qu'on leur préfère les chemins les plus courts.

Si pendant la période gallo-romaine l'industrie et le commerce avaient permis le développement des nombreuses colonies, après les invasions, l'agriculture va dominer de plus en plus et satisfaire les besoins humains. Elle va prendre par cela même une place prépondérante dans la société et protéger les industries nécessaires à la culture. Aussi le monde mérovingien garda-t-il avec soin les connaissances déjà anciennes, les vieux procédés romains qui étaient encore en usage. Comme autrefois, l'agriculteur laboura la terre trois fois par an, au printemps, en été, et une ou deux fois en automne. Les plus diligents faisaient encore un labour avant la semaille. Dans le Nord, l'assolement triennal était usité pour la culture des céréales. Les sources ultérieures du Midi nous prouvent qu'on y employait de préférence l'assolement biennal, reste, sans nul doute, de la coutume gallo-romaine.

Le blé était coupé à l'aide de faux[1], battu sur l'aire au moyen de

1. Garrucci, *Storia dell' Arte cristiana*, V, tav. 3. On aimait les sillons égaux. Ausone, *Epist.*, lib. VII, 10. Les paysans entouraient de pieux les champs, mais ces clôtures, il est vrai, peu solides, laissaient souvent passer le bétail, Grégoire de Tours, *Vitæ Patrum*, I. p. 706 et 723, *De virtutibus S. Martini*, IV, 13, p. 613. Pour les labours, *H. F.*, VIII, 40, p. 353, pour la moisson. Grégoire de Tours, *ibidem*. On coupait la partie haute des épis, « *culmis incisis* », on liait ensuite les gerbes : « *Manipulos colligaret* ». Dans les domaines d'une grande étendue, il y avait un nombre considérable de moissonneurs. Grégoire de Tours, *In gloria confessorum*, mentionne pour un petit domaine 70 travailleurs surveillés par le *dominus fundi*. Le blé était coupé avec la faux : « *venerunt omnes, falcibusque secant segetem* ». Mabillon, *A. S.*, II, *Vita Columbani*, 21. p 14. On le laissait quelque temps sur le champ, puis on l'apportait sur l'aire, Mabillon, *A. S.*, II, *Vita Columbani*, 21, p. 11, *A. S.*, I, *Vita Launomarii*, 9, p. 336 : « *post messem in area virga secant* ». Quand on faisait la moisson, on plaçait à chaque coin du champ des hommes qui travaillaient et s'avançaient peu à peu : « *Per quatuor angulos messis* ». Mabillon, *A. S.*, II, *Vita S. Columbani*, 21, p. 11 ; Fortunat, *Carmina*, V, 3. On rentrait ensuite la récolte dans les greniers : « *Nam dum post messionem manipuli novarum frugum, in horrea reponendi essent* ». Mabillon, *A. S.*, I, *Vita Launomarii* 11, p. 341, Cf. Grégoire, *De virtutibus S. Juliani*, 9, p. 568. La moisson avait lieu en août, Ausone, *Epist.*, VIII, 10. Les extrémités supérieures des tiges coupées, les *stipulæ*, étaient brûlées pour améliorer le champ ou enlevées au mois d'août pour servir de litière ou de pâture, Grégoire de Tours, *Vitæ Patrum*, I, 706, *Vita Launomarii*, 9, p. 336.

fléaux ou foulé par les pieds des chevaux. On grillait souvent le blé pour que la meule mue à bras pût plus facilement le dépouiller de son enveloppe. La moisson se faisait à peu près à notre époque, en général au mois d'août. On rangeait le blé en gerbes. Les incendies étaient fréquents et causaient alors des dégâts considérables. Trente jours après la moisson, on coupait les tiges hautes qui servaient alors au bétail ou comme litière. L'agriculteur brûlait ensuite les tiges légères qu'on laissait plus élevées que les nôtres. Ce que le paysan redoutait le plus, c'étaient les troupeaux qui pouvaient pénétrer avant la moisson et causer des ravages[1].

Les bœufs attelés à la charrue aidaient le travail humain[2]. Comme la base économique de l'époque franque revêt de plus en plus un caractère agricole, dans un tel état la main-d'œuvre est à bon marché par la nécessité de consommer sur place les produits de la terre : nous avons alors un très grand nombre de serviteurs.

L'élevage du bétail occupe à l'époque mérovingienne une très grande place, c'est surtout le cas dans les contrées septentrionales, à partir de Lyon. On peut voir par les minutieuses indications sur le bétail données par les lois franques, toute l'importance que le paysan attachait aux troupeaux et l'ardeur qu'il mettait à en augmenter le nombre. On peut même dire que le bétail va devenir de plus en plus une des principales richesses ; mais les guerres ne favorisaient pas sa multiplication, car si la base économique essentiellement agricole encourageait l'élevage, celui-ci était entravé par la misère qui pesa sur le plat pays pendant la période mérovingienne[3].

Chaque ferme avait son *area*, son aire pour dépiquer le blé, elle était en plein air, quelquefois voisine du champ ou de la demeure. On voit que le feu était souvent mis à la moisson, Mabillon, *Acta*, II, *Vita S. Columbani*, 15, p. 26. *A. S.*, I, *Vita S Launomarii*, 9, p. 336. Grégoire de Tours et les Vies de saints signalent un grand nombre de faits semblables.

1. Lorsque les foins étaient coupés, le paysan craignant la pluie, se hâtait le plus souvent de les rentrer et s'occupait de ce travail même le dimanche. Grégoire de Tours, *De virtutibus S. Martini*, IV, 45, p. 660 : « *Leodulfus quidam Biturigæ urbis homo, cum fenum secuisset, metuens, ne adventu pluviæ venientis infunderetur et laborem suum perderet, die dominico, mane junctis bubus, ad pratum direxit, ac super plaustrum fenum adglomerare cœpit* ».

2. Grégoire de Tours, *De virtutibus S. Juliani*, 10, p. 569, aussi *De virtutibus S. Martini*, où un homme libre vit du produit de son travail en labourant avec les deux bœufs qu'il possède, les terres d'autrui. Cf. pour les représentations figurées, Garrucci, *Storia dell' Arte cristiana* (sarcophages), V, tav. 3, on voit deux hommes occupés à labourer. L'un aiguillonne les bœufs avec le fouet, et l'autre a soin de tracer droit le sillon.

3. Cf. Lamprecht, *l. c.*, p. 14, 15, 16. Ils font partie de la fortune et on les énumère avec soin, Grégoire de Tours, *H. F.*, III, 11, p. 118 ; Pardessus, *Dipl.*,

Les lois germaniques mentionnent donc de nombreux troupeaux. Les porcs étaient en plus grand nombre. C'est l'animal des races du Nord. Les brebis, les chèvres, les moutons servaient à l'alimentation domestique, les bœufs au travail des champs et au charroi des marchandises. De grands espaces étaient réservés aux chevaux qu'on laissait en liberté, gardés par des esclaves, et qu'on enfermait le soir au coucher du soleil[1]. Les épaisses forêts qui existaient alors en Gaule permettaient l'entretien de ces nombreux troupeaux. On utilisait pour la maison les produits du bétail. Le beurre, le fromage, le lait servaient à l'alimentation domestique, la toison du troupeau à la confection des étoffes et des tapis que les femmes préparaient dans le gynécée. Pendant l'été, les bergers quittaient le plat pays et emmenaient les troupeaux sur les hauteurs. Là, ils redoublent de vigilance, car les loups et les animaux féroces sont nombreux[2]; au milieu de

Testament d'Aridius, p. 139. Chaque bête portait une petite clochette autour du cou, Fortunat. *Carmina*, II, XVI. On marquait sur le corps des animaux le nom du propriétaire ou une lettre qui l'indiquait, Grégoire de Tours, *De virtutibus S. Martini*, IV, p. 651. Le digne prélat mentionne la grande vigilance des gardiens des troupeaux par crainte des voleurs et des bêtes féroces, des chiens suivaient le bétail pour le défendre, Lamprecht, *l. c.*, p. 14. Le berger couchait dans l'étable et surveillait les animaux confiés à sa garde, Grégoire de Tours, *De virtutibus S. Martini*, IV, 5, p. 650. Fortunat, *Vita S. Maurilii*, 19, p. 86. On confiait pendant le jour la garde du petit bétail à des enfants : « *puer parvulus* ». On prenait le matin des vivres à la ferme pour pouvoir rester jusqu'au soir, *Vita S. Medardi*, 5, p. 68. Grégoire de Tours, *De virtutibus S. Martini*, III, 58, p. 646. Pendant l'été, les gardiens conduisaient leurs troupeaux sur les montagnes. On payait au fisc un droit de pâture. Ils descendaient vers le mois d'octobre dans le Midi, un peu plus tôt dans le Nord. Grégoire de Tours, *De virtutibus S. Juliani*, 17, p. 571. Les porcs exigaient aussi des gardiens : « *porcarii sui in glande porcos deducerent* ». Fortunat, *Vita S. Medardi*, 23, p. 70. Ils les emmenaient dans la forêt. Cf. édit de Clotaire III, en 614. *M. G. H., Leg.*, I, p. 23. Il y avait aussi un droit, *cellarium*, à payer. Des forêts privées existaient et appartenaient soit aux grandes abbayes, soit à des riches seigneurs. Mais chaque village avait en général sa forêt commune, Lamprecht, *l. c.*, p. 20.

1. Les chevaux étaient assez nombreux, mais les nécropoles franques ont prouvé qu'encore l'armée se composait surtout de fantassins; seuls les chefs combattent à cheval. Le cheval sert aussi pour le voyage, car tous les textes nous montrent que les bœufs sont employés au labour. Les rois ont des haras et sont jaloux de leur écurie. Nous voyons aussi les fonctionnaires de la cour leur offrir des chevaux pour en obtenir des faveurs. Des évêques, des grands seigneurs en lèguent à leurs héritiers; tout un monde d'esclaves ayant à leur tête des préposés, s'occupe de leur entretien. Quelques textes nous donnent des prix très divers et il est très difficile d'établir une moyenne, car elle devait varier suivant la contrée. Ils avaient des grelots, Fortunat, *Vita S. Medardi*, 5, p. 68 On les faisait paître en liberté dans les prés, puis la nuit venue, on les enfermait, Grégoire de Tours, *H. F.*, III, 15, p. 123.

2. Les loups à Poitiers. Cf. Grégoire de Tours, *H. F.*, V, 41, p. 233. A Bordeaux en 582, *H. F.*, VI, 21, p. 262.

l'hiver ils viennent même, sans trouver aucune résistance, presque dans les villes.

Les Germains établis sur la terre de la Gaule avaient beaucoup à apprendre. La culture de la vigne et les arbres fruitiers, résultat de la conquête romaine, demandaient des soins particuliers ; une agriculture plus diligente exigeait des travaux plus perfectionnés et une culture plus intensive. Il fallut donc se mettre à l'œuvre et profiter des travaux accomplis. A ce point de vue, rien ne fut perdu. L'héritage du passé fut conservé intact. Nous trouvons la vigne cultivée dans presque to tes les contrées de la Gaule. Les textes la mentionnent dans le centre de la France, à Chalon, à Dijon, à Mâcon ; plus à l'Est, sur les bords de la Moselle et du Rhin; au midi dans les plaines si fertiles de la Garonne et du Rhône[1]. Elle est plantée le plus souvent sur des coteaux en échelons réguliers et des poteaux peints indiquaient le nom du propriétaire. Dans les régions du Midi, la vigne était cultivée sur échalas[2]. Nos pères buvaient beaucoup de vin et les écrivains nous prouvent que les cas d'ivrognerie étaient fort nombreux.

Le vin était fait comme autrefois, mais sa préparation laissait beaucoup à désirer. Il n'est pas douteux que l'obligation forcée de vendange exerçait une influence fâcheuse sur la qualité, mais il faut ajouter aussi que la coutume déjà fort ancienne de fouler avec les

1. Fortunat, *Carmina*, X, 9; vigne à Trèves, à Rouen. Grégoire de Tours, *H. F.*, VIII, 32, p. 348, à Avignon et dans le Sud-Est de la Gaule. Id., *ibid.*, IV, 42, p. 177, et aussi VII. 22, p. 305. A Nantes, Fortunat. *Carmina*, V, 7. A Paris. *Ibidem*, 14. 6. En Bourgogne. Pertz, III. *Leges Burg.*, XXVII, p. 544 et p. 545. Fortunat vante les coteaux couverts de vigne de Metz. *Carmina*, III, 13; de la Moselle. *Ibidem*, VII ; 4, mais dans ces parties de la Gaule c'étaient sans nul doute des non-libres d'origine gallo-romaine qui travaillaient la vigne.

2. Elle était plantée en échalas régulier et il y avait des poteaux peints qui indiquaient les divisions, cf. Ducange au mot *Pictura*. On dirait même que les vignes étaient gardées. La loi des Burgondes prévoit le cas où un gardien tuerait un voleur pendant la nuit, Pertz, *Leges*, c. III, p. 573. On voit quel soin les paysans prenaient pour la culture de la vigne. Ils avaient peur des oiseaux, et ils avaient employé un moyen assez curieux pour les écarter. Cf. Grégoire de Tours, *De virtutibus S. Martini*, II, 26, p. 619, un homme : « *Sed adnectens cum corrigia tres tabulas manu ferebat, hisdem inter se conlisis, sonum quem ab ore non dabat, tabulis proferebat. Hoc opus vinitoribus utile est, cum vinita ab infestantium avium catervis defensare nituntur* ». Crainte de la gelée et surtout de la grêle. *H. F.*, VI, 44, p. 283. Des sauterelles sont signalées en Espagne et détruisent les vignes et les champs, Grégoire de Tours, VI, 34, p. 274. Elles s'avancèrent en Gaule, 44, p. 283. Notre ignorance de l'étendue de vignes accordée à chaque viticulteur. Pardessus (testament d'Aridius), *Dipl.*, I, p. 138, indique quatre arpents.

pieds les raisins donnait presque toujours une infériorité au vin ainsi préparé. Columelle nous fournit quelques indications sur la culture de la vigne. Le paysan avait l'habitude de creuser un petit fossé autour du plant, mais sans se rendre compte du terrain, de la qualité de la terre, en un mot d'une manière empirique. La vigne ainsi plantée donnait des fruits au bout de cinq ans. La vendange avait lieu dans les pays méridionaux à la fin du mois d'août; plus au Nord, en septembre.

Les sarcophages chrétiens des ve et vi^e siècles, les mosaïques de cette époque nous donnent des représentations de la vendange, et peuvent nous fournir quelques indications intéressantes[1]. Ils nous montrent les vendangeurs occupés à couper les grappes de raisin et à les placer dans des corbeilles d'osier. D'autres, chargés de ce soin, les posent ensuite sur des chariots à deux ou à quatre roues. Des esclaves apportent ainsi la vendange à la ferme et la mettent dans des cuves, pourvues de deux ou trois robinets qui permettent de verser dans des amphores ou de grands *dolia*[2], le vin pressé par deux ou trois paysans. L'habitude, déjà fort ancienne en Gaule, était de presser le raisin avec les pieds. Les sources mentionnent bien quelques pressoirs[3], mais on peut dire cependant que c'était l'exception. Charlemagne voudra l'imposer, les populations méridionales n'accepteront jamais cette coutume. Il est même encore d'usage dans le sud-est de la France de fouler les raisins avec les pieds. Il est probable que dans les pays septentrionaux le vin pressé était mis dans des tonneaux.

Les paysans laissaient pendant un an le vin ainsi préparé, mais après cette période ils avaient soin de le transvaser dans un autre tonneau ou *dolium*, bien lavé et enduit auparavant de poix[4]. Ce vin était soigneusement bouché et pouvait être bu aussitôt. Comme la préparation laissait à désirer, les serviteurs des maisons riches avaient l'habitude de le passer avant de le servir, car il déposait toujours[5].

1. Garrucci, *Storia delle Arte cristiana*, V, sarcophages, tav. 296, 305, 307. La mosaïque de *S. Costanza* à Rome. Cf. IV, tav. 206.
2. Garrucci, *l. c.*, V, tav. 392.
3. Pour le *torcular*, Grégoire de Tours. *De virtutibus S. Juliani*, 36, p. 579. Usité aussi à l'époque gallo-romaine, Cf. Pline, XVIII, 26, 22, cf. aussi *Sermones S. Cesarii*, P. L. (Migne), 39, 1, p. 2267.
4. Grégoire le Grand, *Dialog.*, I, 9, p. 246 : « *omnia dolia, ita ut ante consueverat pice superfusa præpararet* ».
5. Notre étude n'a trait qu'aux contrées qui avaient été romanisées, à ce qu'était autrefois la Gaule.

Dans le midi de la Gaule, l'usage était de planter des oliviers dans le même terrain que la vigne. Les sarcophages et les mosaïques nous ont laissé aussi des représentations de la cueillette d'olives. Elle se faisait, comme de nos jours, en novembre, au moment de l'hiver. Les anciens connaissaient les différents moulins pour faire le blé et l'huile. Les textes mentionnent le moulin à main que les femmes font tourner, les moulins mûs par des ânes ou par des bœufs, enfin le moulin à eau, héritage des Romains. Comme sa construction coûtait cher, les lois barbares punissent très sévèrement leur détérioration[1].

On s'adonne aussi beaucoup à cette époque à l'apiculture, et le nombre des ruches était considérable. Or, le miel remplaçait le sucre, et on l'utilisait pour la boisson, pour les mets. La cire servait aussi à fabriquer des cierges qui brûlaient soit aux autels, soit aux tombeaux des saints, ou servaient à éclairer la demeure des particuliers.

La récolte du vin, de l'huile, était enfermée dans des celliers où se trouvaient réunis les grands *dolia* du Bas-Empire qu'on remplissait chaque année. L'usage de ces *jarres* en terre s'est encore conservé dans certaines campagnes du Midi. Les documents prouvent que le bois était déjà employé. Grégoire de Tours fait mention de tonneaux pour mettre la récolte[2].

Pour le travail des champs, l'agriculteur se sert, comme à l'époque gallo-romaine, des mêmes outils. On peut dire qu'au point de vue agricole rien ne fut encore perdu. Les termes reviennent souvent sous la plume des chroniqueurs. Il faut mentionner tout d'abord : la charrue, la faux, la hache, la bêche et la herse.

1. On avait de petits moulins à bras : « *Quidam non metuens, neque honorans diem sanctum dominicæ resurrectionis acceptam annonam, ad molam vadit, impositumque triticum, molam manuvertere cœpit. Explicitumque opus, non poterat volam aperire.* » Gr. de Tours, *De virtutibus S. Martini*, III,14, 3, 633, 1. Il est fait aussi mention de moulins actionnés par des chevaux, Sidoine Apoll., lettre 21, 33. Les monastères avaient de grands moulins à eau, Grégoire de Tours, *Vitæ Patrum*, 2, p. 735. La civilisation gallo-romaine en avait donné le plan et la forme : « *Dum autem hæc ageret, ac frates molam manu vertentes triticum ad victus necessaria comminuerent, pro labore fratrum visum est ei molendinum in ipso Angeris fluvii alveo stabilire; defixisque per flumen palis, adgregatis lapidum magnorum acervis, exclusas fecit atque aquam canale collegit, cujus impetu rotam fabricæ in magna volubilitate vertere fecit. Hoc operi laborem monachorum relevans atque uni fratrum delegans, opus necessarium implebatur.* » On avait ainsi utilisé les rivières et les fleuves. Cf. pour Dijon, Grégoire de Tours, *H. F.*, III, 19, p. 129. Les Vies des saints en mentionnent un certain nombre : il y en avait dans l'Est et le Nord. Ils serviront de modèles aux générations futures.

2. Cf. Aussi Mabillon, *A. S.*, II. *Vita Filiberti*, XVIII, p. 788 : « *et vas vinarium quod tunna dicitur.* »

Tout se confectionne dans la maison rurale. Le paysan prépare lui-même les outils nécessaires à son travail[1], construit ou répare sa demeure[2]. Sa femme l'aide dans ses nombreux travaux, elle fait le pain, tourne le moulin ou la meule. Elle travaille aussi aux champs et nulle besogne pénible ne l'effraie. C'est elle qui fait la bière, qui trait les vaches, qui prépare le beurre et le fromage. La femme se montre plus patiente que l'homme de cette époque. On la voit au travail à chaque heure de la journée; elle ne prend aucun repos et oublie même le dimanche de fêter le saint jour du Seigneur[3].

Les hommes libres venus en Gaule sous les ordres des rois germaniques avaient été relativement nombreux. C'est surtout le fait pour les pays de la Bourgogne, pour le nord et l'est de la France. Nous avons parlé des nouveaux centres de colonies créées par l'établissement des Barbares, des nouveaux villages qui se fondent à l'est et au nord de la Gaule. On ne saurait donc nier l'apparition d'une classe moyenne issue des hommes libres qui avaient reçu un lot de terres,

1. Les outils étaient les mêmes. Cf. pour la charrue, Grégoire de Tours. *De virtutibus S. Juliani*, 10, p. 569. La hache avait un manche en bois. Cf. p. 569. *Adpresensam securim, manutrium in destera ejus adhæsit.* Elle servait aussi à défricher les forêts. Cf. Mabillon. *A.S.*, I. *Vita S. Johannis Abs Reom*, 9, p. 635, la faux. Cf. *H. F.*, VIII, 40 p. 353. Il fait mention de la charrue, du sarcloir. Cf. Grégoire de Tours. *De virtutibus S. Juliani*, 2, p. 564. La loi salique mentionne aussi la herse. Pour porter les foins, les fardeaux, on emploie aussi la charrette avec les bœufs. Pour les petits fardeaux le dos des hommes. On voit aussi la charrette à 4 roues. Cf. la colonne Trajane, et Garrucci, *l. c.*, V, tav. 296, 305, 307.

2. Il fait des haies, répare la maison, Grégoire de Tours, *De virtutibus S. Martini*, III, 39, est serrurier, *De virtutibus S. Martini*, III, 7, p. 633; répare ses outils. *De virtutibus S. Martini*, III, p. 623.

3. La femme travaille aux champs, Grégoire de Tours, *De virtutibus S. Martini*, II, 57, p. 268 : « *Mulier quædam, accepto sarculo, agrum adit, ut scilicet, evulsam mali seminis zizaniam, messem sola purgaret.* » Les femmes esclaves travaillaient aussi aux champs, *ibidem*, p. 628. Elle fait le pain. Cf. Grégoire de Tours, *De virtutibus S. Martini*, III, 31; aussi 32, *ibidem*, III, 55. Elle tourne la meule dans le gynécée, *H. F.*, IX, 39, p. 393, 56 p. Cf. la femme de Serenatus qui travaille avec son mari. Grégoire de Tours, *De virtutibus S. Martini*, IV, 36 « *Cum de cultura viro præmisso rediret.* » Elle prépare les chandelles, elle fait la bière dans les pays du Nord, Weinhold, *Die Deutschen Frauen*, II, p. 63. Cf. S. R. M., II, *Vita S. Radegundis*, I, 7, p. 367: « *Candelas suis manibus factas jugiter ministrabat.* » Elle file, *ibidem*, I, 30, p. 374, et aussi *De gloria confessorum*, 106, Fortunat, *Vita S. Germani*, 50, p. 15, Grégoire de Tours, *De virtutibus S. Martini*, III, 37. Elle a soin du ménage, de la cuisine, de la table, *ibidem*, I, 19, 370; 22, 371, Fortunat, *Vita S. Radegundis*, 58, 45; énumère le travail de la femme à la maison : « *Aquam de puteo trahebat et dispensabat per vascula, holus purgans, legumen lavans, flatu focum vivificans et ut decoqueret escas, satagebat exæstuans, vasa de foco ipsa levans, discos lavans et inferens.* »

sur le sol gallo-romain. et il est à supposer que si l'état précaire du paysan indigène de la fin de l'Empire resta sensiblement le même, l'agriculteur germain profita seul des nouveaux lots octroyés. Le Gallo-Romain ne tira aucun avantage économique de l'arrivée des Germains. Ce qui fut donc tout à fait nouveau, ce fut la création d'un certain nombre de *villæ* divisées en lots, octroyées à différents propriétaires, de *vici*, fondés à la manière germanique ; ce qui augmenta sensiblement le nombre des petits propriétaires à peu près disparus à ce moment en Gaule.

L'état social était pourtant très peu favorable à la petite propriété. Nous avons vu les guerres si nuisibles à la population des *villæ* et des *vici*, les habitants du plat pays emmenés en esclavage par les vainqueurs, les récoltes détruites, les terres dévastées. Les armées parties, il fallait songer à réparer les dommages causés ou à abandonner le bien autrefois prospère. Les paysans libres étaient donc obligés d'avoir recours à l'emprunt et à se mettre ainsi sous la dépendance d'un créancier fort dur. Malheur à qui se confiait à sa bonté ! Les récits contemporains nous montrent leur cruauté et Grégoire de Tours et les hagiographes nous indiquent le grand nombre de débiteurs insolvables[1]. Les fréquentes famines étaient aussi une des causes de la disparition de cette classe moyenne, elles poussaient les agriculteurs à la perte de cette liberté dont ils ne pouvaient apprécier le prix et à se jeter dans les bras d'un puissant ou de l'Église[2]. Les temps lui sont donc contraires. L'assemblée populaire si puissante en Germanie n'existe plus. Avec elle ont disparu ainsi les prérogatives autrefois si importantes de l'homme libre. A ces hommes qui ont contribué à la conquête, l'État n'a laissé que de lourdes charges et de rudes obligations à remplir. Toutes les prestations que l'Empire avait connues, l'entretien des routes, le droit de gîte, le relais de chevaux pour la poste, les redevances nombreuses appauvrissent peu à peu cette classe. Le *manse*, lot de terre octroyé aux agriculteurs, avait de la peine à se maintenir intégral et les paysans ne pouvaient subsister de leur travail. Quand on fait le compte exact des

1. Les débiteurs sont enfermés pour dettes, Grégoire de Tours, *De virtutibus S. Martini*, III, 41, 47; dureté des créanciers, IV, 26. Comme les prisons étaient toujours remplies, nous pouvons admettre que les débiteurs insolvables y figuraient en assez grand nombre.

2. Cf. sur les famines, Grégoire de Tours, *H. F.*, VII, 75 p. 322. : *Subdebant pauperes servitio, ut quantulumcumque de alimento porregerent.*

différentes contributions qui pèsent soit sur l'homme, soit sur la terre, on comprend facilement l'état précaire de ces agriculteurs. Ils avaient en effet à payer d'abord sous le nom d'*Agrarium*[1] un droit de pâture, puis la dîme octroyée à l'Église, redevance qui devient de plus en plus régulière, enfin les impôts fonciers. Ajoutez encore le temps consacré à la guerre, à la poursuite des malfaiteurs, à des gardes pour faire le guet, les amendes nombreuses punissant de petits délits facilement commis dans les relations journalières avec les voisins et vous aurez les raisons de l'impossibilité à la petite propriété de subsister. La royauté se montra fort indifférente au maintien de cette classe. Les fonctionnaires royaux, les recenseurs ou petits employés des douanes ont hérité de l'âpreté romaine et exercent sur elle les vexations les plus iniques. Si le contribuable ne peut payer, il subit la torture, et se voit même séparé de son fils ou de sa fille qu'on va vendre comme esclave. Les amendes fort élevées réduisaient bien souvent des libres à la servitude[2]. Les documents nous montrent aussi la gêne des habitants des campagnes. Les Juifs prêtaient à gage, malgré les défenses répétées des conciles et les marchands exploitaient les paysans au moment des famines.

Le service militaire était alors fort lourd pour cette classe, car les guerres étaient désormais éloignées, l'entretien et l'équipement coûtaient cher. Les avantages des temps passés avaient disparu et les libres ne voulaient plus d'un bien qui ne procurait aucun profit. Ajoutez à cela l'arbitraire des grands, les désastres occasionnés par les guerres quotidiennes, les mauvaises passions et les vices, et vous verrez combien était précaire cette liberté. Pendant toute la période franque, on peut

1. *Præceptio Chlotarii* (584-628). M. G. H., p. xi, p. 19. *Agraria, pascuaria vel decimas porcorum ecclesiæ pro fidei nostræ devotione concedemus, ita ut actor aut decimator in rebus ecclesie nullus accedat.* Grégoire de Tours nous montre l'avidité du fisc : « *Accidit autem quadam vice ut saltus montenses ubi ad æstivandum oves abierant circumiret, atque pascuaria quæ fisco debebantur inquireret. Cumque diversos spoliaret injuste...* » *De virtutibus S. Juliani*, p. 17.

2. Le fisc était très dur et les textes nous montrent l'état précaire des cités et des villages. Cf. *Vitæ Patrum*, 6, p. 669. L'évêque fait convertir en argent le tribut que le roi prélève en froment et en vin, pour que la charge soit moins sensible. D'autres ploient sous les charges comme à l'époque impériale. On peut aussi voir l'avidité des recenseurs. Cf. Fortunat, *Carmina*, X, 12, et Grégoire de Tours, *H. F.*, IX, 30. Ils vont de villes en villes et sont reçus le plus souvent chez les évêques qui leur recommandent, au nom du saint chez qui ils sont, la douceur et la modération. Cf. Fortunat, *Carmina*, X, 11. Aussi Grégoire de Tours, *H. F.*, VII, 75, p. 322: « *graviter tunc negociatores populum expoliaverunt, ita ut vix vel modium annonæ aut semodium vini uno triante venundarent.* »

dire que la classe des libres eut à souffrir des maux sans nombre. Les bandes guerrières des différents royaumes brûlaient, dévastaient les maisons des paysans et les villages. Les temps rendent donc bien difficile le maintien de cette classe de petits propriétaires ruraux.

Après de tels désastres, les familles pouvaient difficilement subsister, il fallait vivre et avoir recours à la protection d'un puissant ou de l'Église. Ce fut elle le plus souvent qui fut choisie. A côté des avantages économiques qu'elle procurait à ceux qui lui étaient soumis, elle était la seule qui pût donner aux travailleurs une sécurité relative. C'est ce qui explique son pouvoir immense, car tous les paysans qui sèment et labourent pour elle sont intéressés à l'augmentation même de sa puissance, et quand on songe qu'elle posséda aux temps mérovingiens le tiers des terres cultivées de la Gaule, on peut se rendre compte de la facilité qui lui est donnée de pouvoir, grâce à un état agricole fort simple, englober un nombre incalculable de travailleurs qui sont tous répartis sur ses terres et arriver ainsi à une complète romanisation, il est vrai, déjà commencée, mais entravée par les invasions germaniques.

La répartition des terres livrées à la culture sur tout le territoire de la Gaule donnait à chaque contrée un aspect bien différent. Ici, la propriété était entre les mains des seigneurs déjà puissants ou de l'Église, là au contraire la prépondérance des *vici* avait fait naître une classe moyenne qui créait une plus grande activité agricole. On ne saurait donc parler d'une uniformité. Ajoutez à cela la situation plus ou moins favorable des *civitates*, les unes placées sur les bords de la Méditerranée, en contact constant avec l'Orient, d'autres plus au Nord, revêtant avant tout un caractère agricole. A côté de ces différences nées surtout de la situation géographique, s'ajoutent encore celles dues à des conceptions juridiques. Un certain nombre de grands monastères et de hauts seigneurs avaient obtenu des rois mérovingiens un privilège d'immunité, c'est-à-dire l'interdiction aux fonctionnaires du prince de pénétrer dans les abbayes ou dans les *villæ* seigneuriales. Ils ne pouvaient juger les délits causés par les habitants, percevoir les amendes de ces procès, ni réclamer le droit de gîte, en un mot les charges les plus lourdes qui pesaient sur les terres qui n'en étaient pas exemptes. On peut voir les avantages que procurait un tel privilège et les documents nous montrent le désir de l'Église et des grands fonctionnaires du royaume à se faire octroyer du pouvoir royal de telles concessions. La royauté les accorda sans compter et créa ainsi ces îlots très nombreux qui échappaient à sa juridiction[1].

Les habitants de ces domaines se trouvent donc sous la dépendance soit de l'Église, soit des seigneurs, ils furent moins tracassés par les fonctionnaires royaux. L'avantage que procura cette tutelle n'échappa pas aux contemporains. Les libres dont la situation était devenue précaire, cherchèrent de plus en plus à se mettre sous la dépendance de l'Église ou des seigneurs. Il y eut donc des petits centres qui avaient déjà une vie indépendante de celle de l'État, et partant il se forma une basse justice qui eut à juger les délits commis par les habitants. Ces conceptions vont transformer l'état économique de la Gaule et créer de nouveaux groupements qui feront surtout sentir leur influence vers la fin de la première partie du Moyen Age.

Si la classe des libres disparaissait, celle des non-libres augmentait sans cesse. Les lois barbares leur étaient favorables; une classification bien exacte n'existait pas pour eux. Les non-libres formaient pour la loi Salique un ensemble juridique, grande agglomération d'individus qui comprenait depuis les colons et les lètes des temps gallo-romains jusqu'aux esclaves germains ou indigènes. Ils habitent le plus souvent à la campagne, sur les terres du seigneur ou sur les biens ecclésiastiques. Les contrats qui les lient au maître foncier sont encore ceux de l'Empire romain et peuvent varier suivant les contrées. La grande propriété était divisée en petits lots donnés aux cultivateurs qui travaillaient la terre moyennant un cens et des prestations. La monnaie devenant de plus en plus rare, les seigneurs exigèrent des redevances fixées en nature. Le bail le plus employé était la *precaria*. Fait pour cinq ans, il est renouvelable si le maître est content du fermier, si celui-ci paie exactement les cens ou redevances et fait les prestations exigées. Il faut aussi mentionner les baux à longs termes, l'emphytéose, que l'antiquité avait connus assez fréquents du côté de Tours et d'Angers et qui permettaient avec l'amélioration du sol la mise en valeur des terres incultes.

Mais l'état économique des non-libres n'était pas meilleur. Ils devaient travailler trois jours par semaine sur six pour le maître et si même le seigneur en réclamait d'autres, ils étaient obligés à ces services supplémentaires. Leur patron avait toujours recours à eux.

1. Pour l'immunité. Cf. Brunner, *l. c.*, I, 298. Cf. Dipl. 472, l'immuniste n'avait pas à payer les droits de douane, les tonlieux.

Ils forment le plus souvent son escorte, le suivent en voyage. Les femmes elles-mêmes travaillent pour le maître. Leur situation n'est donc pas heureuse et ce n'est qu'en les comparant aux anciens colons romains, voire même aux libres qu'on peut trouver leur état relativement satisfaisant.

On le voit, à mesure que la royauté devient de plus en plus faible, il se forme deux aristocraties militaire et ecclésiastique qui absorbent à leur profit les hommes libres du royaume et créent une classe immense de fermiers établis sur les terres des seigneurs qui deviendra ce qu'on a appelé les serfs du Moyen Age.

Les esclaves étaient fort nombreux à l'époque mérovingienne[1]. Il y en avait des deux races dans les maisons franques. Il n'était pas rare qu'on en possédât des pays orientaux. Nous avons vu que le personnel était très grand dans les familles riches. Une partie était nécessaire à la culture de la terre et les textes mentionnent des achats d'esclaves pour de nouveaux défrichements. Nous ne connaissons pas les principaux marchés d'esclaves[2]. Les documents se taisent sur ce point, mais les habitudes de l'Empire devaient continuer. Les guerres, surtout celles du VIe siècle, en fournirent beaucoup. Le prix devait varier suivant la fonction qu'ils exercent. Les sources indiquent des tailleurs, des orfèvres, des agriculteurs, des cuisiniers[3]. D'autres surveillent les travaux des esclaves attachés à la

1. Un personnel assez considérable était nécessaire à cette époque dans les *villæ* et les maisons des grands propriétaires. A côté de ceux qui travaillaient à la culture des champs, à celle de la vigne, il faut compter aussi les non-libres qui confectionnent les objets nécessaires à la vie de tous les jours dans les gynécées. L'industrie se réfugie de plus en plus dans ces centres agricoles, et nous allons trouver dans ces grandes agglomérations les métiers indispensables à la vie et à l'exploitation agricoles.

2. C'est le même recrutement que dans l'antiquité. Cf. 1° L'achat. Frédegaire, *Chron.*, II, liv. IV, 35, p. 134. Grégoire de Tours, *De virtutibus S. Martini*, III, 54, p. 628. On dirait que le commerce des esclaves ait été entre les mains des Juifs. Cf. Grégoire le Grand, *Epist.*, IX, 36. Ils achetaient aussi les prisonniers de guerre. Cf. *Concile d'Orléans*, IV, c. 30, an 541. Le pouvoir spirituel voulut défendre aux Juifs d'avoir des esclaves chrétiens, mais sans grand succès. Les conciles répètent la défense, preuve qu'elle n'était pas observée. Cf. la lettre de Grégoire le Grand à Brunehaut. Le digne prélat prouve à la reine qu'ils en avaient. « *Cur et in regno vestro Judæos christianos mancipia possidere permittitis.* » *Epist.*, CXIV, livre II, p. 300. 2° Il y avait aussi ceux qui naissaient de père et de mère esclaves.

3. Les sources font mention de tisserands. Cf. Grégoire de Tours, *H. F.*, IV, 26, p. 161. De *pincernæ*, *Vitæ Patrum*, I, 687; *H. F.*, V, 46, p. 238. Cuisiniers. Cf. *H. F.*, III, 15, p. 122. *H. F.*, III, 15, p. 123. Grand nombre de serviteurs auprès d'un prince. Cf. Grégoire de Tours, *H. F.*, V, 39, 232. Des artisans. Cf. *De virtutibus S. Martini*, II, 58, p. 569. Esclave instruit sachant l'arithmétique, le

maison, dirigent l'administration du domaine rural. Il y en a qui sont préposés au cellier, aux offices de la maison du maître. Comme les guerres étaient si fréquentes, l'esclavage était toujours menaçant pour les populations vaincues. Il n'était point rare de trouver des jeunes gens de grande famille instruits, amenés en servitude par le vainqueur. Grégoire de Tours nous prouve que le cas était fréquent[1]. Le maître avait en fait un droit presque illimité sur l'esclave. Il pouvait le donner à l'Église, le vendre à un particulier. Les lois germaniques considèrent fort peu l'esclave, et l'Église devait faire tous ses efforts pour améliorer leur situation fort précaire. Déjà même, on peut voir son action bienfaisante : elle avait proclamé légitime le mariage des esclaves.

Le traitement des esclaves variait suivant la bonté ou la dureté du maître. Les récits contemporains nous indiquent souvent des châtiments immérités fort durs comme aussi des traits de bonté vraiment touchants. Les punitions sont nombreuses. Rome s'est chargée de les développer. Des coups de fouet pleuvent sur le dos des esclaves ; pour la moindre faute[2] le maître en use. Puis viennent des châtiments plus durs, les chaînes aux pieds, la prison, la vente au dehors du domaine qui laissait les siens tout en larmes. Quelquefois apparaissent des cruautés raffinées dignes des beaux jours de l'Empire, des punitions vraiment horribles, souvent sur le simple caprice du maître[3]. Aussi ces mauvais traitements encourageaient-ils la fuite[4] de

droit, lisant les poètes latins. Cf. Grégoire de Tours, *H. F.*, IV, 46, p. 180. L'évêque de Tours nous fournit le prix d'un esclave, 12 sous d'or. Cf. *H. F.*, III, 4.

1. Cf. Grégoire de Tours, *H. F.*, IV, 15, p. 123.

2. .....*Sed cum servi domus minime rudi domino apparerent, alius fustibus, alios virgis cædit, nonnullos capita percutiens sanguinem elicuit.* Grégoire de Tours, *H. F.*, IV, p. 46, p. 182.

3. Les esclaves fuyaient souvent. On les rattrapait quelquefois et on leur faisait subir des supplices : l'oreille coupée......*Auris unius incisione multatur.* Grégoire de Tours, *H. F.*, V. 48, p. 239. Des esclaves enterrés vivants par leurs maîtres. Grégoire de Tours, *H. F.*, V, 3, p. 193 ; d'autres les font mourir. Cf. *Vitæ Patrum*, 3, p. 726. « *Nam si ante eum, ut adsolet, convivio utenti puer cereum tenuisset, nudari ejus tibias faciebat atque tamdiu in his cereum comprimi, donec lumine pricaretur ; iterum cum inluminatus fuisset, similiter faciebat, usque dum totæ tibiæ famuli tenentes exurirentur.* Cf. *H. F.*, V, 3, p. 193.

4. Les esclaves venaient se réfugier dans l'église, mais le maître furieux prenait ceux des clercs, ne pouvant avoir les siens.

Si quis autem mancipia clericorum pro suis mancipiis ad ecclesiam confugientibus crediderit occupanda, per omnes ecclesias districtissima damnatione feriatur. Concile, II, Arles, XXXII (453.A). Labbe, VI, p. 6. Cf. Grégoire de Tours, *In gloria confessorum*, 66, p. 787. Esclaves séparés. *Separabatur autem filius a patre, mater a filia, et cum gravi gemitu et maledictionibus discedebant.* Grégoire de Tours, *H. F.*, 45, VI, 284.

l'esclave. La loi était fort sévère pour eux. Pris, ils étaient marqués au fer rouge, et ceux qui avaient aidé sa fuite ou qui l'avaient recueilli sur la route étaient punis. L'asile des églises leur servait quelquefois, mais les documents nous prouvent que les maîtres étaient le plus souvent oublieux de leur serment.

On peut dire toutefois qu'en général la situation des esclaves ne devait pas être très mauvaise. Le patron avait intérêt à leur conservation. Nous voyons aussi qu'ils ont la même nourriture que les gens de la campagne. Ils boivent du vin, habitent une cabane aux toits de chaume, ou sont auprès du maître suivant leurs fonctions. Les documents nous montrent de la part de l'esclave le plus grand dévouement pour son maître, comme aussi la vengeance la plus lâche[1]. On dirait même en parcourant les documents contemporains que les rapports sont devenus moins distants avec leur patron. L'état agricole facilitait ce rapprochement. Dans ces grandes agglomérations, dans ces propriétés seigneuriales ou dans les villes peu denses, tout le monde se connaissait et toutes ces causes rendaient bien difficile l'ancienne morgue du Bas-Empire.

L'Église, qui avait en théorie déclaré l'égalité des hommes devant Dieu, avait accepté depuis deux siècles l'ancien état social. Et si elle n'avait pu opérer une révolution aussi radicale, si elle s'était servi de l'esclave et l'avait établi sur ses terres, elle lui procura une meilleure existence[2], lui donna un traitement plus doux et favorisa de plus en plus son affranchissement. Le pouvoir spirituel fit considérer comme œuvre pie de donner la liberté à certain nombre d'esclaves à la mort d'un grand propriétaire foncier. Les testaments conservés nous montrent l'influence de l'Église. Mais elle fit plus encore[3] et chercha

1. Esclaves qui tuent leur maître. Cf. Grégoire de Tours, *H. F.*, VII, 46, p. 322; VII, 47, p. 323. Esclaves sauvant leur maître. Cf. Grégoire de Tours, *H. F.*, III, p. xv, p. 125. Cf. aussi *H. F.*, IX, 34, p. 389. Cf. *De virtutibus S. Martini*, II, p. 39, p. 623. *Atque omnis familia perstreperet, mortem condolens patroni...*

2. La bonté de l'Église se fait jour ; elle achetait quelquefois les esclaves malades, dont le maître s'opposait à un séjour plus prolongé. Cf. Grégoire de Tours, *De virtutibus S. Martini*, III, 46, p. 643. Lorsqu'il était guéri, le laïque souvent le donnait à l'Église ou l'affranchissait. Cf. *De virtutibus S. Martini*, 40, p. 606.

3. ...*Ut nullus mancipium extra fines vel terminos, qui ad regnum domini Clodevei regis pertinent, penitus debeat venumdare, ne, quod absit, per tale commercium aut captivitatis vinculo, vel quod pejus est, Judaica servitute mancipia Christiana teneantur implicita.* Esclaves. Soins de l'Église. Labbe, VII, p. 393. Concile de Chalon-sur-Saône, canon IX. An 652.

à limiter au royaume la vente des esclaves. Nous voyons que ces conceptions étaient aussi facilitées par l'état économique qui forçait le propriétaire à vendre ses terres avec les esclaves qui les cultivent.

Nous venons de décrire les cités et les villages à l'époque mérovingienne, il nous reste à projeter une vue sur les hommes qui composent la société. Nous allons maintenant les suivre dans la vie de tous les jours, montrer leurs fonctions, raconter leurs croyances.

CHAPITRE IV

La Société laïque

Après avoir décrit la cour, les différents fonctionnaires royaux, les villes et le plat pays, il est nécessaire d'étudier la vie à la fois matérielle et morale des diverses classes qui composent la société mérovingienne. Le caractère guerrier de l'époque qui nous occupe pourrait faire supposer une existence triste et sombre, une société sans luxe et sans joie. Il n'en fut pas ainsi. Le souvenir des fêtes que le Bas-Empire avait célébrées et du faste qu'il avait déployé à son déclin est encore vivant, les vieilles traditions, les anciens usages persistent. L'influence romaine règne sans conteste et les sujets des rois francs aiment comme autrefois les étoffes de soie, les vêtements à franges, les bijoux si chers aux indigènes. Il faut ajouter aussi que la cour de Byzance avait réglé avec un soin minutieux la hiérarchie des fonctionnaires et que les classes se distinguaient par le port des vêtements établis par les lois. Si les Francs, dans le royaume conservent encore le costume et les traditions germaniques, nous voyons cependant les rois et les grands prendre bien vite, en même temps que les conceptions de l'Empire, son goût pour le luxe, la richesse et les ornements dans le costume.

Les renseignements que les textes nous donnent sur ce sujet sont relativement assez nombreux, mais ne peuvent nous fixer sur la coupe des vêtements portés à cette époque. Il est cependant à croire que toutes les formes créées par l'Empire étaient alors en usage. La période mérovingienne n'innove rien, et cela tient surtout à l'état économique du royaume. Les villes perdent peu à peu de leur importance ; le caractère agricole s'étend de plus en plus sur toutes les régions de la Gaule, la civilisation s'abaisse et le milieu ainsi transformé se montre peu propre au développement de la mode et du luxe.

Il faut dire aussi que l'époque franque est avant tout une période de transition. On ne saurait encore parler d'aucune fusion : les coutumes des indigènes subsistent à côté des habitudes germaniques. Il en est de même pour le costume. Le vêtement national des Germains se maintient à côté de celui des Gallo-Romains en usage pendant le Bas-Empire. On peut même dire que nous sommes, grâce aux nombreux cimetières mérovingiens, mieux renseignés sur les vêtements et les habitudes germaniques que sur le costume indigène, car bien souvent dans les textes, sous des appellations anciennes, se cachent des choses tout à fait nouvelles que nous soupçonnions à peine. Les nouveaux venus ont surtout attiré l'attention des poètes et des écrivains contemporains. Leur curiosité a été tenue sans cesse en éveil par les mœurs des guerriers francs qui paraissaient étranges aux yeux des indigènes, et Sidoine Apollinaire ne dédaigne pas de nous décrire la vie des cours germaniques, le costume des princes. Sa minutieuse analyse nous montre combien ils avaient subi déjà la civilisation gallo-romaine et leur amour pour la parure, pour les vêtements riches et ornés. On voit aussi le désir de ces princes d'en imposer au peuple par la magnificence et l'éclat de leurs armes.

Le luxe inouï, prodigieux, de l'époque mérovingienne s'affirme à chaque instant dans les récits contemporains. Le nombre des vêtements qui composaient la garde-robe d'un prince ou d'une reine est vraiment surprenant. Grégoire de Tours nous raconte qu'à la mort d'un fils de Chilpéric encore en bas âge, Frédégonde brûla quatre chars qui pouvaient à peine contenir les vêtements, les étoffes de soie, les bijoux du petit prince[1]. Le même prélat nous décrit aussi les magnifiques cadeaux qu'avait reçus la fille de Chilpéric lors de son mariage. Elle quitte la cour, précédée d'une suite nombreuse et suivie de quarante chariots portant ses vêtements et ses bijoux[2]. Quand bien même les auteurs ne nous auraient laissé aucun témoignage sur le luxe de cette société, nous n'en aurions cependant pas moins conclu au goût pour l'or et les riches vêtements des contemporains de Fortunat, car les auteurs qui nous ont laissé des Vies de saints ont eu le soin de nous décrire le luxe, les riches vêtements portés par l'élu de Dieu pendant son court séjour à la cour.

1. Cf. Grégoire de Tours, *H. F* , VI, 35, p. 276: « *Post hæc regina, adprehenso pueroli thesauro, tam vestimenta quam reliquas species, vel ex sirico, aut quocumque vellere invenire potuit, igne consumpsit ; quod ferunt quattuor plaustra levasse* ».

2. Grégoire de Tours, *H. F.*, 45, p. 284 : « *Sed et mater ejus immensum pondus auri argentique sive vestimentorum protulit, ita ut videns hæc rex nihil sibi remansisse potaret...... Nam tanta fuit multitudo rerum, ut aurum argentumque vel reliqua ornamenta quinquaginta plaustra levarent* ».

Il faut aussi remarquer que la richesse mobilière était fort prisée. Les guerres n'avaient souvent lieu que dans le but de s'emparer du trésor de l'ennemi, et lorsqu'on lit les documents de cette époque, on peut se rendre compte de l'importance de ces trésors qu'on déplace, qu'on emporte avec soi et qui, contenus dans des coffres aux doubles serrures renferment l'or et l'argent, les bijoux, les vêtements précieux. Ajoutez à cela la coquetterie de la femme, son amour du luxe, des riches étoffes, enfin son désir d'avoir un train de maison somptueux, et vous aurez l'explication de ce goût de la parure qu'on n'aurait pu soupçonner pendant cette période si troublée.

La femme mérovingienne se montre à nous coquette, jalouse, presque toujours vaine et frivole. Médiocrement instruite, le plus souvent même sans aucune culture, elle n'avait qu'une ambition, le désir de paraître, d'être courtisée, de courber l'homme sous la puissance de ses charmes. Les livres pénitentiels la rendent responsable des vices du temps. Les poètes eux-mêmes, au milieu de guerres sans nombre, ne cessent de chanter la beauté, de la considérer comme un présent divin. Les rares monuments qui existent encore de nos jours nous montrent la femme de la cour dans un costume magnifique avec une tunique talaire aux manches longues et étroites, serrée à la taille par une ceinture ornée de pierres précieuses, un *pallium* ou manteau qu'elle retient avec grâce, jeté sur les épaules. Un collier de perles, des boucles d'oreilles très longues et très belles complètent ce magnifique costume. Pour chaussure, elle porte des sandales ou petits souliers. Quelquefois un diadème ou une simple couronne, qui maintient les cheveux roulés en deux gros bourrelets, orne son front. Elles allaient ainsi à travers les rues de la ville, à cheval, suivies d'un nombreux cortège pour se rendre à la messe, en imposant à cette foule le plus souvent besoigneuse et misérable[1]. L'imagination peut se représenter sous ce costume élégant les riches matrones gallo-romaines, les femmes des fonctionnaires, les reines, les Placidie, les Brunehaut, les Galswinthe.

Il est nécessaire d'ajouter qu'il existait alors dans les vêtements une très grande variété de formes. La Gaule à cette époque ne se composait pas seulement des indigènes et des Germains. Les Syriens, les

1. Grégoire de Tours, *H. F.*, IX, 9, p. 365. « *Hæc vero per plateam Sessionicæ civitatis compta grandibus ornamentis ac gemmarum præciositatibus vel auri fulgore obtecta, ascenso equo, præcidentibus pueris aliisque sequentibus ferebatur atque ad basilicam Sancti Crispini Crispinianique properabat quasi expectatura missas* ».

Grecs orientaux, les Juifs se reconnaissaient sans nul doute au costume qu'ils portaient.

Les vêtements de la femme gallo-romaine étaient toujours la *tunica* avec manches longues et étroites, la dalmatique, la *penula* et le *pallium*[1]. On reconnaissait le plus souvent à la coupe des vêtements, à la richesse du costume la classe à laquelle appartenait celle qui le portait. Les femmes de condition moyenne portaient en général la tunique et la *penula*. Les esclaves allaient souvent pieds nus, vêtues d'une tunique et d'une *penula* assez courte, de couleur sombre. Le vêtement des femmes franques était fort simple. Bien que les renseignements soient relativement rares, on voit cependant qu'il consistait en général en une *tunica* sans manches, retenue aux épaules par de petites pattes et une ceinture autour du corps. Un manteau en laine, en lin ou en soie, suivant les saisons, maintenu par une fibule, couvrait le corps. Nul doute que les femmes des grands personnages de la cour aient adopté les vêtements des matrones gallo-romaines à cause de la trop grande simplicité du costume germain. En lisant les auteurs contemporains, on serait même porté à croire que la mode avait créé des usages nouveaux. Fortunat nous raconte que les matrones et les reines emportaient avec elles leurs vêtements de prix. Sainte Radegonde, avant d'être religieuse offrit, dans un de ses voyages, ses riches habits à une église qui se trouvait sur son passage. L'évêque de Poitiers énumère les objets qui composaient ce don, qui consistait en tuniques gallo-romaines, en manchettes, en voiles pour orner la tête (*mafortes*) qu'on disposait de différentes manières, enfin en bonnets en soie (*cufeæ*)[2].

1. Quicherat, *Histoire du costume en France*, 1877, p. 81-106, et Weiss, *Kostumkunde, Geschichte der Tracht und des Geraths in Mittelalter*, p. 302-306. Il mentionne à l'appui de sa description les statues de la chapelle du monastère bénédictin de Cividale en Frioul qu'il date du VIIIe siècle, statues qu'après examen nous croyons du XIIe siècle. Cf. Lindenschmidt, *Handbuch der deutschen Alterthumskunde*. Il indique les principaux objets trouvés dans les cimetières mérovingiens de l'Allemagne. Cet ouvrage présente un très grand intérêt pour l'histoire du costume, tant militaire que civil, de l'époque franque.

2. Pour la richesse du costume des femmes, Mabillon, *A. S.*, I, *Vita Chrotildis*, XI, p. 95 : M. G. H., p. 346. « *Nam quæ antea regio more pretiosis et deauratis vestibus erat trabeata, postea laneis et vilissimis vestibus induta incedebat...* » -Grégoire de Tours, *H. F.*, V, 18, p. 213. Certaines femmes pieuses ne portaient pas de bijoux. Fortunat, *Carmina*, IX, 26.

Fortunat, *Vita S. Radegundis*, *M. G. H.*, 13, p. 41. « *Mox indumentum nobile, quo celeberrima die solebat pompa comitante regina procedere, exuta ponit in altare et blattis gemmis, ornamentis mensam divinæ gloriæ tot donis onerat per honorem. Cingulum auri ponderatum fractum dat opus in pau-*

Les différents vêtements, tuniques ou manteaux, étaient en général agrémentés d'ornements, soit tissés avec l'étoffe, soit rapportés. C'étaient des dessins brodés, des motifs décoratifs empruntés à l'ornementation gréco-orientale : losanges, entrelacs, cercles, croix, etc. Pour rompre même la monotonie des couleurs, on était arrivé à tisser des animaux fantastiques, tels que nous les retrouvons aux époques médiévales[1]. L'Ancien et le Nouveau Testament, avec leurs scènes miraculeuses, l'antiquité même avec ses légendes s'étalaient sur les tuniques et les chlamydes des Mérovingiens. Nous voyons sur les mosaïques des églises italiennes du sixième siècle la manière de porter le *pallium* serré aux épaules et retenu à la taille par une ceinture placée assez haut. Elles nous montrent aussi l'habitude de placer sous la tunique une large bande ornée le plus souvent de pierreries dont les deux bouts se croisaient sur les épaules et retombaient devant et derrière sur le milieu du corps[2].

Nous ne savons s'il y avait encore des manufactures où se fabriquaient ces étoffes de prix, ces riches ornements. Les sources se taisent sur celles qu'avait connues l'Empire. Elles durent certainement subsister, car il nous est impossible de supposer que toutes ces étoffes étaient fabriquées dans la maison. A côté des industries étrangères qui envoyaient les étoffes de prix, il devait y avoir, comme autrefois, des villes renommées pour la confection de certains vêtements. Les écrivains des septième et huitième siècles vantent les draps de Tours, d'Arles et de Lyon, preuve que dans ces villes cette industrie a dû survivre aux invasions.

La coiffure variait, car la mode du Bas-Empire persistait encore. Les mosaïques nous montrent tantôt les cheveux de la femme séparés au milieu du front et retombant en bandeaux sur les oreilles, tantôt en deux petites tresses qu'on rattachait sur le milieu enroulé en chignon. Les femmes franques avaient les cheveux dénoués tombant sur le cou ou relevés sur la tête, quelquefois un ruban retenait

perum. Similiter accedens ad cellam sancti Iumeris die uno quo se ornabat felix regina, composito sermone ut loquar barbaro stapione, camisas, manicas, cofias, fibulas, cuncta auro quædam gemmis exornata per circulum, sibi profutura sancto tradit altario. »

1. Les mosaïques de Saint-Vital de Raveune (en particulier celle représentant l'entrée de l'impératrice Théodora dans la basilique) et certaines autres des catacombes romaines qui peuvent remonter au sixième ou au septième siècle nous montrent aussi la richesse de ces vêtements ornés de pierres précieuses.

2. Quicherat, *l. c.*, p. 95, donne une représentation de cette *palla*.

la chevelure sur le front. D'autres portaient de larges nattes, retombant très longues et enlacées par des rubans de différentes couleurs. Les femmes riches plaçaient au-dessus de leur tête des *vittæ*, des couronnes de grand prix. Si l'on ajoute à cela les nombreux bijoux, colliers, bracelets, bagues, qui complétaient le costume des femmes mérovingiennes que les tombeaux francs nous ont révélé, on pourra se faire une idée de ce goût prodigieux pour la richesse dans le costume[1].

Les Gallo-Romains portèrent pendant un temps assez court le costume du Bas-Empire, la tunique en lin ou en laine, souvent en soie, aux manches étroites et brodées, la chlamyde retenue sur l'épaule par une fibule et tombant à plis droits sur le corps. Les pieds sont chaussés de souliers plats. Les mains sont quelquefois gantées. Les formes des vêtements étaient du reste fort variées et les anciennes modes des contrées plus éloignées persistaient, et avec elles la coupe des vêtements gaulois : le manteau assez court, muni d'un capuchon qui permettait bien souvent de se dérober aux regards des passants[2].

Mais le costume surtout intéressant à connaître est celui des Francs qui, adopté plus tard par les indigènes, deviendra national. Il faut toutefois distinguer les différentes régions, et ne pas le considérer encore comme le costume le plus usité en Gaule[3]. Il était

1. Grégoire de Tours, *H. F.*, X, 6, p. 427 : « *de palla olosirica vestimenta neptæ suæ temerarie fecerit, foliola aurea, quæ fuerant in gyro palla, inconsulte sustulerit et ad collum neptæ suæ facinorose suspenderit; vittam de auro exornatam idem neptæ suæ superflue fecerit.* » Pour les couronnes, cf. les mosaïques de Ravenne et de Rome ; Quicherat, *l. c.*, p. 93 et 94 ; Mabillon, *A. S.*, I, *Vita S. Columbani*, 7, elles étaient de différentes formes.

2. Grégoire de Tours, *Vitæ Patrum*, 4, p. 731 : « *ipse, contecto capite a cucullo, ne agnosceretur in publico, cum uno tantum puero sanctorum basilicas circuibat* ».

3. Pour le costume. Grégoire de Tours, *Vitæ Patrum*, 3, p. 667 : « *In veste pellicia.* » A. B., août, I. *Vita Bertharii*, p. 170. « *Interea unus e barbaris gentis ipsius nisus est abstrahere a sanctis manibus ejus chirothecas (quod vulgo ivantos vocant) et suas tegere indignas.* » A. S., I, *Vita Fugendi*, I, p 554. On y fait mention de *tunicæ* et de *cucullæ*. Cf. *Vita S. Germani*, VII, xxix, p. 214, aussi VII, 9, p. 204 : « *Cuculla* et *tunica.* » Grégoire de Tours, *H. F.*, V, 21, p. 219, « *nullum alium vestimentum nisi de pellibus ovium lana privatis habens* ». Pour le pallium, Grégoire de Tours, *H. F.*, IV, 12, p. 149. Les esclaves portaient souvent une tunique de peau qui couvrait les membres nus ; Fortunat, *vita S. Martini*, III, V, 374. On revêtait l'été des vêtements en toile ou en soie, Sidoine Apoll., *Epist.*, II, 2. Il y avait encore des vêtements fabriqués dans certaines villes de la Gaule, par exemple à Bigorre. Sulpice Sévère, *Dialog.*, 2, 1. Le pape Pélage écrit à l'évêque d'Arles, Sapandus, de lui envoyer des *saga*, des *tomentaria*, des *tunicæ albæ*, des *cucullæ*,

surtout porté dans les contrées qui avaient donné l'hospitalité aux peuplades germaniques, mais dans ces contrées mêmes il fut peu à peu accepté par les indigènes, ce qui montre une fois de plus l'influence croissante des nouveaux venus. Il est donc nécessaire de décrire le costume, du reste fort simple, des Francs.

Il se composait en premier lieu d'une *camisia*[1], vêtement soit en lin, soit en laine, sans manches, très court, qui descendait jusqu'aux hanches; d'une *tunica*, sorte de justaucorps, très peu long, de lin, de laine ou de soie, suivant les saisons, qui venait jusqu'aux genoux, enfin des braies, *braccæ*, *hosa*, *tibialia*, culottes assez serrées, indispensables dans les pays septentrionaux.

Ces *tunicæ*[2] ou *vestes* étaient de différentes couleurs, le plus souvent bigarrées, ornées de dessins géométriques, quelquefois rouges. Ce vêtement couvrait une partie des bras, et en hiver il pouvait avoir des manches. Celui des pauvres gens était en peau.

Les braies étaient généralement en laine[3], en lin ou en soie et munies de petites pattes pour laisser passer le ceinturon, les plus longues descendaient jusqu'à la cheville, mais en général elles s'arrêtaient près des genoux, les jambes étant le plus souvent découvertes; la mode créa plus tard des bas d'étoffe assez forte retenus aux genoux par des cordons qu'on nouait. On peut cependant dire que c'était encore une exception[4]. Les braies étaient retenues par un ceinturon de cuir que le Franc plaçait sur sa tunique ou justaucorps. Les pauvres gens

enfin des *colobia* pour les pauvres, Labbe, *Concilia*, V, p, 476. Des *stolæ* sont mentionnées par Grégoire de Tours, *Miracula S. Martini*, CV, p. 290, des *braria*, *ibid.*, X, c. IV, p. 256. Le concile de Narbonne (589) mentionne des vêtements de pourpre, Labbe, *Concilia*, VI, p. 726. Pour tous les anciens costumes portés encore à cette époque, Grégoire de Tours, *Vitæ Patrum*, IV, 5, p. 677, la *penula pauperis* opposée à la *toga incliti senatoris*, *In gloria confessorum*, 58, p. 78 « *amphibolum* » (cf. Ducange « vestis villosa »). Id., *Vitæ Patrum*, VIII, 8, p. 696, *cappa*.

1. Lindenschmidt, *l. c.*, p. 304, Agathias, *Hist.*, II, 5.

2. Sidoine Apoll., *Panegyr. Major*, V, 243-245, Frédégaire, M. B. H. *Chron.* IV, 25 p. 130, « *Induamur uterque, ego et tu, vestibus vermiclis, precedamus chetheris.* » Sidoine Apoll., *Carmina*, VII, et Isidore, *Etym.*, XIX, 23, 4, description du costume de Sigismer. Il portait une tunique de soie blanche ornée de broderies d'or. Ses compagnons avaient des vêtements de couleurs différentes. Les *tunicæ* pourvues de manches étaient appelées pour cette raison, *tunicæ manicatæ*. Elles pouvaient être bordées de fourrures.

3. Lindenschmidt, *l. c.*, p. 331, fig. 277, donne la reproduction d'une de ces braies.

4. Quicherat, *Histoire du costume*, p. 99, reproduit un de ces bas qui appartient au VIIe siècle. Il avait été donné par le Bulletin de la Société pour la conservation des monuments historiques de l'Alsace, 1866.

n'avaient qu'une simple courroie, rattachée par des crochets, mais les personnes des classes élevées se distinguaient surtout par la richesse des ceinturons. Il y en avait de fort riches en or ou en argent, garnis de plaques de métal, ornés d'orfèvrerie cloisonnée ou de pierres précieuses. Les boucles de ces ceinturons étaient magnifiques et les musées de l'Europe nous en ont conservé un certain nombre. Les dessins qui s'y trouvent gravés sont très variés et représentent tantôt des entrelacs, tantôt des têtes d'animaux ; enfin quelques-uns appartiennent à l'orfèvrerie cloisonnée, comme on peut le voir par le baudrier du roi Childéric, père de Clovis, trouvé à Tournai. Il faudrait distinguer les différents royaumes germaniques fondés en France si on voulait analyser les différents éléments qui constituent cette ornementation. L'influence gréco-orientale se manifeste sans conteste sur les fibules du midi de la Gaule; nous trouvons sur ces boucles, sur ces plaques, les motifs décoratifs empruntés à la grammaire gréco-orientale : entrelacs, étoiles à six raies, petites roses, etc., chez les Burgondes au contraire l'élément chrétien, c'est-à-dire gallo-romain, se fait jour. On le reconnaît aux sujets chrétiens ; aux symboles, croix et poisson, qui s'y trouvent représentés. La scène biblique de Daniel dans la fosse aux lions devient un thème assez aimé par ce peuple[1].

1. A. Marignan, *Un historien de l'art français : L. Courajod*, p. 115, en a donné toute la bibliographie : les unes sont ansées, les autres zoomorphes, c'est-à-dire donnent la silhouette d'un animal réel ou fantastique, poisson, oiseau, serpent, quelquefois l'oiseau a un bec crochu, représentation familière aux artistes gothiques. Cf. Henszemann, *Etude sur l'art gothique*. M. Hucher veut voir dans ces animaux une certaine influence gauloise. « Si l'Orient a exercé une certaine influence sur l'art mérovingien, on peut dire que l'art gaulois a apporté son contingent non moins important aux éléments décoratifs qui le distinguent; nous signalerons notamment les animaux à pose rétrospective qu'on remarque sur quelques agrafes ». Cf. Hucher, *De l'art celtique à l'époque mérovingienne*, p. 5. Il faut citer encore les plaques de ceinturon ou de baudrier qui avaient reçu de la verroterie cloisonnée; on en a trouvé un certain nombre. Quintard, *Fouilles du Vieil-Aitre*, p. 377, dans les Mémoires de la Société d'archéologie lorraine, XLV; cf. du même, 2e série, VIe vol. 1878. Cimetière franc à Pompey. Cf. Cournault, *Cimetière mérovingien à Liverdun*. Mémoires de la Société archéologique lorraine. 2e série, XIIIe vol., p. 65. Les musées de Laon, de Soissons de Troyes et de Vervins contiennent encore certains objets en verroteries. Cf. aussi Moreau, *Album Caranda*. De Baye, *L'art des Barbares à la chute de l'Empire romain*. De Linas, *Orfèvrerie mérovingienne*. Nous avons à cette époque un certain nombre de formes données aux fibules. Les unes ont une origine orientale, les autres dérivent de prototypes indigènes. Les éléments décoratifs, tels que les oiseaux, la palmette, le pampre, la rose à six raies qui se trouvent dessinés sur les fibules du midi de la Gaule, accusent sans conteste une influence gréco-orientale. Cf. Barrière-Flavy, *Les Cimetières wisigothiques du midi et de l'ouest de la*

Le ceinturon servait au Franc pour suspendre les différents objets nécessaires soit à sa défense, soit à sa toilette. Il avait l'habitude d'y attacher à l'aide de chaînettes le poignard ou le couteau qu'il portait toujours sur lui, une petite trousse contenant en général des clefs, des ciseaux, un cure-dent, un cure-oreille, enfin une pince à épiler. Une bourse en cuir avec un fermoir en fer, des clefs et un briquet de fer avec une pièce à feu, étaient aussi suspendus à l'aide d'une petite chaîne. Un mouchoir était quelquefois placé dans la ceinture[1].

Les chaussures étaient de formes très diverses : c'était tout d'abord celles créées par l'antiquité. Grégoire de Tours envoie à Fortunat, évêque de Poitiers, des talaires, sorte de brodequins attachés par des lanières de cuir[2] et le digne prélat ajoute encore à ce cadeau

France, pl. XXX-XXXI, p. 85. D'autres ont encore un serpent à l'œil énorme et à la gueule toujours béante. L'origine en est sans nul doute septentrionale. Cf. Baudot, *Les Cimetières mérovingiens trouvés en Bourgogne*, p. 162, Barrière-Flavy, *l. c.*, p. 72. Le dragon figure aussi sur ces fibules, mais il est rare dans le Midi et plus fréquent à mesure qu'on s'avance vers les contrées septentrionales. Les vieux motifs chers autrefois aux Gaulois, tels que le signe en S, le swastika, reparaissent; Baudot, *l. c.*, pl. IV, fig. 1, VIII, 1 et 2; XIV, fig. 2; XXVII, fig. 14. On voit aussi dans le Midi la représentation fort fréquente de la croix et du symbole du poisson, Barrière-Flavy, *l. c.*, pl. XIII, fig. 1; XIV, fig. 2; XXIII, fig. 1. On peut donc analyser les différents éléments qui composent la grammaire décorative de cette époque. Cf. Hucher, *De l'Art celtique à l'époque mérovingienne*, p. 4, dans la Revue historique et archéologique du Maine, 1881. « Le rude Mérovingien apportait avec lui les arts de sa patrie sans nul doute moins perfectionnés que ceux de la Gaule, mais mieux adaptés à sa vie vagabonde et aventureuse. C'était de l'art celtique qui se greffait de nouveau sur la vieille souche gauloise. »

1. Fleury, *Les Antiquités du département de l'Aisne*, II, p. 143, pour les clefs. Clefs suspendues à la ceinture, Grégoire de Tours, *In gloria martyrum*, 38, p. 508. Bourse, Lindenschmidt, *l. c.*, p. 456-460. Il y en avait de fort riches, dont le fermoir était en verroterie cloisonnée, fig. 449-450, tabl. XXIV, p. 456. Cf. Moreau, *Album Caranda*, nouvelle série, pl. 8, fig. 4. Il faut mentionner celle de S. Éloi, Spicileg. d'Achery, II, *Vita S. Elegii*, « *perauro gemmisque compta* ». Pour les autres ustensiles, cf. Lindenschmidt, *l. c.*, tabl. XXV, p. 460. Saint Éloi portait quelquefois un sac plus grand nommé *crumena* orné de pierres précieuses. Rich, *Dictionnaire des Antiquités : Pera et Crumena*. On plaçait à la ceinture le *scramasax*, et un poignard au milieu du corps, Fleury, *l. c.*, II, p. 143, Grégoire de Tours, *Miracula S. Martini*, XXVI. Il était enfermé dans un petit fourreau à gaine (*vagina*), id., *ibid.*, Pour les *scramasax*, Grégoire de Tours, *H. F.*, IV, 6, VIII, 29.

2. Cf. pour les souliers: Grégoire de Tours, *Miracula S. Juliani*, 23, p. 574: « *laxatis pro calore solis calciamentis.* » Fortunat, *Carmina*, VIII, 21, le prélat remercie Grégoire de ses talaires, le poète parle encore de chaussures cousues de fils d'or : cf. Fortunat, *Vita S. Martini*, II, v. 288. Lindenschmidt, p. 345, fig. 234, où il a reproduit deux souliers trouvés dans les fouilles, dont un est orné de broderies de chaque côté. Grégoire de Tours, *H. F.*, VI, 31, fait mention de soulier hauts « *ut unam caligam de pede elapsam colligere non curaret* », cf. *Vitæ Patrum*, 20 et 16. Sidoine Apoll., *Panegyric. Aviti*, v. 577, et *Epistol.*, IV, 20, mentionne aussi des souliers.

des peaux blanches pour couvrir les semelles. A côté de cette chaussure, il y avait aussi les *calcia*, souliers qui montaient assez haut sur le pied, les *caliges* au contraire, sorte de bottes, fort élevées, à double semelle, employées principalement par les gens de la campagne. Les esclaves allaient le plus souvent pieds nus et quelquefois les hommes libres, préféraient marcher ainsi pendant l'été. Les chaussures pouvaient recevoir des ornements plus ou moins riches, des plaques de métal souvent ornées de pierres précieuses en rehaussaient l'éclat[1]. D'autres enfermaient leurs pieds dans des morceaux de cuir de cheval, retenus par des lanières fixées aux jambes, quelquefois même la chaussure consistait simplement en une large semelle, maintenue par des cordons. C'est ainsi que celle des Francs se trouve représentée sur beaucoup de miniatures de l'époque carolingienne. Ces lanières s'enroulaient en forme de croix jusqu'au genoux.

Enfin un manteau assez court, appelé *sagum*, soit en laine ou en lin suivant la saison, quelquefois en peau en hiver complétait le costume des Francs. Retenu à l'épaule par une fibule plus ou moins décorée, de formes très diverses, il descendait jusqu'aux hanches. Ils le portaient autour du corps, en ayant soin de laisser le bras droit complètement libre. Ce manteau pouvait être de différentes couleurs et quelquefois orné de bandes de pourpre[2]. Les esclaves avaient le plus souvent une tunique courte et un petit manteau avec ou sans capuchon. Ce dernier est très en usage pendant l'époque mérovingienne.

L'époque mérovingienne se fait surtout remarquer par un grand

1. Pour les manteaux : Lindenschmidt, *l. c.*, p. 333, fig. 256. Le savant archéologue donne la reproduction d'un de ces *sagi*, il était retenu par une fibule, cf. aussi p. 268 à 273. Sidoine Apollinaire nous décrit ceux des personnages de l'entourage du roi Sigismer. Ils étaient de différentes couleurs. Il est fait une seule fois mention d'un *galerus*, sorte de bonnet ou de chapeau porté par les hommes. Cf. Concile de Mâcon (585), canon 15. M. B. H. *Concile*, p. 160 : « *Seculares galerum de capite auferat.* »

2. Richesse du costume franc : Fortunat, *Vita S. Martini*, V, 259. Tunique de soie : Sidoine Apoll., le vêtement de Sigismer. Mabillon, *A. S.*, I, *Vita S. Clodoaldi*, VI : « *Repente itaque regalem pompam despicit, sordent illi fulgurantia auri argentique metalla, sordent illi fulgurantia auri, contemnitur pulchritudo gemmarum, vestes auro textæ et holosericæ respuuntur.* » Les documents ne précisent pas ; ils parlent d'une manière générale de la richesse du costume, des vêtements, de l'orfèvrerie, des pierres précieuses dont on ornait les étoffes, des chaînes d'or qu'on avait l'habitude de porter au cou. Cf. *Vita Elegii*, d'Achery, *Spic.*, II. T. IX, et *Vita Dadonis*, *A. Boll.*, IV août (24 août), p. 811.

amour de la parure[1]. Les bracelets sont fort recherchés par les deux sexes[2], aussi les cimetières francs nous en ont-ils fourni un grand nombre. Ils sont en or, en argent, souvent en bronze et affectent des formes diverses : tantôt c'est un simple anneau, tantôt des bracelets en forme de serpents, d'autres se composent de perles de verre, d'ambre ou de résine, et sont ornés au milieu d'une pièce de monnaie romaine[3]. La parure d'une jeune fille trouvée dans un cimetière mérovingien, comprenait des boucles d'oreilles formées d'un fil de bronze tordu en spirale, terminées par deux petites clochettes, et d'un collier de treize grains de verre opaque de différentes couleurs ornés de motifs décoratifs géométriques[4].

1. Fleury, *l. c.*, II, p. 181-182 donne un certain nombre de bracelets. Lindenschmidt, *l. c.*, p. 395. pl. XIII Les hommes en portaient, cf. *Vita S. Eligii*, 1, x : « *Quotiens brachile aureum sibi surripuit ut miseris succureret*. »

2. Fleury, *l. c.*, II, p. 143. fig. 240. Il faut citer aussi le grand nombre d'épingles à cheveux qu'on trouve dans les nécropoles mérovingiennes. Cf. Lindenschmit, *l. c.*, p. 386, pl. IX. Il y en a de toutes les formes, les unes se terminent en bec d'oiseau, d'autres sont décorées de filigranes, enfin un certain nombre ont reçu de la verroterie cloisonnée. Cf. aussi pour les pendants d'oreilles, Lindenschmidt, *l. c.*, p. 388, pl. X. Ils étaient très lourds et se composaient quelquefois d'ornements en filigrane, décoration usitée depuis des siècles. Nous en avons de formes différentes.

3. Pour les colliers : cf. Fleury, *Antiquités du département de l'Aisne*. IX, pl. 220-241. Il donne une très grande variété de ces perles de verre et d'ambre, de ces grains de collier en résine, en terre cuite, dont se composaient le plus souvent ces objets, dans lesquels l'ambre semble avoir joué un rôle magique. Cf. Fleury, *l. c.*, II, p. 181. On les mettait à titre d'amulettes. Un certain nombre de ces colliers portent au centre soit une monnaie soit une coquille. Lindenschmidt, *l. c.*, p. 389, pl. XI, 394, pl. XII, Fleury, *l. c.*, II, p. 182. A côté de ceux-ci, il y avait des colliers en bronze, en or, et en verroterie cloisonnée. Cf. pour les hommes Francs, Abbé Cochet, *Le Tombeau de Chilpéric*, pp. 308, 334, 346. Aussi le collier du chef barbare, trouvé à Pouan (Aube) qui est au Musée de Troyes.

4. Abbé Cochet, *Le Tombeau de Chilpéric*, p. 347, en a donné de différentes formes : ronds ou simples anneaux, pp. 350, 351, avec des pierres précieuses; p. 357, avec le nom; Le Blant, *Inscriptions chrétiennes de la Gaule*, I, p. 225, pl. 22, fig. 137. *Racnetrammus*. Anneau de fiançailles portant les noms des deux époux. *Baudulfus* et *Hariculfa*. Le Blant, *l. c.*, I, p. 451, pl. 36, fig. 221. Une autre signalée par Hucher. *Études sur l'histoire des monuments de la Sarthe*, p. 242. *Dromacius* et *Betta*. Elles portent des monogrammes, quelquefois un nom. Le Blant, *Nouveau Recueil des Inscriptions chrétiennes de la Gaule*, n° 19, Symmaque, IX, *ep.* 12; nous avons aussi quelques bagues avec des noms, Le Blant, *l. c.*, n° 20. On rencontre aussi des noms de femmes germaniques, n° 49. *Bertechildis*. On y lit des formules chrétiennes, souhaits: « *Leodemus vivat in Deo*, » n° 50. Le catalogue du Musée de Langres, n° 5 (1861), p. 59 : « *valeat qui fecit*. » On y a gravé les noms des deux époux. Des anneaux se trouvent aussi bien dans les sépultures d'hommes que dans celles de femmes, et plusieurs au même doigt. Abbé Cochet, *l. c.*, p. 351. On en compte deux ou trois à la même main, cf. id., *ibid.*, p. 354 et 358. Cf. Le Blant, *l. c.*, n°s 55 et 669 B. Le n° 80 contient l'inscription : *in Dei*

L'usage des colliers, pendant la période franque, était très répandu, aussi bien chez les hommes que chez les femmes. Les nécropoles nous en ont fourni en or, en argent ou en bronze. D'autres étaient composés de perles de verre ou de terre cuite, dont les formes étaient très variées. Au centre de ces colliers, formés aussi de perles d'ambre ou de grains de résine, on plaçait soit des coquilles, soit une monnaie romaine. Ces petites perles ont reçu des dessins qui se rattachent soit à la décoration gréco-orientale : roses à six raies, soit à la grammaire germanique: points, entrelacs et spirales. Nous verrons ailleurs qu'on y intercalait de petits morceaux de silex qui servaient d'amulettes.

Les nécropoles mérovingiennes nous ont livré aussi un grand nombre de bagues. Elles affectent des formes diverses : tantôt elles portent le monogramme du propriétaire, son nom même, tantôt des sujets symboliques, par exemple le poisson ou la croix ; enfin, un certain nombre ont au centre une décoration en verroterie cloisonnée, ou de petites plaques de verre rouge fort recherché par les Francs.

La manière de porter les cheveux n'était pas la même pour tous. On peut même dire qu'elle indiquait encore mieux la classe à laquelle appartenait l'individu. Aux rois seuls était réservé le port des cheveux très longs, le plus souvent tressés, retombant en nattes sur les épaules. Agathias nous dit que les princes prenaient un soin particulier de leur chevelure[1]. Les hommes riches portaient les cheveux assez longs, taillés le plus souvent en rond sur le front, mais permettant de voir la nuque [2]. Il en était de même pour la barbe[3]. Les indigènes se rasaient comme autrefois et ne la laissaient pousser qu'en signe de deuil. Le Franc la portait au contraire assez longue, souvent en pointe et le manuscrit de Gellone nous montre une main qui taille avec un grand ciseau la barbe d'un personnage du huitième siècle. Des peignes en bois ou en os, aux dessins le plus souvent grossiers

nomine. Amen. Cf. les études de M. Deloche dans la *Revue archéologique*, ann. 1889, 1890, tomes XIV et XV, où il a rassemblée un grand nombre de bagues avec inscriptions de l'époque mérovingienne, et Grégoire de Tours, *De gloria Martyrum*, 103, émeraude.

1. Sidoine Apoll., *Epist.*, I, 2 : Portrait de Théodoric, roi des Goths. Il porte une longue chevelure peignée en tresses. On voit que chaque jour un barbier lui coupe les poils qui poussent à l'ouverture des narines et qu'on lui rase aussi les joues : « *Barba concavis hirta temporibus, quam in subdita vultus parte surgentem stirpitus tonsor assiduus genis ut adhuc vesticipibus evellit.* »

2. Longue chevelure des rois francs; Grégoire de Tours, *H. F.*, VI, 24; VIII, 10; X, 16. Chevelure couvrant les oreilles : Sidoine Apoll., *Epist.*, 4.

3. Barbe : Grégoire de Tours, *Vitæ Patrum*, VI, 7, p. 685.

composés soit d'*œils de perdrix*, soit de *quatre feuilles* servaient aux Francs pour les soins de leur chevelure. Les hommes employaient de préférence les peignes de forme triangulaire, tandis que ceux des femmes avaient une double rangée de dents. Les cimetières mérovingiens nous en ont conservé un grand nombre[1].

Nous venons d'esquisser le tableau du luxe qui régnait dans la société mérovingienne; les écrivains contemporains, les objets découverts dans les nécropoles franques nous ont révélé la richesse des costumes et le goût souvent immodéré de l'orfèvrerie. Les temps antérieurs se continuent et Salvien aurait pu reprocher aux femmes de cette époque la même coquetterie. A ce luxe correspondent aussi les fêtes bruyantes, lors des réunions du Champ-de-Mars. Dans le cercle où se tenaient les grandes assemblées militaires, il fallait des amusements à cette foule pendant la durée des convocations. Le caractère militaire de la société trouvait son expression dans les combats singuliers, dans les défis. Ils réveillaient les nobles sentiments du courage, la fierté de l'homme. On campait pendant la durée de ces convocations dans la campagne ; l'assemblée faisait bonne chère en écoutant les ménestrels réciter les prouesses des héros. Nul doute qu'il y eut des assauts d'armes, — origine probable des tournois du Moyen Age, — entre les différents guerriers venus de tous les côtés du royaume.

La vie des villes n'était pas aussi sans offrir des plaisirs, mais ce ne sont plus cependant les fêtes quelquefois grandioses de l'Empire. L'Église a pris en main le soin d'amuser le peuple, de même qu'elle a cherché à réglementer les occupations de tous les jours, qu'elle a prescrit même la nourriture, mais malgré tout, l'homme lui échappe le plus souvent, et la taverne, le jeu, les nuits passées à boire, les chants lascifs, les danses obscènes pendant les repas rappellent l'Empire avec tous ses vices et toutes ses débauches[2].

1. Sidoine Apoll., *Panégyrique de Majorien*, v. 242, cf. celui de Sens, abbé Cochet, *Normandie*, p. 218, et Pilloy, *Études sur d'anciens lieux de sépultures de l'Aisne*, I, 255, On le trouve aussi très fréquemment chez les Anglo-Saxons : Wright, *The Celt, the Roman and the Saxon*, p. 492, Neville, *Saxon Obsequies*, pl. XXII. Cf. Barrière-Flavy, *Sépultures wisigothiques du midi de la France*, pl. XXXII ; Moreau, *Collection Caranda*, Fouilles de Breny, pl. IX.

2. Certaines professions que l'Église ne voulait pas reconnaître continuaient : c'étaient les *agitatores*, les *theatrici*, cf. concile d'Arles, II, canon XX, Labbe, *Concilia*, VI, p. 5. On célébrait aussi des *barbaturiæ*, sortes de mimes, Grégoire de Tours, *H. F.*, X, 16, p. 427 : « *barbaturias intus eo quod celebraverit.* » Les jeux originaires de l'antiquité, les *mimes*, persistèrent pendant toute cette période à la cour des rois, Grégoire de Tours, *De virtutibus S. Martini*, IV, 7,

Le jeu,— les dés et les échecs[1], — était la passion dominante de l'époque. Les documents nous montrent souvent les fonctionnaires de la cour se livrant à ces jeux avec le prince. Le jeu de balle était aussi en faveur. Toutefois, la boisson est encore le plus grand plaisir. L'ivrognerie était fréquente et aucune classe n'en est exempte. L'homme ne se possède plus après les festins, il se tue quelquefois ou se précipite dans sa marche du haut d'un rocher[2]. Les fêtes de famille, le baptême, les fiançailles, la noce, nous le verrons bientôt, étaient bruyantes, et les danses, bien que défendues par le clergé, continuaient. En ses jours de joie, la famille si nombreuse, la *gens* se trouvait réunie autour du foyer. Les fêtes duraient même plusieurs jours et l'hospitalité la plus large était donnée.

L'entrée du roi dans une ville était une occasion de réjouissance publique. Grégoire nous a laissé la description de la réception du roi Gontran dans sa bonne ville d'Orléans. Représentons-nous cette cour à cheval, précédée d'un nombreux cortège; ces comtes, la cuirasse étincelante sur la poitrine, tenant de leur main droite la lance, de la gauche un bouclier. Les femmes des riches fonctionnaires suivaient aussi dans leurs longs vêtements brodés d'or et tout brillants de bijoux et de pierreries. Puis venait le clergé avec des cierges, le peuple acclamant le prince et sa cour. Le cortège traversait les rues décorées et pavoisées, le sol couvert de fleurs et de feuillages[3].

p. 651: « *Erat enim mimus regis, qui ei per verba jocularia lætitiam erat solitus excitare.* » Des danseuses même parcouraient les villages et les villes au moment des fêtes, et surtout le dimanche, « *adveniente die dominico bansatrices per villas ambulare* ». *Childeberti Ier regis præceptum*, dans les *M. G. H.*, *Leges*, I, p. 2. On passe son temps à boire, à chanter des cantiques païens Il en était de même, nous le verrons, au moment des fiançailles et du mariage. L'Église chercha par tous les moyens à abolir ces anciens usages. La *Vita S. Radegundis*, 82, p. 48, mentionne des chants et des hymnes populaires: « *quâdam vice obumbrante jam noctis crepusculo inter coraulas et citharas dum circa monasterium a sæcularibus multo fremitu canteretur.* » *Concile d'Auxerre*, canon XL. Labbe, *Concilia*, VI, p. 646 « *Non licet presbytero inter epulas cantare vel saltare.* » *Concile de Chalon* (639-654), canon XIX. Labbe, *Concilia*, VII, p. 399: « *cum choris femineis turpia quidem et obscœna cantica decantare videntur.* »

1. Pour les jeux : Sidoine Apoll., *Epist.*, IV, 4, p. 57, pour les jeunes gens, la course, la balle, la natation et les dés, Grégoire de Tours, *H. F.*, X, 16, p. 427 : « *ad tabulam ipsa luserit.* » Frédégaire, IV, 37, p. 131 : « *Protadius in tenturio Teuderici regis cum Petro archyatro tabulam ludens sedebat.* »

2. De nombreux cas d'ivresse sont cités à chaque pas dans Grégoire de Tours.

3. Grégoire de Tours, *H. F.*, VIII, 1, p. 326, et l'entrée aussi des évêques. Saint Léger, cf. Mabillon, *Acta*, I, 6, p. 685. Saint-Ouen, *Vita Dadonis*, *A. Boll.*, 24 août, IV, 36, p. 817.

Une autre fois la scène change : c'est le long cortège des fiancés royaux qui, suivis de leur escorte, regagnent leur cité. A l'entrée des villes, ils revêtent les costumes les plus riches. La fiancée, noblement assise sur un char en forme de tour traîné par de nombreux chevaux traverse la cité, émerveillant les habitants par son luxe. C'est ainsi qu'on peut se représenter les noces si brillantes de Brunehaut avec Sigebert et celles de Chilpéric avec Galswinthe[1].

Les rois possédaient des chanteurs et des musiciens. Les princes même étrangers s'offraient en présent des artistes célèbres[2]. La cour écoutait avec plaisir les chants germaniques qui célébraient les vertus des ancêtres, les prouesses des aïeux. Cette littérature devait avoir un caractère avant tout aristocratique et presque rien de populaire. Les documents mentionnent aussi des chœurs organisés, des chanteurs. Les instruments qu'avait connus l'Empire sont encore en usage. La lyre, la cithare accompagnent le chant. Les évêques même pincent de la harpe[3].

Certains rois mérovingiens voulurent continuer, mais sans succès, les combats de taureaux si suivis sous l'Empire. Le pouvoir spirituel les avait depuis longtemps défendus, ils rappelaient des jours amers. A côté de ces grandes fêtes, nous trouvons des combats de coqs, des luttes d'animaux féroces avec des chiens. Il n'était pas besoin de construire un grand amphithéâtre pour de pareilles fêtes, l'atrium d'un palais suffisait[4].

1. Fortunat, *Carmina*, II, 2.

2. Chanteurs avec des chœurs : Mabillon, *A. S.*, I. *Vita Ausberti*, p. 1050, Musiciens envoyés en présents par les rois : Cassiodore, *Epist.*, II, p. 4, *Citharœdus in arte sua doctus* envoyé à Clovis par Théodoric, Fortunat, *Carmina*, VII, 8, qui nous dit qu'à la cour on chante des *lieds*.

3. L'évêque de Chartres Chalactus pinçait de la harpe. Cf. Fortunat, *Carmina*, VII, 8, p. 163. « *Romanus lyra, plaudat tibi barbarus harpa.* » On trouve mentionné un grand nombre d'instruments. Le *Barbitus*, cf. Fortunat, *Carmina*, XI, 10, p. 152. Rich, *Dictionnaire des Antiquités romaines*, p. 75. Instrument à cordes du genre de la lyre, mais plus grand. On se servait des doigts et du *plectrum* (bâton court ou tuyau de plume pour faire vibrer les cordes, Rich, *l. c.*, p. 495, fig. Cf. *cithara*, Fortunat, *Carmina*, VI, 10, p. 150. C'était aussi un instrument à cordes, sorte de guitare, Isidore de Séville, *Etym.*, II, 3. Cf. *Lyre*, Fortunat, *Carmina*, VII, 8, p. 163. La *Crotta* employée par les Bretons et devenue la *rotta* usitée par les jongleurs. Fortunat, *Carmina*, VII, 8, p. 163 : « *crotta Britanna canat.* » *Fistula*, sorte de flûte. Fortunat, *Carmina*, VII, 8, p. 162, *Tibia*. Fortunat, *Carmina*, VII, 8, p. 162. On pourrait signaler un plus grand nombre d'instruments.

4. Les jeux du cirque se continuent pendant tout le sixième siècle dans le midi de la Gaule. Procope, *Bell. Goth.*, III, 33. Les courses aussi eurent lieu, surtout en char. Il y eut certaines tentatives dans le Nord pour continuer les jeux du cirque. Chilpéric fit réparer ceux de Soissons et de Paris, mais on ignore si ces

La chasse était surtout le plaisir le plus goûté par les hauts fonctionnaires du royaume et les rois eux-mêmes; les comtes étaient les plus grands chasseurs de l'époque[1]. On chassait le cerf, le sanglier, etc., jusqu'aux portes d'Arles, dans le midi de la France[2]. On peut même dire que la chasse devint l'occupation principale des derniers rois mérovingiens. Les chasses royales étaient gardées par des fonctionnaires préposés aux forêts, qui faisaient des rondes, et il était même interdit aux grands de la cour de chasser sur ces terres[3]. C'était surtout dans les contrées septentrionales la chasse à cheval qui était la plus usitée. On tuait l'animal à l'aide de la lance ou de flèches[4]. Les rois y allaient accompagnés d'un certain nombre de fonctionnaires et les pages de la cour suivaient l'escorte royale et aidaient le prince soit à monter à cheval, soit pendant le temps que durait la chasse[5]. Considérée comme un plaisir, elle fut de très bonne heure interdite au clergé. A partir de Lyon, les forêts devenaient plus nombreuses et la chasse plus suivie. On chassait dans ces contrées le cerf, l'élan, le chevreuil, l'aurochs[6], etc., et la loi Salique mentionne même des cerfs de chasse dressés à attirer le gros gibier[7]. Les textes parlent aussi du nombreux personnel préposé à ces grandes chasses et indiquent les faucons, les éperviers, enfin les chiens qui y sont employés. Des objets de luxe, des cors d'ivoire ciselés pour appeler les chiens étaient portés par les rois et les grands fonctionnaires du royaume. On employait aussi la *tuba* et la *buccina*[8].

jeux furent fréquents. Fortunat nous signale certains combats de bêtes féroces. Cf. aussi Grégoire de Tours, *H. F.*, VIII, 36, p. 351. Childebert à Metz donne dans son palais des combats de bêtes : « *ludum expectante, qualiter animal caterva canum circumdatum fatigabatur.* » Pour amuser le peuple, on faisait voir sur les places publiques des nains, des enfants difformes que l'on amenait sur des charrettes. Grégoire de Tours, *De virtutibus S. Martini*, II, 24, p. 617.

1. Cf. Grégoire de Tours, *H. F.*, V. 39, p. 232.
2. Cf. *Vita Cesarii*, *A. S. Boll.*, 27 août, VI, 3, p. 672.
3. Grégoire de Tours, *H. F.*, VI, 46, p. 286 ; X, 10, p. 418. *Vita S. Germani*, *A. S. Boll.*, 31 juillet, 7, p. 202.
4. Grégoire de Tours. *De virtutibus S. Juliani*, 16. p. 571.
5. Grégoire de Tours, *H. F.*, VI, 46, p. 286.
6. Fortunat, *Carmina*, VII, 4.
7. Loi Salique, 33, 2, 3, « *cervus qui de venatione mansuetus est* ». On parle aussi d'un cerf « *qui in venationem adhuc non fuit* ». Cf. *ibidem*, 80, *bos cervia*, pour attirer les cerfs.
8. On se servait aussi de cornets de chasse pour appeler la meute : Grégoire de Tours, *H. F.*, II, 33 ; IV, 48. Nous en possédons un certain nombre en ivoire très ornés; cf. Lindenschmidt, *l. c.*, fig. 214, et Grégoire de Tours, *In gloria confessorum*, 86, p. 807. On employait aussi la *tuba* et la *buccina*, Grégoire de Tours, *H. F.*, IV, 47, p. 182 : « *cum tubis et bucinis.* » On voit

A côté de la chasse à courre la plus usitée, il faut aussi mentionner celle à l'affût dont parle la loi Salique. On prenait aussi des oiseaux dans des filets et aux pièges, mais c'était surtout l'occupation des classes inférieures, qui vendaient le gibier ainsi pris[1].

La pêche ne paraît pas avoir été comme de nos jours un amusement très goûté par les sujets des rois francs. C'était surtout une industrie laissée aux classes inférieures, et elle n'était pas considérée comme une occupation digne des grands seigneurs et des hauts fonctionnaires du royaume. Elle n'était, du reste, pas défendue au clergé, et les hagiographes mentionnent souvent l'abondante pêche que l'Élu de Dieu a rapportée au monastère[2]. Là encore, l'antiquité avait transmis aux Francs les ustensiles déjà perfectionnés, car les Gallo-Romains avaient depuis longtemps multiplié les moyens pour prendre le poisson. Les lois germaniques indiquent avec soin les principaux ustensiles qui servent à cet usage[3]. Ce sont les filets longs ou courts, souvent ronds, d'autres plus petits qui sont employés pour la prise des anguilles ou des poissons des fleuves. Nul doute que la pêche à la lumière et à la seine ne fût usitée. Les écrivains nous disent combien les poissons de rivière étaient recherchés[4]. Les monastères surtout avaient des *piscatores*, moines ou laïques, qui leur fournissaient le poisson nécessaire pendant les jours de jeûne. On peut voir même qu'ils prenaient de préférence le poisson près des moulins appartenant aux cloîtres et dans les étangs si nombreux dans le midi de la France. Les hagiographes nous montrent qu'ils furent utilisés pour la pêche, car de nombreuses abbayes avaient été construites près des bords.

L'Empire romain avait réuni toutes les contrées de la *pax romana*, et les produits de l'Orient venaient aussi bien sur les côtes de l'Adriatique que sur les bords de la Méditerranée. Les relations de la Gaule

que la chasse est interdite aux membres du clergé et qu'on leur défend d'avoir des faucons. Cf. concile d'Épaone (517), canon 4 : « *Episcopis, presbyteris atque diaconibus canis ad venandum et acepitris habere non liceat.* » Avec des chiens, Grégoire de Tours, *Vitæ Patrum*, XI, 2, p. 712 : « *Hic antedictus vir ad capessendam porcorum sylvestrium venationem delegerat, ibatque cum urgenti molosorum turba, circumiens silvas et si quid cepisset, domino deferebat.* » Id., *H. F.*, V, 12. Chasse avec faucon. *De miraculis S. Juliani*, 16. La chasse donnait lieu à des terreurs, Grégoire de Tours, *De virtutibus S. Martini*, 2, 6, 27, p. 601.

1. Loi Salique, 79.
2. Grégoire de Tours, *Vitæ Patrum*, 3, p. 665. *H. F.*, V, 36, p. 228.
3. Loi Salique, 27, 19, 20, et Klern, *Gloss.*, p. 145.
4. Fortunat, *Carmina*, X, 9 ; VII, 4. *Vita S. Amantii*, 27, p. 57.

avec l'Orient ne cessèrent pas pendant la royauté mérovingienne, et Marseille, Narbonne, Arles, restèrent les principaux ports du Midi. Si pour cette période nous ne pouvons parler d'un commerce très développé, les échanges cependant sont relativement fréquents entre l'Orient et l'Occident, et les écrivains contemporains, au contraire, nous signalent une certaine activité dans les *emporia* de la Gaule. Il n'y eut du reste de ce côté que la continuation de ce qui avait lieu autrefois. La royauté accepta sans changement le tracé de ces voies qui avaient des siècles de durée, et nous voyons que les Alpes étaient franchies, comme au temps de l'Empire, par le col du Grand ou du Petit-Saint-Bernard, tandis qu'une longue route assez bien entretenue reliait Gênes à Marseille. Les guerres sans nombre, les divisions incessantes, créèrent sans nul doute un morcellement et une très grande confusion, mais elles ne pouvaient empêcher les relations entre la Gaule et l'Italie. Il en fut de même pour l'Espagne. Celle-ci avait été en relation constante avec le midi de la Gaule, et les longs travaux des Romains avaient facilité le passage des Pyrénées soit par le val d'Arran soit par le col du Pertus. Il faut ajouter aussi les routes si nombreuses en Gaule établies pendant l'Empire, les voies si diverses qui partant d'une *civitas* réunissaient les autres contrées voisines.

Les invasions germaniques, les conquêtes des Francs avaient créé une voie nouvelle qui mettait en relation les pays septentrionaux de la Gaule avec l'Orient et surtout avec Constantinople devenue, depuis la chute de l'Empire romain, le plus grand port de l'antiquité. C'était la ville la plus riche et la plus célèbre, où tous les produits de l'Orient se trouvaient réunis. Cette route devint donc de plus en plus importante pour le commerce, et était fréquentée dès les temps francs par les marchands qui apportaient en Gaule les draps et les tapis soit d'Antioche soit de Laodicée, les bijoux et les émaux achetés à Byzance. Cette voie passait par la Germanie, se servait du Danube, traversait les pays des Avares et des Bulgares et arrivait enfin à Constantinople, qui était aussi le principal centre des nombreuses routes de l'Orient[1].

Nous verrons ailleurs combien les routes étaient fréquentées par les nombreux pèlerins qui se rendaient au tombeau d'un saint. Les

1. Les Germains avaient aussi ouvert les pays Slaves au commerce, surtout au colportage. Les marchands venaient acheter l'ambre et les fourrures.

contemporains de Grégoire de Tours et de Frédégaire ne restaient pas aussi isolés dans les villes qu'on le croit encore aujourd'hui. Les voies sont sans cesse parcourues par des gens d'église, par des officiers royaux se rendant à la cour ou au centre de leur administration.

Ils voyagent avec un nombreux personnel, avec des chars portant les bagages, les tentes nécessaires pour les arrêts, la nourriture pour la durée du voyage[1]. La poste du Bas-Empire ne disparut pas et continua sous les rois francs[2].

Les distances n'effrayaient pas non plus que les chemins. Nous donnerons ailleurs le relevé des pèlerins qui venaient à Tours à la fête de Saint-Martin et nous verrons de tous les côtés de la France, des pays étrangers, de l'Italie, de l'Espagne, des fidèles aller visiter le tombeau de l'apôtre des Gaules. Les évêques voyageaient aussi beaucoup. Qu'on se rappelle les pérégrinations de Sidoine Apollinaire, de Grégoire de Tours, de Fortunat, etc. Nous parlerons plus loin de l'importance de ces voyages pour les légendes qui circulaient à cette époque, car les évêques étaient, du reste, obligés de parcourir chaque année leur diocèse; suivis d'une nombreuse escorte, ils devaient visiter les paroisses et avoir soin des édifices religieux.

Parmi les voies romaines si nombreuses, un certain nombre furent abandonnées, mais les plus directes, et partant les plus nécessaires, subsistèrent. Les monastères qui se fondèrent sur le territoire nécessitèrent la création d'un grand nombre de routes nouvelles, bien souvent plus courtes que les anciennes voies romaines. Si les textes nous montrent le mauvais état des routes, les voies boueuses rendant le trafic difficile, il ne faut donc pas exagérer et conclure à un commerce peu important en Gaule.

A celles-ci, il faut ajouter les fleuves, depuis longtemps employés par le commerce et qui avaient été autrefois les voies de pénétration de la civilisation gréco-romaine et celles qu'avait choisies le christianisme naissant.

On peut même dire qu'en raison de l'insécurité causée par la faiblesse du pouvoir central, les marchands préférèrent de plus en plus les routes maritimes, et à ce point de vue la Gaule était surtout privi-

1. Grégoire de Tours, *H. F.*, VI, 5, p. 249 ; voy. aussi IV, 2, p. 147, « *cum magno apparatu* », souvent on avait envoyé les bagages avant le départ, *Vitæ Patrum*, I, p. 729 ; *De virtutibus S. Martini*, 43, 643, 50, p. 657; *De gloria confessorum*, 19, p. 759.

2. Grégoire de Tours, *H. F.*, IX, 9.

légiée. Marseille, Arles et Narbonne, les trois grands ports de la Méditerranée, étaient en communication directe par les nombreux étangs dans le Sud-Est, et la Garonne navigable à Toulouse facilitait les relations avec Bordeaux et les cités situées sur le bord de l'Océan. Les marchandises pouvaient atteindre de là la Grande Bretagne. Le commerce antérieur avait utilisé les fleuves, qui, comme le Rhône, la Seine, la Saône et la Loire, mettaient les villes des côtes en relation avec l'intérieur. Le Rhône porta comme autrefois les marchandises jusqu'à Lyon, en passant par les principales colonies gallo-romaines du Sud-Est, le Doubs permit aussi d'atteindre par Besançon la vallée du Rhin, et la Saône formait depuis longtemps une voie très fréquentée par les marchands de Trèves et de l'Est. A ces voies si connues, il faudrait ajouter celles formées par la Seine, enfin par la Loire.

Le commerce employait les embarcations du temps de l'Empire, comme le prouvent les termes employés par Grégoire de Tours et Fortunat[1]. Ils étaient encore assez nombreux et l'antiquité légua aux Francs les modèles des navires alors en usage et leur transmit les connaissances suffisantes pour les diriger. Il en fut de même pour les moyens de transports créés par Rome. Nous retrouvons à cette époque les anciens modèles, les *plaustra*, les *pilenta*, les *carpenta*, les *sambuca* ou les chars, les voitures, etc.[2], usités pendant la pé-

1. Pour les bateaux : Grégoire de Tours, *De gloria martyrum*, 34, « *navis* »; il emploie souvent ce terme assez vague. Cf. *De gloria martyrum*, 35, 69. Avec de nombreux passagers, *De gloria martyrum*, 76. Bateaux à voiles, *ibidem*, 83: « *et ingressus navem, erectis velis ac per illum antennæ quæ modulum crucis gestat apparatum extensis.* » Les termes employés sont les mêmes, *carina*, *anchora*, *idem*, *De gloria martyrum*, 35. On laissait sans nul doute, comme encore aujourd'hui en Italie, les bateaux sur les bords de la plage pendant l'hiver, *De miraculis S. Martini*, I, 9. On plaçait à l'*antenna* le *signaculum beatæ crucis.* » La loi Salique connaît aussi les *naves* et les *asci*, sorte de petite barque qui correspondait à la *scavola* antique. Cf. Sal., 21. *ibidem*, II, 17. Simples barques, Grégoire de Tours, *De virtutibus S. Martini*, II, 16, p. 614. Pour de plus grands bateaux, *Vitæ S. Cesarii*, II, 7, 8: « *tres naves quas latenas vocant majores, plenas cum tritico direxerunt.* » Confortable relatif des grands navires, Sidoine Apoll., *Epist.*, VIII, 12. Des barques prenaient les bagages souvent fort nombreux, Fortunat, *Carmina*, VI. 8. Bateau appelé *scapa*, usité pour la navigation sur les fleuves, *Vita S. Radegundis*, 46, 73. *Vita S. Galli*, Pertz. Script. R. G., II, 40, p. 21. Pour la *navicella*. On pouvait y séjourner assez nombreux: « *in hoc recubantes in nave omnes condormivimus*, Grégoire de Tours, *De virtutibus S. Martini*, IV, 29, p. 657; Fortunat, *Carmina*, VI, 6; id., *Vita beati Maurilii*, 108, p. 97. On voit des bateaux réunis dans un petit port, bateaux à voiles, Fortunat, *Vita beati Maurilii*, 45, p. 94.

2. Le *plaustrum* était un char tantôt à deux roues, tantôt à quatre, Grégoire de Tours, *De gloria confessorum*, 6. Il était ordinairement traîné par des

riode gallo-romaine et acceptés par les Francs. Les termes employés sont les mêmes. Les contemporains se servaient très souvent du cheval. Les plus pauvres voyageaient quelquefois à âne, le plus ordinairement à pied[1].

Les routes, surtout celles qui avoisinaient les nombreuses forêts qui couvraient alors la Gaule[2], étaient très peu sûres, à cause des voleurs à qui elles servaient de repaires, ce qui obligeait les voyageurs de partir accompagnés d'une escorte ou des compagnons qu'on rencontrait sur la route ou qui partaient avec vous[3]. Les routes étaient aussi fréquentées par des ouvriers, des artistes, qui allaient de ville en

bœufs. On l'utilisait surtout pour porter les bagages et les produits de la campagne, cf. Grégoire de Tours, *De gloria confessorum*, 17. Ils servaient aussi au transport du vin, Ausone, *Epist.*, 12; il était tiré quelquefois par des chevaux au nombre de deux ou de quatre, Fortunat, *Carmina*, III, 17; Grégoire de Tours, *De gloria confessorum*, 19. Le *pilentum*, voiture de cérémonie, sorte de char à deux roues, ayant un baldaquin à colonne, ouvert de chaque côté, Fortunat, *Carmina*, VI, 10, et VI, 5, p. 181. Il avait quelquefois quatre roues, Isidore de Séville, *Etym.*, XX, 12. Le *carpentum* était une voiture à deux roues, fermée par des rideaux; elle pouvait contenir trois ou quatre personnes, et était tirée par des mulets ou par deux ou quatre chevaux; les coussins étaient moelleux, « *molle sedile* », Fortunat, *Carmina*, II, 17. La *sambuca*, était un carrosse servant aux dames nobles, Thevenin, *Textes relatifs aux institutions privées et publiques aux époques mérovingienne et carlovingienne*, 1887, p. 3 : « *Cido tibi caballus cum sambuca et stratura sua.* » Il faudrait aussi mentionner le simple *carrus*, char à deux roues traîné par des bœufs, puis les *carrucæ* couvertes : « *carruca deaurata cum quattuor mulis candidis* », cf. Grégoire de Tours, *De miraculis, B. Andreæ Apostoli*, 16, p. 835. Il était souvent couvert, Cf. Fortunat, *Vita S. Paterni*, 4, p. 36: « *in carro cooperto.* » Cf. Grégoire de Tours, *De Miraculis S. Juliani*, 14, *De miraculis S. Martini*, IX, 30, Isidore, *Orig.*, XX, 10, 3. On mentionne aussi les *rhedæ*, voiture assez grande, munie de plusieurs bancs; on y plaçait les bagages, Isidore, *Etym.*, XX, 12; Ausone, *Epist.*, XI, V ; elles étaient souvent légères et allaient très vite. Les indigènes faisaient aussi usage des *vereda*, sorte de carriole très légère, attelée à un, deux ou trois chevaux, Ausone, *Epist.*, VIII, des *petorita*, char à quatre roues, d'origine gauloise, traînée le plus souvent par des bidets; Ausone, *Epist.*, VIII, enfin des *basterna*, sorte de char à quatre roues. Frédégaire (*M. G. H.*), *Chron.*, III, 18, p. 100. Marini, *Papiri diplomatici*, p. 117. Ermentrude offre à l'Église son char traîné par des bœufs.

1. On voyageait aussi à cheval, suivi d'une nombreuse escorte, les bagages venaient derrière, cf. Sidoine Apoll., *Epist.*, XXXI, cf. Grégoire de Tours, *De virtutibus S. Martini*, III, 43. On allait à âne, Grégoire de Tours, *Vitæ Patrum*, p. 728, le menu peuple voyageait à pied, un bâton à la main : « *Sumptis in manu bacellis,* » *Vitæ Patrum*, 2, p. 664, et on obtenait une *mansio* ou le gîte dans les *villæ* voisines, cf. Fortunat, *Vita S. Germani*, 150, p. 23, Grégoire de Tours, *De miraculis S. Juliani*, 22; *De gloria martyrum*, 48.

2. Grégoire de Tours, *H. F.*, X, 21, p. 434; *In gloria martyrum*, 18, p. 500. *De virtutibus S. Martini*, 36, p. 605.

3. Cf. *Acta. Boll.*, 7 juillet, tome 9. *Vita S. Germani*, 66, p. 217. Pour les voleurs qui dévalisaient même les pauvres, cf. Grégoire de Tours, *Vitæ Patrum*, 9, p. 699.

ville, des marchands qui portaient suspendu à leur cou un sac contenant de l'argent[1] et qui, le soir venu, passaient la nuit soit dans les hôtelleries qui existaient alors dans les cités, soit dans les maisons particulières qui les recevaient, quelquefois aussi dans les monastères. On s'éloignait le plus souvent de la grande voie romaine pour prendre un chemin de traverse qui vous conduisait à une abbaye voisine. Les itinéraires des translations des reliques nous prouvent qu'on choisissait de préférence ces chemins moins fréquentés et plus à l'abri des rencontres fâcheuses[2].

Les hauts fonctionnaires, les grands et les sénateurs voyageaient suivis d'une escorte[3]. Ils n'avaient aucune crainte et pouvaient s'aventurer sans danger sur les voies romaines. Les habitudes antiques persistaient encore. Les bagages venaient derrière, traînés par des bœufs ou par des chevaux[4], et lorsque l'heure du repas était arrivée, les esclaves dressaient la tente dans un endroit frais et préparaient la table du seigneur qui se reposait un moment. Les routes étaient très mauvaises pendant l'hiver et rendaient les voyages fort difficiles[5].

Il faut avouer cependant que le commerce des villes n'était pas aussi vivant qu'à l'époque gallo-romaine. Certains centres autrefois très actifs même avaient disparu emportés par la tourmente des Barbares. Ici encore, il est nécessaire de distinguer les régions, car à mesure qu'on s'avançait vers le Nord, on reconnaissait le caractère tout agricole de ces contrées. L'industrie n'était déjà plus qu'une annexe de l'agriculture. Entourées de peuples encore barbares, le plus souvent ennemis, les villes septentrionales étaient sans cesse exposées à de continuels ravages et la propriété était si incertaine, son état même si précaire, qu'elle rendait bien difficile un commerce assez étendu.

Les documents nous prouvent que le commerce des villes du midi et du centre de la France était plus prospère, grâce à l'habitude plus ancienne du négoce et aux navires de l'Orient qui venaient toujours apporter les principaux produits des contrées les plus éloignées. Les navires abordaient le plus souvent à Marseille, à

1. Grégoire de Tours, *In gloria martyrum*, 71, p. 536 : « *puer suspensis ad collum ducentis aureis.* »
2. Cf. aussi Grégoire de Tours, *H. F.*, VI, 13, p. 257.
3. Grégoire de Tours, *H. F.*, IV, 2, p. 147; VI, 5, p. 249.
4. Cf. Mabillon, *Vetera Analecta*, *Vita Aridii*, p. 204.
5. Grégoire de Tours, *In gloria confess.*, 15, p. 758.

Narbonne, les deux ports principaux de la Méditerranée ; Agde avait été détruite par les invasions et Maguelonne était alors fort réduite. Les marchands italiens, les Syriens et les négociants égyptiens se donnaient rendez-vous dans ces villes dont la population était encore assez forte et remontaient ensuite vers le Nord[1]. Les marchandises qui, au temps de Grégoire de Tours, arrivaient dans ces ports étaient comme autrefois le blé, l'huile, les dattes, les épices, la poix, le gingembre, l'aloès, l'ivoire qui servait à la parure, et surtout une grande quantité de soieries destinées aux vêtements et ornements du culte[2]. En effet, les récits des écrivains mentionnent à chaque pas ces étoffes dont les pays de provenance étaient surtout la Syrie, les cités de Tyr et de Béryte, principaux centres d'industrie de la soie, encore si florissantes du temps de Procope[3]. Nous trouvons donc dans toutes les villes importantes de la Gaule des marchands syriens vendant de la soie et des vins étrangers, surtout ceux de Gaza, des colporteurs orientaux qui apportent les tapis et les draps d'Antioche ou de Laodicée, si recherchés des riches Francs, enfin d'autres confectionnent aussi des bourses en cuir de Phénicie[4].

1. Les marchands étaient en général assez incultes. Césaire d'Arles nous dit qu'ils ne savaient ni lire ni écrire et qu'ils avaient besoin de scribes pour leur correspondance. Césaire d'Arles, *P. L.* (Migne), 39, p. 2325, Arnold, *Cesarius von Arelate*, p. 20, Sulpice-Sévère, *Dialog.*, I, 3. Cf. les *negociatores, transmarini* de la loi des Wisigoths, XI, t. 3, 1, 2. Les Juifs possédaient des navires qui faisaient le service de Nice à Marseille, Grégoire de Tours, *In gloria confessorum*, 95, p. 809. Pour Marseille, *Vitæ Patrum*, VIII, 2, p. 696. Pour Clermont, *H. F.*, IV, 2, p. 193. Pour Nice, *In gloria confessorum*, 95, p. 809.

2. Heyd, *Geschichte des Levanthandels*, I, 69; Scheffer-Boichorst, *Zur Geschichte der Syrer im Abendl.*, p. 545. On voit des navires chargés d'olives et de dattes : Grégoire de Tours, *In gloria confessorum*, 104, p. 819. d'huile et de graisse. *H. F.* IV, 43, p. 177. On la mettait dans des vases, *orcæ*. Pour la peau de Phénicie, qui servait à la confection des sacs ou des bourses que les marchands portaient à la main, *De gloria confessorum*, I, 10, p. 819. Elles étaient de couleur rouge.

3. Procope, *De Bello Persico*, II, 8.

4. Pour le Bas-Empire, les principales marchandises étaient nombreuses, Cf. Ausone, *Epist.*, IV, 5, 17. On achetait aux marchands pour les revendre avec un gros bénéfice, des mottes blanches de suif, des pains de cire, de la poix de Narycie, du papyrus en feuilles et des torches pour les maisons du peuple. Pour l'activité des ports de la Méditerranée, Ammien-Marcell., XV, c. 11. Au temps de Grégoire de Tours, les ports de Marseille et de Narbonne recevaient des vaisseaux chargés d'huile et d'épices, *H. F.*, V, 5 ; de blé, de vins orientaux de Gaza et de Palerme, Grégoire de Tours, *H. F.*, 29, p. 309; des bourses de cuir de Phénicie. Il faut ajouter aussi des ivoires sculptés, des objets de parure, quelquefois même du marbre, des tapis et étoffes de prix, dont nous possédons encore des spécimens; enfin des racines vendues aux ascètes. Grégoire de Tours, *H. F.*, VI, 6, p. 249.

La Syrie n'était pas la seule contrée qui envoyait ses marchandises en Gaule. Le commerce avec l'Égypte, d'où l'on tirait le papyrus, y était assez actif[1].

Nous n'avons aucun renseignement précis sur les industries particulières de la Gaule, mais on ne saurait admettre que les manufactures de certaines cités, déjà appréciées à l'époque impériale, aient disparu d'une manière aussi prompte. Les contemporains de Grégoire de Tours connaissent encore les vêtements fabriqués dans le Bigorre, les toiles de Cahors. Et si les documents se taisent sur les ateliers créés par l'Empire et sur les industries des toiles pour les bateaux, confectionnées en Gaule, si répandues à l'époque de Strabon, nous croyons cependant à l'existence plus ou moins prolongée de ces industries locales que l'on retrouve aux époques ultérieures, telles que celle de tapis de la Narbonnaise, de saies tissés dans les villes du Centre, de draps de Tours et de Lyon. Mais, après les conquêtes des fils de Clovis, les relations commerciales devinrent plus étroites avec les pays de la Germanie. Les Frisons, déjà connus comme tisserands, envoyèrent en Gaule les draps fabriqués par eux. D'autres peuplades y apportèrent des fourrures et en particulier l'ambre qui provenait des bords de la Baltique.

Le commerce était surtout entre les mains de Juifs, si nombreux dans le midi et le centre de la France. Ils possédaient des navires qui faisaient le transit de l'Orient à Narbonne et aux ports les plus importants de la Gaule, soit Nice, soit à Bordeaux, soit enfin sur le littoral de l'Océan. Ils prêtaient aussi de l'argent aux comtes, aux évêques, aux personnages les plus connus de l'époque et étaient quelquefois victimes de la haine de leurs débiteurs[2].

1. La traversée pour aller de Marseille en Égypte était de 30 jours. Sulpice-Sévère, *Dialog.*, I, 3 (édit. Halm), p. 152, Papyrus d'Égypte, Grégoire de Tours, *H. F.*, V, 5, p. 196. Il faut citer aussi les relations du Midi de la Gaule avec Constantinople. On s'embarquait à Marseille, Grégoire de Tours, *H. F.*, IV, 40; V, 24; VI, 2; VII, 36. Agathias nous montre ces relations assez fréquentes. Agathias, *Hist.*, I, 2. Les voyages des marchands en Syrie étaient quotidiens. *Vita S. Genovefæ*, édit. Kœhler, VI, XXI, p. 60: « *negotiatores euntes ac redeuntes.* » Césaire d'Arles parle de Provençaux qui allaient faire du commerce à l'étranger. *Sermones S. Cesarii. P. L.* (Migne), 39, 4, 2160 : *Negotiatores, quando cum magno lucro pervenire merentur ad patriam*, cf. I, 2280. Les voyages en Orient n'étaient point sans danger, car on avait très peu de moyens pour conduire les navires, Grégoire de Tours, *H. F.*, VI, 2, p. 245. Il existait aussi un service régulier de bateaux avec l'Espagne « *in regione Cantabriæ* ». *De virtutibus S. Martini*, 40, p. 659.

2. Grégoire de Tours, *H. F.*, V, 44. VI, 2. *H. F.*, I, 22, p. 149 et 169. IV, 13, cf. Fortunat, *Carmina*, 4, XXVII, et *Vita Genovefæ*, 9, 42, p. 45. Sur

Le commerce était rendu fort difficile par l'insécurité des routes, et les frais généraux augmentaient de beaucoup le prix des marchandises. Tous les voyages ne pouvaient se faire qu'avec une escorte, des esclaves armés. On peut se figurer le prix des marchandises lorsqu'elles arrivaient dans une contrée relativement éloignée[1]. Puis c'était le passage à travers les nombreuses forêts qu'il fallait traverser pour arriver aux cités voisines, et le gîte qu'il était nécessaire le plus souvent de demander à des auberges situées sur les grandes routes romaines, soit à des fermes isolées, soit au village le plus voisin. Les chevaux se reposaient pendant la nuit, et le lendemain on se remettait en route. Il était indispensable aussi d'avoir un grand nombre de chevaux, de mulets ou de bœufs pour les voitures, car les chars remplis de marchandises quelquefois ne suffisaient pas, tant on craignait que durant le trajet les roues ne vinssent s'embourber sur ces routes quelquefois désertes et isolées.

Il faut ajouter à ces frais très élevés qui augmentaient le prix des marchandises, les douanes établies par l'Empire[2] et que la royauté mérovingienne avait maintenues avec soin. A côté de celles qui existaient aux frontières des divers royaumes, il y en avait un certain nombre qui étaient perçues sous le nom de péage, soit en nature soit en argent, pour le passage des ponts ou des rivières. Une longue terminologie, le plus souvent assez obscure, est employée par les scribes pour dé-

le rôle du banquier juif, Priscus, *H. F.*, VI, 5, p. 247 : « *qui ei* (au roi Chilpéric) *ad species quoemendas familiaris erat*; » aussi celui du juif Armentarius qui avait prêté de l'argent *cum usuris* au comte Eunonius pour l'avance des tributs publics. Il fut mis à mort et jeté dans un puits, *H. F.*, VII, 23, p. 305.

1. On se servait le plus possible des voies fluviales. Ainsi les marchandises qui arrivaient par mer étaient-elles transportées par terre au point où le fleuve le plus voisin était navigable. Le commerce dans l'intérieur de la Gaule était assez actif. Fortunat, *Vita beati Maurilii*, 43, p. 89. Cf. sur la Loire, *ibid.*, 49, p. 94. Ces négociants étaient presque généralement illettrés. Cf. *Sermones S. Cæsarii. P. L.* (Migne), 39, 2, 2325 : « *Novimus enim aliquos negociatores qui cum litteras non noverint, requirunt sibi mercenarios litteratos;* » aussi p. 2328. Ausone nous a donné l'occupation d'un de ces marchands, *Epist.*, IV, V, 17. Il nous les montre à l'affût des bons marchés, achetant les objets produits par les différentes contrées de la Gaule, le blé, l'huile, le vin. Ces marchands voyageaient beaucoup. Cf. *Sermones S. Cæsarii. P. L.*, 39, 2, p. 2325, et restaient souvent des mois et des années éloignés de chez eux : « *Ecce compellente negotio et jubente rege ab uxore tot mensibus aut annis separatus...* »

2. Marquardt, *Röm. Staatsverwaltung*, II, 279, et Waitz, *l. c.*, II, p. 308. L'antiquité percevait aussi des droits de passage sur les ponts, cf. *Digeste*, XIX, II, 60, et sur les rivières, Hérodien, *Hist.*, II, 47.

signer tous ces impôts indirects qui revêtaient des noms différents suivant qu'ils désignaient le transport des marchandises soit par eau soit par terre, dans une localité importante du royaume où une douane avait été établie[1]. D'autres impôts indirects étaient aussi prélevés à l'entrée des villes ou des ports sur les bêtes de somme, sur les troupeaux, enfin sur les chariots chargés de marchandises. On les prélevait d'après le nombre des animaux attelés ou suivant celui des roues des chars. Ces différents impôts, perçus autrefois dans l'intérêt de l'État, servait en partie à l'amélioration des routes, à la construction des digues, à la réparation des ponts; à l'époque qui nous occupe ils ont perdu leur caractère primitif et n'apparaissent plus prélevés pour les services que l'État doit rendre mais bien comme redevances très durement senties. La royauté accuse encore ici son ignorance de la vraie notion de l'État, elle cherche à la fois d'une manière arbitraire à multiplier les douanes, à augmenter le nombre des marchandises susceptibles d'être taxées, et octroie d'un autre côté aux églises, aux monastères, des privilèges pour les exempter de ces impôts. Elle gaspille ainsi les ressources du royaume. Les hauts fonctionnaires, les *negociatores*, s'élèvent contre ces abus et obligent Clotaire II à rétablir les douanes sur l'ancien pied[2]. Mais, à mesure que le pouvoir royal décroît, les privilèges accordés se multiplient. Les églises, les monastères, ne sont pas les seuls à en profiter, les marchands, les juifs surtout en possèdent. Ces chartes royales ne limitent pas seulement le nombre et la nature des marchandises exemptes d'impôt, mais elles accordent même des douanes à des églises et à des monastères.

Le petit monde commerçant et industriel se divisait en des catégories très multiples, depuis le voyageur, véritable colporteur, venant vendre les objets étrangers jusqu'à l'ouvrier qui vivait du produit de son industrie. Nous trouvons dans les villes des marchands qui avaient

1. Les chartes et les diplômes indiquent les droits de douane, *teloneum*, perçus aux frontières sur les marchandises, soit à l'entrée des villes, *portaticus*, soit sur les ponts, *pontaticus*, enfin sur les rivières, *navigius* ou *ripaticus*. On trouve encore un certain nombre d'impôts, le *saumaticus*, taxe prélevée sur les bêtes de somme, le *salutaticus*, le *laudaticus*, sorte de droit d'enregistrement, enfin le *rotaticus*, taxe perçue sur les chariots remplis de marchandises.

2. Édit de Clotaire II (614), M. G. H. *Leges*, I, c. 9, p. 22 : « *De toloneo: ea loca debeat exegi vel de speciebus ipsis, quæ prœcidentium principum, id est usque transitum bone memorie domnorum parentum nostrorum Gunthramni, Chilperici, Sigiberti regum est exactum.* »

des boutiques sur les places des églises[1]. Comme autrefois, ces négociants formaient des corporations. Ceux de Verdun répondent même des dettes de la ville[2]. Nous ignorons si les corporations qui avaient été chargées du transport des marchandises sur les fleuves existaient encore à l'époque mérovingienne. Aucun écrivain ne les mentionne. Les textes nous indiquent seulement des hôtelleries qui, dans les villes, étaient particulièrement fréquentées par les nombreux voyageurs qui venaient y faire le négoce[3]. Les vols y étaient même fréquents[4]. Les foires locales attiraient surtout les habitants des campagnes voisines et nous connaissons quelques-uns de ces marchés périodiques d'une antiquité fort reculée. Celles de Paris, de Ruthènes près de Cahors, de Troyes, sont mentionnées dans les documents contemporains. Elles devaient être plus nombreuses, car les villes avaient intérêt à en établir. En général, le comte avait la police de ces marchés qui jouissaient de la paix royale durant une ou deux semaines. Les droits de douane étaient quelquefois remis aux marchands qui venaient les visiter. On y vendait surtout des étoffes, des produits étrangers, des objets d'orfèvrerie[5] ainsi que des chevaux et des bœufs. Les écrivains ne parlent pas de la vente des esclaves. Ces foires se tenaient au moment des grandes fêtes des saints, quelquefois même devant les églises qui leur étaient dédiées. Des monastères, des basiliques avaient, par privilège royal, le droit d'instituer un marché.

La monnaie servait comme à l'époque impériale, à payer les objets achetés ; mais à mesure qu'on s'avançait vers le Nord, et surtout près du Rhin, les échanges avaient lieu le plus souvent en nature. Au moment des invasions, le sol d'or (*aureus, solidus*) était alors l'unité monétaire de l'Empire et cette monnaie qui se subdivisait en demi-

1. Grégoire de Tours, *H. F.*, VI, 32, p. 273, mentionne des *domus negotiantium* à Paris ; il devait en exister dans les principales villes de la Gaule. Cf. pour Arles, *Sermones S. Cæsarii*, Migne, *P. L.*, 39, p. 2280, I : « *Rogo vos, fratres, si sutores, aurifices, fabri vel reliqui artifices maturius vigilant.* »

2. Marchands de Poitiers allant à Trêves, d'autres vendant du sel à Metz, v. Grégoire de Tours, *De virtutibus S. Martini*, IV, 29, 656. Le sel était enfermé dans des sacs et transporté par eau.

3. Grégoire de Tours, *De virtutibus S. Juliani*, 2, p. 573.

4. Id., *ibid.*, 18, 19, 20, p. 572.

5. Pour celle de S. Denys, cf. Pardessus, *Dipl.*, II, p. 6. Elle existait sous Dagobert; on y trouve des Lombards, des Provençaux, des Espagnols ; celle de Troyes en Champagne devait être fort ancienne, Sidoine Apollinaire, *Epist.*, VI, 4, p. 97. Pour celles de Ruthènes et de Cahors, D. Bouquet, IV, p. 48; Grégoire de Tours, *Passio septem Dormientium*, 8, p. 851.

sol (*semissis*) et en tiers de sol (*tremissis* ou *triens*) devint vers la fin du Ve siècle en usage chez les Francs[1]. Le tombeau de Childéric, à Tournai, nous en a conservé un certain nombre. La royauté accepta le système monétaire du Bas-Empire et les monnaies qu'elle frappa ne sont que des imitations grossières de celles de Byzance[2].

Ce qui étonne, lorsqu'on étudie les monnaies mérovingiennes, c'est le grand nombre de localités, qui pouvaient à cette époque battre monnaie. Aussi les marchés se trouvaient-ils encombrés par une quantité de pièces de provenances fort diverses. Les marchands orientaux qui avaient soin de n'accepter que des monnaies d'or, avaient toujours peur d'être trompés. Ce fut bien pis lorsque le poids du sol d'or descendit vers la fin du VIe siècle à 4 grammes et celui du tiers de sol à 1 gr. 33 ou 34[3]. Les *negociatores* exigèrent alors le paiement des marchandises en métal pur. Les collecteurs d'impôts faisaient de même et avaient l'habitude de fondre les sommes reçues pour ne remettre au roi que de l'or pur. Aussi, avec le temps, la monnaie d'or devint rare et fut remplacée peu à peu par la frappe d'argent. Les pièces d'argent devinrent même, au commencement de la royauté carlovingienne, d'un usage de plus en plus général, et le denier d'argent d'un poids de 1 gr. 09 fut désormais la monnaie courante, tandis que le sou d'or resta une monnaie fictive, qui ne servit qu'à faciliter les comptes. Le sol d'or valut alors 12 deniers d'argent.

Au milieu de cette barbarie nous constatons bien souvent la mauvaise foi du vendeur. On falsifie les produits, on trompe l'acheteur. Le vin même n'était pas vendu pur[4]. On cherchait à faire des dupes dans les transactions, les monnaies étaient quelquefois fausses; le bronze doré remplaçait l'or. La parole donnée n'avait qu'une très

1. Prou, dans son livre sur les *Monnaies mérovingiennes*, a donné le *corpus* de celles des rois francs. La préface qu'il a publiée est d'un intérêt capital pour tous ceux qui s'occupent de l'état économique de la France. Il a résumé avec clarté cette longue préface dans son récent ouvrage sur la *Gaule mérovingienne*, pp. 174-177.

2. Cf. Prou, *l. c.*, p. 175. Le poids légal du sol d'or impérial était de 4 gr. 54769 et le tiers pesait 1 gr. 52. L'auteur fait remarquer que les *triens* d'or contiennent une quantité presque égale d'or et d'argent. La loi Salique avait compté les amendes en deniers, ancienne monnaie romaine; mais les rédacteurs de la loi estimèrent le sol d'or à quarante deniers.

3. Cf. Prou, *l. c.*, p. 176.

4. Grégoire de Tours, *In gloria confessorum*, 110, p. 819. On achetait en Septimanie du vin qu'on plaçait ensuite sur des chariots, enfermé dans des vases en terre. Les accidents étaient très fréquents pendant le voyage, v. Fortunat, *Vita S. Amanti*, 52, p. 50-69. On le débitait ensuite. Des vendeurs parcouraient la contrée, *ibid.*, 58, p. 60.

minime importance et le parjure est fort fréquent dans la société du temps de Grégoire de Tours et de Frédégaire. Aussi le clergé vit-il, pour toutes ces raisons, d'un très mauvais œil le commerçant, le marchand. Il connaissait ses façons d'agir, ses mensonges ; il le savait falsificateur, usant de faux poids. Plus tard, la séparation sera plus accentuée et les plus grands docteurs du moyen âge ne seront pas même partisans de son développement.

Le service militaire était exigé de tous les sujets du royaume franc, aussi bien des Germains que des Gallo-Romains. L'armée comprenait les hommes libres des deux races et les rois allèrent même jusqu'à accepter les affranchis [1]. Le comte, sur l'ordre du roi, se charge du recrutement des hommes de son district. Des pénalités fort sévères, des amendes très élevées sont édictées contre ceux qui ne se rendent pas à l'appel. On n'exigeait pas toujours le contingent militaire en entier, mais seulement le tiers ou la moitié suivant les ordres royaux. C'était le *ban* du roi qui fixait le chiffre des troupes suivant les nécessités de l'heure présente, et l'importance des forces ennemies. On exemptait quelquefois les contrées les plus éloignées du royaume. Le pouvoir central comprenait fort bien les frais que nécessitaient ces expéditions lointaines, les dommages causés aux familles des Francs libres [2], car ce n'était pas comme autrefois des contrées voisines qui étaient en lutte, mais désormais il fallait traverser les grands territoires du royaume avant d'atteindre l'ennemi. Aussi les comtes s'efforcent-ils d'empêcher le pillage sur les terres du royaume.

L'Église cherche de plus en plus à affranchir ses gens de ces charges fort lourdes, et à cet égard, les efforts du pouvoir royal pour l'obliger à fournir un certain contingent, les menaces même restaient sans effet ; elle répondait que la coutume ne l'astreignait pas au service militaire. Ce qui rendait la guerre fort onéreuse pour les hommes libres du royaume était surtout la nécessité de s'équiper. Les frais étaient très lourds, car il fallait des armes encore nombreuses. Le Franc, en arrivant en Gaule, avait déjà subi l'influence romaine au point de vue de la discipline, de la tactique, enfin de l'armement,

1. Grégoire de Tours, *H. F.*, V, 26 ; Brunner, *l. c.*, p. 203.

2. Brunner, *l. c.*, p. 210, dit qu'on laissait aux fonctionnaires royaux le soin de juger si l'homme avait la fortune suffisante pour partir. On se basait avant tout sur ses biens territoriaux.

mais il lui restait encore à acquérir à l'école de Rome, car ce fut surtout par le nombre que, au Ve siècle, les légions furent vaincues.

Agathias, qui avait vu en Italie l'armée de Théodebert, petit-fils de Clovis, nous dit que les armées franques n'étaient pas très homogènes, que chacun était armé à sa guise et qu'enfin les armes sont vulgaires. Ils nous montre les hommes réparant eux-mêmes leurs armes fort simples, et ajoute qu'ils n'ont ni la poitrine, ni les jambes, ni les bras protégés par une cuirasse. Il remarque aussi qu'ils vont même au combat tête nue, et que très peu portent des casques. La plupart ont pour tout vêtement des braies en toile ou en cuir et combattent la poitrine découverte, protégée seulement par le bouclier. L'infanterie domine chez les Francs[1]. A l'époque d'Agathias, ils n'employaient pas encore d'une manière générale ni la fronde, ni l'arc, mais se servaient principalement de la hache et de l'angon. Nous trouvons indiquées dans les récits de Grégoire de Tours les modifications que le milieu conquis fit subir aux troupes franques. Elles furent mieux armées, et nous pouvons voir déjà l'emploi plus fréquent de la cuirasse et du casque[2].

L'épée était la principale arme de combat des Francs, symbole de l'homme libre, elle exprimait le rang et la naissance[3]. Ils la portaient maintenue par un baudrier, le plus souvent en cuir, quelquefois en étoffe très épaisse, suspendue, nous dit Agathias, du côté gauche. Les grands personnages, les hauts fonctionnaires de la cour portaient toujours l'épée et se faisaient reconnaître par la richesse des plaques qui servaient à l'attacher[4]. Elles étaient décorées très riche-

1. Cf. Agathias, *Hist.*, II, 3.

2. Grégoire de Tours, *H. F.*, IV, 42, 48 ; X, 3 ; Frédégaire, 41. Il était surtout porté par les nobles. Les manuscrits nous montrent qu'il se terminait en général en pointe. Sa forme variait, Lindenschmidt, *l. c.*, fig. 197. Casque avec crinière dans les *Gesta Dagoberti*, 14, p. 405. Pour la cuirasse : Fortunat, *Carmina*, VII; Grégoire de Tours, *H. F.*, III, 38, V, 48. Lindenschmidt, *l. c.*, mentionne des sceaux qui présentent une cuirasse, p. 201, 202, 203, 204; elles étaient souvent fort lourdes, Grégoire de Tours, *H. F.*, V, 48, p. 239; VI, 26, p. 265. Le comte de Tours, Leudaste : « *cum toracibus atque loricis præcinctus pharetra et contum manu gerens, capite galeato ingrederetur.* » Fortunat, *Vita S. Martini*, III, v. 400 : « *Miles galeatus, loricæ triplicis squama radiante coruscus, thoraca indutus.* » Il mentionne dans cette description le casque, la lance, le bouclier, l'arc, le glaive, le javelot, la tunique de fer.

3. Celles de Childéric et du roi Théoderic, Lindenschmidt, *l. c.*, p. 229, fig. 142 à 144. Il y avait des poignées très élégantes et ornées de verroterie cloisonnée, Grégoire de Tours, *H. F.*, X, 21, p. 434 : « *gladium mirabile cujus capulum ex gemmis Hispanis auroque dispositum erat.* » Baudot, *Mémoires sur les sépultures mérovingiennes dans la Côte-d'Or*, p. 21, pl. X, 18.

4. Grégoire de Tours, *In gloria martyrum*, 60, p. 529 : « *homo devotus*

ment, comme celles du ceinturon, et recevaient des sujets symboliques tirés de l'iconographie chrétienne. On choisissait de préférence des scènes de Daniel dans la fosse aux lions, d'Habacuc, des rois mages devant Hérode. D'autres étaient à jour, et portaient des représentations d'animaux, enfin quelques-unes étaient en verroterie cloisonnée.

A côté de l'épée, il faut aussi mentionner la lance ou *framée*, et la *francisque*, sorte de hache particulière aux Francs[1]. Les lances que nous ont fournies les nombreux cimetières mérovingiens sont de formes tellement variées qu'elles font supposer un chiffre important d'ateliers. Chacun pouvait donc acheter les armes qu'il préférait et s'équiper à sa guise. On ne saurait parler d'une forme unique. Nous n'avons que des renseignements très peu précis sur le prix des armes à l'époque franque; seule, la loi des Ripuaires en donne une liste, mais elle ne permet d'établir aucune valeur approximative. Ce qu'on peut voir seulement, c'est que, pendant la période franque, les riches seuls pouvaient avoir de belles armes[2].

Les haches ou *franciscæ* trouvées dans les nécropoles mérovingiennes sont très nombreuses et de formes fort diverses. Cette arme joue un rôle important dans l'histoire mérovingienne et on la trouve aussi dans les sépultures des rois Francs[3].

baltheum ex auro purissimo cum omni apparatu studiosissime fabricatum, super altare basilicæ illius posuit... » Aussi *H. F.*, X, 21, p. 434 : « *balteum magnum ex auro lapidibusque pretiosis ornatum.* » Baudrier de Childéric : abbé Cochet. *Le tombeau de Childéric*, p. 64. Les Vies des saints mentionnent souvent le baudrier du personnage qui a vécu quelque temps à la cour, *Vita Filiberti*, Mabillon, *A. S.*, II, p. 818, Fortunat, *Vita Germani*, 21, *Carmina*, VII, 16, 20, *Vita Eligii*, I, 12. « *Utebatur auro et gemmis in habitu, habebat zonas ex auro et gemmis comptas...* » *Zona* est ici pour *balteum*. Cf. aussi *Vita S. Dudonis*, A. Boll., 24 août, IV, 14, p. 811.

1. Elle était aussi le symbole de la royauté. Grégoire de Tours, *H. F.*, VIII, 33, *Gontram ait Childeberti* : « *Hoc est indicium quod tibi omne regnum meum tradidi.* » C'était une arme fort ancienne, v. Tacite, *De Germania*, VI. Les formes en étaient très variées, Lindenschmidt, *l. c.*, p. 165, 167. Elles étaient terminées le plus souvent en forme de feuille, fig. 56, en pointe, fig. 58. C'était aussi une arme de jet, Grégoire de Tours, *H. F.*, III, 10; V, 26; VII, 29; IX, 35, 38, X, 10; et l'abbé Cochet, *La Normandie souterraine*, p. 283.

2. Lamprecht, *Études sur l'état économique de la France pendant la première partie du moyen âge* (traduction Marignan), Bouillon, p. 27.

3. *Francisca* : Fleury, *Antiquités du département de l'Aisne*, II, fig. 251. Assez lourdes, elles avaient la forme d'un croissant, Sidoine Apollinaire, *Epist.*, IV, 20. Lindenschmidt, *l. c.*, fig. 80-94, en donne une très grande variété. Abbé Cochet, *Le Tombeau de Childéric*, fig. 83, et *Normandie souterraine*, pl. IX, fig. 10. Grégoire de Tours l'appelle quelquefois *bipennis et securis*, mais ces noms désignent tous deux la hache franque. « *Francisca quæ vocatur bipenna*, » dit Hincmar dans sa Vie de S. Remy.

Il nous faut aussi mentionner l'*angon* qui a pour origine le *pilum* romain. Agathias nous a laissé une description minutieuse de cette arme si dangereuse, et vanté l'habileté des Francs à s'en servir. Cette arme était sans nul doute une lance d'une longueur moyenne, terminée par un fer en forme de pointe avec un crochet de chaque côté. Ceux que nous possédons ont la forme d'un hameçon. Agathias nous dit que l'angon s'accrochait à tout ce qu'il pouvait atteindre, et que l'adversaire ainsi saisi, paralysé dans tous ses efforts pour se dégager, tombait sous les coups de hache de l'ennemi[1].

Nous ajouterons encore à ces armes principales le couteau assez court, sorte de poignard, appelé dans la langue franque scramasax, qui était, nous l'avons vu, suspendu au ceinturon, et dans la lame duquel on introduisait quelquefois du poison, au moyen de petites rainures qui y étaient ménagées à cet effet. C'était l'arme qu'on choisissait pour assassiner un ennemi, celle dont Frédégonde arma les jeunes gens qu'elle avait fanatisés et qu'elle envoya pour tuer Sigebert[2].

Grégoire de Tours mentionne assez souvent l'emploi, soit à la chasse, soit à la guerre, de la fronde, de l'arc et des flèches[3].

Enfin l'arme défensive était le bouclier, le plus généralement rond, quelquefois cependant ovale ou carré. Fait avec des planches fort épaisses, ou en osier, il était recouvert de cuir, souvent de plaquettes de métal. On plaçait au milieu une calotte en fer qui pouvait avoir différentes formes. Cette calotte, appelée *umbo*, était creuse à l'intérieur, pourvue d'une traverse en fer, rivée des deux côtés, qui permettait au soldat de le passer à son bras[4].

1. Fleury, *l. c.*, II, fig. 260, a donné une traduction du texte d'Agathias, Hist., II, 3; Lindenschmidt, *l. c.*, p. 178, fig. 75, et aussi p. 182.

2. Le *scramasax* se portait du côté gauche et suspendu au ceinturon. Il ne faut pas le confondre avec les petits poignards aiguisés d'un seul côté et souvent portés par les femmes, Fleury, *l. c.*, p. 154; Grégoire de Tours, *H. F.*, IV, 56; « *cultris validis, quos vulgo scramasaxos vocant,* » VIII, 29; Ducange, *Glossarium*, II, p. 694, et la loi Salique, tit. 29, 12. On les appelait aussi *mucrones*, Amm. Marcellin, *Hist.*, XVII, 12; XXX, 1, 7. Ils étaient renfermés dans un fourreau très orné : Troyon, *Tombeaux de Bel-Air*, fig. 113. On décorait aussi de verroterie cloisonnée la gaine et la poignée.

3. Grégoire de Tours, *H. F.*, VII, 37, p. 317 : « *Sagittarius vero episcopus frequentius muros cum arma circuibat et sæpius lapides contra hostem manu propria jecit e muro.* » Arcs et flèches : Cochet, *Normandie souterraine*, pl. XV, fig. 9; Lindenschmidt, *l. c.*, p. 153. Elles étaient très variées, et de différents métaux. On en a trouvé même en silex dans les tombes burgondes : Grégoire de Tours, *H. F.*, II, 9, p. 73; «*Hostes qui conjuncti arborum truncis vel concidibus superstantes, velut e fastigiis turrium sagittas turmentorum ritu effundere.*»

4. Loi Salique, tit. XXXIII. Abandon du bouclier était considéré comme un

Si, à l'époque d'Agathias, l'infanterie avait été prépondérante, on ne peut en dire autant au septième siècle. Une transformation militaire s'est opérée peu à peu sous les Mérovingiens et la répercussion qu'elle exerce sur l'état social est d'une très grande importance. L'infanterie est désormais considérée comme insuffisante et la cavalerie prend de plus en plus de l'importance sous l'influence des armées d'Aquitaine et des guerres contre les Arabes[1]. Le costume militaire du cavalier était le même que celui du fantassin, il combattait avec l'épée et la lance[2]. Il excitait son cheval, comme le cavalier romain, à l'aide d'un éperon qu'il chaussait au pied gauche[3]. Mais on voit déjà tout le soin qu'on donne au harnachement du cheval. Le mors est souvent très orné[4], la selle est quelquefois en ivoire, la housse en soie et de grand prix[5]. Les étriers sont souvent en bronze, quelquefois même en argent, et la bride elle-même est ornée de petites rondelles en verroterie cloisonnée.

Les machines de guerre sont celles de l'Empire. Ici, rien n'est perdu du travail humain. On peut dire cependant que la tactique a baissé, que les batailles ne sont plus que de sanglantes mêlées ; l'incendie le meurtre, le pillage les accompagnent. Mais les chroniqueurs gardent encore la vieille terminologie romaine et nous ne pouvons nous en

déshonneur, Grégoire de Tours, *H. F.*, II, 40. Il pouvait être en bois, id., *ibid.*, V, 30, 111, 15. On plaçait au milieu des calottes en fer, de formes différentes, Lindenschmidt, *l. c.*, p. 243, et Cochet, *Normandie souterraine*, pl. VIII. Il était le plus souvent peint et recouvert de peau : v. le portrait de Sigismer dans Sidoine Apollinaire. Il y avait des *armigeri* qui portaient le bouclier des rois ou des grands personnages.

1. Brunner, *l. c.*, p. 207.
2. Grégoire de Tours, *H. F.*, V, 25.
3. Grégoire de Tours, *H. F.*, III, 15; IV, 13; V, 21; Lindenschmidt, donne des éperons trouvés dans les nécropoles, fig. 219 à 222. Les classes pauvres employaient le fouet ou le talon pour exciter leurs montures, v. *Album Caranda*, pl. XXV. On n'en portait qu'un seul fixé au pied gauche.
4. Lindenschmidt, *l. c.*, p. 287, fig. 223, 224.
5. Cf. la description du harnachement magnifique du cheval du roi Sigismer dans Sidoine Apollinaire, *Epist.*, IV, XX, 70 : « *Illum equus quidem phalesr comptus imo equi radiantibus gemmis onusti antecedebant.* » Pour la housse, Frédégaire, 38 : « *equusque ejus cum stratura regia.* » Les évêques et le haut clergé avaient aussi des housses magnifiques, Grégoire de Tours, *Vitæ Patrum*, 13, p. 682. Nous possédons encore certaines décorations de brides, Lindenschmidt, *l. c.*, fig. 228, 230, 231, entrelacs ou verroterie cloisonnée. Pour le harnachement des chevaux, il fallait faire appel à la civilisation byzantine, v. *Album Caranda* (supplément). *Cimetière de Nanteuil-Notre-Dame* (Aisne), mors de bride d'origine orientale, pl. 151 (roses à six raies), pl. 150, semblable à la *theca* orientale. Pour les cors et les trompettes, Grégoire de Tours, *H. F.*, II, 33; IV, 48. Les Germains ont pris aussi les *vexillæ* aux Romains. Pour les machines de guerre, la tactique, Frédégaire, IV, p. 38, 139.

étonner, car les Francs avaient été instruits par Rome. Ils avaient combattu aux côtés des légions : tactique, armement, discipline, avaient été peu à peu acceptés, tels que les Romains les connaissaient. On peut même dire que les géneraux de l'époque mérovingienne sont encore des Gallo-Romains. Et si les Mummole, les Didier se montrent comme capitaines assez habiles, la raison en est à ce qu'ils ont conservé encore quelques notions de l'ancienne tactique des légions romaines.

La société mérovingienne est loin d'être homogène. Composée d'éléments divers, des individualités puissantes, des personnalités d'une culture encore élevée coudoient des individus incultes et barbares. On peut dire qu'il y a en Gaule, en ce moment, deux morales en présence. L'une, énervée et raffinée, celle des indigènes ; l'autre, avant tout instinctive et plus grossière, celle des Francs.

Les écrivains enregistrent de la part des Gallo-Romains des crimes atroces, des esclaves ensevelis vivants, des punitions raffinées, comme aussi ils mentionnent à chaque pas la cruauté et la fausseté des Francs déjà proverbiales au temps de l'Empire romain. La loi Salique nous montre le caractère avant tout guerrier de ce peuple. Trahison, lâcheté sont des actions honteuses, condamnées par tous. Malheur à celui qui abandonne son bouclier au milieu du combat ou qui dépouille un cadavre. Il est déclaré *Wargus*, sans peuple et sans patrie. Mais à côté de ces conceptions particulières à la race, d'autres crimes non moins graves mais jugés avec moins de sévérité font voir le degré encore inférieur de cette peuplade. Des peines moins sévères sont édictées contre ceux qui ont employé des maléfices pour faire mourir un ennemi, qui ont usé de flèches empoisonnées pour tuer un adversaire redoutable. Le pillage et le brigandage même ne sont pas considérés comme des actes qui déshonorent ceux qui les commettent, mais apparaissent fréquemment comme des exploits dans la société décrite par Grégoire et Frédégaire.

La royauté, dépravée et dissolue, donne l'exemple. La terre des Gaules les transforme rapidement et se venge des vainqueurs! Tout ce qui est cher à l'Église, la sainteté du mariage, une morale relativement élevée sont méconnues. Habitudes invétérées d'un passé peu éloigné, les rois ont de nombreuses concubines qu'ils prennent au choix, aussi bien à la cour que parmi les femmes du gynécée. Les reines redoutent toujours ces lieux qui rendaient la débauche facile. Ils commettent les meurtres les plus horribles, les meilleurs même se montrent parjures et assassins. Les personnages pieux cherchent, mais en vain, à réfréner les mauvais instincts des rois. Clovis égorge les rois, ses parents, pour être le seul prince salien et fonder un royaume durable. On ne recule devant rien pour arriver au but, et l'homme de cette époque attend tout de sa force.

Tous les rois mérovingiens n'ont pas été les amis de l'Église : on sait le mépris que Charibert professait à l'égard du clergé. Si quelques-uns même donnaient de grandes espérances aux évêques qui avaient guidé leurs premiers pas, la folie du pouvoir les enivrait et les rendait les plus cruels despotes. Dagobert trompa ainsi tous les grands du royaume. Les efforts sans cesse répétés du clergé tendaient à faire comprendre à ces rois barbares que Dieu se montrait bien vite le vengeur de l'affront subi par l'Église. Aux jours de prospérité et de bonheur, ces maximes avaient sans nul doute très peu d'influence sur ces natures grossières, mais dans les jours de malheur ils se rappelaient alors les avertissements du clergé. Les dons arrivaient alors nombreux. Nous pouvons constater ces transformations subites par les Vies de Chilpéric et de Frédégonde qui, abattus par la douleur, donnent sans compter à l'Église pour obtenir le pardon de leurs fautes. Sur les caractères timides, le pouvoir spirituel était tout-puissant, et nous verrons bientôt l'homme apparaître timoré et craintif devant le clergé mérovingien. Les légendes créées par lui pour arrêter les abus de la force dépeignaient les châtiments *les plus terribles des ancêtres*. La mort suivait l'affront infligé à l'Église, et les récits de naïfs contemporains nous montrent que bien souvent des circonstances toutes fortuites fortifiaient la croyance au miracle.

Et que dire des fonctionnaires ? Choisis le plus souvent parmi les esclaves royaux, ils commettent, nous l'avons vu, des crimes atroces. Les églises sont profanées, les asiles violés, les propriétés peu respectées, sans nul souci de l'autorité royale.

A côté de cette cour, vivaient les grandes familles gallo-romaines. Ce n'est plus la société vaine et précieuse du siècle passé. Elle a plus conscience de ses devoirs, et la frivolité littéraire des temps précédents ne s'y rencontre plus qu'à l'état isolé. Le monde lettré, tel que le représentent Ausone, Sidoine Apollinaire, va finir. Fortunat est un des derniers survivants de ce monde attardé. La petite société littéraire qui vit autour de l'évêque de Poitiers a conservé encore le précieux des

Gallo-Romains du Ve siècle, on ne peut pousser plus loin la flatterie ; elle devient impertinente, ridicule même à force d'être exagérée. L'ami de sainte Radegonde est encore tout pénétré de ses études classiques. Son style a la mièvrerie, le prétentieux du Ve siècle. C'est le même besoin d'étonner, de montrer les difficultés vaincues. L'évêque Berthram faisait aussi des petites pièces de poésie qu'il envoyait à Fortunat. Tout ce monde se préoccupe fort peu de l'heure présente. Les hommes lettrés qui étaient venus au christianisme sur le tard, comme Ausone, comme Sidoine, sont restés païens avant tout. Les œuvres qu'ils nous ont laissées sont comme le dernier adieu du paganisme expirant. L'évêque de Clermont reste païen par le côté littéraire, par l'amour des choses frivoles et futiles, par le plaisir d'être loué sur des riens. Son christianisme n'est qu'apparent et n'a que peu profondément transformé sa personnalité. Des âmes simples comme celle de Grégoire de Tours, moins cultivées, ont possédé bien vite l'essence même du christianisme. Quel contraste avec Sidoine ! C'est l'humilité, le dédain des honneurs, la bonté sans limites. S'il y a des points sombres dans cette vie, c'est que Grégoire est encore l'homme de cette époque grossière et féroce et qu'il ne peut s'en détacher.

Dans ces siècles si malheureux on rencontre cependant de belles et nobles âmes. Les personnages pieux appartiennent aux deux nations. Quand on lit la Vie de sainte Radegonde, on ne saurait trop admirer sa grande bonté, sa délicatesse quelquefois exquise, ses sentiments toujours élevés. Aimer son prochain, prendre soin du pauvre et du faible, vivre pour autrui jusqu'au sacrifice de soi-même : telle est sa devise. Chez quelques-unes de ces natures d'élite tout se confondait dans l'abnégation et le sacrifice, et le cloître seul pouvait être leur refuge : le monde tel qu'il était les aurait brisées.

L'homme, tel que nous le décrivent les écrivains contemporains, est un être violent et grossier. Il tue le plus souvent pour satisfaire sa vengeance, sa passion du moment. Celle-ci est soudaine, prompte, irréfléchie. Il commet des crimes sans aucune préoccupation de la responsabilité morale qu'ils entraînent. Devant ce peuple avant tout instinctif, l'État se voit obligé d'édicter une série de défenses nombreuses. Les lois barbares donnent un règlement minutieux des délits ; tous les actes de la vie sont prévus, rien n'est livré au hasard. L'homme est ainsi lié par les lois[1].

1. Patrons injustes : Grégoire de Tours, *De virtutibus S. Martini*, 41, p. 642. Réduction en servitude de jeunes filles affranchies. Les fonctionnaires, nous

La famille vit égoïste, formant un groupe, sans nul souci du voisin. La solidarité qui existe entre les habitants des villes est bien faible, la famille, la *gens*, forme le plus solide soutien que l'individu puisse trouver dans cette société. L'homme aurait été sans elle trop faible, trop isolé. A un tel degré de culture, la famille est responsable des actes de ses membres, elle venge l'affront subi, elle paye l'amende encourue. Les documents nous montrent encore là bien des ombres. La famille est souvent cruelle et avide à l'égard des siens. Un parent, un frère ne peut-il travailler? La famille lui refuse tout soutien et le chasse bientôt de la maison paternelle comme fou et son bien est partagé entre ses parents. Que de difficultés le pouvoir central, encore si peu développé, rencontre pour maintenir la paix dans un monde ainsi composé! Frédégonde ne recule pas devant l meurtre pour donner un peu de tranquillité à une cité sans cesse troublée par des vengeances privées.

Chacun agit à sa guise, suivant sa propre fantaisie. La force brutale élève l'homme et en fait un héros. Le meurtre même de ses parents est pour lui une gloire. Il trouve des trouvères pour la chanter, La vie est de plus en plus dure pour le plus grand nombre et ce ne sont que les forts qui peuvent subsister. Tout va à l'encontre de l'homme plus civilisé, plus délicat, dont le seul refuge est encore le monastère ou l'évêché.

L'individu grossier de cette époque ne connaît rien d'un passé, qui pour lui n'existe même pas. Le présent seul le préoccupe. Son

l'avons vu, commettaient les plus grandes injustices. Leurs esclaves se montraient insolents et faisaient beaucoup de mal aux habitants, Grégoire de Tours, *H. F.*, III, 16, p. 125. Un *dux* fait enlever par eux une jeune fille et veut la posséder: Id., *ibid.*, IX, 27, 382. Celle-ci le tue dans son sommeil. Adultères nombreux: Id., *ibid.*, X, 8, p. 414. Commis dans l'atrium des églises : Id., *ibid.*, V, 49, p. 242. Meurtres commis dans les basiliques : Id., *ibid.*, V, 32, p. 224. Grégoire de Tours reconnaît les crimes nombreux commis de son temps en Gaule. Il ajoute que *Hospitius*, reclus de Nice, avait prédit l'arrivée des Lombards, à cause des vices du peuple, livré au vol, prompt à l'homicide, adonné au parjure: *H. F.*, VI, 6, p. 251. Les parjures étaient en effet fort nombreux : Id., *Vitæ Patrum*, 9, p. 698. On ne peut les citer tous. Les adultères étaient très fréquents; les hommes surtout avaient des relations avec leurs esclaves: Grégoire de Tours, *H. F.*, X, 8, 414. Id., *De gloria martyrum*, 68, p. 534; 69, p. 535; *H. F.*, V, 20, p. 217; IX, 13, p. 370. La conduite des rois ne peut pas servir de modèle, car le peuple devait être moins cruel et pervers, mais c'était d'un exemple fâcheux pour la population; cf. la fille du roi violée par des esclaves: Id., *H. F.*, V, 39, p. 239. Incestes : Mabillon, *Acta*, II, *Vita Arnulfi*, 25, p. 146, Il faut aussi mentionner l'ivrognerie, vice général dont il est question très souvent : Grégoire de Tours, *De virtutibus S. Martini*, I, 91, p. 599, p. 615; II, 18, Id., *H. F.*, IV, 12, p. 148.

état mental le rend incapable, nous le verrons, de démêler le vrai du faux. Aussi n'a-t-il aucune idée de la chronologie, aucune connaissance des événements qui ont précédé son entrée en scène. Tous ces monuments anciens qui sont encore debout sont pour lui lettre morte. La tradition dans ce monde ne saurait subsister, elle se voile et même dans le sein de l'Église elle devient incertaine! Le passé est défiguré, transformé, source d'erreurs pour les siècles suivants. Le *Mirabilia Romæ*, les guides des pèlerins dans la Ville éternelle nous fournissent à cet égard la preuve évidente de la profonde ignorance qui régnait à cette époque.

Au milieu de cette société la probité est fort rare, la justice mal rendue, le plus souvent impuissante. Les documents nous révèlent des jugements sommaires, mal informés, des esclaves ou des hommes libres mis à mort pour des crimes dont ils sont innocents. Fortunat raconte qu'une jeune fille accusée de vols a été, sans aucune preuve, condamnée à l'esclavage. Son père avait voulu produire des témoins pour attester son innocence, mais étant pauvre, ils ne lui servirent de rien. La justice était loin et l'accusateur ne voulait pas lâcher sa proie[1].

On est étonné en lisant les récits contemporains de l'inaction de la justice : elle n'informe presque jamais pour les crimes des puissants, qui peuvent tout se permettre, ils se rendent auprès du roi, lui apportent des présents et gardent le bien ravi. Si la justice ne se montre pas aussi patiente, si elle informe, ils émigrent dans un royaume voisin, où à cause des rivalités royales sans cesse entretenues ils sont sûrs de trouver un appui, un soutien efficace. Et dans les récits des écrivains contemporains on peut voir combien est encore primitive cette royauté. Si elle a pour elle l'énergie, la rudesse de la race, si elle réveille les indigènes de leur apathie séculaire, elle n'a cependant pu créer aucun organe pour faire exécuter sa volonté. Les comtes, nous l'avons vu, sont dans chaque *civitas* de petits rois en miniature et exécutent fort mal les ordres royaux. Et si, pour l'érudit, la royauté franque apporte en venant en Gaule des conceptions jusqu'à ce jour inconnues, il faut cependant avouer qu'elles ne sont qu'en germe et ne peuvent être étudiées qu'à l'époque carolingienne. Nous verrons alors les nouveaux facteurs qui forment cette royauté.

1. Grégoire de Tours, *De virtutibus S. Martini*, III, 41; Mabillon, *Acta*, I, *Vita S. Fidoli*, 17, p. 197; Fortunat, *Carmina*, IX, 5.

L'avenir le préoccupe peu. L'épargne lui est inconnue, il consomme les produits de la terre sans se soucier du lendemain. De là ces famines nombreuses, le plus souvent locales. La mauvaise récolte de l'année apporte des maux sans nombre. Il manque alors du nécessaire sans pouvoir s'en procurer; et malgré tout, ces moments de souffrance et de privation ne sauraient lui apprendre une plus grande économie, rendue plus difficile aussi par le peu de circulation des produits qui se consommaient en général sur place. Il faudra de longs siècles pour arriver à porter remède à ces calamités.

Une longue terminologie de vices, d'actes les plus honteux, une répétition de crimes et de nombreux scandales font voir combien tous ces maux étaient fréquents dans la société contemporaine. Ils reviennent à chaque instant sous la plume des évêques venus aux conciles, ils préoccupent ceux qui écrivent l'histoire, ils font l'objet des amendes les plus sévères de la part des moralistes qui ont composé les livres pénitentiels. On ne peut que louer ces efforts destinés à transformer ces peuples encore primitifs, mais rien ne pouvait changer le degré de civilisation de cette population, ce n'était ni par les défenses réitérées des conciles, preuve de leur inefficacité, ni par la peur de la pénitence qu'on pouvait déraciner ces vices innés et même inconscients des contemporains de Grégoire et de Frédégaire.

Les devoirs du père vis-à-vis du fils et du fils vis-à-vis du père sont méconnus. La raison en est due le plus souvent au degré de civilisation encore inférieure des Germains. Les écrivains, presque toujours gallo-romains, les jugent avec leur culture déjà fort ancienne et mentionnent les écarts aussi bien des indigènes que des Barbares; la morale même des personnages pieux ne saurait rester aussi élevée, et subit sans conteste la grossièreté des temps. La trahison, le poison, le meurtre sont employés pour se débarrasser d'un parent qui ferait obstacle à vos ambitions. On ne saurait se charger à cette époque d'un enfant mal venu, lourd fardeau pour la famille[1]; aussi est-il impitoyablement tué par ses parents; il en est de même des vieillards :

1. Enfants nés difformes : Grégoire de Tours, *De virtutibus S. Martini*, III, 24, p. 617 : « *quem interemere non audens, ut mos matrum est, tanquam sanum puerum nutriebat.* » Parents malades chassés par la famille : Grégoire de Tours, *De virtutibus S. Martini*, III, 23, p. 638. Enfants abandonnés aux mendiants : Grégoire de Tours, *De virtutibus S. Martini*, 26, p. 601. Brutalité et jalousie de la femme : Fortunat, *Vita Germani*, II, 1, Grégoire de Tours, *H. F.*, VIII, 39. Rapports de Frédégonde avec ses filles : Grégoire de Tours, *H. F.*, IX, 34. Cruauté des femmes indigènes : Id., *ibid.*, III, 26; IX, 33, X, 12.

privés des forces nécessaires pour gagner leur vie, ils considéraient l'existence comme insupportable, et subissaient sans se plaindre les mauvais traitements de leurs enfants.

Dans ce monde, la mère se montre sous un jour inhumain et cruel. Les récits nous relatent des débauches sans noms; des avortements provoqués au moyen de breuvages magiques. Nous ferons remarquer que les écrivains contemporains ne font aucune différence entre les femmes gallo-romaines et les femmes franques. On peut voir du reste par les récits que des deux parts la cruauté était la même.

Malgré les peines fort dures édictées par les lois barbares les vols se multiplient sans cesse, et comme la base économique devient de plus en plus agricole, ils se rapportent presque tous à l'agriculture. On vole des raisins, des fruits, des instruments aratoires, des outils pour le travail, du miel, de la cire. Quelques-uns intéressent l'industrie, les objets de luxe pour la chasse, des cornets, des oiseaux. Il était souvent difficile de garder les fruits du jardin. Les enfants enlevaient du verger les produits pas encore mûrs et les pauvres venaient à la nuit close dérober quelques fruits. Les clôtures peu hautes, les haies faites en planches rendaient les larcins d'autant plus faciles. Les chiens seuls défendaient les propriétés [1].

A mesure que nous avançons, les temps deviennent de plus en plus sombres. La nuit s'étend sur la Gaule et l'instruction se confine de plus en plus dans les monastères et les évêchés. Vers la fin de la royauté mérovingienne, le monde nous paraît plus uniforme. Guerriers, soldats, paysans, à l'exception d'un clergé peu lettré, ont les mêmes désirs, les mêmes préoccupations, les mêmes pensées. Le peuple vit à cette époque dans une complète ignorance. Dans les villes, la bourgeoisie, assez cultivée du temps de l'Empire, disparaît et l'instruction n'est plus considérée comme un besoin de tous, mais seulement comme une nécessité pour ceux qui veulent entrer dans les ordres religieux ou remplir une fonction publique. Cette école du palais, où jusqu'alors l'instruction était donnée aux fils des grandes familles de la cour ou du royaume, décroît sans cesse jusqu'au jour où Charlemagne essaie

1. Vols de chevaux; Mabillon, *Acta*, II, *Vita Filiberti*, XVII, p. 788; de brebis, Grégoire de Tours, *In gloria martyrum*, 66, p. 533; *Vita Winebaudis*; *Acta Boll.*, 2, p. 578; d'un cornet de chasse: Grégoire de Tours, *In gloria confess.*, 83, p. 807; vol de miel: Fortunat, *Vita S. Amanti*, 52, p. 60; de fruits, 47, 59, 98, p. 63; *Vita S. Medardi*, 11, p. 69; de chevaux, id., *ibid.*, 18, p. 70.

de la faire revivre et prospérer. Le soldat ou l'homme libre, le noble n'en ont nul besoin. La science ne leur donne pas la supériorité, la raison d'être. La force seule octroie et maintient le rang. Le livre, même payé un prix fort élevé, n'est réservé qu'à un petit nombre de lettrés, presque uniquement composé de clercs ou de moines lisant, sans trop les comprendre, les auteurs anciens. La culture baisse depuis longtemps, et à l'époque mérovingienne, il ne saurait y avoir d'écoles comme celles qu'a connues la Gaule. A leur place, deux petites écoles fort restreintes, limitées à des buts religieux, au bon recrutement des clercs : l'évêché et le monastère. Une connaissance assez superficielle de la Bible, des Livres-Saints, tel est le minimum d'instruction exigé de ceux qui enseignent. On apprend par cœur des psaumes. Nous verrons bientôt que dans ces écoles, en dehors de l'histoire sainte, nul désir de connaître le passé ne se manifeste, et qu'au contraire on y professe un profond dédain pour l'antiquité païenne. Il semble que le monde n'a commencé qu'à la venue du Christ.

Et toute cette société est livrée à l'instinct. Les passions sont violentes et impérieuses. Nous voyons des filles enlevées à leurs parents, des religieuses souillées, des veuves ravies. Les livres pénitentiels, et plus tard les capitulaires de Charlemagne nous révèlent les turpitudes les plus honteuses, les passions contre nature. L'Église s'efforce de combattre et de faire triompher sa morale, même moyenne, mais elle est obligée de reconnaître sa faiblesse et de rester souvent sans force au milieu de ce monde grossier. La corruption s'étale partout au grand jour ; l'Église même, comme nous allons le voir, ne reste pas indemne.

L'humanité cependant ne saurait vivre sans quelques exemples de haute vertu[1], exemples qui conservent l'idéal nécessaire à la vie. Aussi gardons-nous de croire à un tableau trop uniforme de la société mérovingienne. Les hommes honnêtes sont, il est vrai, fort rares, mais

1. Le Blant, *Inscriptions chrétiennes de la Gaule*, n° 25, p. 58, n° 450. On relate la bonté et la douceur. Cf. *De virtutibus S. Martini*, II, 3, 610. Respect du père : Le Blant, *l. c.*, n° 257. Vertus du défunt : Id., *ibid.*, n° 61. On ne saurait montrer trop de méfiance à l'égard des inscriptions relatant les vertus des défunts. Il est dificile d'accepter aussi le jugement de Fortunat sur les comtes et les hauts fonctionnaires de la cour. N'a-t-il pas comparé Chilpéric à Melchisédeck et presque sanctifié Frédégonde ? Il ne reste que le témoignage de Grégoire de Tours. Ce digne prélat donne comme exemple aux générations futures les fonctionnaires charitables, les esclaves même fidèles, et l'on peut voir combien ils sont rares. *De virtutibus S. Juliani*, 14, p. 570 ; Mabillon, *Acta*, II, *Vita Ansberti*, 4, p. 1003.

les écrivains sont heureux de faire l'apologie d'un saint, d'un homme vertueux. On peut enregistrer dans ces deux siècles des exemples de dévouement et d'amour. Et ces actions généreuses ne sont pas seulement l'apanage des classes élevées, les récits nous signalent des esclaves sacrifiant leur vie pour sauver leur maître, à côté de la méchanceté d'autres qui le tuent.

En présence de ce milieu si troublé et si dissolvant de la société mérovingienne, on ne peut que souhaiter un pouvoir spirituel assez fort pour imposer à ce monde si instinctif une morale plus élevée, pour transformer cette rudesse militaire et faire pénétrer la doctrine du Christ dans les cœurs des nouveaux convertis. Nous allons voir maintenant ce que fit alors l'Église pour conserver, même amoindri, l'héritage de la civilisation gréco-romaine et travailler au développement de l'humanité.

CHAPITRE V

La Société Religieuse

I. — *Le Clergé séculier*

Après avoir donné le tableau de la société laïque à l'époque mérovingienne, il importe de connaître le monde religieux et d'examiner son action sur les contemporains de Grégoire de Tours. La connaissance exacte des fonctionnaires ecclésiastiques, leur nombre sont d'une importance capitale, et nous mettent à même de nous rendre compte de l'influence superficielle ou profonde de la doctrine du Christ sur le monde franc.

Le christianisme pénétra dans nos contrées au moment où l'Empire était à son apogée et où les ressources du clergé, le plus souvent persécuté, ne pouvaient permettre aucun plan déterminé dans la propagation de la foi. La bonne nouvelle fut apportée par des commerçants ou des ouvriers venus des pays orientaux, attirés par l'activité, alors très florissante, des villes gallo-romaines. La route suivie par les pionniers fut celle du commerce. Les nombreuses voies romaines qui facilitaient les relations, les fleuves qui permettaient des échanges quotidiens, pourraient faire croire à une évangélisation rapide et étendue. Il n'en fut rien La propagation de la foi nouvelle, d'abord très lente, resta longtemps stationnaire. La Gaule ne connut pas l'enthousiasme religieux des premiers chrétiens, la période d'exaltation et d'amour des églises créées par saint Paul. L'Église de Lyon fondée déjà dès le second siècle n'eut pas un rayonnement fort étendu. Ses martyrs même furent bientôt oubliés par les générations suivantes, et Grégoire de Tours, si zélé à rassembler les *passiones* célèbres de son temps, commet des erreurs des plus grossières dans la liste qu'il nous donne des noms de ces premiers martyrs [1].

Ce n'est qu'au milieu du troisième siècle qu'on peut constater une plus grande activité dans l'évangélisation. Quelques églises remontent à

1. Cf. ma dissertation sur la légende des martyrs de Lyon, *Le Triomphe de l'Église au IVe siècle*, p. 7-10.

cette époque. Ce sont les évêchés de Trèves, d'Arles, de Toulouse, de Vienne et de Reims.

Les grands progrès du christianisme en Orient et en Italie ne restèrent pas sans influence sur la Gaule. Les évêchés de Rouen, de Cologne, de Bordeaux, de Bourges et de Sens, peut-être même celui de Paris, prouvent une propagande plus étendue. L'édit de Milan permet enfin aux villes des Gaules de recevoir peu à peu la doctrine du Christ; dès cette époque, le nombre des évêchés augmente et le catholicisme pénètre de plus en plus dans notre pays [1].

L'Église avait donc eu au quatrième siècle, un vaste champ d'activité : l'évangélisation de la plus grande partie de la Gaule. Elle se mit à l'œuvre et le travail ne fut pas entrepris au hasard. La Gaule, dont le territoire s'étendait jusqu'aux bords du Rhin, avait été divisée par l'Empire en deux diocèses : celui du Nord et celui du Midi. Chacun d'eux comprenait un certain nombre de provinces, en tout dix-sept, divisées elles-mêmes en plusieurs *civitates*, circonscriptions déjà fort anciennes d'une étendue assez grande et parfaitement limitée. Chaque *civitas* avait, nous l'avons vu, pour centre une ville et son vaste territoire était divisé soit en villages ou *vici*, soit en *villæ* ou fermes isolées, appartenant aux grands propriétaires fonciers. La culture gallo-romaine avait profondément pénétré dans chaque chef-lieu, et au moment de l'apparition de la nouvelle foi on peut considérer la population habitant l'enceinte des villes du Midi, de l'Ouest et du Centre, comme complètement romanisée.

Ces divisions intérieures, qui comptaient des siècles d'existence et qui répondaient aussi à des besoins économiques et politiques, facilitèrent

1. Cf. A. Marignan, *Le Triomphe de l'Église au IVe siècle*. Dès 1887, j'avais prouvé que « la carte géographique de l'Église avant l'édit de Milan montrerait les faibles conquêtes du christianisme en Gaule », j'avais admis « un centre chrétien dans les villes de Narbonne, Arles, Marseille, Lyon et Vienne, Tours et Bordeaux, Autun, Limoges et Clermont », p. 20. Mon maître, M. l'abbé Duchesne, a démontré par l'étude des différents catalogues des évêques de France, publiés par Delisle, *Histoire littéraire de la France*, XXXIX, p. 386, le petit nombre d'églises en France avant la paix de Milan. Le savant historien de l'Église ne croit pas à la fondation de l'Église de Tours au milieu du IIIe siècle, comme nous l'avions admis sur le témoignage de Grégoire. Cf. L. Duchesne, *Les anciens Catalogues épiscopaux de la province de Tours*, 1890, p. 101. « Des traditions recueillies par l'évêque historien, on peut cependant déduire que l'Église de Tours fut organisée dès le temps de Constantin. » Dans une autre étude plus vaste, il étudie un plus grand nombre de catalogues épiscopaux. (L. Duchesne, *Les Fastes épiscopaux de l'ancienne Gaule, partie Sud-Est*, Thorin, 1894.) Cf. La revue du *Moyen Age*, huitième année, p. 42, où j'avais indiqué que les conclusions de l'auteur étaient les nôtres.

la tâche de l'évangélisation de la Gaule. L'Église accepta tout d'abord les cadres de l'administration civile et nous voyons, par la liste des prélats que nous possédons, que les cités s'organisèrent en évêchés et, qu'à la fin du quatrième siècle, elles devaient avoir déjà un contingent assez important de fidèles. Des causes multiples favorisèrent désormais cette propagande. Une culture urbaine plus élevée, l'exemple des empereurs, la conversion rapide des fonctionnaires de l'État encourageaient les habitants. La nouvelle religion représenta ainsi Rome avec sa civilisation et son passé séculaires. Le pouvoir spirituel oublia même peu à peu, les services rendus par ces modestes missionnaires orientaux venus en Gaule pour chercher du travail ; le passé des églises des Gaules s'obscurcit, la liturgie conserva seule les traces et la preuve des efforts de ces pionniers qui avaient au prix de leur sang créé les premiers îlots chrétiens. A mesure que Rome grandit dans l'imagination des fidèles, que la Ville éternelle devint célèbre par ses nombreux martyrs, la légende de l'évangélisation de notre pays par saint Pierre et ses disciples naquit et obtint un crédit de plus en plus grand sur les chrétiens de l'Église franque. La Gaule avait accepté une fois de plus la doctrine qu'elle n'avait pas créée, qui lui était imposée par l'Empire et qui ne répondait peut-être pas aux besoins religieux de la population indigène. Nous verrons bientôt comment elle comprit le catholicisme et le transforma à son profit[1].

Les évêques installés dans les cités songèrent tout d'abord à attirer la population urbaine dans les églises nouvellement élevées. Leur tâche fut facilitée par le noyau des fidèles déjà formé au milieu des habitants. Les villes du midi et du centre de la Gaule avaient été principalement le rendez-vous des étrangers, dont la plupart étaient venus de l'Orient. Les cités méridionales avaient conservé dans leurs murs une aristocratie instruite. Il faut avouer cependant que la période de l'évangélisation des villes dut être néanmoins assez longue, et ne permit pas de songer aux campagnes ni aux villages qui s'étendaient en dehors de la cité. On peut dire que la religion chrétienne

1. Cette légende perce déjà dans les écrits de Grégoire de Tours (cf. *In gloria confessorum*, I, 4, p. 751, 27, p. 764) : mais elle est affirmée à Rome sous le pape Innocent I : « *In omnem Italiam, Gallias, Hispanias, Africam atque Siciliam et insulas interjacentes nullum instituisse ecclesias nisi eos quos venerabilis apostolus Petrus aut ejus successores constituerint sacerdotes.* Cf. Mansi, *Concilia*, III, p. 1028. Epist. ad Decen. Eugubinum.

fut limitée en général par le quatrième siècle aux villes de la Gaule et doit être considérée comme celle de la population urbaine. Le catholicisme avec sa liturgie toute latine couronna même dans certaines parties le travail de romanisation depuis longtemps commencé.

Le pouvoir spirituel ne songea pas tout d'abord à fortifier par des rapports hiérarchiques l'organisation de l'Église. Chaque prélat se considéra comme le successeur des Apôtres, et aucun ne se croyait supérieur aux autres en dignité. Si quelques-uns arrivent à posséder une influence plus grande, s'ils exercent à l'extérieur une certaine autorité, ils le doivent surtout à leurs mérites personnels et à leur puissance oratoire. Les liens qui unissent les églises des Gaules sont pendant toute cette période lâches et flottants : dans les conciles même, l'âge seul donne le pas entre les prélats.

Ce manque de hiérarchie parmi les évêques des Gaules, cette absence de groupement autour des prélats des grandes cités, le plat pays encore païen et à peine entamé, tout en un mot nous prouve une évangélisation relativement récente. Il n'en était pas de même dans les pays voisins. L'Italie possédait déjà une hiérarchie plus étroite et était divisée en quatre grandes provinces ecclésiastiques, qu'elle avait créées sans accepter les cadres de l'administration civile. Les villes de Milan, d'Aquilée, de Ravenne et de Rome étaient les sièges métropolitains de la Péninsule, autour desquels venaient se grouper les évêques des autres cités. L'évangélisation tardive des Gaules, les efforts des évêques contrariés par les ravages des Germains dès le milieu du quatrième siècle, les préoccupations des prélats devant les invasions si dangereuses aux cités, eurent pour résultat l'obligation de recevoir des pays étrangers, tout un code canonique déjà formé, et des institutions qui ne répondaient peut-être pas aux nécessités de la propagande religieuse et qui allaient créer des inimitiés et des querelles nuisibles aux intérêts de l'Église.

Mais ce n'est qu'au commencement du cinquième siècle que nous pouvons établir la naissance de grands centres ecclésiastiques. Les sièges des anciennes provinces devinrent des métropoles et l'évêque qui était dans ces cités fut reconnu comme le métropolitain avec des droits supérieurs à ceux des autres prélats diocésains. Il est à croire cependant que l'essai dût être tout d'abord timide, hésitant, et qu'il donna même lieu à des contestations entre diocèses, mais le principe de l'adoption des anciens cadres administratifs n'éprouva que peu d'exceptions.

Pendant la période mérovingienne, des métropoles ne purent subsister, car les villes du Nord et de l'Est de la Gaule eurent beaucoup à souffrir des invasions ; certains diocèses furent obligés de se déplacer, maintes cités furent détruites et les guerres continuelles des rois francs rendirent impossibles une hiérarchie et une centralisation aussi étroites. Les métropoles, et avec elles le gouvernement ecclésiastique provincial, persistèrent dans le centre et le midi de la Gaule.

Les nombreuses hérésies qui surgissent pendant le quatrième siècle, l'arianisme et l'agitation due à un certain ascète du nom de Priscillien nécessitèrent la réunion plus fréquente des évêques. L'éloignement des prélats, les infractions aux règlements ecclésiastiques, les intérêts temporels de l'Église, l'échange de vues pour vaincre ces hérésies et le paganisme rendaient ces assemblées obligatoires. C'est surtout par les *Conciles* que le pouvoir spirituel cherche à donner des règles fixes aux populations dont il avait la garde, qu'il put combattre les pratiques païennes, qu'il décréta des mesures sévères contre l'adultère, la simonie, etc. Les ordonnances rendues par les évêques formèrent peu à peu un code canonique, qui sans avoir la sanction du pouvoir royal, n'en était pas moins applicable à tous les fidèles et au roi lui-même. Les récits contemporains nous le montrent obligé de se soumettre à ces règles et l'on peut même dire que les décisions prises par l'Église eurent une influence salutaire sur la législation des temps francs. Pendant toute cette période les évêques édictent des lois destinées à fortifier la morale souvent outragée par les pratiques païennes ; ils s'efforcent de répondre aux nécessités du moment, et les prélats qui sont aux conciles représentent ce qu'il y a de plus élevé dans l'Église. On voit même par les mesures qu'ils édictent leur connaissance exacte du mal et de ses causes.

Au milieu du cinquième siècle, les conciles devinrent de plus en plus rares à cause des invasions. Les cités avaient à se défendre contre les Germains. Des difficultés de tous genres rendaient impossibles ces assemblées. La politique wisigothique du roi Alaric II, plus libérale vis-à-vis de l'Église, permit à saint Césaire d'Arles de réunir les évêques du royaume. Le concile d'Agde commence la nombreuse série des conciles des Gaules pendant le sixième siècle. Le roi Clovis après avoir étendu ses conquêtes jusqu'à la Garonne, après la bataille de Vouillé, où fut tué Alaric II, suivit l'exemple de Césaire et réunit les évêques de son royaume à Orléans. Quelques années plus tard, les évêques burgondes s'assemblèrent à Épaone et à partir de cette époque, les conciles se succèdent assez régulièrement.

Les rapports de l'Église et de l'État n'étaient pas les mêmes dans les trois royaumes qui existaient en Gaule, au commencement du sixième siècle. Dans le vaste État des Wisigoths, les évêques pouvaient se réunir avec le consentement du pouvoir royal. L'Église est ici sujette de la royauté. L'autorisation est nécessaire. Mais l'élection des évêques se fait librement, sans le consentement du roi et n'a besoin d'aucune sanction. L'Église burgonde paraît avoir été encore plus libre. Les conciles ont lieu sans le consentement royal et la liberté entière existe pour la nomination des évêques. On peut voir les rapides progrès accomplis par la religion catholique dans ces parties de la Gaule. L'Église, au concile d'Épaone se montre l'ennemie acharnée des Ariens, tandis que dans le royaume wisigothique, le pouvoir orthodoxe avait été obligé de se montrer plus tolérant [1].

Il n'en fut pas de même dans le royaume franc. Dès le début de son règne, Clovis suit une politique différente. Malgré les services rendus par l'Église à ce roi mérovingien, celui-ci s'attribue le droit de limiter la puissance des évêques ; il va même plus loin, il défend de nommer aucun prélat sans son autorisation. Le choix de la communauté religieuse de la cité, le vote ratifié par les évêques et les métropolitains a besoin de la sanction royale, et le pouvoir peut, suivant son bon plaisir, annuler l'élection. Si cette mesure était sage, prudente pour la royauté, si elle était établie dans un intérêt politique, elle allait cependant devenir la cause de bien des abus. Les rois oublieront bientôt leurs devoirs religieux, nommeront des évêques pleins d'ambition, vendront même des évêchés au plus offrant.

Le pouvoir central franc chercha à pénétrer plus profondément dans les institutions de l'Église. Le roi défendit aux prélats et aux abbés de recevoir un clerc dans l'Église, un moine dans un monastère sans son approbation. Avec les conquêtes successives de Clovis et de ses fils, après la chute du royaume wisigothique et la destruction de l'État burgonde, le droit franc s'étendit partout sur le

1. Lœning, *Geschichte des Deutschen Kirchenrechts*, I, p. 567, et l'œuvre si intéressante de Arnold, *Cæsarius von Arelate*, Leipzig, 1894, p. 233.

territoire de la Gaule, et l'Église nationale franque accepta sans protester les principes déjà existants.

Mais l'inimitié croissante entre les rois et l'aristocratie, les guerres fréquentes contre les ennemis extérieurs ne furent pas sans exercer une influence néfaste sur le développement de l'Église, car, à mesure que le pouvoir royal perd de son autorité, les conciles deviennent plus rares. L'insécurité s'étend sur tous les royaumes, sans cesse divisés ; le septième siècle en compte encore une vingtaine et le suivant peut à peine en fournir sept.

Il en fut de même de l'institution des métropoles. Au moment de leur création, les résultats furent excellents. Les grandes personnalités qui avaient été nommées donnèrent quelque éclat au chef-lieu de la province. Ce sont les Avitus, les saint Césaire, etc. Choisi par les évêques diocésains, par le clergé et le peuple de la ville, l'élu doit attendre la confirmation royale pour être consacré par un autre métropolitain. La cérémonie a lieu au milieu des évêques de sa province et du clergé de son église [1]. Les titres qu'on lui donne, semblables à ceux des autres évêques, prouvent la création toute récente de cette institution [2].

Les droits qu'on lui confère ont surtout pour objet la discipline ecclésiastique, les intérêts temporels, les biens des églises. Il doit visiter chaque année les paroisses [3], les églises de sa province, se rendre compte de la vie des clercs, de l'état des édifices religieux. Les évêques des diocèses de la province sont sous sa surveillance, et ne peuvent être nommés sans son approbation. A la mort de l'un d'eux, le clergé et le peuple choisissent un candidat qui doit être accepté par le métropolitain et présenté par lui au roi. S'il est agréé par le pouvoir central, c'est lui qui doit le consacrer. Le métropolitain doit surveiller aussi les biens que les diocèses possèdent. Aucun évêque ne peut les vendre sans son autorisation ou celle des

1. Concile d'Orléans, II (an 533), c. 7. Il est consacré par un autre métropolitain, cf. c. 3.

2. On l'appelle *episcopus* comme les autres, Marculf, *Formules*, I, 5, 6 ; Lœning, *l. c.*, p. 202, qui prouve que la formule : *Domno sancto et apostolico domno* était accordée à tous les évêques. On leur donne le nom quelquefois de *patriarcha*. Grégoire de Tours, *H. F.*, V, c. 21.

3. Il avait surtout le devoir de réunir les synodes provinciaux, qui devaient avoir lieu deux fois par an. Concile d'Orléans, II, c. 2 ; Friedrich, *Drei unedirte Concilien*, p. 71; Concile d'Eauze, c. 7. Il désignait le lieu où il devait se tenir : Concile d'Orléans III, c. 1, et celui de Tours, c. 1, et les évêques de la province doivent s'y rendre. Concile d'Orléans, II, c. 1 et 30.

synodes provinciaux. La convocation de ces synodes provinciaux constitue principalement les attributions spéciales du métropolitain. Il doit les réunir chaque année ou au moins tous les deux ans. Les évêques des diocèses sont forcés de s'y rendre, à moins qu'un empêchement grave et motivé ne les en empêche. Ils sont punis, s'ils ne peuvent donner une excuse valable. Ces synodes exerçaient une influence salutaire sur les diocèses de la province. Les évêques se sentaient surveillés, les fautes des clercs étaient soumises à un examen plus équitable, et un centre d'activité religieuse était créé. On y discutait les mesures à prendre pour combattre l'hérésie, pour détruire le paganisme. Le champ d'activité était plus restreint, l'action plus efficace. Mais les temps qui arrivent deviennent de plus en plus contraires au développement lent et régulier de cette institution hiérarchique. Les métropolitains ont deux ennemis puissants : le pouvoir royal et les évêques.

Le roi nomme le plus souvent les évêques d'une manière arbitraire et sans consulter les métropolitains. Les prélats des diocèses ont intérêt à échapper à ce contrôle souvent gênant, à cette surveillance annuelle, à ces visites dangereuses pour leur autorité et fort lourdes pour la population diocésaine. Il ne faut pas oublier non plus que les prélats sont le plus souvent choisis suivant des intérêts politiques, que les évêchés sont la proie du plus offrant, que les hauts fonctionnaires de l'Église, ainsi nommés, se préoccupent avant tout de tirer profit de leur haute situation et se désintéressent de plus en plus de l'organisation ecclésiastique de la métropole, de la surveillance des clercs des diocèses, des évêques de la province.

Le morcellement du royaume, les luttes incessantes faisaient disparaître dans certaines contrées le peu de cohésion qui subsistait encore entre les métropoles et les diocèses. Les synodes provinciaux deviennent, eux aussi, de plus en plus rares, les droits autrefois exercés par le chef ecclésiastique de la métropole tombent dans l'oubli. Le développement des institutions ecclésiastiques franques n'est pas dans une centralisation des évêchés autour d'une métrople, mais bien au contraire dans des droits de plus en plus grands accordés à l'évêque.

Quand les Francs s'établirent en Gaule, l'Église était toute-puissante et déjà en possession de droits fort étendus. Les Barbares n'avaient pas connu un clergé aussi fortement constitué, avec des fonctions spéciales et une hiérarchie déjà puissante. Il fallut accepter l'état de choses établi et conserver à l'Église ses institutions, ses biens considérables, son droit particulier : le code romain. L'évêque mérovingien hérita donc du passé déjà long de l'Église gallo-romaine. Les Francs, lors de leur établissement ne se montrèrent pas les ennemis des évêques, car le pouvoir spirituel fit beaucoup pour la royauté mérovingienne. Ennemis déclarés des royaumes ariens, les évêques orthodoxes avaient toujours regardé vers le Nord, attendant le libérateur, nouveau Messie qui viendrait les délivrer du joug détesté. Quelques-uns même faisaient plus encore, étaient en relation avec les Francs du Nord, ce qui les rendait suspects au pouvoir wisigothique et les faisait chasser par le roi de leurs diocèses[1]. L'enthousiasme fut grand, le jour où les évêques du midi et du centre de la France apprirent le baptême de Clovis. L'Église eut la vision du progrès de la royauté franque et pressentit sa victoire définitive sur les autres royaumes ariens. Les mauvais jours passés sous le roi Euric, les prêtres chassés, les églises délaissées et envahies par les ronces, tout en un mot était présent dans la mémoire des prélats. Avec Clovis au contraire, c'était la fin des dangers toujours imminents. Les fidèles dans les États ariens pouvaient craindre un changement politique ; aujourd'hui, la paix avec Alaric II, roi des Wisigoths, demain le retour des jours amers du temps d'Euric. Aussi les évêques veulent-ils ignorer les actes monstrueux de cruauté de Clovis devenu chrétien, et les ravages de ces hordes barbares. Peu leur importe. Ils n'ont aucune frayeur de ces Germains convertis de la veille, ils ne craignent ni leur amour du pillage, ni leur barbarie. On se croirait revenu au temps de Constantin. L'Église célèbre avec autant d'éclat le grand guerrier franc comme le plus ferme soutien des évêques et le représentant de Dieu sur la terre.

La phraséologie latine, le style ampoulé des rhéteurs se met au service de la cour. Les poètes vantent à l'envi les hauts faits des princes francs et Fortunat ne craint pas de comparer Chilpéric à Melchisédeck, et de célébrer les vertus de la reine Frédégonde.

Malgré l'enthousiasme des évêques pour Clovis, la politique des rois francs ne fut pas celle des rois burgondes et wisigoths.

1. Les clergés burgonde et wisigoth ont beaucoup fait pour la royauté franque. Cf. pour les évêques burgondes, Grégoire de Tours, *H. F.*, II ; 23, p. 86 ; 26, p. 87. Pour les prélats wisigoths, id., *ibid.*, II, 35, p. 99 : *Multi jam tunc ex Galliis habere Francos dominos summo desiderio cupiebant.* II, 36, p. 101 ; III, 2, p. 110 : *Dicebant enim ei « quia desiderium tuum est ut Francorum dominatio possideat hanc terram ».* *Vitæ Patrum*, I, p. 675.

L'Église avait été plus indépendante dans les royaumes ariens. On peut même dire que Clovis continue les traditions romaines et que, au point de vue ecclésiastique, il hérita de l'autorité des empereurs du Bas-Empire.

L'Église ne se montra pas tout d'abord hostile aux prétentions du roi franc, elle vit en lui un autre David et lui reconnut une très grande puissance. L'élection des évêques eut besoin de sa confirmation. L'ingérence même du pouvoir royal ne se borna pas à cette confirmation. Clovis se réserva le droit de permettre à ses sujets l'entrée dans les ordres, car la carrière ecclésiastique était vivement recherchée au sixième siècle, à cause des nombreux avantages qu'elle procurait. De même qu'à la fin de l'Empire romain, on cherchait à se dérober aux charges publiques et surtout aux impôts.

Ajoutez à cela une vie plus douce, une considération morale plus haute, un wergheld plus élevé à partir du diaconat attribué au clerc, et le plus souvent même une certaine indulgence pour les fautes commises.

Le pouvoir royal continua la politique romaine qui avait interdit aux *curiales*, aux *possessores*, aux corporations, l'entrée dans les ordres, il décréta que nul ne pourrait embrasser l'état religieux sans son consentement ou celui du comte, son représentant dans le diocèse [1]. L'intervention de la royauté dans le recrutement du clergé n'eut pas les mêmes conséquences que son ingérence dans l'élection épiscopale. Les conciles ne cherchèrent pas à la restreindre, mais la politique des rois francs, leur despotisme ne tardèrent pas à modérer l'enthousiasme que l'Église avait montré au début.

Les évêques cherchèrent à se rendre de plus en plus indépendants

1. Concile d'Orléans (511), can. 4 ; *Concilia*, M. G. H., p. 4. *De ordinationibus clericorum id observandum esse censuimus, ut nullus sæcularium ad clericatus officium præsumatur nisi aut cum regis jussione aut cum judicis voluntate.* On peut voir déjà la politique de Clovis, il ordonne que personne ne pourra être clerc ou moine sans son autorisation ou sans celle du comte. Nous avons aussi une formule Maraculf, I, 19, qui nous montre la même politique. Cf. Zeumer, p. 56 : *Precipientes ergo jubemus, ut, se memoratus ille de caput suum bene ingenuus esse videtur et in poleptico publico censitus non est, licentiam habeat comam capitis sui tunsorari......* Le concile de Clichy (626), can. 8, renouvelle la même défense. *Concilia*, M. G. H., p. 198 : *Hi vero, quos puplicus census expectat, sine permissu principis vel judicis se ad religione sociare non audeant.* Aussi le concile de Reims (627-630), canon 6, *Concilia*, M. G. H., p. 203. Un certain nombre de Vies de saints montrent aussi la nécessité d'avoir l'autorisation royale pour devenir clerc ou moine.

de la royauté et, grâce à leurs richesses sans cesse accrues, ils acquirent rapidement la puissance. Le crédit de l'Église augmenta à mesure que l'autorité royale décrut. La séparation des deux pouvoirs est une des caractéristiques la plus importante de l'époque mérovingienne. Le pouvoir spirituel cherche à plier la royauté aux règles de la vie morale qu'il édicte, et si les évêques sont soumis aux rois, si le prince franc a le droit d'exercer une action sur la nomination des évêques, sur le recrutement du clergé, il ne faudrait pas en conclure cependant que les candidats nommés par la cour se montrent une fois évêques, les humbles serviteurs de la royauté. Le contraire est plutôt vrai. La haute situation attachée à la dignité épiscopale, métamorphosait bien des fois l'élu royal. Par les conquêtes de Clovis et de ses fils, par la formation du vaste royaume franc l'Église acquit une plus grande conscience de son unité, elle vécut de sa vraie vie, tout à fait indépendante de Rome[1].

La division ecclésiastique du royaume franc fut surtout le diocèse. On peut même dire que la circonscription diocésaine se resserre de plus en plus. La communauté religieuse y a à sa tête un évêque, qui veut être le maître chez lui, et qui maintient avec un soin jaloux les limites territoriales. La *patria* à l'époque franque est quasi réduite au diocèse et le prélat considère ses habitants comme sa propre famille. Il en est le représentant, et responsable vis-à-vis de la royauté

1. Après la conquête du Midi et de la Bourgogne, la royauté franque dut accepter l'orientation des deux grandes Eglises qui avaient toujours reconnu le Pape comme le successeur de saint Pierre. Les décrets étaient alors aussi bien écoutés que les ordonnances des conciles. Le Pape avait donné à un évêque des Gaules, celui d'Arles, des pouvoirs particuliers qui le transformaient en officier du Saint-Siège. Ses attributions étaient nombreuses: il devait donner des passeports aux clercs qui voulaient aller à Rome, il s'informait des abus graves qui étaient commis dans les différents diocèses, il pouvait enfin réunir aussitôt un concile. La royauté ne put changer un état de choses déjà fort ancien et entretint des rapports amicaux avec Rome. Le Pape est souvent pris comme arbitre. Dès 538, Théodebert lui demande si le mariage avec sa belle-sœur peut être toléré. Mais le vicariat perd peu à peu de son importance et finit par disparaître vers le septième siècle (Childebert I). Toutefois, l'Eglise franque vit toujours en la papauté une puissance morale et prit quelquefois dans les cas graves le Pape comme juge. Rome, nous le verrons, ne cessa jamais d'être la ville sainte pour l'Occident, et les tombeaux des martyrs, celui de saint Pierre en particulier, sauveront le Saint-Siège de la conquête lombarde. C'est au nom de saint Pierre que saint Grégoire le Grand cherche à établir une influence, il est vrai éphémère, sur l'Église franque. On peut voir par les lettres du digne prélat qu'il ne peut rien contre les abus qu'il signale, et que la réforme qu'il désirait voir introduire dans les monastères et parmi les clercs ne put aboutir.

de leur fidélité ou de leur infidélité. Au milieu des luttes des rois francs, il n'était pas rare de voir un diocèse prendre parti pour l'un ou l'autre des prétendants, toujours à l'instigation de l'évêque.

L'évêque se trouve donc à la tête du clergé et de la communauté des fidèles du diocèse. Sidoine Apollinaire nous a donné le mode d'élection épiscopale avant la fondation du royaume mérovingien. Les évêques voisins du diocèse vacant se réunissaient avec le métropolitain dans l'Église avec le clergé de la ville du défunt. Après des délibérations quelquefois vives, des luttes souvent ardentes sur différents candidats, cette assemblée présentait au peuple celui ou ceux qui pourraient être nommés. Un évêque faisait à la foule l'éloge des candidats dont il faisait valoir les qualités et montrait les avantages d'un tel choix [1]. Mais cette assemblée populaire était le plus souvent composée des clients et des agriculteurs des grandes familles sénatoriales qui ambitionnaient l'épiscopat, il s'ensuit que le vote n'était souvent pas libre, mais influencé par ces fortunes immenses.

Après le discours, la foule répondait : « *Dignus est ;* » il est vrai d'ajouter que les manifestations contraires de la part de la population étaient rares ; le choix des évêques était, semble-t-il, le plus souvent ratifié [2]. A partir de la royauté franque, l'élection eut lieu de la même manière, mais devait être confirmée par le roi. Il fallait souvent attendre de longs mois avant d'avoir reçu l'ordre du pouvoir central de consacrer l'élu. L'élection soi-disant populaire n'est donc, on le voit, qu'une simple formalité. Le candidat est choisi par le roi qui l'envoie élire [3].

1. Sidoine Apollinaire, *Epist.*, 25, 4, pour Chalon-sur-Saône, et *Epist.*, 5, 7, pour celle de Bourges ; cf. *Vita Germani Antissiod.*, c. 9 : *Clerici omnes cunctaque nobilitas, plebs urbana vel rustica in unam venere sententiam*, cf. *Vita Domnoli. Acta Boll.*, 16 mai, III, p. 607.

2. Marculf, *Formules*, I, 5 et 7, nous donne le *consensus* ou la rectification de l'élection par le roi. Le roi ordonne aux évêques de consacrer le candidat ; cf. l'élection de saint Didier de Cahors dans Migne, *P. L.*, 87. *Vita sancti Desiderii*, c. 5.

3. Grégoire de Tours nous apprend qu'un certain nombre d'évêques étaient choisis parmi les comtes. Cf. *Vitæ Patrum*, 2, p. 687 ; ils étaient des laïques, cf. Jaffé, *l. c.*, n°s 1374 et 1743. Grégoire de Tours, *H. F.*, VI, c. 9, 38, VIII, 22, 20. Servilius, qui était un fonctionnaire du palais, devint prêtre, Fortunat, *Carmina*, IV, 13, cf. la lettre du pape Félix à saint Césaire d'Arles contre les ordinations prématurées des laïques. Labbe, *Concilia*, V, p. 800. La fortune des évêchés était fort convoitée par les laïques qui désiraient par cela même être nommés évêques. Cf. la lettre du pape Symmaque à Césaire d'Arles. Labbe, *Concilia*, V, p. 425. On ne doit pas, dit le pape, promouvoir facilement des laïques à l'épiscopat. Le pouvoir spirituel s'était vu obligé de nommer des laïques

Cet arbitraire fut la cause de maux sans nombre : les règles du droit canon furent méconnues. Le roi octroya soit à des laïques[1], soit à des comtes[2] des évêchés et peu à peu s'introduisit l'habitude d'obtenir par des présents la fonction morale la plus élevée du royaume[3].

L'évêque ainsi établi jure fidélité au roi comme les autres sujets. La monarchie franque vit bien vite le profit qu'elle pouvait tirer d'une union étroite avec l'épiscopat et fit tout ses efforts pour rehausser la dignité des évêques[4]. Le roi appelle les prélats à la cour, les consulte à chaque instant, leur accorde le wehrgeld le plus élevé des grands fonctionnaires du royaume. Les évêques, de leur côté, étaient aussi à même de rendre de grands services à la royauté, car ils connaissaient beaucoup mieux que les comtes la population du diocèse, et ses besoins ainsi que les réformes nécessaires, pour le bien de l'État. A mesure que s'élève la puissance de l'aristocratie laïque, la royauté

aux fonctions ecclésiastiques ; cf. le concile d'Arles, II, can. 2 ; Labbe, *Concilia*, V, p. 765, le reconnaît : « *quia crescente ecclesiarum numero.* ».

1. La faveur faisait octroyer des évêchés, Grégoire de Tours, *H. F.*, 46, V, 43 ; VIII, 39, IX, 23 ; X, 31 ; elle était fort grande sous Dagobert : Frédégaire, *Chron.*, 60. Cf. Concile d'Orléans, can. II. Labbe, *Concilia*, V, p. 1300. Cf. M. G. H., *Leges*, sect. II. *Edict. Chlotarii* (614), p. 21, mais le roi se réserve le droit de nommer les officiers du palais ; « *Certe si de palatio eligitur, per meritum personæ et doctrinæ ordinetur.* » *Ibidem*, p. 21, le roi passait outre et accordait l'épiscopat. Grégoire de Tours, *H. F.*, IV, 35, p. 170, VIII, 22, p. 340. Frédégaire, *Chron.*, 9, le mendiant qui conduit Brunehaut à Arcy-sur-Aube est promu à l'épiscopat.

2. Les rois francs n'ont donc pas au point de vue des nominations épiscopales respecté le droit canon. Deux évêques sont choisis pour gouverner un diocèse. Cf. Grégoire de Tours, *H. F.*, III, 17. Ils nomment très souvent des comtes, des fonctionnaires, sans consulter les fidèles, et les font consacrer dans une autre ville ; Grégoire de Tours, *Vitæ Patrum*, VI, 3, p. 687. *H. F.*, IV, 26 ; VI, 7. Ils fondent même des évêchés sans nécessité religieuse. Id., *ibid.*, IV, 18. Le clergé se soumet sans se plaindre et reconnaît l'autorité illimitée de son souverain. Grégoire de Tours, *H. F.*, V, 2, 26 ; V, 19.

3. La simonie s'étend sur tout le royaume franc, pour l'Aquitaine, *Vita Desiderii*, A. S. S. B., 11 mai, 3, p. 304 ; pour Bourges, Mabillon, A. S. II, *Vita Sulpicii*, 12, p. 160. On achetait la charge au roi. Grégoire de Tours, *H. F.*, III, 2, p. 110, des envoyés apportaient des présents. « *Qui abiens, oblatis multis muneribus, in episcopatu successit* », *H. F.*, IV, 18. Le mal était profond, cf. la lettre de Grégoire le Grand, *Epist.*, liv. VII, CXII, p. 295, CXIX, p. 305. A l'époque de Saint-Gall, on peut constater en Auvergne, la simonie. Grégoire de Tours, *Vitæ Patrum*, 3, p. 682. Jaffé, *Regesta pontificum romanorum*, 2e edit., no 1374, pour la Gaule et la Germanie, en 595 ; et en 601, Nos 1840, 1842, 1875, 1876. On lui donna bien vite le nom d'hérésie, *hæresis Simonaca*. Cf. *Vita Sancta Bathildis*. A. S. B., 26 janv., p. 740, cf. Grégoire de Tours, *H. F.*, VIII, 21, p. 339, les rois acceptaient sans scrupule l'argent du candidat. On voit donc que les élections n'avaient pas lieu suivant les canons. Les conciles le disent sans cesse et même le IIIe Concile de Paris (557) ordonne de faire une enquête sur les élections antérieures. Labbe, *Concilia*, VI, p. 495.

4. Il serait intéressant de se rendre compte de la situation acquise par l'évêque

recherche l'appui de l'Église, et les liens entre les évêques et le pouvoir central deviennent de plus en plus intimes.

L'évêque était donc dans chaque diocèse le chef de la communauté religieuse. Les fidèles composaient sa grande famille. et dans ces temps de guerres et de pillages, ce n'était que dans le sein de l'Église ainsi circonscrite qu'on pouvait trouver un peu de solidarité. L'évêque veille à tout ce qui intéresse les habitants de la cité. Les documents nous le montrent restaurant sans cesse les édifices sacrés, élevant des églises nouvelles, fondant des monastères. La ville est pour ainsi dire considérée comme propriété de l'évêque : il veille à sa défense, répare les murs qui la protègent. Il a soin de la canalisation des eaux et restaure les anciens aqueducs romains. Choisi parmi les grandes familles, il n'est pas confondu au dehors avec le comte, il ne vient pas pressurer les pauvres, lever des impôts nouveaux. Il est au contraire l'enfant du pays, le fils d'une famille déjà connue par ses œuvres et sa charité et vénérée dans la contrée. Il compte des parents qui sont ou ont été évêques. Riche le plus souvent, il peut employer sa fortune à de bonnes œuvres ; pauvre, il trouve en arrivant dans son diocèse une richesse ecclésiastique qui lui permet par des aumônes de s'attacher les fidèles. Le pouvoir central donne sans cesse à l'Église, mais ne tire guère profit de ces largesses. Les comtes, ses représentants, sont considérés souvent comme les ennemis de la ville. Ils sont là, dans les cités, menaçant l'évêque, et à la cour bien des

à la fin de l'Empire romain. Au milieu de l'anarchie, il avait gagné peu à peu une assez grande influence et était devenu le vrai maître de la cité. Sidoine Apoll., *Epist.*, IV, 25 le désigne comme la « *caput urbis* ». C'était déjà un grand personnage. Cf. la puissance de Léonce, évêque de Bordeaux, qui fit beaucoup pour son diocèse; Fortunat, *Carmina*, IV, 9, 11, 8; cf. l'activité de Tetricus, évêque de Langres, *Id.*, *ibid.*, IV, 3; et celle Launebode qui éleva à ses frais l'église de Saint-Saturnin, *Id.*, *ibid.*, II, 7 ; Grégoire de Tours, *H. F.*, III, 34, 98, il défend la population de la cité, *Id.*, *ibid.*, VII, 25, 27, p. 307 ; cf. Le Blant, *Inscriptions chrétiennes de la Gaule*, II, nos 425 et 492. Il a soin des remparts ; cf. *Vita Desiderii*, c. 9. Amour que lui portent les habitants de la cité, *Id.*, *ibid.*, III, c. 24, lors d'une maladie : « *Age ne pereat grex tibi commissus a Deo, defende a lupo quem rabido laceret dente.* » *Id.*, *ibid.*, IX, 30, p. 385. Il prend part à la défense, *Id. ibid.*, VII, 37, p. 317. On le loue d'avoir « *ecclesias erigere, domos componere, serere agros, vineas pastinare diligentissime studebat* », *Id.*, *ibid.*, IV, 36, p. 170, pour les donations de biens particuliers pour fonder des monastères, nous avons un grand nombre d'indications à ce sujet. Preuves de sa bonté envers les fidèles confiés à sa garde, *Id.*, *ibid.*, IX, 30. Le peuple les considère comme les maîtres de la ville, Fortunat : *Vita Albini*, 9, p. 30. Ils ont donc hérité d'un long passé et leur autorité augmente à mesure que le pouvoir central décroît.

complots sont ourdis, bien des calomnies sont répandues par le comte. Malgré cet antagonisme qui est encore loin de sa fin, on prévoit déjà de quel côté sera la victoire.

L'entrée des grands propriétaires gallo-romains dans l'Église fut un grand bonheur pour l'humanité. Ils maintinrent plus élevé le niveau moral des prélats. Cette heure fut même décisive et eut dans l'histoire une très grande importance. Ces dignes évêques cherchèrent par tous les moyens à relever la morale bien abaissée du monde contemporain. Leurs efforts ne furentpas vains, car les temps qui suivront les prendront comme modèles.

La royauté ne pouvait contrarier ce courant sympathique aux évêques. Elle prenait de plus en plus un caractère despotique, et apparaissait aux populations comme l'héritière de l'âpreté romaine. Le sentiment populaire était évidemment injuste, car l'Église accaparait les richesses données avec libéralité par le pouvoir royal. L'état social augmentait aussi l'autorité épiscopale. La fortune des églises devenue de plus en plus grande donne aux fonctionnaires ecclésiastiques une puissance que les rois même les plus despotes sont forcés de reconnaître. L'évêque grandit sur les ruines des droits de la royauté. Chilpéric, Dagobert se sont bien rendu compte de l'omnipotence des évêques, mais n'ont pu en arrêter le développement fourni par les événements[1]. Au milieu de ces guerres perpétuelles, l'Église reste seule debout, avec sa hiérarchie puissante, ses grandes richesses, son personnel déjà nombreux.

Les légendes accréditaient le pouvoir des évêques. Elles popularisaient leur action bienfaisante au moment des invasions. Ils s'étaient montrés presque tous à la hauteur de leur tâche. L'ennemi assiège-t-il la ville, on les avait trouvés toujours prêts à la défendre. C'étaient eux qui avaient calmé la population au moment du danger. On racontait qu'ils s'étaient avancés sans escorte devant le chef barbare, toujours violent et emporté, et avaient obtenu des conditions moins

1. Chilpéric avait fort bien compris la toute-puissance du clergé et des évêques. Grégoire de Tours, *H. F.*, VI, 46, p. 286, mais la royauté était la première à augmenter leur pouvoir. Ils s'élèvent contre les prétentions fiscales des comtes, *Id.*, *ibid.*, IX, 30, p. 384, aident le peuple dans les soulèvements contre les enquêteurs, Id., *ibid.*, V, 28, p. 222. Les rois les choisissent comme arbitres, *Id.*, *ibid.*, V, 47. A la fin du VIe siècle, ils ont la surveillance des procès jugés dans leur diocèse et peuvent annuler les sentences des juges; concile de Tours (567), can. 26. Leur pouvoir augmente encore et on peut voir au VIIe siècle le rôle important de l'évêque saint Léger d'Autun : l'âme de la ville lui appartient.

dures de la part du vainqueur. Ces légendes nous ont conservé ces hauts faits d'abnégation et d'héroïsme.

Ce fut donc un résultat fort important que les droits et les devoirs des évêques aient été parfaitement établis et que les diocèses aient reçu des limites stables. Ces circonscriptions ecclésiastiques ont maintenu un peu d'unité dans ces royaumes divisés d'une manière si arbitraire. Mais on s'explique facilement l'ardeur qu'on mettait à rechercher cette dignité tant désirée, car dans ces temps de despotisme presque sans limite, où la force était souveraine et où l'arbitraire régnait partout en maître, c'était encore dans l'Église que la liberté et une certaine indépendance pouvaient trouver un asile[1]. C'était là que les hommes délicats, les rhéteurs du cinquième siècle cherchèrent un abri contre le flot toujours montant de la barbarie[2]. Le siècle suivant nous montre encore l'aristocratie gallo-romaine à la tête des évêchés, mais au commencement du septième nous voyons l'épiscopat patricien faire de plus en plus place aux familles franques. Les évêques d'origine germanique deviennent plus nombreux à partir de saint Léger. On peut voir à la fin de la période mérovingienne, cette transformation et les résultats souvent désastreux qu'elle entraîne[3].

Le saint fortifia le pouvoir et l'autorité de l'évêque. Celui-ci faible, souvent vieillard sans puissance au milieu des Barbares, n'aurait eu qu'un crédit bien ébranlé, s'il n'avait eu pour appui que la doctrine chrétienne. Il fallait en ce moment concrétiser sa puissance morale; il

1. L'influence des grandes familles sénatoriales de la Gaule fut pendant les Ve et VIe siècles très importante, car elles recherchaient généralement, les fonctions ecclésiastiques, et en 511, au concile d'Orléans, les évêques obtinrent de Clovis que les *filii clericorum, id est patrum, avorum ac proavorum, quos supradicto ordine parentum constat observationi subjunctos, in episcoporum potestate ac districtione consistant*, n'aient pas besoin de l'autorisation royale pour être clercs. Cf. concile d'Orléans, 511, can. 4, *Concilia*. M. G. H., p. 4.

2. L'épiscopat se conserva ainsi pendant longtemps dans certaines familles et si on établit la généalogie de celle de Grégoire de Tours, on aperçoit tout de suite l'étroite parenté qui l'unit avec les prélats des églises des Gaules, mais avec le temps, des transformations eurent lieu, et vers la fin du VIIe siècle, les prélats nommés appartenaient le plus souvent à la race franque.

3. Friedrich a montré que pendant le VIe siècle, les noms gallo-romains des évêques sont très nombreux et dépassent ceux des évêques germains. Cf. Fredrich, *Kirchengeschichte Deutschl.*, II, p. 116. Il a établi son évaluation d'après les signatures des évêques aux conciles, Hauck a prétendu contre Lœning, que pendant la période mérovingienne les prêtres et les clercs inférieurs étaient pris parmi les Germains. Nous pensons que ce fut surtout vrai au commencement du VIIe siècle. Cf. Lœning, *l. c.*, II, p. 223. Hauck, *Kirchengesch.*, I, p. 127.

était nécessaire de posséder un appui visible dans l'Église même. L'évêque le trouva dans le tombeau du saint. C'était lui qui était le défenseur du saint qu'on honorait dans la basilique, c'était lui aussi qui était le successeur des Apôtres[1]. Les miracles dont les récits circulaient dans la cité, attestaient la puissance de l'Élu de Dieu et agrandissaient le pouvoir de l'évêque. Malheur à celui qui aurait touché à l'homme du Seigneur, au représentant du saint sur la terre. Fort de ce pouvoir, l'évêque peut parler à ces Barbares qui tremblent en l'approchant. Il agit pour le bien de l'humanité et sa voix est souvent écoutée au milieu du bruit des armes.

Les évêques ont déjà conscience du long passé de leur église. Des intérêts hiérarchiques avaient donné naissance à des listes épiscopales et chaque évêché avait intérêt à connaître la longue lignée de ses prélats. Les évêques d'Arles proclament saint Trophime le fondateur de leur église, ils le considèrent comme contemporain de saint Pierre et mandé par lui. Fortunat connaît la liste de l'évêché de Bordeaux, et Grégoire de Tours nous donne celle des prélats qui se sont succédé dans son église. On peut dire cependant que nous ne sommes pas encore arrivés au moment où des erreurs, le plus souvent intentionnelles, vont donner lieu à des discussions sans fin.

L'épiscopat franc n'était plus capable de discuter les doctrines des Pères de l'Église. Le concile d'Orange avait accepté les vingt-cinq chapitres envoyés par le pape qui résumaient celles de saint Augustin et de Prosper d'Aquitaine, et nous voyons par les récits contemporains que les dogmes chrétiens deviennent dans tous leurs détails de plus en plus des vérités acceptées par le clergé sans préoccupation de les discuter. Les arguments de Grégoire de Tours pour défendre le dogme de la Trinité nous paraissent bien faibles et, à coup sûr, ne sont pas à la hauteur de la logique arienne. Le parti philosophique de l'Église finit avec saint Césaire d'Arles et les prélats des temps francs abandonnent, avec la décadence des lettres, les problèmes métaphysiques, si chers aux époques précédentes. Ce fut encore un bien pour l'humanité. La nécessité des temps ne demandait pas ces querelles oiseuses, toujours sans solution, mais réclamait un pouvoir spiri-

1. Les rois reculent devant son autorité; Grégoire de Tours, *Vitæ Patrum*, 2, p. 675. Saint Martin protège Tours et les évêques sont ses représentants. On pourrait en dire autant de saint Médard, de saint Germain, etc. Nous verrons bientôt la puissance des élus de Dieu sur les princes.

tuel dont les efforts seraient sans cesse dirigés vers la morale et qui devait avant tout être préoccupé de réfréner les passions de ce monde grossier. L'abstraction fut ainsi bannie pour un temps et l'Église s'attacha désormais à améliorer l'homme qui lui était confié.

Sa tâche devient donc plus facile, l'épiscopat avait triomphé de querelles sans nombre; il représentait dans le sein de la société chrétienne l'ordre. Ce n'était pas sans efforts, sans luttes incessantes qu'il avait vaincu les sectes nombreuses, les tendances d'un ascétisme exagéré. Le fidèle est aujourd'hui sous la complète dépendance de l'évêque. Lui seul discute les dogmes avec ses pairs. Ses conceptions sont le produit d'un christianisme moyen, indulgent, reconnaissant les faiblesses humaines et le repentir sincère de la faute. Il représente donc en ce moment une religion de vertu moyenne, souvent médiocre, quelquefois inférieure. Son rôle religieux est avant tout d'apporter un peu d'ordre dans cette société si divisée, et de mettre un terme aux exagérations religieuses des ascètes qui se disent les vrais chrétiens, à cet amour de ce nouveau martyre poussé à l'extrême. Au VIe siècle, l'épiscopat a conscience de sa tâche. Mais avec le temps, et surtout après la mort de Dagobert nous pouvons constater une profonde décadence. Les évêques ont acheté le plus souvent leur charge ou la doivent à la faveur royale et se préoccupent fort peu des fidèles qui leur sont confiés. Le mal s'étend de plus en plus et exige une prompte réforme. Boniface fera tous ses efforts pour porter remède à ces abus si regrettables[1].

Les droits et les devoirs de l'évêque sont très nombreux. Ils peuvent se diviser en deux catégories : ceux qui se rapportent aux services religieux et ceux qui sont avant tout des devoirs sociaux. Seul, il a le droit de bénir les fidèles dans l'église, de confirmer les catéchumènes, d'ordonner les clercs, de sanctionner le choix des prêtres destinés aux chapelles privées, aux oratoires des *villæ* des grands propriétaires. Il consacre les autels, bénit le saint chrême employé dans les cérémonies

1. Les derniers conciles mérovingiens nous présentent un tableau des mœurs relâchées qui régnaient à cette époque. Laïques nommés aux évêchés : concile Latunense (673-675), c. I, *Concilia*, p. 217. Porteurs d'armes, p. 218. Deux évêques dans une seule ville, c. VI, cf. concile de Chalon, 639-654, c. 4. *Concilia*, p. 209. Archiprêtres choisis parmi les laïques : cf. concile Latunense, c. 9. p. 218. Évêques nommant leur successeur, c. 22, p. 219; 16, p. 219. Le clergé allait à la chasse, c. 15, 29. L'adultère fréquent dans ce monde. Les conciles défendent sans cesse aux clercs de recevoir des femmes. Le mal devient général, s'étend sur toute la Gaule.

religieuses, au baptême, à la mort du fidèle, etc. Il nomme les prêtres des paroisses qui deviennent, nous le verrons bientôt, de plus en plus nombreuses. Enfin il doit visiter une fois par an les églises de son diocèse et s'informer des réformes nécessaires au maintien de la discipline, de l'entretien des édifices sacrés[1].

Les évêques, pendant la célébration du culte, tenaient des discours au peuple qui applaudissait à l'éloquence du prélat. Les uns parlaient tous les dimanches, d'autres, quelquefois aux grandes fêtes. Césaire d'Arles est connu par ses nombreux sermons, et tous les évêques qui venaient à l'église, déjà préparés par une haute culture, imitaient son exemple. Les homélies de ces évêques rhéteurs étaient célèbres. Les monastères les copiaient, les faisaient parvenir aux autres églises. Les orateurs les plus importants de cette époque sont : saint Césaire, saint Avit, saint Remi de Reims, saint Nicet de Trèves, saint Germain de Paris, saint Prétextat de Rouen, saint Léger d'Autun. Ces sermons, à partir du milieu du sixième siècle, furent surtout moraux. La prédication devait encourager à une morale plus élevée, donner des règles pour la vie religieuse, des préceptes à ces foules qui emplissaient l'église. Souvent l'évêque faisait aux fidèles un sombre tableau de l'avenir et cherchait à les effrayer pour la description des tourments de l'enfer ; il les conjurait de se livrer à la pénitence, et nul doute que ces homélies eussent quelque influence sur des natures si facilement impressionnables[2].

Comme les fidèles de la cité forment aux yeux de l'Église une petite communauté, l'évêque, qui en était le chef doit se préoccuper avant tout de ceux qui souffrent. Chaque prélat a soin des pauvres, protège la veuve et l'orphelin, visite les prisonniers une fois par semaine[3]. Les légendes nous ont conservé des récits touchants de la bonté épiscopale envers les prisonniers, les captifs, qui étaient le plus souvent emmenés loin du diocèse, à la suite des armées victorieuses.

1. Lœning, *l. c.*, II, p. 225, a groupé tous les textes relatifs aux devoirs et aux fonctions des évêques. Cf. aussi *Vita S. Germani*, *Acta Boll.*, 31 juillet, VI, p. 203.

2. Les évêques héritent des conceptions romaines au point de vue littéraire. Ils aiment le style déclamatoire, et cherchent même dans les œuvres pieuses à étonner plus qu'à émouvoir. Fortunat et saint Césaire en sont un exemple. Les prélats du Nord se méfiaient de ces orateurs, mais subissaient bien souvent leur influence. Cf. Fortunat, *Carmina*, III, 18 ; Grégoire de Tours, *H. F.*, VI, 9, 254.

3. Sa douceur pour les déshérités, son indulgence pour les voleurs, Grégoire de Tours, *In gloria martyrum*, 72, p. 536. Sa bonté : Fortunat, *Carmina*, III, 3. Sa générosité envers ses ennemis, *Vita S. Cesarii*, I, p. 18.

On montrait dans les églises les débris des chaînes qui s'étaient rompues au moment où les prisonniers invoquaient le secours du saint du pays. L'évêque faisait souvent plus. Il allait trouver le juge, réclamait l'indulgence, cherchait par tous les moyens à arracher le chrétien à la mort. Dans les guerres fratricides si fréquentes, le prélat épuise le trésor de l'église pour racheter les prisonniers de son diocèse, de sa province. Il supplie le roi de les lui livrer. On connaît les beaux traits de Césaire vendant jusqu'à ses vêtements de fête pour délivrer les captifs conduits en Italie par les généraux du roi Théodoric. A cette époque si troublée, le peuple considère l'évêque comme son seul défenseur. Un impôt est-il trop lourd, les citoyens vont aussitôt réclamer auprès de l'évêque qui s'adresse au roi, et cherche par tous les moyens à obtenir des concessions.

La grande préoccupation de l'évêque était de savoir qui lui succéderait. Il aimait son diocèse, avait fait beaucoup pour ses fidèles et songeait souvent à l'inutilité de ses efforts si un laïque ou un homme de cour venait à le remplacer après sa mort. Aussi voulait-il souvent choisir son héritier[1]. Il évitait de cette manière bien des dommages à son église, les terres épiscopales pillées, les meubles de la *domus ecclesiæ* volés, le trésor dérobé. Le roi acceptait quelquefois, mais assez rarement cependant, son candidat. On avait recours aussi à la divination, au

1. L'évêque désignait quelquefois son successeur, qui était alors demandé par les fidèles. C'était assez fréquent et surtout pratiqué aussi par les papes. Félix IV, Boniface II ont désigné leur candidat. *Vita Melanii*, *Acta Boll.*, janvier IV, 328 : il cherche quelquefois à faire élire un protégé ; cf. *Acta Boll.*, 31 juillet, *Vita S. Germani*, 4, p. 202. Phonius, évêque d'Arles, fait promettre aux fidèles d'élire Césaire, *Vita S. Cesarii*, p. 55, V, 1er août (27 août), II, 12, p. 67. Grégoire de Tours supplie le roi de nommer Nicet à l'évêché de Lyon, *Vitæ Patrum*, 3, p. 693. Le peuple choisissait un évêque et demandait ensuite le consentement du roi, Mabillon, A. S., II, *Vita Ansberti*, 22, p. 1008. La nomination d'un évêque était fort importante pour le clergé du diocèse. On peut le voir par ceux qui, étant sur le point d'être nommés, changent les ordinations des prêtres, renvoient des fonctionnaires et ordonnent tout à leur fantaisie ; Grégoire de Tours, *H. F.*, IV, 5, p. 145. A. S. S. B. 13 février. *Vita S. Licinii*, 2, p. 679. Les élections étaient quelquefois très vives, et donnaient lieu parfois à des luttes sanglantes, cf. Mabillon, *Acta*, II, *Vita Leodegarii*, 1, p. 651. Grégoire de Tours, *H. F.*, IV, 7, p. 146, VI, 37, p. 278. Le clergé était divisé, les biens du vaincu sont pillés, *Id. ibid.*, IV, 26, p. 261 ; le peuple mécontent chassait l'élu ; Grégoire de Tours, *Vitæ Patrum*, 4, p. 683. Il le subissait quelquefois, mais le tuait peu après. Migne, P. L., 72, *Vita Desiderii*, 105, p. 223 ; le peuple désira de plus en plus avoir un évêque de la contrée, Grégoire de Tours, *H. F.*, V, 46, p. 238 : « *adjurans terribilibus sacramentis, ut in ecclesia illa non ordinaritur extraneus, non cupidus, non conjugali vinculo nexus...* » Le nom de l'élu pouvait être désigné par Dieu, par l'intermédiaire d'une femme en extase, *Id.*, *ibid.*, II, 13, p. 81.

songe, pour augmenter les chances du candidat désiré. Les conciles se préoccupent souvent de la conservation du mobilier de l'évêque défunt que les clercs, eux-mêmes, ne se faisaient nul scrupule de piller et de détruire. Le prélat nouvellement nommé trouvait souvent la maison vide. Ces abus étaient tels que les synodes ordonnent aux clercs de restituer ce qu'ils ont dérobé. Pour remédier à ces vols si souvent réitérés, on décréta que l'évêque le plus voisin ferait l'inventaire des biens et des meubles de l'évêque au moment de sa mort, et le transmettrait ensuite au métropolitain[1].

La demeure de l'évêque était souvent très vaste et d'une importance presque seigneuriale. Les documents l'appellent la *domus ecclesiæ*. Le nombreux personnel de la maison épiscopale comprenait : le *vidame* ou fonctionnaire qui représentait l'évêque dans son pouvoir temporel, l'*échanson* de la table épiscopale, le *thesaurarius*, garde du trésor de l'évêché, de nombreux *intendants* des domaines ecclésiastiques situés sur le territoire de la ville, des affranchis et des esclaves préposés au service de la maison.

Choisi parmi les laïques influents ou les fonctionnaires du royaume, l'évêque était le plus souvent marié. Il parvenait à l'épiscopat à un âge assez avancé, et quelquefois il avait des enfants. Le droit canon lui ordonnait de vivre séparé avec sa femme. Quelques prélats, possesseurs d'une plus grande fortune particulière, vivaient seuls dans la *domus ecclesiæ* et leurs femmes habitaient une autre maison[2]. Les clercs qui étaient auprès de l'évêque étaient assez nombreux. Les documents mentionnent çà et là quelques tentatives pour les grouper, mais on ne voit pas que cette coutume devienne générale[3]. Grégoire

1. On chercha à garantir à la mort de l'évêque le mobilier de l'église et ses biens. On ne devait rien toucher avant l'ouverture du testament (concile de Reims, 625, canon 16). Labbe, *Concilia*, VI, p. 1439.

2. Cette coutume n'était pas générale. Elle était la règle à Lyon : Grégoire de Tours, *H.F.*, IV, 36, p. 171. Des évêques vivaient dans la même maison, mais dans des chambres séparées : Id., *In gloria confessorum*, 75, 77. Les conciles s'occupent de cette grave question, cf. Concile d'Orléans, 541, canon 17. *M. G. H.*, p. 93. (Concile de Tours (an 567), canon 13.) *M. G. H.*, p. 125 : « *episcopus conjugem ut sororem habeat.* » (Concile de Lyon (583), canon 7.) *M. G. H.*, p. 154 ; l'évêque peut vivre avec sa femme, mais il doit veiller à ne donner prise à aucun soupçon.

3. Il ne peut être question d'une vie en commun, les tentatives faites par saint Augustin à Hippone et par Eusèbe à Verceil pour grouper tout le clergé urbain échouèrent. Grégoire de Tours, *Vitæ Patrum*, IX, 1; *H. F.*, VI, 36; IX, 31; à Bourges, *mensa canonica*, cf. *Vitæ Patrum*, I, 703 ; où des disputes éclataient. Pour Tours, une *mensa canonica* est mentionnée. Il y avait aussi dans la maison épiscopale des chambres particulières pour les clercs (Concile de Tours (an 567), canon 13.) *M. G. H.*, p. 125. Mais dès le VIe siècle, on voit déjà une *domus*

nous montre dans un évêché une *mensa canonica*, mais sans nous donner aucuns détails précis. Nous savons aussi que la maison de l'évêque avait de nombreuses chambres, et que des clercs résidaient près de lui pour garantir l'honorabilité de ses mœurs, mais il ne faudrait pas voir ici une règle monacale et imaginer l'existence de dortoirs où le clergé de la ville aurait dormi, prélat et clercs se surveillant réciproquement. Les récits contemporains nous disent au contraire que les clercs de la ville habitaient dans des maisons particulières et séparées de l'évêché.

La conversion des ariens dans le royaume wisigothique conquis par les rois mérovingiens, celle du peuple burgonde sous le roi Sigismond, augmentent chaque jour le nombre des fidèles et nécessitent un personnel de plus en plus nombreux[1]. L'Église fut, pour ainsi dire, prise à l'improviste, et elle dut faire appel aux laïques. Le recrutement, tel que l'aurait désiré le droit canon, était impossible devant le flot toujours montant des chrétiens nouvellement convertis. Les clercs qu'on nomme, pris dans toutes les classes, arrivent de tous les côtés. Les conséquences de cet état fâcheux se firent sentir immédiatement, car nous allons voir bientôt que le clergé n'est que le simple reflet de la société laïque. Le dévouement, la générosité, le sacrifice de soi-même vont coudoyer l'égoïsme le plus brutal, la grossièreté et la barbarie.

Le clergé se divisait en deux ordres : l'ordre majeur comprenant les évêques, les prêtres, les diacres; l'ordre mineur, les sous-diacres, les lecteurs et le personnel subalterne qui était préposé aux édifices sacrés. Les fonctions étaient souvent de très longue durée, quelquefois même à vie. Grégoire de Tours nous donne le *curriculum vitæ* d'un prêtre. Il était resté dix ans lecteur, cinq ans sous-diacre, quinze ans diacre et vingt ans prêtre[2]. Mais l'arbitraire régnait dans les fonctions ecclésiastiques. L'Église avait prescrit qu'on ne pouvait être nommé

ecclesiæ où un certain nombre de clercs vivaient *sub episcopali præsentia.* (Concile de Tolède (531) et concile d'Orléans (533). Labbe, *Concilia*, IV, p. 1782.) Elle se trouve mentionnée dans Grégoire de Tours, *H. F.*, VII, 27; IX, 12, et possédait un oratoire. Les clercs étrangers, les évêques y recevaient l'hospitalité.

1. L'accomplissement des cérémonies religieuses devient quotidien et oblige à un nombre plus grand de clercs. Le Concile d'Arles, II, can. 2, l'avoue ; cf. Labbe, *Concilia*, V, p. 765 : *quia crescente ecclesiarum numero.*

2. Grégoire de Tours, *H. F.*, IV, 6, p. 145 : « *Nam et ipsos clericati grados canonica sum semper institutione sortitus. Lector decim annis fui, subdiaconatus officium quinque annis ministravi, diaconatui vero quindecim annis mancipatus fui, presbiterii, inquam, honorem viginti annis potior... Igitur cum consensu clericorum ad episcopatum electus.* »

diacre qu'à vingt-cinq ans et prêtre à trente seulement. Ces règles n'étaient point fixes. Le pouvoir spirituel avait dû ordonner aussi au moins un an de cléricature avant d'être reçu prêtre, car les riches et les puissants, qui désiraient entrer dans les ordres supérieurs, ne voulaient point attendre, mais on voit que ces prescriptions restent le plus souvent lettre morte devant les nécessités de l'heure présente. Les laïques, après avoir mené parfois la vie mondaine, entrent assez nombreux dans l'Église et sont ordonnés prêtres ou évêques sans études, sans stage préalables. Le recrutement du clergé franc se faisait dans toutes les classes. Les rois mérovingiens s'engagent bien, mais sans pouvoir tenir leurs promesses, à ne pas nommer des laïques. Le bon Gontran, l'ami de l'Église, cède à la tentation. Les évêques soucieux des intérêts religieux, le pape Grégoire le Grand, se préoccupent de cet état fâcheux et cherchent à remédier à ces nominations souvent injustes, mais leurs efforts sont restés sans résultat, et à mesure que nous avançons, que le nombre des paroisses augmente, des laïques sont nommés tout de suite archiprêtres. Les temps en sont la cause. Les écoles des évêchés, des monastères ne pouvaient fournir un recrutement sûr et régulier, il fallait dès lors avoir recours à la société laïque et laisser ainsi place à l'intrigue, au favoritisme dans le choix des fonctionnaires religieux.

Le clergé du diocèse comprenait les clercs de la ville où demeurait l'évêque et ceux des paroisses rurales et des oratoires élevés sur les grandes propriétés de l'aristocratie. A la tête du clergé urbain était l'archidiacre, le personnage le plus important après l'évêque dans le diocèse. Il avait sous ses ordres le clergé de la ville, les prêtres, les diacres et l'ordre mineur. L'évêque voyait en lui son soutien, un aide dans ses nombreuses fonctions, et s'en reposait le plus souvent sur lui[1]. Lieutenant du prélat, il le représente dans les affaires civiles, devant le tribunal du comte, surveille le service intérieur de l'église, vérifie si l'autel est bien revêtu de ses ornements, si les cierges brûlent au tombeau du saint. Au moment du service religieux, il doit s'informer si les diacres et le lecteur qui lira l'évangile, sont présents. Dans le diocèse, il veille à la bonne tenue des clercs et à leur observance du règlement au sujet du costume et de la taille des cheveux, il s'informe aussi de leur moralité, signale à l'évêque les délits mo-

1. *Vita Leodegarii*, c. I, p. 651.

raux des fonctionnaires ecclésiastiques[1]; Sa sévérité lui rendait souvent le bas clergé hostile.

Mais à côté de ces fonctions de police, il est le chancelier de l'évêché et a sous ses ordres les nombreux scribes qui rédigent les chartes des affranchissements faits dans l'église. C'est lui qui visite le dimanche les prisons de la ville pour s'assurer que le service est bien fait et que les prisonniers ne manquent de rien[2]. La direction de l'école épiscopale où viennent s'instruire les jeunes gens qui se destinent à la cléricature lui est confiée et l'instituteur est sous ses ordres[3]. Comme l'archidiacre a été pendant la vie de l'évêque à la tête de toutes les affaires diocésaines, il administre après sa mort l'évêché vacant, jusqu'à la nomination du nouveau prélat[4]. Souvent même il sollicite l'évêché.

Le choix de l'archidiacre n'avait pas lieu d'une manière arbitraire. Le plus ancien diacre de la paroisse urbaine était désigné de droit à ces hautes fonctions, néanmoins, s'il était trop âgé ou si l'évêque ne le jugeait pas capable d'être à la tête du clergé, il conservait les titres et les privilèges de cette fonction, mais devait accepter un autre diacre choisi par le prélat pour l'aider à remplir ses attributions[5].

Les évêques durent souvent violer ces prescriptions. Le favoritisme exerçait là aussi son influence. Les parents des prélats qui voulaient entrer ou étaient déjà dans les ordres étaient le plus souvent choisis.

L'archidiacre est quelquefois dans les récits de Grégoire de Tours, l'ennemi de l'évêque[6]. On le voit comploter, s'allier avec tous les clercs de conduite légère, pour renverser l'évêque, pour ameuter la population contre lui, mais il faut avouer que ces cas devaient être relativement peu fréquents. Comme l'évêque avait le droit de destituer son archidiacre, il est à croire que la flatterie exerçait là son influence dissolvante.

Les clercs de la ville se composaient donc de prêtres, de diacres, de

1. Concile d'Agde, can. 20. Grégoire de Tours, *Vitæ Patrum*, IX, I, p. 792. Il juge les querelles des clercs. Concile de Mâcon, can. 8.

2. Lœning, *l. c.*, II, p. 339.

3. Grégoire de Tours, *De gloria martyrum*, I, 78, quelquefois il les instruit lui-même, le plus souvent il surveille le précepteur. Id., *H. F.*, VI, p. 36.

4. Concile d'Orléans, II, can. 6; il faisait l'inventaire de la maison, *descriptam idoneis personis custodiendam derelinquat*. Cf. Concile de Paris, V, can. 9.

5. Lœning, *l. c.*, II, p. 341. Cf. aussi le concile d'Agde, can. 23, il ordonne : *Si officium archidiaconatus propter simpliciorem naturam implere aut expedire nequiverit, ille loci sui nomen teneat et ordinationi ecclesiæ, quem elegerit episcopus præponatur.*

6. Cf. Grégoire de Tours, *H. F.*, VI, 36.

sous-diacres et de lecteurs. Comme l'évêque, ils étaient tous élus par le peuple. Les fonctions ecclésiastiques de ces clercs étaient parfaitement distinctes[1] : aux prêtres étaient réservées la célébration de la messe et la communion des fidèles, les diacres servaient aux cérémonies religieuses, présentaient au célébrant le pain et le vin, qui devaient être consacrés, surveillaient l'assemblée des fidèles, maintenaient l'ordre dans l'église, et souvent même étaient placés aux portes pour les garder. Un diacre était choisi pour faire sortir les pénitents et les catéchumènes avant la messe des fidèles. D'autres avaient soin des pauvres inscrits sur la matricule de la paroisse, des malades. Ils occupaient une situation privilégiée dans l'évêché, et bien souvent ils se montraient remplis d'orgueil et de dédain envers les prêtres; aussi les canons croient-ils devoir leur interdire de prendre le pas sur les prêtres et s'efforcent-ils d'établir solidement la supériorité du sacerdoce sur le diaconat [2].

Les sous-diacres servent le prêtre à l'autel, ils placent la patène et le calice sur la table sacrée. Ils ont soin des offrandes, choisissent dans la sacristie ce qui est nécessaire à la communion des fidèles, veillent à la propreté de l'autel, assistent le prêtre pendant la cérémonie du baptême. Puis viennent les acolytes, les exorcistes, les lecteurs, pris parmi les jeunes gens qui se destinent à la carrière ecclésiastique[3]. Ils forment une corporation et sont très nombreux dans les paroisses ur-

1. La nomination des prêtres était la même que celle des évêques. Le rite gallican nous montre qu'elle était soumise sans nul doute pour la forme au peuple. Muratori, *Liturgia romana*, II, p. 666. Il en était ainsi pour les autres fonctions ecclésiastiques. Les lecteurs même étaient élus. A Rome, les noms des prêtres étaient proposés à la foule.

2. Les clercs étaient inscrits sur la matricule de l'église par ordre hiérarchique (concile d'Agde (521), can. 3). Labbe, *Concilia*, V, p. 521 : « *rescripti in matricula gradum suum et dignitatem recipiant.* »

3. Les lecteurs étaient en général instruits dans la maison et sous les yeux des évêques ou des archiprêtres. On était lecteur très jeune. S. Césaire le fut à 7 ans, d'autres à 9 ou à 10. Grégoire de Tours, *De virtutibus S. Juliani*, 16, p. 571. On les appelait *juniores lectores*, *H. F.*, IV, 7, p. 147. Mabillon, *Acta* I, *Vita Cesarii*, 3, p. 630. Ils lisaient, aux fêtes des saints, l'histoire de la passion du martyr. « *Procedente lectore, qui beatæ passionis recenseret historiam.* » Ils étaient élevés auprès des clercs jusqu'à 18 ans. A ce moment, ils déclaraient s'ils voulaient se marier. S'ils promettaient devant le clergé et le peuple de garder la continence, ils étaient ordonnés sous-diacres à l'âge de 20 ans. S'ils se marient ils sont chassés de l'Eglise. Comme le clergé considérait l'instruction de ces jeunes gens comme coûteuse, le pouvoir spirituel recommandait aux évêques de ne pas enlever des lecteurs aux prélats voisins, « *quia est durum, ut eum, quem alius rurali sensu de squalore infantiæ exuit* » (Concile de Tolède, 531). Labbe, *Concilia*, V, p. 878, pour la Gaule. Concile de Vaison (529), can. I. *Concilia*, *M. G. H.*, p. 56.

baines. Ce sont les premiers pas, la fonction de début généralement fort brève. Les lecteurs chantaient surtout aux cérémonies religieuses, et souvent leur corporation porte le nom de *schola cantorum*.

Le clergé de la ville était entretenu aux frais de l'église épiscopale. Les textes font mention d'un traitement en argent appelé *stipendia*[1], mais la règle générale était de donner en *précaires* des terres qui appartenaient à l'Église. Les ecclésiastiques, possesseurs de tels bénéfices administraient les biens, cultivés en général par des fermiers ou des esclaves, et en retiraient les revenus nécessaires à leur existence[2]. Une législation déjà en vigueur avait réglé les conditions de ces baux. Le clerc n'a donc que la jouissance de ces propriétés et doit les administrer avec soin. L'évêque ou l'archidiacre les surveillent et en cas de mauvaise gestion, ils ont le droit de les retirer et de punir sévèrement le détenteur[3]. Mais la distribution de ces terres ecclésiastiques qui devenaient de plus en plus considérables par suite des donations des fidèles, était une cause de jalousie et de haines, car le favoritisme s'y donnait libre carrière[4]. Les biens les plus étendus, les mieux placés étaient le plus souvent donnés aux jeunes clercs favoris de l'évêque ou de l'archidiacre.

Nous avons vu plus haut que les clercs de la paroisse urbaine habitaient la ville, dans des maisons particulières et que des tentatives furent faites pour grouper les ecclésiastiques autour de l'évêque, et introduire la vie en commun, comme dans les monastères, mais qu'elles étaient restées sans résultats positifs.

L'instruction de tous ces clercs était relativement faible, car on venait, nous l'avons vu, de tous côtés dans les rangs du clergé. Il faut ajouter aussi que les paroisses nouvellement créées exigeaient un personnel de plus en plus nombreux et que l'Église ne pouvait suffire à l'instruction de tous ses membres.

Le pouvoir spirituel dut au contraire se montrer très indulgent pour l'admission dans les ordres. Cependant il faut distinguer les contrées

1. Cf. Concile de Tours, II, can 24. *Presbyteri vel clerus qui stipendiis ex ipso alimento pascuntur*. Cf. aussi Concile d'Orléans, III, c. 2, can. 11. et concile d'Orléans, c. 5. On recommande au concile d'Agde de distribuer ces *stipendia juxta meritum*, can. 36.

2. Concile d'Agde, can. 7 et 22.

3. Concile d'Arles, can. 6.

4. Concile d'Agde, can. 23, *ut clericus minor seniori non præponatur*. Cf. aussi les discussions que ces divisions entraînaient, Concile de Carpentras (557).

de la Gaule. Dans le Midi de France, saint Césaire pouvait se montrer plus sévère, et n'ordonnait prêtre personne qui n'eût lu quatre fois le Nouveau et l'Ancien Testament, mais au contraire dans les centres[1] plus septentrionaux, les évêques étaient moins exigeants, car il fallait bien peu d'instruction pour être clerc[2]. Grégoire de Tours nous parle d'un fonctionnaire du Trésor qui devint tout de suite prêtre. Un autre récit nous montre un jeune homme pieux qui, bien que ne sachant pas lire, désire se faire clerc; il va passer deux ou trois ans auprès d'un anachorète, apprend à lire et à réciter de mémoire tout le psautier, la cléricature lui est aussitôt ouverte.

D'autres étaient moins persévérants. Il y en avait qui, plus grossiers ne pouvaient pas prêcher et excitaient la risée des fidèles. On prisait souvent les clercs pour des qualités extérieures : la fortune qu'ils pouvaient apporter à l'Église, l'influence qu'ils exerçaient déjà par leurs richesses. Le pouvoir spirituel ne voyait pas sans plaisir de tels personnages entrer dans les ordres et, quelquefois même, mettait à leur réception une fort grande indulgence. Les intérêts de l'Église se trouvaient fort bien de pareilles nominations. Le candidat reçu protégeait le diocèse qu'il gouvernait, abandonnait le plus souvent une partie de ses biens à la paroisse urbaine, fondait des monastères. Mais, en général, réciter les prières liturgiques, chanter convenablement à l'autel, savoir lire le psautier et les Livres-Saints était tout ce que l'on pouvait exiger à cette époque, et encore l'évêque devait-il s'estimer très heureux d'avoir un clerc aussi instruit. Les documents soulignent toutes ces qualités, ces aptitudes et, preuve de leur rareté, en font un mérite au jeune prêtre. Les belles

1. Dans le midi de la Gaule non seulement les évêques, prêchaient le dimanche, mais même les prêtres des paroisses. Cf. Concile de Vaison, II, can. 2 « *in omnibus parochiis verbum faciendi daremus presbyteris potestatem* ». Si le prêtre était malade, les diacres récitaient les homélies des Pères.

2. On pouvait avoir exercé des fonctions séculières avant d'être clerc. Les épitaphes du VIe siècle mentionnent les titres du défunt. Le Blant, *Recueil des inscriptions chrétiennes de la Gaule*, p. 6, et aussi n° 21, p. 51. C'était un cas très fréquent pendant les Ve et VIe siècles, cf. vie de S. Martin, de Sidoine, etc. Le Ve concile d'Orléans (549), can. 9, Labbe, *Concilia*, V, p. 1379, interdit de nommer des évêques sans aucune préparation. Il demande que le laïque ait fait un vœu de continence pendant un an, de telle sorte qu'il puisse être instruit par des gens doctes dans les canons et la discipline des lettres. La piété n'était pas toujours le plus souvent ce qui était considéré, cf. Grégoire de Tours, *H.F.*, II, 2, p. 79. Concile d'Orléans (533), can. 10, éloigne aussi les illettrés, mais on voit quelles difficultés rencontrait le maintien de cette règle. Le prêtre avait donc en général très peu de culture. Grégoire de Tours, *Vitæ Patrum*, 2, p. 713 : « *nesciebat, quid caneret quia litteras ignorabat.* »

voix étaient alors fort prisées, et les clercs qui chantaient *cum modulatione suavi* étaient recherchés par les évêques qui se les attachaient aussitôt. Grégoire de Tours nous raconte que souvent les diacres, voulant faire montre de leurs belles voix ne faisaient quelquefois que provoquer le rire de l'auditoire[1]. Le besoin d'acquérir des garanties dans le recrutement des clercs, de manière à pouvoir obtenir un clergé urbain à la hauteur de sa tâche, dut se faire bien vite sentir et pendant les commencements de la monarchie franque on peut même constater quelque progrès pour les paroisses urbaines, mais il fut de courte durée ; avec la décadence des lettres, on fut obligé bien souvent de passer outre. Les pays qui auraient dû conserver la culture, l'Italie gréco-romaine, Rome même, n'avaient pu échapper à ce mal général causé par l'arrivée des Germains.

Les exclusions qu'avait édictées l'Église avant l'invasion des Barbares furent maintenues, quelques-unes tombèrent en désuétude parce qu'elles n'avaient plus leur raison d'être. Les illettrés, les eunuques, les mutilés, les malades, surtout les épileptiques, les esclaves ne peuvent pas être clercs. Les bigames, les maris des veuves ou des femmes divorcées ne seront pas acceptés, les fonctions de prêtre ne pourront leur être octroyées. Les pénitents ne sont pas admis. Les esclaves devaient être affranchis par leurs maîtres, mais souvent l'Église passa outre et les admit dans les ordres. Il lui était d'ailleurs difficile de connaître l'état social de celui qui venait lui demander cette faveur. Il devint nécessaire au milieu des troubles incessants de laisser un temps moral avant l'ordination. Le délai prescrit fut de 8 jours, afin de permettre de s'enquérir de la condition du postulant. Le peuple était libre de dire ce qu'il savait. La loi Ripuaire nous montre qu'il y avait des esclaves qui exerçaient les fonctions ecclésiastiques, mais il est à croire qu'ils ne devaient pas dépasser un certain degré dans les rangs du clergé[2].

1. Grégoire de Tours, *De virtutibus S. Martini*, *Vitæ Patrum*, p. 681, et II, 38: « *in tantum vox ejus præclara est, ut ab omnibus laudaretur* ; d'autres chantaient mal, Id., *ibid*, *Vitæ Patrum*, VI, p. 683 et p. 694.

2. Pour les eunuques, cf. concile d'Orléans (538), can. 6, pour les épileptiques, le même concile, can. 9, et celui d'Orange (441), can. 10, pour les esclaves. Si l'évêque a passé outre, il doit une compensation, concile d'Orléans 11, 538, can. 26. Pour les bigames, les divorcés, cf. concile de Valence (514), can. I, mais on peut les recevoir pour les ordres mineurs, cf. concile d'Espagne, can. 11, concile d'Orléans (538) et celui de 541, can. 10. Pour les pénitents, cf. concile de Valence, can. 4, ceux d'Agde, can. 43, et d'Orléans can. 12. Les clercs consacrés dans un diocèse ne pouvaient passer dans un autre, ils étaient inscrits sur la matricule de l'église, concile d'Agde (521), can. 3. Labbe, *Concilia*, V,

L'Église s'était efforcée d'élever les fonctions du clergé. Les sectes religieuses et surtout le mouvement ascétique avaient encouragé le célibat des prêtres. Dès le concile d'Elvire[1], il est interdit au prêtre d'avoir des relations avec sa femme et on recommande au clerc la chasteté. Le mariage des prêtres fut de plus en plus considéré comme indigne. L'Église avait fait preuve d'une grande prudence en écoutant ces influences ascétiques, qui grandissaient à l'époque du Bas-Empire. Déjà même en Orient au IVe siècle, on était arrivé à peu près complètement au célibat des évêques. Les clercs majeurs devaient, au moment de leur nomination, se séparer de leurs femmes. Rome subit l'influence orientale et considéra, elle aussi, le mariage comme une souillure. Les Pères de l'Église, saint Ambroise, saint Augustin, saint Jérôme encourageaient ces conceptions. Mais ce ne fut pas sans résistance que le pouvoir spirituel put défendre, en Occident, le mariage des membres du clergé majeur, des évêques, des prêtres et des diacres. Ces prescriptions pesaient à ceux qui voulaient entrer dans les ordres, signes de la forte empreinte encore vivace des idées de l'antiquité sur la famille. Les parents voyaient souvent avec peine l'entrée de leurs fils dans les ordres et redoutaient l'extinction de la famille. Les légendes nous ont conservé des récits qui nous montrent le futur saint obligé de fuir la maison paternelle pour être clerc.

En Gaule, où le christianisme était relativement récent, le pouvoir spirituel se vit obligé d'user de prudence. La pratique ne s'accordait pas ici avec les théories religieuses. Les canons décrètent, mais le pouvoir royal, les nécessités de l'heure présente viennent contredire les vues sages des évêques. Cependant l'ascétisme réclame et pèse sur les décisions des conciles. Dès le milieu du Ve siècle, on ordonne que

p. 521 : « *rescripti in matricula gradum suum et dignitatem recipiant.* » Ils sont obligés désormais de rester dans le diocèse où ils ont été ordonnés, conciles de Clermont (535), can. 11, d'Orléans (538) can. 12. Admission d'esclaves parmi les clercs, Grégoire de Tours, *Vitæ Patrum*, I, p. 678.

1. On sait que saint Paul recommandait aux chrétiens la chasteté, mais sans la considérer comme obligatoire, cf. *Epître aux Corinthiens*, I, ch. VII. Déjà au milieu du IIIe siècle, deux courants sont en présence, l'un qui admettait à Rome le mariage des prêtres, l'autre, au contraire, qui l'interdisait; on fait un reproche à Calliste d'avoir permis aux clercs mariés de rester dans l'Eglise. Cf. *Philosophumena*, IX, 2. Nous voyons déjà l'influence des sectes gnostiques assez forte, puisque au concile d'Elvire, can. 23, le mariage est interdit aux clercs et qu'il leur est défendu de se prévaloir d'un mariage contracté antérieurement. Mais ces mesures étaient trop radicales et ne furent pas appliquées avec rigueur. On peut dire cependant que les fonctions les plus élevées étaient soumises à des devoirs plus sévères. Le concile de Turin défend de nommer aux ordres supérieurs les clercs qui ont eu des enfants.

les diacres qui ne promettent pas la chasteté ne doivent pas être ordonnés. On les déposera même s'ils ont des relations avec leurs femmes[1]. Et à mesure qu'on avance les conciles deviennent de plus en plus pressants. Ceux d'Orange (441) et d'Arles (524) ordonnent de ne pas recevoir un clerc diacre avant vingt-cinq ans et prêtre avant trente ans. Ils doivent promettre la chasteté[2].

Mais, les invasions apportent quelques troubles dans l'organisation de l'Église et l'empêchent de poursuivre avec ténacité les conceptions des derniers temps de l'Empire. Il faut encore ici distinguer les régions. La rigueur ne fut pas la même partout. Le concile d'Angers nous indique qu'il y a des clercs mariés et faisant usage du mariage[3], celui de Tours, c. 12, ordonne[4] que tout diacre qui sera convaincu d'avoir engendré des enfants ne pourra pas être promu à un degré supérieur, et ne pourra plus assister à l'autel et offrir le sacrifice divin.

Dans le midi et le centre de la France, où la population gallo-romaine est plus dense, les théories romaines pénètrent de plus en plus[5]. Le concile d'Agde (506) défend d'ordonner diacre aucun clerc avant l'âge de vingt-cinq ans, et pour être élevés à cette fonction, ceux

1. En 441, au concile d'Orléans, on voit que les diacres doivent promettre la chasteté. Cf. concile d'Orléans, can. 23. Ils seront même déposés s'ils ont des rapports avec leurs femmes, can. 24. Ces ordonnances n'étaient pas respectées. Cf. concile d'Orange (441), can. 24, et celui d'Arles, can. 2, 43 et 44.

2. Concile d'Arles (524), can. 1, 2.

3. Concile d'Angers (453), can. 4.

4. Concile de Tours (462), can. 12.

5. Concile d'Agde (506), can. 9, 16. Cf. Labbe, *Concilia*, IV, p. 1385. Les évêques citent des lettres des papes Syrice et Innocent à l'évêque Exupère de Toulouse, qui exigent la chasteté des diacres ordonnés. L'âge ordinaire fixé pour leur ordination est de vingt-cinq ans, et ceux qui sont mariés doivent se séparer de leurs femmes : « *Sane si conjugati juvenes consenserint ordinari, etiam uxorum voluntas ita requirenda est, ut sequestrato mansionis cubiculo, religione præmissa, posteaquam pariter conversi fuerint, ordinentur.* » Nous ne trouvons aucune mention du célibat dans le royaume franc avant 533. Cf. concile d'Orléans (533), canon 8. *M. G. H. Concilia*, I, p. 62. C'est un cas spécial : « *Si quis diaconus in captivitate redactus uxori fuerit copulatus, reversus ab officii omnino ministerio removendus est.* » Mais on voit des influences romaines se manifester au concile de Clermont (535), can. 13. *M. G. H., Concilia*, p. 68. Tous les prêtres et les diacres qui auront des enfants seront privés de leur fonction. On fait encore un pas de plus, et on exige du sous-diacre la continence. Cf. concile d'Orléans (538), canon 2. *M. G. H., Concilia*, p. 73 : « *Ut nullus clericorum a subdiacono et supra, qui uxores in proposito suo adcipere inhibentur, propriæ, si forte jam habeat, misceatur uxori.* » Ces mêmes ordonnances reparaissent au concile de Tours (567), canon 19. *M. G. H., Concilia*, I, p. 127, et dans celui d'Auxerre (573-603), can. 20. *M. G. H., Concilia*, I, p. 181. On voit que les clercs vivaient avec leurs femmes qu'ils gardaient auprès d'eux. Cf. Jaffé, *Regesta* (458-459), lettre de Léon à Rusticus de Narbonne.

qui sont mariés doivent s'engager, avec le consentement de leurs femmes, à garder la continence. Les relations avec la papauté dans cette partie de la Gaule pesèrent sur les décisions du clergé franc. Le pape saint Léon va plus loin et recommande la continence aux sous-diacres, et les conciles deviennent alors de plus en plus affirmatifs. Les sous-diacres doivent, eux aussi, promettre la continence. Le pouvoir spirituel ne pouvait pas exiger du clergé mineur le vœu de chasteté, c'eût été demander l'impossible. Les clercs mariés ne se séparaient pas à cette époque de leurs femmes, elles vivaient à côté d'eux, dans la maison. Les évêques auxquels leurs grandes fortunes permettaient d'avoir des maisons particulières, vivaient séparés de leurs épouses qui habitaient une autre demeure, d'autres se contentaient d'une chambre particulière dans la maison épiscopale.

Le pouvoir ecclésiastique fit tous ses efforts pour mettre le clergé à l'abri de la médisance et de la calomnie. La vie des clercs doit être surveillée à toute heure, et ils doivent se garder de recevoir dans leurs maisons des femmes qui ne sont pas de leur famille. La petite vie des bourgs, avec ses bavardages quotidiens, ses fréquentations obligées entre les différentes classes, rendait bien difficile le maintien du respect dont on aurait désiré voir entouré le ministre du culte. Dans ces temps de troubles et de guerres, il était nécessaire d'augmenter le prestige du prêtre, le représentant du saint sur la terre, et de le rendre capable d'être écouté, d'empêcher le mal, de l'atténuer tout au moins. Tout, malheureusement, allait à l'encontre des désirs et des efforts de l'Église. La bassesse des temps, la rudesse germanique, les mauvais instincts de l'homme sans entraves, n'écoutant que sa force, rendaient bien souvent impossible le triomphe des conceptions religieuses.

Les conciles répètent à satiété les mêmes prescriptions, preuve évidente de leur peu d'efficacité. Le jeune homme étant majeur à quinze ans et la jeune fille se mariant de quatorze à quinze, la plupart des clercs entraient dans les ordres, mariés depuis longtemps. Ce que l'Église défendait à ses serviteurs, c'était les relations avec leurs femmes à partir de leur ordination de sous-diacre. Mais le contrôle était bien difficile et la seule preuve était dans les enfants qui pouvaient en provenir, auquel cas l'Église se montrait fort sévère. L'âge de vingt-cinq ans fixé pour le diaconat et celui de trente pour la prêtrise était aussi une mesure prudente et sage, étant donné l'époque très précoce de la majorité. La continence pouvait être plus strictement observée.

L'ennemi déclaré du clergé c'est la femme, ainsi que les concilesle déclarent fréquemment. Éloigner la femme de la maison du prêtre, c'est le mettre à l'abri de la chute[1]. Le prêtre ne pourra donc avoir auprès de lui que sa femme et sa sœur, auxquelles plus tard le pouvoir ecclésiastique ajoutera la tante et la grand'mère. Un bon sens pratique se fait jour dans ces ordonnances. Le pouvoir spirituel veut mettre en garde le jeune clerc. Tous les moyens sont employés pour l'encourager à une vie honnête et chrétienne. L'ambition n'est pas laissée de côté, si le clerc reçoit des femmes chez lui, il n'arrivera pas aux grades supérieurs. S'il est ordonné, il ne donnera plus la communion. Et la sévérité des canons augmente à mesure que la dignité du clerc s'élève. L'Église redoute la médisance, cherche à mettre ses fonctionnaires à l'abri des calomnies. Le pouvoir ecclésiastique ordonne au clergé majeur, à qui la continence est prescrite, d'éviter les festins de noce, de ne pas se mêler aux dîners où des chansons amoureuses sont chantées, où des danses lascives sont exécutées. Et la défense des conciles est toujours juste, motivée par des renseignements précis. Mais que de difficultés pour l'observance des canons! Le prêtre n'était-il pas obligé de se mêler à la société chrétienne, sa présence n'était-elle pas utile au foyer du fidèle malade, n'était-il pas, enfin, en contact quotidien avec les habitants du village ou de la paroisse urbaine?

Et ces contacts fréquents, le pouvoir spirituel les redoute; les visites des prêtres à midi et le soir dans les maisons des fidèles où il se trouve des femmes, est surtout un objet de crainte, et il déclare que s'il y a urgence, le clerc doit être accompagné. L'Église voit aussi d'un mauvais œil l'absence du prêtre de sa paroisse ou ses voyages. Elle craint surtout ces prêtres errants, ces moines qui sont le plus souvent des aventuriers redoutables, et exige des passeports, des lettres de re-

1. Les conseils toujours sages de l'Église n'étaient pas suivis, car les conciles répètent sans cesse que l'entrée dans la maison, soit de l'évêque, soit des clercs, est interdite aux femmes étrangères. Cf. Concile de Tours, II, can. 14. Labbe, *Concilia*, V, p. 852. Concile de Mâcon, Labbe, *Concilia*, V, p. 659. Les esclaves et les affranchies doivent être éloignées de la demeure du prêtre. Concile d'Agde, can. 11. Labbe, *Concilia*, IV, p. 1385. L'archiprêtre ou l'archidiacre sont chargés de la surveillance de la conduite des clercs majeurs. S'il apprend qu'un adultère a été commis par l'un d'eux, il doit en donner connaissance de suite; concile d'Auxerre, can. 22, cf. Labbe, *Concilia*, V, p. 645. Il est interdit d'avoir auprès de soi aucune femme, à l'exception de la mère et de la tante. Concile de Lyon, III (583), can. 1. On voit que la discipline a fait un progrès : le séjour de la nièce n'est plus permis.

commandation, soit de l'évêque, soit du roi, accordées aux clercs obligés de quitter le diocèse. Pour aller à Rome, il est nécessaire d'obtenir la permission du métropolitain d'Arles, vicaire apostolique, et plus tard de l'évêque du diocèse[1]. Ces prescriptions restent, malgré tout, sans grande efficacité, car nous pouvons constater l'absence de prêtres de leurs paroisses pendant un certain temps, et nous voyons que des diacres s'éloignent de leurs églises au moment de la célébration des fêtes religieuses.

L'Église prescrivit les honneurs qui devaient être rendus aux clercs : Le laïque est obligé de les saluer, de s'incliner devant eux sur leur passage. S'ils sont tous les deux à cheval, le fidèle enlèvera son *galerum* de dessus sa tête, le clerc saluera aussi. Si le prêtre est à pied, le laïque à cheval, ce dernier doit descendre et saluer le serviteur de Dieu[2]. Les récits contemporains nous montrent le respect témoigné par les fidèles aux évêques au moment de leur entrée dans la ville. Le clergé, avec des croix et des cierges, la population, avec des torches, se portaient à sa rencontre. Les femmes demandaient la bénédiction de l'élu de Dieu et présentaient leurs enfants au prélat. Son cortège était magnifique, la housse de son cheval, riche et ornée[3].

Et malgré toutes ces défenses, malgré les peines édictées par les conciles, nous voyons la société des clercs égaler en vices le monde laïque. Nous en rencontrons de vaniteux, d'orgueilleux, de méchants. D'autres sont adonnés à la luxure, ivrognes, criminels,

1. Concile de Vaison, can. 1. Nous avons une formule ou lettre de recommandation : on les appelait *litteræ formatæ*. Interdiction aux clercs de s'établir dans un autre diocèse, concile d'Orléans (538), can. 15. Labbe, *Concilia*, V, p. 1278. Les évêques étaient exemptés de l'obligation de demander l'autorisation du métropolitain pour voyager, mais pour se rendre à Rome, un passeport de l'évêque d'Arles, vicaire du pape, leur était nécessaire. Plus tard, l'autorisation du roi était obligatoire pour sortir du royaume.

2. Cf. Concile de Mâcon (585), can. 15, *Concilia*, p. 170. « *Statuemus ut, si quis sæcularium honoratorum in itinere obviam habuerit aliquem ecclesiasticorum graduum usque ad inferiorem gradum honores, veneranter sicut condocet christianum, illi colla subdat per cujus officia et obsequia fidelissima christianitatis jura promeruit. Et si quidem illi seculares equo venitur clericusque similiter, seculares galerum de capite auferat et clerico sincere salutationis munus adhibeat; si vero clericus pedes graditur et seculares vehitur equo, illico ad terram defluat et debitum honorem spe dicto clerico sinceræ caritatis exhibeat.* »

3. L'évêque est reçu par le clergé chantant des psaumes, Grégoire de Tours, *Vitæ Patrum*, 3, p. 682. Cf. aussi le récit de l'entrée de Césaire à Arles et celle de S. Léger à Autun. Le clergé va au-devant de lui avec des cierges, portant des croix, chantant des psaumes, *Vita S. Cesarii*, I, 18. L'ordination a ensuite lieu.

adultères, se révoltent contre leur chef, l'ennemi pour tout ce monde, l'évêque[1]. Des clercs quittent leurs fonctions pour prendre une situation civile, des moines fuient le monastère à cause de la sévérité de la règle.

L'ivrognerie et l'adultère sont les écarts les plus communs à cette époque. L'ivrognerie surtout est le mal le plus souvent mentionné[2]. Les défenses des conciles, la discipline des évêques sont impuissantes contre ce vice, la plaie du clergé. Il envahit même toutes les classes, et la difficulté d'appliquer ces règlements se fait bientôt sentir. La morale des conciles représente un idéal qui ne pouvait pas être réalisé. Les lois canoniques n'étaient le plus souvent pas observées, et l'Église même, à mesure que les Barbares pénètrent dans son sein, est obligée de montrer plus d'indulgence, preuve évidente de l'impossibilité de conserver encore debout l'ancienne sévérité des temps passés. Ce n'est pas du reste à coup de décrets qu'on pouvait

1. Les prêtres et les diacres n'étaient pas meilleurs. Mabillon, *Acta*, I; *Vita Sulpicii*, II, 30, p. 165; diacre quittant son poste malgré la défense de l'évêque, d'autres abandonnant leurs charges pour remplir des fonctions laïques: conciles d'Arles, IV, can. 4. Labbe, *Concilia*, p. 765, et d'Angers, can. 8, Id., *ibid.*, VI, p. 19; prêtres absents de leur église, Labbe, *Concilia*, VI, p. 5; les clercs ne reculent pas devant le meurtre, l'empoisonnement: Grégoire de Tours, *H. F.*, VI, 36, p. 276; VIII, 41, p. 353; poison caché dans une tête de poisson, cf. Id., *ibid.*, *H. F.*, V, 36, p. 228; l'archidiacre, souvent ennemi de l'évêque: Grégoire le Grand, *Dialog.*, III, p. 282; prêtres frappant leur évêque: Grégoire de Tours, *Vitæ Patrum*, 4, p. 683; d'autres, voleurs, confisquant les revenus de l'église au détriment du prélat: Id., *ibid.*, I, 675; fausses accusations formulées contre leur évêque: Grégoire de Tours, *H. F.*, V, 46, p. 238; V, 49, p. 238; V, 50, p. 239; clercs adultères: Grégoire de Tours, *In gloria martyrum*, 85, p. 546; débauchés, perdus de vices: *H. F.*, VIII, 39; adonnés au vin: concile d'Agde (506), Labbe, *Concilia*, p. 527-528. Ils passent la nuit à boire, « *epulando atque bibendo et somno vinoque sepulti usque ad horam diei tertiam dormiebant* »: Grégoire de Tours, *H. F.*, V, 5. p. 196; 20, p. 218; *Sermones Cesarii*, *P. L.* (Migne), 39, p. 448; textes très nombreux montrant ce vice fort répandu dans le clergé. Frédégonde peut trouver des clercs pour se venger de l'évêque de Rouen. Grégoire de Tours, *H. F.*, VIII, 29; jaloux de leur supérieurs: Id., *Vitæ Patrum*, I, 675; adonnés à la luxure; Mabillon, *Acta*, I; *Vita S. Sulpicii*, 20, p. 175; Grég. de Tours, *H. F.*, VIII, 7. Concile d'Orléans, III (538), can. 8; fort souvent ivres: Grég. de Tours, *Vitæ Patrum*, I, p. 741; *H. F.*, IV, 35; V, 40, p. 233; IX, 37; X, 14.

2. Les écrivains contemporains nous donnent un tableau de l'état assez grossier du clergé. Ce ne sont pas seulement les clercs mineurs, mais le plus souvent les évêques qui donnent l'exemple. Cf. évêques corrompus, Grégoire le Grand, *Epist.*, VII, 119, p. 303; insolents et grossiers, *Vita Romanici*, Mabillon, *Acta S.*, II, 3, p. 399; leur brutalité envers les clercs: Cf. *Vita Desiderii*, *P. L.*, 82, V, p. 225. Grégoire le Grand. *Epist.*, VII, 119, p. 305; évêques criminels déposés, Labbe, *Concilia*, V, p. 403; évêques adonnés au vin, *Vino ultra modum deditus*, évêque qu'on était obligé de porter à quatre après ses repas, Grégoire de Tours, *H. F.*, IV,

transformer tout de suite un mal si profond, une habitude si invétérée. Le prêtre s'enivrait chez lui ou chez des amis, et le pouvoir spirituel était alors impuissant à réagir.

D'autre part, les exemples de haute vertu ne manquaient pas. Les récits nous fournissent des témoignages de l'esprit charitable des prélats, de l'influence excellente de leur piété, de leur abnégation complète en faveur de l'infortune et du malheur[1]. Si on rencontre aussi des âmes viles, des personnages indignes de remplir les fonctions sacerdotales, l'Église ne doit pas en être tenue responsable ; c'est la nécessité des temps, la nécessité d'un plus grand personnel, entrant dans le sanctuaire sans discipline et sans instruction religieuse.

L'évangélisation avait eu la ville pour centre, et pendant le IVe siècle les évêques placés peu à peu à la tête des paroisses des cités avaient dû se dévouer entièrement à la population urbaine. Les clercs nommés avaient été tout d'abord élus et consacrés pour l'église épiscopale. Les fidèles se groupaient autour de l'évêque qui représentait la communauté chrétienne, il avait la haute direction de

12, p. 140: « *Ut de convivio vix a quattuor portaretur.* » Leur entourage composé souvent d'hommes déchus par les mœurs, de prêtres indignes. Grégoire le Grand, *Epist.*, XI, 55, Jaffé, n° 1405. D'autres perdus de vices, cf. Grégoire de Tours, *H. F.*, IV, 43, p. 176 ; concile de Paris. Labbe, *Concilia*, V, p. 486. Colomban, nous dit que des prêtres ayant commis des fautes graves pendant le diaconat n'en sont pas moins élevés à l'épiscopat. Évêques traîtres à leur roi : cf. Grégoire de Tours, *H. F.*, 20, p. 432, *Vita S. Leodegarii*, 15, p. 236. Evêques gourmands et buveurs, *Vita Desiderii*, *P. L.*, 87, 18, p. 236, *H. F.*, VIII, 39 ; adultères, Grégoire de Tours, *Vitæ Patrum*, 3, p. 730. Ils oublient leurs fonctions et, contre le droit canon, ils se montrent tout armés en public. Grégoire de Tours s'étonne de cette nouveauté qui est devenue au milieu du VIIe siècle presque générale. Id., *H. F.*, IV, 43, p. 176. Cf. Concilium Lateranense (673-675), canon II : « *Ut nullus episcoporum seu clericorum arma more seculario ferre praesumat.* » *Concilia*, p. 218. D'autres plus cruels font ensevelir vivants des prêtres du diocèse, cf. Grégoire de Tours, *H. F.*, IV, 12. Conduite des évêques Sagittarius de Gap, et Salonius d'Embrun : « *Sed adsumto episcopatu in proprio elati arbitrio cœperunt in pervasionibus, cædibus, homicidiis, adulteriis diversisque sceleribus insano furore crassari.* » Id., *ibid.*, V, 20, p. 217.

1. Grégoire de Tours, *H. F.*, II, 13, p. 81, mentionne avec joie les évêques qui sont les gardiens fidèles de la foi et de la morale chrétiennes. Il cite un certain nombre de prélats fort pieux. Plusieurs se font remarquer par leur frugalité : Grégoire de Tours, *H. F.*, V, 45, p. 238. On peut voir l'influence des moines sur l'épiscopat. Nous avons encore au VIe siècle des prélats qui se font remarquer par leur luxe, par leurs manières extérieures ; cf. Césaire d'Arles, *Sermones*, *P. L.* (Migne), 59, p. 448, mais peu à peu les conceptions monacales vont donner au catholicisme un caractère plus sombre et plus triste, l'idéal d'un évêque doit être celui d'un abbé.

l'évêché et pouvait surveiller le clergé encore peu nombreux qui habitait la cité. Mais, avec la propagande religieuse et le zèle souvent exagéré des moines ou des évêques, la doctrine du Christ pénètre de plus en plus dans le plat pays. Saint Martin donne pour ainsi dire le signal des nouveaux efforts tentés par le clergé pour évangéliser les campagnes. Les progrès déjà importants nécessitent la nomination d'un certain nombre de clercs ruraux.

Mais les cadres administratifs gallo-romains n'offraient pas à l'Église des subdivisions bien tracées pour la création des paroisses rurales. Le premier essai fut donc pratiqué sans règle fixe, suivant les besoins du moment. Les propriétaires de la Gaule, convertis à la religion chrétienne, dont les biens étaient souvent d'une grande étendue, élevèrent des églises, des chapelles où la population rurale pouvait se réunir. Des évêques construisirent aussi des édifices religieux sur les biens soit de l'évêché, soit sur leurs propriétés particulières. Le mouvement religieux s'étendit de plus en plus sur le plat pays dès la fin du IVe siècle, et à partir du commencement du Ve, les églises privées deviennent nombreuses, et sans l'arrivée des Barbares, les pays du Midi et du Centre auraient été déjà profondément évangélisés.

L'épiscopat tel qu'il s'était développé pendant les longs siècles de son existence n'avait pas prévu le morcellement des pouvoirs de l'évêque. Il fallait songer en ce moment à une certaine décentralisation et diviser les fonctions épiscopales, tout en maintenant solidement les rapports du clergé rural avec l'évêché. Le danger était grand, car si la tentative échouait, si le clergé des paroisses rurales était dégagé de tout lien avec la ville, centre de la puissance épiscopale, ces fractions devenues de plus en plus nombreuses rendraient impossible la formation du diocèse et donneraient naissance à une série de petites églises chrétiennes indépendantes de l'évêché. Et à côté de ces dangers, d'autres naissaient plus pressants et nécessitaient une action vigoureuse de la part de l'épiscopat : il fallait combattre l'arianisme, il était nécessaire d'extirper les restes du paganisme qui, bien que fortement atteint, n'était pas encore vaincu.

L'état économique de la Gaule ne facilitait pas la tâche de l'Église. La petite propriété rurale avait disparu, absorbée par les *latifundia*. Les nombreux *vici* étaient devenus la propriété de l'aristocratie foncière, ce qui était surtout le cas pour le midi et le centre de la Gaule. L'évangélisation des campagnes fut donc due en partie à l'initiative privée et rendit bien difficile la création de paroisses rurales indépendantes d'un seigneur et soumises au point de vue de la discipline à l'évêque du diocèse. Pendant les ve et vi^e siècles nous voyons, avant tout, des églises privées, bâties par les grands propriétaires sur leurs terres ou par les évêques sur leurs biens. Les droits de l'évêque sur ces églises seigneuriales furent très limités : le riche propriétaire avait fait tous les frais de la construction et entendait avoir le droit de choisir le personnel nécessaire à la célébration du culte, dont l'entretien était aussi à sa charge. Tandis que dans les villes les vieilles conceptions religieuses si chères aux premiers fidèles de l'Église, au sujet de l'élection du clergé demeurent encore intactes, l'évangélisation rurale va faire subir, si l'évêque n'y remédie, une transformation dangereuse aux lois canoniques.

L'église située sur les terres seigneuriales n'appartenait donc pas à l'évêque, elle était au contraire, nous venons de le voir, la propriété complète du riche propriétaire : suivant leur bon plaisir, lui ou ses héritiers pouvaient la supprimer. Aussi le seigneur devait-il s'efforcer de soustraire à la suprématie de l'évêque l'église qu'il avait fait élever, car il trouvait là un revenu toujours abondant, alimenté par les offrandes et les dons quotidiens des fidèles, qu'il distribuait ensuite à sa guise à ses clercs. Il fallait remédier à cette situation difficile. Dégager l'église rurale de la dépendance du grand propriétaire, affirmer ses droits à la surveillance des biens ecclésiastiques, protéger le clergé des campagnes contre l'arbitraire du seigneur et le soumettre à son autorité, tels devaient être les efforts de l'épiscopat. Nous savons que les progrès dans cette voie furent très lents, que le triomphe de l'évêché, dans le sens moderne, suivit même des péripéties très nombreuses, et qu'il fallut encore des siècles pour arriver à un résultat satisfaisant. Nous voyons même que les clercs des églises privées ne secondèrent pas les efforts des évêques et que, tout dévoués aux seigneurs, ils cherchèrent au contraire à se soustraire à la juridiction épiscopale.

La situation des églises élevées sur les biens ecclésiastiques ou sur les propriétés privées des évêques n'était pas meilleure. Si elles étaient unies avec l'évêché, ce lien trop étroit offrait aussi de graves dangers et menaçait l'indépendance de la fortune de ces paroisses rurales. L'évêque pouvait prétendre à presque tous les revenus de l'église. Le favoritisme se donnait aussi libre carrière dans la nomination des clercs. Cette situation n'échappa pas à l'esprit vigilant du pouvoir spirituel, et les conciles furent obligés de limiter les droits de l'évêque sur les revenus de ces églises ainsi créées.

Nous ne pouvons donc constater pendant les cinquième et sixième siècles aucune unité, aucun plan bien arrêté dans la création des paroisses rurales. Elles naissent sans ordre, suivant les besoins et la propagande religieuse.

Mais, les auteurs contemporains nous prouvent que les principaux *castra*[1] ont des archiprêtres; que de nombreux *vici*[2] ont des églises, et

1. L'évangélisation chrétienne pénétra tout d'abord dans les villes gallo-romaines, mais elle dut aussi s'introduire dans les *castra*, cf. pour Châteaudun, Grégoire de Tours, *H. F.*, VII, 29; pour Beaucaire, *ibid.*, VIII, 30; on voit aussi des oratoires élevés dans ces *castra*, *Ibid.*, V, 5; Id., *De gloria confessorum*, au *castrum Ternodorense* résidait un archiprêtre. Il en était de même pour le *castrum Trinorium*; id., *De gloria martyrum*, 54 (Tournus); l'église du *castrum Lovolautrum*, id., III, 13; Vollore ; l'église du *castrum Thigernum* (Thiers). Id., *De gloria martyrum*, 52 ; *castellum de Blavium* (Blaye, Gironde), Id., *De gloria confess.*, 46; celle du *castrum Pompeiacum*, élevée par Léonce II, évêque de Bordeaux. Id., *De gloria martyrum*, 105, *H. F.*, VII, 35. Longnon indique son emplacement à Mas-d'Agenais (Lot-et-Garonne); enfin l'église du *castrum Sellense*, Chantoceaux (Maine-et-Loire). Grégoire y mentionne une église, *H. F.*, IV, 18.

2. Nous sommes assez bien renseignés pour la *civitas* de Tours; cf. Longnon *Géographie de la Gaule*, p. 261. Le savant historien a dressé une carte des *vici* et des *villæ*, mentionnés par Grégoire. *A lingavia vicus* avait une paroisse (Langeais). L'église avait été construite par saint Martin). *Ambacia vicus*. Il y avait une basilique élevée aussi par lui (Amboise). *Balatedo vicus*, paroisse fondée par saint Perpétue ; Grégoire de Tours, *H. F.*, X, 31. *Berravus* ou *Berraus vicus*. Le même prélat y éleva une église. *Bricca vicus*. Ce fut saint Brice (398-443) qui construisit une église (Brèches); Id., *ibid.*, X, 31; *Briotreidis vicus*. Une basilique fut fondée dans cette localité par le même prélat; Id., *ibid.*, X, 31 (Brizay, canton de l'Ile-Bouchard). *Brixis vicus*, Eustochius, évêque de Tours, y construisit une église ; *ibid.*, X, 31, (ancien Braye, aujourd'hui Reignac). *Caino castrum* (Chinon), Saint Brice y éleva une église; *ibid.*, X, 31 ; *Calatonnium vicus*, c'est saint Brice qui y créa une paroisse, *ibid.*, X, 31. *Cerate vicus* (Ceré), Euphronius, évêque, y bâtit une église ; (556-573), *ibid.*, X, 31. *Cisomagus vicus* (Ciran-la-Latte). Paroisse fondée par saint Martin, *ibid.*, X, 31 ; *Condate vicus* (Candes), centre de pèlerinage, paroisse fondée après la mort de saint Martin. *Dolus vicus*, église fondée par saint Martin (Dolus), *ibid.*, X, 31. *Evena vicus* (Esvres), Église bâtie par saint Perpétue, vers 464, Id., *Vitæ Patrum*, 18 ; *Gaudiacus vicus* (Joué-les-Tours); une église y était élevée au temps de Grégoire, *De virtutibus Juliani*, 38; *Iciodurum vel Isiodorum vicus* (Yzeures), paroisse fondée par l'évêque Eustochius au milieu du VIe siècle, Id., *H. F.*, 31. *Laudiacus vicus* (Mont-Louis). Paroisse créée par saint Perpétue vers 464-494; *ibid.*, X, c. 31. *Loccæ vel Luccæ vicus* (Loches), église élevée vers la fin du VIe siècle par l'abbé Ursus; Id., *vitæ Patrum*, c. 8. *Mantalomagus vicus* (Manthelan), paroisse avec un prêtre en 585; Id., *H. F.*, VIII, 47. *Vicus Mediconnum* (Mougon), église fondée par Perpétue; *ibid.*, 31. *Vicus Novus* (Novy-le-Roi), église fondée au VIe siècle ; Id., *De gloria martyrum*, 31, *Vicus Orbaniacus*) Orbigny), basilique fondée par l'évêque Euphronius (556-573) ; Id., *De gloria martyrum*, 40, *Parochia Paternacus* (Pernay), église élevée au VIe siècle; Id., *Vitæ Patrum*, 8; *Vicus Prisciniacus*, basilique fondée vers le milieu du VIe siècle; Id., *Vitæ Patrum*, 8. *Vicus Rotoma-*

qu'enfin la plupart des centres ruraux[1] possèdent des oratoires. Il faut ajouter aussi les nombreux monastères qui sont créés et qui vont devenir des centres très actifs de propagande religieuse. L'arrivée des Germains augmenta encore les difficultés : le paganisme trouva de nouvelles forces et l'arianisme paralysa pour un temps assez long les efforts des évêques. Les établissements germaniques dans les différentes contrées de la Gaule augmentèrent aussi la population rurale

gus (Ruan), église fondée par l'évêque Brice (398-447) ; Id., *H. F.*, X, 31; *Vicus Solonacus* (Sornay), église fondée par saint Martin, *Vicus Tauriacus* (Thière), église élevée par l'évêque Euphronius (556-573); *ibid.*, X, 31 : *Vicus Tornomagus*, église fondée par saint Martin; *ibid.*, X, 31.

Nous ne possédons que très peu de renseignements sur les paroisses des autres *civitates* de la Gaule. Les conciles d'Orléans, de Tours nous montrent qu'elles étaient assez nombreuses, mais ne nous donnent aucune indication topographique. Les Vies des saints à date certaine en mentionnent un certain nombre, pour celle d'Angers, Grégoire de Tours indique l'église du *vici S. Georgii*. Badegisel, évêque de Mans construisit une basilique dans un lieu qu'on ne connaît pas, *De virtutibus S. Martini*, III, 135, Grégoire relate aussi un *vicus Sancti Nazarii* avec une basilique sur le territoire de Nantes, *De gloria martyrum*, 40 et 41. Sur le territoire de Paris on voyait aussi un *vicus Nemptodorum* (Nanterre), église élevée du temps de Gontran ; *ibid.*, X, 28. Au territoire de Bourges, il y avait un *vicus Briva* où *Augustus* éleva un oratoire dédié à saint Martin, Id., *De gloria confessorum*; 80. Au *vicus Dolus*, église avec crypte; *ibid.*, 92 ; paroisse au *vicus Evaunum*, *ibid.*, 81. p. 84. Le *vicus Nereensis* avait une église (Neris); Id., *H. F.*, VI, 10, et un archiprêtre cf. *Vitæ Patrum*, 9. Pour l'Auvergne, nous sommes plus heureux : *Vicus Arthona*, église bâtie à la fin du VIe siècle (Arthonne), Grégoire parle d'un archiprêtre, *De gloria confessorum*, 5, et *Vitæ Patrum* 5. Il signale l'église du *vicus Brivas* (Brioude), *De virtutibus S. Juliani*, I, le *vicus Iciodorum* (Issoire), église desservie par un diacre au VIe siècle, *De gloria confessorum*, 30; *vicus Licaniacus*, église au Ve siècle; Id., *H. F.*, II, 30 ; *vicus Misciacœ* où une basilique avait été construite ; *ibid.*, 41 (Moissat, Puy-de-Dôme). Au *vicus Ricomagus*, on avait construit une église ; Id., *De gloria martyrum*, 86 ; il en est de même au *vicus Transalium* (Trezelle), *Vitæ Patrum*, 13; pour *Vibriacus*, id., *De virtutibus S. Juliani*, 48. Il mentionne aussi dans la *civitas* de Limoges *Briva curretia* (Brive la Gaillarde), où une église était construite ; Id., *De gloria confessorum*, 27; le *vicus Vodollacus*, église élevée au VIe siècle (Boulliac); Id., *De gloria confessorum*, 47. Sur le territoire de Poitiers, Grégoire signale le *vicus Becciacus* (Bessay) qui avait une église, *De gloria Martyrum*, 90. Il y avait encore un certain nombre de paroisses; Id., *H. F.*, IV, 28; mais nous n'en possédons qu'un très petit nombre : *vicus Vultaconnum* (Voultegon, Deux-Sèvres), *De virtutibus S. Martini*, II, 45.

Les paroisses devaient être déjà très nombreuses dans le Midi et au temps de Césaire d'Arles, *Vita*, I, 28 : *Dum Sanctus dioceses* (*parrochias*) *suas circumiens*. Cf. Il nomme celle de Cyreste; II, 14, 16; paroisse au *castellum quod Luco dicitur*. On voit aussi que les grandes fermes ecclésiastiques formaient des paroisses; cf. I, 17 : « *Devoluto hinc tempore venit ad agrum ecclesiæ nostræ ubi et dioceses sunt, quod Succentriones vocatur.* » Le concile de Vaison II, can. 2, mentionne aussi des paroisses; dans cette partie de la Gaule, *Concilia*, *M. G. H.*, p. 56. On voit aussi des prêtres *in parrociis constituti*.

1. Ces *villæ* qui avaient des oratoires desservis par des clercs pouvaient appartenir aussi bien aux évêques, aux abbés, qu'aux fonctionnaires et aux riches

et multiplièrent les villages. Les biens, les grands *latifundia* furent tout d'abord divisés et la classe des libres augmenta. Les subdivisions administratives des Germains permirent aussi à la paroisse de se développer et de trouver des limites plus sûres. La paroisse franque concorda de plus en plus avec la subdivision de la *civitas*, le *pagus*, qui avait à sa tête un centenier ou un *vicarius*. Il faut cependant avouer que rien n'est plus difficile que de donner aux paroisses de l'époque mérovingienne des limites fixes ; la langue du temps se montre aussi indécise et emploie le même mot pour le diocèse que pour des centres plus petits. La subdivision administrative emploie des appellations différentes suivant les régions : dans le Midi c'est la *vicaria*, dans l'Ouest la *condita*, dans l'Est et le Centre le *pagus*[1]. Il faut aussi tenir compte des nombreux centres plus peuplés, des *castra*, des grandes *villæ* seigneuriales, qui avaient nécessité des églises baptismales, et dont le ressort ne concordait pas avec les limites de l'administration civile.

propriétaires mérovingiens, Grégoire de Tours, *De gloria confessorum*, 8, pour la *villa Martiniacus*, aussi la *villa Severiacus*. Id., *De virtutibus S. Martini*, 8, Mabillon, *Acta*, 1, *Vita S. Germani*, 45, p. 243. C'est d'après Longnon Civray-sur-Cher. La *villa Turnacensis* située dans le Maine. On y avait fait construire un oratoire dédié à saint Pierre et à saint Paul, Grégoire de Tours, *De virtutibus S. Martini*, 12. Fortunat mentionne dans le territoire de la civitas *Carnotium* la paroisse d'*A collocium vicus*, Mabillon, *Acta*, I, *vita S. Leobini*, 17, p. 126. Longnon, *l. c.*, l'identifie avec Havelu ; territoire de la *civitas Tricassium*, la *villa* où fut construite une basilique en l'honneur de Patrocle ; Grégoire de Tours, *De gloria martyrum*, 44 ; oratoire élevé dans la *villa Nucetum* (Noisy-le-Grand), Id., *H. F.*, V, 40. Certaines *villæ* pouvaient dépendre d'un *vicus* où se trouvait une paroisse constituée, Id., *ibid.*, X, 28 ; villa royale *Brennacus* ; *ibid.*, IV, 22 ; église aussi à *Sauriciacus villa*, où se réunit un synode ; *ibid.*, IX, 37 ; la *domus Iciacus*, où une église était dédiée à saint Saturnin ; Id., *De gloria martyrum*, 66. L'église de la *domus Marciacus* dans la *civitas* de Clermont, *ibid.*, 9 ; territoire de Bordeaux, *villa Marciacus* où il y avait un oratoire ; Id., *De virtutibus S. Martini*, III, 33 (Marsas) ; aussi à la *villa Riontium*, Id., *De gloria confessorum*, 48 ; église dédiée à saint Julien élevée par une matrone dans sa *villa* ; Id. *De virtutibus S. Juliani*, 47 ; sur le territoire de la *civitas* de Bigorre, la *domus Sexciacus* avec une église ; Id., *De gloria confessorum*, 41. Cf. *Vita Cesarii*, I-28, *villæ quæ dicitur Launico*.

1. Mon maître, M. Lamprecht a prouvé que le *vicus* concordait avec la *parochia* dans les pays de la Moselle. On voit que dans les formules de Tours, *M. G. H.* Zeumer), *locus* = *condita*, il y a une église, 31, p. 154 ; 40, p. 157. La *condita* = *parochia*, *ibid.*, 4, p. 137. Nous avons d'autres exemples pour le Midi où le *vicus* est devenu une paroisse ecclésiastique, mais on ne pourrait prétendre à une règle absolue. Grégoire de Tours, *In gloria martyrum*, 6, 3, p. 531, nous dit qu'on trouvait des petits centres où il n'y avait qu'un oratoire desservi par un clerc. Cf. pour le centre *pagus* = *parochia*, Labbe, *Concile Orléans*, V, can. 3, p. 298.

Il ne faudrait donc pas se figurer le plat pays de Gaule divisé suivant des règles fixes en petits centres religieux, en paroisses. Nous avons à l'époque mérovingienne, à côté des églises baptismales ou paroissiales, des oratoires, des chapelles. On voit cependant qu'à partir du sixième siècle les paroisses deviennent de plus en plus nombreuses et cherchent à conquérir une plus grande indépendance. Mais l'époque franque n'est pas favorable à leur développement. Les guerres, le pillage portaient un préjudice énorme à la floraison de ces centres religieux. Si la ville enfermée dans son enceinte peut se défendre, les *villæ*, les *vici* sont dévastés et ruinés par les hordes.

La paroisse rurale avait à sa tête l'archiprêtre[1]. Il a sous ses ordres les diacres, les sous-diacres et les lecteurs. Ses droits sont encore limités. L'évêque a voulu maintenir le plus possible ses anciennes prérogatives, mais il a dû céder à l'archiprêtre le droit de baptiser, de prêcher, d'excommunier[2]. La paroisse est un centre, et c'est là que les fidèles des *villæ* voisines qui ont des chapelles privées doivent aller pour recevoir le baptême. L'évêque cherche à conserver encore des liens avec ces églises paroissiales et oblige les paysans à venir trois fois par an aux grandes fêtes de l'année[3], y assister à la messe, mais cette prescription devait être souvent impossible à cause de l'éloignement de la cité, ou des mauvais chemins pendant l'hiver. Le baptême n'est encore octroyé qu'à Pâques ou à la Pentecôte, bien que des coutumes locales naissent en dehors des règles canoniques.

A partir du sixième siècle la paroisse chercha donc à conquérir une plus grande indépendance. Elle veut avoir ses biens particuliers que l'évêque ne pourra confisquer à son profit, et qui doivent servir à l'entretien des clercs et aux réparations des édifices sacrés. Les donations qui lui sont octroyées par les fidèles doivent être sa propriété, et semblable à celle de l'évêché, chaque paroisse prend soin de ses pauvres, et possède sa matricule. La charité se localise de plus en plus.

L'archiprêtre a la surveillance des clercs placés sous ses ordres, il doit veiller, comme l'archidiacre dans la paroisse urbaine, à la moralité des ecclésiastiques. Les clercs coupables sont sévèrement punis

1. Grégoire de Tours, *H. F.*, V, 5. Ils sont mentionnés par Grégoire, aussi bien dans les *castra* que dans les *vici*. *Vitæ Patrum*, IX, 3, *De virtutibus S. Martini*, I, 22.
2. Lœning, *l. c.*, II, p. 351.
3. Le concile d'Agde, can. 21, celui de Clermont, can. 15, et le IVe d'Orléans répètent les mêmes ordonnances.

et enfermés dans une cellule, au pain et à l'eau. C'est lui qui interdit aux clercs de revêtir un costume laïque, d'aller à la chasse, de porter des armes[1]. Le clergé des paroisses rurales est le plus souvent grossier et sans culture. Plus libres que ceux de la ville, échappant par leur éloignement à la surveillance immédiate de l'évêque ou de l'archidiacre, les clercs n'avaient, s'ils étaient établis sur les terres du seigneur, qu'à plaire aux patrons qui les avaient choisis. Les vices de toutes sortes abondaient dans ce monde. Les textes nous les montrent souvent ivres, volant les biens de la paroisse, adonnés à la luxure[2]. La situation de ce clergé rural varie suivant la richesse de l'église. Ici le clergé rural est fort pauvre et obligé de travailler la terre pour vivre; là il reçoit l'entretien de l'évêque et est considéré comme son fonctionnaire. Les conciles nous font voir quelle jalousie régnait parmi les membres de ce clergé rural; certains étaient oubliés par le pouvoir épiscopal, d'autres, au contraire, largement dotés par lui. Quelques évêques ne songent même pas aux paroisses du diocèse et ne font rien pour elles. L'orgueil des prêtres, leur insubordination vis-à-vis du pouvoir épiscopal rendent bien souvent difficile le maintien de la discipline, et l'Église était encore peu armée contre les excès des prêtres des paroisses.

Malgré la création de ces nombreux petits centres ecclésiastiques les prérogatives les plus importantes de l'évêque furent maintenues. Il conserve le droit de confirmer les fidèles baptisés et d'ordonner les prêtres. C'est lui qui peut seul bénir le peuple et réciter les prières nécessaires pour la préparation du saint-chrême que les clercs des paroisses vont chaque année chercher à l'église épiscopale. La consécration des autels, des églises, la réconciliation des pénitents dans les plus grands dangers, la bénédiction des jeunes filles qui se vouent au Seigneur, sont des droits chers à l'évêque. Il les défend avec un soin

1. Les conciles cherchent à discipliner de plus en plus le clergé aussi bien urbain que celui des campagnes. Les clercs sont soumis à assister aux offices quotidiens. Ils sont chargés de réciter les prières et ne doivent pas se dérober à leurs devoirs. Les évêques édictent des peines sévères contre les clercs qui sont oublieux de ces ordonnances : conciles de Vannes, can. 14, d'Agde, can. 64. Les clercs ne devaient pas aller à la chasse, il leur était interdit d'avoir des chiens : conciles de Mâcon, can. 13; d'Épaone, can. 4; de Bordeaux, can. I.

2. Mais on voit que ces défenses n'étaient guère observées; il est défendu aux évêques d'avoir dans leurs maisons des faucons pour la chasse : concile de Mâcon, II (an 585), can. 13. Labbe, *Concilia*, V, p. 678. Ils ne doivent pas faire le commerce : le concile d'Orléans, III (an 528), can. 26, interdit aux clercs d'être banquiers ou commerçants. Bien des prêtres, cependant ne tenaient aucun compte de ces défenses, Grégoire de Tours, *Vitæ Patrum*, VIII, 6.

jaloux. C'était lui aussi qui consacrait les édifices religieux destinés à la population rurale. Si l'église était construite sur des terres privées, le propriétaire indiquait auparavant les biens qu'il donnait pour l'entretien du clergé préposé au culte. La consécration épiscopale avait seulement lieu après cette promesse et la confirmation des clercs présentés par le propriétaire. Suivant l'importance des *villæ* ou des hameaux, ils étaient desservis par des clercs majeurs ou mineurs. Il n'était point rare de voir des endroits peu peuplés desservis par un seul prêtre qui disait la messe chaque dimanche et aux jours de fête. La vie du clergé rural n'était pas aussi calme et aussi douce que celle des curés de nos paroisses. Il lui fallait combattre l'hérésie, déraciner les usages païens, convertir les paysans à la doctrine orthodoxe. C'était au contraire une vie de luttes où le courage était souvent nécessaire.

L'évêque devait visiter au moins une fois par an les paroisses de son diocèse ou y envoyer soit l'archidiacre ou des diacres. C'était un jour de fête, mais en général fort onéreux pour la population. Le prélat arrive le plus souvent à cheval, précédé d'une escorte qui ne doit pas dépasser cinquante cavaliers. Son cortège est magnifique. Un diacre porte sa crosse, symbole de sa puissance divine. La population est venue l'attendre à quelques kilomètres de la paroisse, et les femmes ont apporté des vases pleins d'eau ou d'huile pour les faire bénir par le prélat. Pendant le court séjour dans la paroisse, l'évêque confirmait les néophytes, s'informait de l'observance de la discipline, de l'instruction, d'ordinaire très défectueuse, des clercs. Il prêchait à la population, s'élevait contre les usages païens encore persistants et encourageait à la vie chrétienne.

L'instruction du clergé rural n'était pas la même dans toutes les contrées de la Gaule. Dans le midi de la France, les paroisses formèrent un centre de culture ecclésiastique, et des écoles furent créées, où un certain nombre de jeunes gens étaient instruits. Ceux qui voulaient entrer dans les ordres recevaient aussi une éducation toute religieuse, vivaient le plus souvent à côté des clercs et remplissaient les fonctions de lecteurs[1]. La vie des prêtres était, suivant les idées de

1. Concile de Vaison (529), c. I, *Concilia, M. G. H.*, p. 56 : « *Hoc placuit, ut omnes presbyteri, qui sunt in parrociis constituti, juniores lectores, quantoscumque sine uxoribus habuerint, secum in domo, ubi ipsi habitare videntur, recipiant et eos quomodo boni patres spiritaliter nutrientes psalmos parare, divinis lectionibus insistere et in lege Domini erudire contendant, ut et sibi dignos successores provideant et a Domino præmia æterna recipiant.* »

l'Église, sans cesse sous le regard de ceux qui vivaient à leurs côtés. Il était permis de les attaquer, de les accuser, pourvu qu'on pût faire la preuve du délit[1]. Mais, on voit qu'il était facile à cette époque de ternir la réputation d'un prêtre, de l'accuser faussement. Des cas nombreux le prouvent suffisamment. Aussi l'Église redoubla-t-elle de précautions. Elle voulut que le prêtre eût un témoin oculaire de sa vie. Le jeune clerc qui vivait à côté des ecclésiastiques et qui était instruit par eux, pouvait certifier au besoin de la piété, des bonnes mœurs de son maître[2].

Le pouvoir spirituel chercha, nous l'avons vu, à relever le prestige des clercs. Pour arriver à ses fins, il exigea la simplicité des vêtements et un costume particulier. Les conciles recommandent aux clercs des cheveux courts et des habits longs et flottants. Le port de la barbe était interdit aux ecclésiastiques. La tonsure fut peu à peu usitée pour les clercs. Ce furent encore les conceptions monacales qui imposèrent de plus en plus au clergé une marque particulière. Dès le sixième siècle, nous voyons que les clercs ont les cheveux coupés ras et ne laissent qu'une couronne sur la tête. On ne peut cependant pas affirmer que l'usage fût général [3].

Le vêtement du clergé devait ressembler autrefois à celui des laïques.

1. Les prêtres ou les évêques étaient quelquefois calomniés et obligés de partir . Grégoire de Tours, *Vitæ Patrum*, 5, p. 683. Cf. *In gloria confessorum*, 76 et 78.

2. Grégoire de Tours, *H. F.*, IV, 36; VI, 36. Les évêques rreposaient souvent à côté de leurs clercs : « *Habens circa lectum suum multos lectulos clericorum.* » Concile de Tours, II, can. 12, *Concilia, M. G. H.*, p. 125 : « *Et licet Deo propitio clericorum suorum testimonio castus vivat, quia cum illo tam in cella quam, ubicumque fuerit, sui habitent eumque prosecuntur et presbiteri et diaconi vel deinceps clericorum turba juniorum Deo adjutore conversantur.* » Cf. aussi 13 : « *Habeant ministri ecclesiæ, utique clerici qui episcopum serviunt et eum custodire debent, licentiam extraneas mulieres de frequentia quohabitationis ejecere.* »

3. On croyait que la tonsure avait été établie par saint Pierre : Grégoire de Tours, *De virtutibus S. Martini*, 28. Concile d'Agde, can. 20, *Concilia*, V, p. 1386: « *Clerici qui comam nutriunt, ab archidiacono, etiamsi noluerint, inviti detondeantur; vestimenta vel calceamenta etiam eis, nisi quæ religionem deceant, uti vel habere non liceat.* » On répète encore ces défenses en 583 au concile de Mâcon, can. 5. *Concilia*, p. 1156. On leur défendait de porter les cheveux et la barbe : concile de Mâcon (481), can. 20. Pour les cheveux, Grégoire de Tours, *Vitæ Patrum*, VII, nous dit que les clercs avaient une couronne de cheveux sur la tête. Cf. aussi les mosaïques du VIe siècle de Ravenne et de Rome qui donnent le costume des clercs. Ce fut d'abord les évêques qui portèrent la tonsure; par cela même on les appelait souvent « *corona tua* », sous l'influence aussi des conceptions païennes. Sidoine Apoll., *Epist.*, VI, 3, dit : *auctoritas coronæ tuæ*. Isidore, *De officiis*, Migne, *P. L.*, 83, p. 180 : « *detonso superius capite, inferius circuli corona relinquitur.* »

Mais avec le temps, le pouvoir spirituel chercha à isoler de plus en plus le prêtre et à créer une hiérarchie ecclésiastique. Ce fut surtout vrai pour le costume liturgique. Les degrés supérieurs furent distincts du clergé mineur et se reconnaissaient au vêtement plus riche et plus orné. L'évêque revet la tunique aux manches étroites, qui descend jusqu'aux pieds, c'est l'*alba* mérovingienne[1]. Des *manicæ* souvent en étoffes précieuses, sorte de manchettes, couvraient la partie du bras laissée nue par la tunique[2]. Celle-ci était le plus souvent retenue à la taille par une ceinture qui servait à suspendre des *capsæ* contenant des reliques, des clefs, et retombait en plis droits le long du corps[3]. L'évêque ou le prêtre devait la laisser flottante pendant le service divin[4]. Les personnages pieux portaient souvent un vêtement de dessous plus grossier, une tunique de laine fort épaisse et très dure qu'on appelait alors le cilice[5]. Les mosaïques de Ravenne et de Rome nous montrent la forme particulière de la *penula*, sorte de manteau ou de chasuble qui enveloppait le corps et le garantissait du froid. Il était sans manches, coupé en circonférence et pourvu d'une ouverture au centre qui permettait au clerc de passer la tête pour le revêtir. Ce manteau couvrait les bras et les mains. Les textes mentionnent aussi un manteau pourvu d'un capuchon[6].

1. Grégoire de Tours, *H. F.*, IV, 43, p. 178 : « *Archidiaconus indutus albam adest.* » Cf. le testament de Césaire d'Arles : Pardessus, *Dipl.*, I, p. 105 : « *Cum casula villosa et tunica vel galnape quod melius dimisero.* » Il parle aussi d'un autre vêtement, « *excepto birreto auricularii* »; cf. le testament de saint Remy, Pardessus, *Dipl.*, I, p. 84: « *Dono ei domi textilis casulam subtilem et aliam pleniorem, duo saga delicata.* » On revêtait à Pâques des tuniques blanches, *P. L.* (Migne), t. 72, *Epistola secunda Germani*, p. 97.

2. *P. L.* (Migne), t. 72 *Epistola S. Germani*, p. 97 : « *manualia vero, id est, manicas induere sacerdotibus mos est instar armillarum.* »

3. Cf. Grégoire de Tours, *In gloria martyrum*, 33, p. 508.

4. Les *albæ* des clercs devaient être très propres, toujours blanches : « *candida sint exterius veste, interius mente.* » « *Alba autem non constringitur cingulo.* » *P. L.* (Migne), t. 72. *Epistola secunda S. Germani*, p. 98. *Alba Paschales*, cf. Mabillon, *Acta*, I, *Vita Cesarii*, I, p. 243.

5. *Cilicium semper puro adhibens corporis*, Grégoire de Tours, *H. F.*, V, 10, p. 199, et *Acta Boll.*, 31 juillet, *Vita S. Germani*, VII, 9, p. 204.

6. Cf. Les mosaïques de Ravenne nous donnent la coupe de ce vêtement, cf. Garrucci, *l. c.*, IV, tav. 264, 272; pour Rome, tav. 267 Grégoire nous dit que c'est le vêtement du pauvre, *penula pauperis*, *Vitæ Patrum*, 4, p. 677. On l'appelait aussi *casula*, *amphibalum*, cf. *P. L.* (Migne), t. 72, *Epistola secunda Germani*, p. 96, « *Casula quam amphibalum vocant.* » Grégoire l'appelle *vestis villosa*, *In gloria confessorum*, 58, p. 782. *Vitæ Patrum*, 8, p. 696. Ainsi que nous le voyons, le clergé avait choisi de préférence les vêtements des pauvres gens, « *ut ita susciperet penulam pauperis ac si veneraretur togam incliti senatoris*, *Vitæ Patrum*, IV, 5, p. 677. Un diacre le porte en souvenir de l'évê-

Les grands fonctionnaires de l'Église, tout d'abord l'évêque d'Arles, plus tard les autres prélats, portaient le *pallium*[1]. C'est l'insigne de l'évêque. Les mosaïques de Ravenne nous indiquent la forme de ce vêtement, ce n'est point le manteau carré usité sous l'Empire, mais au contraire une longue bande de laine blanche qu'on passait autour du cou, et qui retombait au milieu du corps. Il était le plus souvent orné d'une croix brodée et terminé par des franges.

Les prêtres étaient revêtus aussi de la *tunica* et de la *planeta*. Les monuments nous montrent que les tuniques étaient souvent pourvues de bandes de couleur, mais sans indiquer si elles étaient rouges ou noires. Ils avaient aussi le droit de porter l'*orarium* ou *stola*, le *pallium* des évêques ; mais le concile de Braga recommande aux prêtres de le placer autour du cou en le croisant sur la poitrine[2].

Les diacres avaient le droit de porter l'étole, la *stola*, mais ils devaient la placer sur l'épaule ; elle retombait toute droite sur l'*alba* qui était le vêtement des diacres et sous-diacres[3]. Ceux du diocèse d'Arles avaient obtenu du Pape de porter une seconde tunique pourvue de manches assez larges qui se mettait sur l'*alba*[4]. Elle portait le nom de dalmatique.

Les écrivains ne nous ont fourni aucune indication sur le costume

que, Grégoire de Tours, *Vitæ Patrum*, p. 696 ; Fortunat, *Vita Medardi*, 4, p. 6, aussi Mabillon, *Acta*, *Vita Cesarii*, 23, p. 644; il y en avait pour les processions, *processoria casula*. Cf. pour le manteau avec capuchon : *Acta Boll.*, 31 juillet, VII, 9, p. 204, *Vita S. Germani*, et Grégoire de Tours, *Vitæ Patrum*, 4. 731.

1. Cf. Duchesne, *l. c.*, p. 376. On voit aussi qu'on disait souvent *orarium* pour *pallium*. Le concile de Tolède (633), can. 38. Labbe, *Concilia*, p. 1460, donne comme insignes aux évêques l'*orarium*, c'est-à-dire le *pallium*, l'*annulus* et le *baculum*. Les prêtres portaient aussi l'*orarium* (étole) et la *planeta* ou *casula*. Les diacres avaient l'*orarium* (étole) et l'*alba* ou *tunica*, enfin les sous-diacres la *patena* et le calice. Il y avait différentes manières de porter ce *pallium* suivant le grade ecclésiastique, cf. pour les évêques: *P. L.* (Migne), t. 72, *Epistola secunda S. Germani*, p. 97: « *pallium vero quod circa collo usque ad pectus venit.* » Il y avait aussi des franges : *Ibid.*, p. 97. Tous les évêques devaient, à la fin du VIIe siècle, le porter pour dire la messe, Cf. concile de Mâcon (585), can. 6, M. G. H., *Concilia*, p. 157.

2. Concile de Braga, cité par Duchesne, *l. c.*, p. 377.

3. *P. L.* (Migne), t. 72, *Epistola secunda S. Germani*, p. 98: « *Stola autem quam super alba diaconus induit.* » Fortunat, *Carm.*, VIII, 21, parle d'une *stola candida* portée par les évêques, cf. Kraus, *Real Encyklopädie der christlichen Alterthümer*, II, p. 185; il nous donne le costume d'un diacre tel qu'il se trouve figuré au *paliotto* de l'église Saint-Ambroise à Milan ; cf. *P. L.* (Migne), t. 72, p. 98. Delisle, *Le Sacramentaire d'Autun*, dans la *Gazette archéologique*, 1884, donne aussi une semblable représentation ; Grégoire de Tours, *H. F.*, II, 5, p. 112.

4. *Vita Cesarii*, c. 4 ; Grégoire le Grand, *Epistolæ*, IX, 107.

du clergé mineur. Il est à croire qu'il se composait d'une tunique et d'un manteau de couleur sombre. Les conciles leur défendent les vêtements des laïques, mais le pouvoir spirituel devait peut-être se montrer plus indulgent pour ces fonctionnaires subalternes.

L'esprit hiérarchique de l'Église distinguait par d'autres insignes les différents grades du clergé. L'évêque avait seul le droit de porter la crosse et l'anneau[1]. Il portait aussi des gants[2]. Le harnais et la housse du cheval qu'il montait, soit au moment de son ordination, soit aux grandes fêtes, étaient très ornés, quelquefois en ivoire, le plus souvent en verroterie cloisonnée.

La chaussure était une marque de distinction. Les mosaïques nous indiquent des *campagi*, sorte de sandales qui ne couvraient que le talon et la pointe des pieds. Elles étaient retenues à la cheville par des lanières. C'était surtout la chaussure usitée pour les cérémonies religieuses, mais celle des hauts fonctionnaires de l'Église, dont ils se servaient pour aller en ville, était la *caliga*. Elle consistait en une forte semelle sur laquelle était fixée une bande de cuir découpée à jour formant un réseau, et qui laissait les doigts découverts. Elle était maintenue autour de la cheville par des lanières[3].

1. Pour la crosse, Mabillon, *Acta*, I, *Vita S. Cesarii*, 17, p. 678, 21, p. 674. Pour l'anneau : concile de Tolède déjà mentionné. Labbe, *Concilia*, VI, p. 1460, Isidore de Séville en fait mention dans son *De Officiis*, II, *P. L.* (Migne). Pour la housse : Grégoire de Tours, *Vitæ Patrum*, 13, p. 682.

2. *Acta, Boll.*, août, *Vita Betharii*, p. 170 : «*Interea unus e barbaris gentis ipsius nisus est abstrahere a sanctis manibus ejus chirothecas (quod vulgo wantos vocant) et suas tegere indignas.*» Cette source mentionne déjà un usage ancien puisqu'il est devenu populaire.

3. Fortunat, *Carm.*, VIII, 21, nous fournit une liste de diverses chaussures portées par les clercs. Il remercie Grégoire de Tours de l'envoi qu'il lui a fait de *talaria, et pellibus niveis sint sola tecta pedis*»; il nous cite un clerc qui faisait lui-même ses *caligæ ; Vita S. Germani*, 19, p. 102. D'autres portaient des chaussures riches et ornées. Le concile de Mâcon (581), le leur défend ; les *calciamenta sæcularia* sont interdits. Labbe, *Concilia*, VI, p. 660. De pieux personnages se servaient de chaussures très grossières, cf. Mabillon, *Acta*, I, *Vita S. Eugendi*, 6, p. 555 : « *Habebat namque Eugendus beatissimus calciamenta fortia rusticaque in modum priscorum Patrum, constrictus ocreis crura, fasciolisque plantas. At vero nocturnis matutinisque conventiculis, nec in frigidissimis pruinis, nec in magnis nivibus, quicquam nuditati pedum præter ligneas gallicanasque caligas addidit unquam.* » Nous voyons des évêques chaussés de *caligæ*, Grégoire de Tours, *H. F.*, VI, 31, p. 272 : « *ut unam caligam de pede elapsam colligere non curaret.* » On ne peut donc en conclure à une chaussure unique. Mais l'usage des *sandalia* s'établit pour les cérémonies religieuses. Nous croyons cependant que ce fut beaucoup plus tard qu'elles furent adoptées par le clergé des Gaules, car saint Germain de Paris n'en parle pas dans sa seconde lettre, et c'est seulement par Alcuin que nous savons qu'elles ont été acceptées. Cf. *De Div. Offi.*, lib. 2. *P. L.* (Migne),

Après avoir décrit le clergé des villes et montré ses devoirs vis-à-vis de la population qui lui était confiée, nous allons rapidement esquisser la vie des moines qui avaient conservé avec plus de zèle les doctrines chrétiennes.

t. 101, p. 1242. Il nous indique leur forme : « *subterius quidam solea muniens pedes a terra, superius vero nil operimentis habens, patet : quo jussi sunt Apostoli a Domino indui.* » Grégoire de Tours, Fortunat ne connaissent pas cet usage et tout porte à croire qu'il se sera introduit en France lors des relations de la papauté avec le royaume carolingien; cf. pour Rome et Ravenne : Garrucci, *Storia dell' arte,* IV, tav. 264, 267, 272.

CHAPITRE VI

La Société religieuse

II. — *Le Clergé régulier*

La société religieuse de l'époque mérovingienne ne se composait pas seulement du clergé séculier; il y avait aussi des moines, des ascètes, des anachorètes qui vivaient dans les solitudes ou en communautés dans les cloîtres éparpillés sur toute l'étendue du diocèse.

La naissance de ces instituts ecclésiastiques était alors de date récente, et la création de ces centres religieux avec les conceptions qui les produisent sont une de ces nombreuses imitations de l'Orient par les hommes pieux gallo-romains.

Après la paix de l'Église, il ne fut plus possible de recevoir le martyre. A mesure que l'évangélisation augmentait, que le nombre des fidèles devenait de plus en plus grand, certaines âmes exaltées ne purent s'accommoder d'une vie chrétienne aussi facile et se crurent obligées de gagner le ciel par les jeûnes, les larmes et les macérations. De là sortit une nouvelle façon de comprendre le martyre.

Il consista en une renonciation complète à la vie, en un ascétisme de tous les instants. Les races orientales, qui ont toujours dépassé la mesure, acceptèrent ces nouvelles idées avec un enthousiasme extraordinaire. De tous côtés naissent de petits centres religieux formés par les anachorètes. Les déserts se peuplent. On martyrise le corps, on le mutile pour vaincre la chair.

Ces petits groupes représentent en Syrie et en Égypte le parti vaincu des sectes religieuses, et forment la petite Église des saints isolés dans le monde. Des règles sont aussitôt établies et fixent la vie des moines. Elles ne restèrent pas sans influence sur les contrées de la Gaule.

Notre pays a très peu connu cette période d'enthousiasme ascétique. Le climat plus froid, la race plus grossière, une manière plus pratique de considérer la vie, une certaine bonhomie dans le caractère de ces anachorètes eurent pour résultat de faire subir des transformations très profondes aux conceptions ascétiques orientales. On peut constater néanmoins, durant le cinquième siècle, les progrès de l'ascétisme occidental[1].

Ce fut tout d'abord dans le midi et dans l'ouest de la Gaule. Cassien à Marseille, Honorat dans l'île de Lérins, saint Martin à Ligugé et à Marmoutiers fondent des centres d'anachorètes, qui deviendront avec le temps les monastères les plus célèbres de la Gaule. Pendant toute cette période, nous n'avons pas un cloître tel que les temps ultérieurs l'ont connu. Les ascètes qui venaient se grouper autour d'un abbé, déjà renommé pour sa piété, bâtissaient des cellules à côté de la sienne, constructions le plus souvent grossières, en bois et sans art. Un frère se chargeait de la nourriture et prenait le titre de *cellarius*. La vie en commun n'existait pas encore. Chaque ascète passait dans sa cellule une grande partie du jour, travaillait quelquefois un coin de terre ou lisait les Livres-Saints. Les prières, les chants des psaumes et des hymnes les réunissaient tous. Une cloche annonçait les heures consacrées au service religieux. Pendant cette première période, les anachorètes se multiplient, les ascètes choisissent les lieux les plus déserts, les îles surtout qui les mettaient à l'abri des hordes barbares[2]. Les textes nous parlent de moines errant de provinces en provinces, attirés par la renommée de quelques ascètes. On cherche par les jeûnes souvent répétés à gagner le ciel. Le monde n'a plus d'attraits pour les élus de Dieu.

1. Grégoire de Tours, *Vitæ Patrum*, 10, p. 605, indique la pénitence comme moyen pour gagner le ciel, il ajoute la pauvreté. Il faut tout quitter pour faire son salut : cf. *Vitæ Patrum*, 1, p 663. L'anachorète est véritablement le fidèle du Christ, cf. Mabillon, *Acta*, I, *Vita Cesarii*, I, 5, p. 637. Bientôt nous verrons dans *le Culte des saints*, l'ascète imiter le Christ et le prendre toujours pour modèle. Cf. aussi *Vitæ Patrum*, 2, p. 742 et 743. L'ascète devient un nouveau martyr. Il doit livrer un combat quotidien au démon, cf. *Sermones S. Cesarii*, *P. L.* (Migne), t. 39, p. 2307.

2. Les anachorètes désiraient tout d'abord la solitude et s'isolaient seuls dans le désert. Ils vivaient ainsi loin du monde, cf. Mabillon, *Acta*, I, *Vita S. Leobini*, I, p. 115. Quelquefois, on se groupait, mais on vivait dans des cellules séparées, l'un des ascètes était chargé de la cuisine ; cf. *ibid.*, VI, 9, p. 95. On utilisa les centres solitaires, les forêts, les îles : celles de Sainte-Barbe à Lyon, de Lérins, cf. Grégoire de Tours, *De gloria confessorum*, 22, p. 761. La *Vita Honorati* raconte aussi la venue du saint et ses difficultés. Ces îles étaient très malsaines et quelquefois le séjour impossible. Césaire, plus tard évêque d'Arles, se vit obligé de quitter ses compagnons, cf. aussi *Vita Leobini*, 4, p. 116. Cette vie ascétique devint de plus en plus l'idéal religieux des générations futures et l'expression *cœlum diebus ac noctibus precibus pulsare*, résume cette idée. Cf. Mabillon, *Acta*, II, *Vita Arnulfi*, 16, p. 144. Les Vies des saints ont conservé le souvenir de cet enthousiasme passager pour la vie ascétique ; Mabillon, *Acta*, I, *Vita Launomari*, 5 : *inter opaca nemiorum*;

L'action de l'ascète fut d'abord bornée, il ne songea qu'à son salut. Peu lui importait la société dans laquelle il vivait. La vie active, la ville avec son centre industriel et commerçant, mais aussi avec ses plaisirs et ses vices, n'est pour lui qu'un lieu maudit où il est impossible de réaliser les paroles du Christ. Il préfère les angoisses de la solitude, les nuits sans sommeil au milieu des bêtes féroces, les climats les plus dangereux.

Les premiers ascètes déploient donc une très grande énergie et leur vie passée dans les forêts témoigne une force morale et physique peu commune. Il faut avouer cependant que le but principal de l'ascète est la conquête du Paradis; il consacre à ce rêve toutes ses forces, il lui sacrifie toutes ses joies. Les jours qu'il passe sur cette terre d'exil devenaient pour lui un véritable combat. Pour gagner le ciel, il fallait tout quitter: parents, amis, fortune, abandonner les joies de ce monde, ce qui avait été le but des efforts des ancêtres, et s'ensevelir tout vivant dans la solitude. Le Nouveau-Testament encouragea ces retraites, et les Vies de saints décrivent les jours d'angoisse et les privations sans nombre du Sauveur. Aller au désert fut la préoccupation des vrais religieux du Bas-Empire.

Combien ils étaient heureux dans cette retraite, vivant pour l'éternité, loin de tout ce qui peut mentir! La vulgarité, la banalité ne pouvaient les atteindre, et leur cœur libre et fier s'adonnait à la contemplation des choses célestes. Leur existence, quelque égoïste qu'elle paraisse, n'a pas été inutile à l'humanité. Ils ont maintenu l'idéal de la vie assez haut, ils ont conservé aux populations la notion du divin, ils ont montré à ces hordes barbares qu'il y avait autre chose ici-bas que les biens de la terre. Ils avaient le calme de la solitude, des heures bien douces, en tête à tête avec le Seigneur. Et dans les jours malheureux, quand les passions cherchaient à leur faire oublier leurs devoirs, la prière au pied de la croix, un regard vers le ciel où vivait le Sauveur, les consolaient, et la victoire était à eux.

Vita S. Leobini, 6, p. 117. On construisait une cabane faite de branchages ou de roseaux, quelquefois on trouvait une grotte; cf. Mabillon, *Acta*, I, *Vita Sequani*, 7: *ubi primum in parvo quidem tugurio cœpit habitare*. *Vita Lifardi*, c. 3: *cellulam sibi virgis contexens*. Mabillon. *Acta*, I, *Vita S. Johannis abb. Reom*, 3, p. 634. Leur nourriture se composait le plus souvent de pain et de dattes: Grégoire de Tours, *H. F.*, VI, 5, p. 249; d'autres mangeaient des légumes et du pain, enfin certains achetaient des herbes sèches venues d'Égypte: Grégoire de Tours, *H. F.*, III, 13, p. 123; VIII, 19, p. 337. Les ascètes eurent pendant longtemps un grand crédit. Les rois même allaient les visiter, les consulter; cf. Grégoire de Tours, *In gloria confessorum*, 81, p. 800.

N'abaissons pas la vie de ces ascètes, ne les considérons pas avec les yeux de l'historien moderne, ils nous ont conservé un idéal religieux plus haut, plus sévère. Ces hommes qui fuyaient le monde n'étaient pas de pauvres malheureux sortis des classes inférieures, mais le plus souvent des fils de seigneurs, de grands propriétaires de la Gaule. Ce n'était pas non plus l'ignorant, mais tout au contraire le lettré, le civilisé du Bas-Empire. Les honneurs, ils les avaient connus, les jouissances du pouvoir, ils les avaient goûtées, mais las de la vanité des choses de ce monde, ils étaient allés vivre dans la solitude, préoccupés avant tout de leur rêve divin.

Leur bonheur était fait de tous les plaisirs qui ne s'achètent pas : d'un peu de lecture, de fidélité envers leur maître intellectuel, d'amitié vraie pour les anachorètes qui vivaient à leurs côtés et la joie toujours vive d'avoir travaillé au salut de leur âme.

Les légendes nous les représentent vêtus de peaux de bêtes, ne vivant que d'herbes sauvages, le plus souvent crues et buvant de l'eau. L'anachorète passe de longues heures en prières dans son étroite cellule, récitant à genoux les psaumes, chantant des hymnes. Quelques-uns exagéraient les prescriptions du Seigneur, et toujours en prières, comme l'Apôtre le dit, ils attendaient en extase la couronne de leur long martyre. Il faut aussi remarquer l'empressement des fidèles envers ces hommes si austères qu'on croyait toujours en rapport avec Dieu. On allait à eux. Ils guérissaient le pauvre et faisaient sans cesse des miracles.

Les fidèles leur apportaient de la nourriture, et quelquefois, malheureusement, ces offrandes corrompaient l'anachorète[1] et l'incitaient à se livrer à la boisson.

L'esprit reste confondu en face de cette rapidité avec laquelle les conceptions ascétiques venues d'Orient transformèrent les idées aristocratiques des hommes de l'époque mérovingienne. Ces fils de riches seigneurs qui n'avaient eu que mépris pour la pauvreté, qui la considéraient jadis comme un opprobre, désertent le monde et ses plaisirs et ne craignent pas de se livrer aux travaux les plus vils et les plus bas.

Durant cette période, la vie ascétique ne connaît aucunes bornes, chacun, suivant sa volonté, se retirait du monde et bâtissait une cellule au fond d'une forêt ou dans des lieux incultes. Le mouvement devint si général que le pouvoir spirituel, effrayé à bon droit de

1. Grég. de Tours, *Vitæ Patrum*, 2, p. 722. Ils devenaient arrogants, vaniteux.

l'ascendant pris par ces religieux errants, considérés souvent comme des saints par la population, dut se préoccuper de ces ascètes et de ces anachorètes.

Des enquêtes faites par les évêques firent vite découvrir les impostures de ce monde agissant sans discipline et sans règle. Le grand nombre de laïques qui étaient venus se grouper autour d'un abbé réputé pour sa sainteté obligea promptement ce digne ascète à se montrer plus sévère, à faire observer par cette population, composée d'éléments si divers, une règle de vie qui rendait plus difficiles les chutes morales de cette société religieuse.

Il faut avouer aussi qu'avec le temps, l'enthousiasme diminua, baissa même. Ce n'est plus l'aristocratie gallo-romaine qui se réfugie dans la solitude, elle disparaît peu à peu, et fut remplacée par les Francs et les indigènes moins cultivés. L'idéal ascétique prend aussitôt une autre direction. La victoire sur les sens, sur le corps, tel est le désir ardent de l'ascète, et pour l'atteindre, il s'entoure de tout ce qui peut le préserver : des reliques, du signe de la croix, lutte de chaque heure qui se renouvelle sans cesse ; il ne doit jamais se relâcher de sa sévérité, car le démon l'épie. Le jeûne lui sert à combattre les aiguillons de la chair. Le récit de leurs vies montre une croyance encore jeune, peu profonde, basée sur le miracle sans cesse répété, la foi à une divinité se manifestant à chaque instant pour les faits les plus insignifiants.

On est pris de pitié en présence de ces hommes sans cesse remplis d'effroi, jeûnant jusqu'à l'extase. Leurs biographies ne nous parlent que de jeûnes qui étonnent, dont on se fait gloire, de macérations sans nombre dont on tire vanité, de privations bien souvent sans raison et qui révoltent. Ils n'ont pas connu la foi sereine, calme et douce d'un François d'Assise, la ferveur ardente, mais élevée, d'un saint Bernard. Nous voyons leur âme sans cesse désespérée de ne pouvoir arriver à la victoire et triompher définitivement de Satan, l'ennemi acharné de l'homme, et ce doute terrible arrive à prendre quelquefois des accents épiques. Mais il fallait encore des siècles pour que la foi chrétienne pût revêtir une forme plus haute ; que le christianisme pénétrât dans la profondeur des âmes. Il ne peut en ce moment que les effleurer.

Le nombre des ascètes ne s'explique pendant l'époque mérovingienne que par les étroites limites de l'activité humaine. La vie des champs et l'armée étaient à peu près les formes de cette activité. La haute culture avec ses écoles, avec ses centres intellectuels, avait presque disparu. Le commerce et l'industrie périclitaient et étaient réduits, pour ainsi dire, au simple colportage.

L'inaction était souvent le lot de ceux qui possédaient, et une des nombreuses causes de cet ascétisme qui attira dans le désert les Gallo-Romains aussi bien que les Germains riches et nobles. Ce n'est donc pas à un sentiment d'altruisme qu'il faut attribuer le renversement des grandeurs, à la vanité des choses d'ici-bas, le sacrifice de la vie mondaine. Les moines, l'ascète, les femmes qui s'éloignent du monde sont préoccupés avant tout de leur salut, mais le but tout égoïste qu'ils poursuivent dans le sacrifice complet de leur individualité n'en profite pas moins à l'humanité.

Ni l'âpreté des Francs, ni les convoitises, souvent coupables, du pouvoir spirituel lui-même pour les richesses ne peuvent faire disparaître les conceptions du christianisme, le rêve d'amour du Christ. Elles survivent malgré les guerres et la grossièreté des temps mérovingiens, et si, au point de vue social, les paroles du Sauveur n'ont pu être réalisées, si l'Église est la première à profiter de la victoire des classes supérieures, qui ont transformé à leur profit les anciennes idées par trop révolutionnaires de la primitive Église, si même elles paraissent oubliées pendant l'époque franque, elles n'en survivent pas moins intenses et toujours prêtes à fournir une base à un réveil religieux. Le clergé séculier peut impunément oublier ses devoirs, se préoccuper de plus en plus d'intérêts politiques et sociaux, vivre dans l'opulence, les moines n'en conservent pas moins des forces encore jeunes et sauront faire naître, lorsque les désordres seront trop grands, des réformes qui transformeront, pour un temps, les principaux chefs du pouvoir spirituel.

L'exaltation religieuse, l'enthousiasme des premiers temps disparut peu à peu et fit place à un sentiment nouveau plus humain et plus doux. La conquête du Paradis par les jeûnes et les macérations ne fut plus le but auquel aspirèrent les anachorètes : l'idéal des moines devint plus tangible, voulut vivre suivant les préceptes du Seigneur. Tout ce que le Christ avait ordonné devait être observé. La chasteté, la pauvreté, l'obéissance furent considérées comme les moyens les plus sûrs pour réaliser la vraie vie chrétienne. Les cellules isolées deviennent de plus en plus rares, et l'ascétisme individuel disparaît peu à peu : tout moine est obligé de se plier à la règle commune. Il put y avoir un moment douloureux pour les ascètes, et plus d'un chercha un refuge dans les lieux tout à fait déserts, afin de pouvoir conserver encore son indépendance. Grégoire de Tours en connaît un certain nombre et nous vante leur austérité, mais on peut voir par ses écrits que les exagérations de quelques-uns sont considérées comme des excès, et que la période primitive fait place à une vie monacale plus moyenne et plus régulière[1]. Avec la barbarie croissante des temps, le pouvoir spirituel se rendait compte de l'impossibilité du maintien des anciennes conceptions ascétiques. Il a conscience de la nécessité d'une surveillance quotidienne des moines. L'habitation en commun, la vie de chacun soumise à la surveillance de tous les membres de la communauté dut être envisagée comme la solution du problème. On arrivait par là à une vie plus régulière et plus uniforme[2].

Pendant la période d'exaltation ascétique, il n'y eut pas, à vrai dire, une règle unique. On vécut tout d'abord des coutumes orientales transmises oralement par ceux qui avaient visité les colonies des cénobites.

Les règles orientales de saint Pacôme et de saint Basilius traduites par saint Jérôme et Rufin facilitèrent aussi la propagande des coutumes ascétiques. On peut dire cependant que cela se fit sans ordre, comme à la hâte. Les communautés des ascètes, assez peu nombreuses, accomplissaient de plein gré et avec amour les règles de vie sévère prescrites. Mais avec le temps, les écrivains ecclésiastiques de la Gaule

1. En Occident, les conceptions ascétiques furent plus mesurées et plus pratiques. Si l'influence orientale s'y fait encore remarquer au cinquième siècle, on peut cependant constater les rapides transformations que l'esprit gallo-romain lui fit subir. La lecture des Livres-Saints, la copie des manuscrits, les travaux des champs remplacent les pratiques orientales, la castration fut défendue, l'extase considérée comme un cas particulier réservé aux élus de Dieu. Bien des écarts exagérés de piété et de bien dures souffrances supportées durant l'hiver sont signalés cependant encore au sixième siècle. Cf. Grégoire de Tours, *H. F.*, VIII, 14, p. 334, 15, p. 334 et 335; Id., *Vitæ Patrum*, I, p. 718 et 725, Mabillon, *Acta*, I, *Vita S. Maximini*, X, 22, p. 568.

2. Dès le VIe siècle, on chercha à limiter le nombre de ces ascètes et de ces anachorètes, vivant sans règle dans les solitudes. L'évêque se montre surtout hostile à ceux-ci. Cf. conciles d'Orléans, I, can. 2 et 22 ; d'Agde, can. 38; Grégoire de Tours, *H. F.*, VIII, 15, p. 335. Mais il y en eut cependant encore un certain nombre. Cf. Id., *ibid.*, VIII, 34, D'autres s'enfermaient dans des cellules particulières élevées dans les monastères et vivaient là tout à fait isolés. Cette conception de l'ascétisme était un acheminement vers la vie en commun. Id., *ibid.*, II, 37; V, 7; VI, 29; VIII, 34; Id., *De gloria confess.*, 80, 96; Id., *Vitæ Patrum*, 10, 11. Il fallut interdire le séjour dans les cellules séparées. Cf. Concile de Vannes (465), can. 7; l'on arriva peu à peu à mettre un frein à l'exaltation des premiers jours, et le grand nombre des moines, qui vinrent dans les cloîtres vivre sous des règles fixes fit baisser le niveau moral des monastères.

voulurent eux-mêmes composer des règles monacales. Ils s'inspirèrent de celles de l'Orient, et le sixième siècle présente un grand développement dans les monastères. Nous trouvons à côté de celles de Basilius, de Pacôme, les règles écrites de saint Césaire, d'Aurélius d'Arles, de Colomban et de saint Benoît. Les monastères montrent encore une certaine indécision, et prouvent ainsi que les prescriptions des trois premiers prélats que nous venons de citer ne pouvaient répondre aux besoins de la vie des cloîtres ; ils cherchent à les fondre, à les combiner. Mais à la fin de ce siècle, deux règles seulement sont en présence : celles de saint Colomban et de saint Benoît. La première, plus sévère, plus despotique, donnant des droits exorbitants à l'abbé, ne pouvait pas convenir à toutes les contrées de la Gaule. Les pays du Midi et de l'Ouest n'auraient pu accepter la sévérité des canons du moine de Luxeuil. Dès le premier quart du septième siècle, nous voyons qu'on se rend compte de la trop grande rigueur, de l'absolutisme de Colomban. Dans le centre et dans l'est de la Gaule, on cherche à l'adoucir en combinant les deux règles, jusqu'à ce qu'enfin, à la fin de ce siècle, le triomphe de saint Benoît devienne définitif.

La victoire de cette règle fut facilitée aussi par les évêques. Saint Benoît leur maintenait le droit de confirmer le choix de la communauté et de l'annuler même, si le personnage n'était pas digne d'être abbé.

L'auteur d'une règle monacale devait connaître le cœur humain, la petitesse de la nature de l'homme, ses vices et ses penchants. L'homme lui apparaissait le plus souvent mauvais, avec son orgueil, ses instincts pervers. Aussi le législateur religieux ne laisse rien au hasard, il doit tout prévoir et surtout annihiler chez le moine tout sentiment de liberté. Le temps se passera en prières, en travail manuel, l'individu ne sera jamais seul. Ces prescriptions rendront l'homme pieux toujours craintif, sans développer son individualité. Les grands caractères sont dangereux dans les monastères, et les abbés les redoutent. Ils ne sauraient se plier aux règles sévères du cloître et sont toujours faits pour commander. Il faut reconnaître aussi que toutes ces prescriptions devaient faire naître le plus souvent la méfiance, car le moine se sentait à chaque instant l'objet de la surveillance de ceux qui vivaient à ses côtés.

Mais pour pouvoir obliger à la vie en commun ces grands instituts ecclésiastiques, avec leurs biens considérables et leurs constructions, il était nécessaire que de nouvelles conceptions naquissent, encourageant les fidèles à donner sans compter aux monastères, car les cloîtres, tels qu'ils étaient à la fin du cinquième siècle, n'auraient pu permettre ce développement. La société laïque avait compris qu'elle ne pouvait réaliser l'idéal chrétien. L'accès du Paradis lui parut impossible si des cœurs purs, des âmes saintes, ne rachetaient par leurs prières les fautes des coupables [1].

La société considéra donc les moines comme les intercesseurs auprès de Dieu de ceux qui vivaient dans le monde, et l'on se recommandait à leurs prières. Le cloître prêta ainsi son concours à la société laïque. Chaque diocèse voulut posséder de pareils centres de piété. Les Pères de l'Église, les Papes, et surtout Grégoire le Grand, vantent l'austérité du cloître, la vie pieuse et toute d'abnégation qu'on y menait. Ces cloîtres sont autant de petits îlots séparés de la foule des fidèles, citadelles de piété, où la discipline austère des premiers jours s'est maintenue. Ce sont eux qui réalisent la doctrine chrétienne, et les rois, les évêques, les riches particuliers, considèrent comme œuvre pieuse d'en construire, donnent sans compter leur temps et leurs biens à ces institutions religieuses [2].

Nous parlerons plus loin de ces donations nombreuses qui firent souvent d'un cloître autrefois fort humble un grand centre d'activité économique.

Le monastère forme une vaste enceinte, le plus souvent carrée, entourée de hautes murailles défendues par des tours [3], car on a pu construire l'édifice d'un seul jet et sur des terres encore inhabitées. Toute une population y vit sous des règles fixes. De gros chiens en gardent l'entrée, et le portier avait à remettre, chaque soir, après complies, les clefs du cloître au prévôt [4].

1. Moines qui prient pour les pécheurs: cette pensée avait vu le jour au cinquième siècle. Cf. Sidoine, *Carmina*, VII, 9, p. 114; Pardessus, *Dipl.*, I, p. 137. *Testament d'Aridius*, p. 139 : *ut ipsorum merces nos peccatores liberet*, et la *Regula sancti Cesarii ad virgines*, *P. L.* (Migne), t. 67, p. 1116. Les autres règles répètent ces conceptions. Les moines prient aussi pour le peuple. Cf. Mabillon, *Acta*, II, *Vita Ansberti*, 21, p. 1008.

2. Des particuliers en faisaient construire sur leurs terres: cf. Mabillon, *Acta*, II, *Vita Wandregesili*, 16, p. 518; donnaient de grands biens aux cloîtres. Cf. Grégoire de Tours, *In gloria martyrum*, 74, p. 537. Des évêques en élevaient sur leurs terres. Cf. Mabillon, *Acta*, II, *Vita Baconis*, 8, p. 383.

3. Mabillon, *Acta*, II, *Vita Romanici*, p. 7, 400.

4. Les règles monastiques nous permettent de décrire la vie de ces cloîtres. Le monastère comprend un certain nombre de bâtiments nécessaires soit à la vie des moines, soit à l'exploitation rurale. Ce sont : le *salutatorium* ou

Le choix de l'emplacement n'était pas livré au hasard. Les premiers ascètes s'étaient établis souvent dans d'anciens *castra*, où des ruines existant encore fournissaient les premiers matériaux pour la construction des cellules.

On dirait même qu'on recherchât avec soin ces habitations en ruines, abandonnées par une population fuyant devant les Germains. On relevait alors les constructions anciennes avec les débris épars sur le sol.

Pendant la première période, les anciens ascètes avaient choisi des lieux escarpés, des îles insalubres. Désormais on construit le plus souvent le cloître près des fleuves ou des rivières, dans une vallée agréable où l'on savait l'eau abondante. Les grandes forêts encore si nombreuses à la période qui nous occupe fournissaient un vaste champ d'activité aux communautés monacales[1]. Nombreuses étaient les légendes qui avaient trait à la fondation des anciens monastères. On racontait que le diable avait pris auparavant possession de ces lieux incultes, que le premier abbé l'avait mis en fuite, ainsi que les bêtes féroces, les animaux nuisibles, et avait ainsi purifié ce lieu désert.

parloir, l'*oratorium* ou l'église, le *refectorium* ou réfectoire, la salle à manger pour les moines, le dortoir, certaines salles réservées pour le travail des moines, la cuisine. Puis viennent les édifices ruraux, le cellier, les greniers. Cf. *Regula sancti Aureliani*, *P. L.* (Migne), t. 68, XXI, p. 390. Le monastère était le plus souvent fortifié, en tout cas entouré d'une palissade et d'un fossé ; *Regula sancti Columbani*, *P. L.* (Migne), t. 80, X, p. 219 : *extra septum monasterii*, ou *extra vallum*. La construction en était le plus souvent en bois. Cf. Grégoire de Tours, *In gloria martyrum*, 100, Cf. Concile de Tours, I, can. 14, *Concilia*, p. 154. Aussi devenaient-ils bien vite la proie des flammes, Cf. Mabillon, *Acta*, I, *Vita Eugendi*, 18, p. 558. Un mur avec des tours de défense entourait ces construction. Cf. *M. G. H.* S. R. M., III, *Vita S. Radegundis*, II, 24, p. 387 : « *fenestras turrium.* » Grégoire de Tours, *In gloria confessorum*, c. 104 ; Mabillon, *Acta*, I, *Vita Filiberti*, c. 7, pour l'abbaye de Jumièges. Cf. aussi Grégoire le Grand, *Dialog.*, II, p. 22 et p. 268. Quelquefois on construisait peu à peu le monastère, on se contentait des bâtiments alors les plus indispensables. Cf. Grégoire de Tours, *Vitæ Patrum*, I, p. 721 et 715.

1. Les anciens *castra* et les ruines gallo-romaines pris de préférence. Mabillon, *Acta*, *Vita Columbani*, II, 17, p. 185, et 22, 12, p. 615. Id., *Vita Filiberti*, II, V, p. 186; *Acta Boll.*, 31 juillet, VII; *Vita S. Germani*, V, 17, 39, p. 211. Les moines travaillaient à la construction des monastères, Mabillon, *Acta*, II, *Vita Baconis*, 8, p. 383. Cf. Grégoire le Grand, *Dialog.*, II, 9. Certain nombre d'ouvriers qui y travaillent, *Acta Boll.*, février, II; *Vita S. Licinii*, 23, p. 681. Les monastères élevés généralement dans un endroit où la terre était féconde et l'eau abondante. Mabillon, *Acta*, II, *Vita Wandregesili*, 15, p. 51; Id., II, *Vita Filiberti*, VII, p. 786. Près d'un fleuve, à cause du moulin; recherche des cours d'eau poissonneux, Mabillon, *Acta*, II, *Vita Sigirami*, p. 418. L'homme pieux choisissait la solitude « *inter opaca nemora* ». Mabillon, *Acta*, I, *Vita Launomari*, 6, p. 336. Id., II, *Vita Sequani*, 5, p. 265.

L'emplacement du monastère, de l'église surtout, n'était pas chose facile[1]. Les moines attendaient le plus souvent un miracle pour le choisir au milieu de la vaste solitude. Dieu envoyait un nuage sur le territoire que les moines devaient occuper. Dans la fondation d'un monastère, il ne fallait rien faire à la légère et les moines cherchaient à donner à Dieu la responsabilité de l'emplacement. Une croix se montrait souvent à la place choisie. Des visions en indiquaient même le plan. Le saint à qui il était dédié apparaissait et marquait l'oratoire, le réfectoire, le dortoir des moines, sans oublier l'édifice qui devait servir à la réception des pèlerins.

Il est surprenant de voir avec quelle rapidité les monastères se fondent au sixième siècle et quel crédit avaient les hommes pieux sur la société laïque. Ils groupent autour d'eux des légions de disciples qui accouraient de toutes parts. Les monastères devenaient souvent trop petits pour contenir le nombre toujours croissant des moines, et la nécessité ordonnait la création d'un nouveau cloître qui dépendait alors du premier. On voit à cette époque des monastères sous la dépendance de quelques grands abbés. Ce grand nombre de cloîtres portait certainement atteinte à la discipline sévère, à la ferveur, à la vie ascétique des temps passés.

Établis le plus souvent dans le voisinage des localités rurales, les monastères devenaient par cela même un centre beaucoup plus actif de propagande que l'évêché dont l'influence extérieure était relativement bornée. Les Vies des saints nous montrent dès la première heure

1. Hésitation sur le choix de l'emplacement, appel au miracle : Mabillon, *Acta*, II, *Vita Geremari*, 24, p. 462. Légendes prenant naissance au moment de la construction : *Acta Boll.*, 27 août; *Vita S. Cesarii*, Mabillon, II, 36, p. 72. Pour les miracles survenus au moment du choix de l'emplacement, cf. Mabillon, *Acta*, II, *Vita S. Agili*, 15, p. 308. Pour la division des édifices : Grégoire le Grand, *Dialog.*, II, 22, p. 268. Aide donnée par le roi ou les paysans aux moines dans la construction du monastère. Pertz, *Scriptores*, II, *Vita S. Galli*, p. 12. Il y eut pour la vie ascétique un enthousiasme passionné que les moines eux-mêmes tendirent à propager. Il serait fort intéressant de dresser la liste des monastères qui existaient alors en Gaule. M. Hauck a tenté de nous donner la liste des principaux dans son Histoire si intéressante de l'Église en Allemagne, *l. c.*, I. Il nous a montré le nombre imposant de ceux fondés dans les différents diocèses de la Gaule. Ainsi pour la *civitas* de Vienne, il en compte 60; 7 dans la ville même. Pour le Mans, il en mentionne 36, et il en était de même dans les autres *civitates*. Pour Tours, cf. Grégoire de Tours, *Vitæ Patrum*, 15, I, p. 721. *In gloria confessorum*, 79; *In gloria Martyrum*, 100; Mabillon, *Acta*, I, *Vita Eugendi*, 5, p. 5. Mais à mesure que l'on s'avançait vers le Nord, on se trouvait alors en contact avec des populations encore païennes et les monastères devenaient rares. L'est de la Gaule ne peut compter que quelques cloîtres. Cf. Saint-Maximin de Trèves, ceux de Verdun et de Metz.

l'activité des ascètes. Ils s'attaquent tout d'abord au culte des faux dieux, renversent les autels rustiques, les images des divinités champêtres, et cherchent à évangéliser les contrées les plus voisines du monastère. C'est ainsi que procèdent saint Benoît, saint Martin et saint Colomban. Saint Martin combat les dieux du paganisme, saint Benoît détruit le temple d'Apollon et sur ses ruines élève l'église du monastère dédiée à saint Jean. La foule se rend comme par le passé au sanctuaire déjà ancien. Il en fut de même en Gaule, et les légendes nous disent ce que l'évangélisation doit aux ascètes. Les procédés furent partout les mêmes. Après avoir démoli le temple, le saint le remplace par une église qu'il édifie sur le terrain même qu'il occupait.

La construction des monastères exigeait de grandes ressources, beaucoup d'ouvriers de tous genres. L'intervention d'un grand personnage, d'un riche évêque, d'un roi, était donc nécessaire. C'était lui qui donnait les terres encore incultes, lui qui ordonnait aux paysans des localités voisines d'aider les moines dans la construction des différents édifices. On ne pourrait décrire l'activité prodigieuse de l'époque mérovingienne dans la construction des cloîtres. Partout les moines défrichent les terres octroyées par les seigneurs. Presque toujours placés dans des contrées désertes, près de marais insalubres, les monastères demandaient de la part des moines un travail opiniâtre et immédiat. Cette noble tâche fut poussée avec une très grande énergie. Et comme les donations augmentaient sans cesse, il fallut avoir recours aux non-libres, aux esclaves, qui furent considérés comme les aides du monastère. Ils répondirent à cet appel, et l'on peut dire que les propriétés religieuses sont à cette époque les mieux cultivées et celles sur lesquelles la population agricole est le mieux traitée. Une plus grande entente dans les travaux, un ordre plus logique, une méthode plus savante régnaient dans l'exploitation de ces terres. Et au fur et à mesure de l'agrandissement du monastère, de l'augmentation des biens du cloître, il fallut faire de nouveaux appels à la population rurale qui y trouvait un abri, une existence plus heureuse. Ce fut ainsi que des monastères, autrefois d'une très minime importance, devinrent peu à peu des centres de grande culture et de grandes richesses.

On ne put songer tout d'abord à une réglementation bien ordonnée des terres du cloître. Les propriétés des grandes abbayes étaient le plus souvent éparpillées sur les territoires des villages voisins et même dans des cités limitrophes, cause de difficultés sans nombre pour la culture. Il fallut songer à grouper ces petites donations, les plus nombreuses en général, et à créer des centres, mais en ce moment l'état économique ne facilitait pas les échanges quotidiens, car il était avant tout obligatoire de consommer sur place les produits agricoles. La nécessité de convertir en argent les redevances des agriculteurs établis sur les terres du cloître ne se fit sentir qu'au moment où la chute de la royauté franque assura une certaine sécurité et permit de créer des centres plus petits. Nous ne pouvons donc parler pour l'instant de l'emploi régulier et sage des produits d'un monastère. Nous ne sommes qu'au début de ces grandes institutions et on peut voir combien sont encore sommaires la division du travail et l'utilisation des produits. Tout un monde travaille pour une société relativement faible. C'est ce qui explique aussi les années de disette dont les cloîtres souffrirent aussi bien que la population rurale. Les légendes nous ont conservé le souvenir de ces mauvais jours, mais Dieu avait toujours soin de ses fidèles serviteurs.

Le saint personnage qui avait été le premier abbé donnait le plus souvent son nom au monastère, mais son grand âge, son humilité ne lui permettaient pas quelquefois d'en être le directeur. La construction achevée, les moines recueillaient avec soin tout ce qui avait rapport à la vie des premiers abbés, passés bien vite à l'état de saints, et cherchèrent à localiser la vie du fondateur du cloître. Des pèlerinages naissent aussitôt, des dévotions fort fréquentées donnent le jour à un culte qui procure bientôt à ces monastères une longue prospérité. La cellule où le premier abbé avait séjourné, les lieux témoins de ses premiers miracles furent utilisés et devinrent dès lors fort visités. On entoura son lit d'une grille sur laquelle était une *palla* qui jouissait alors, comme nous le verrons, d'une certaine vertu dans la médecine populaire. Les malades touchaient avec ce tapis la partie malade du corps et se trouvaient guéris.

L'étendue des monastères variait suivant le nombre des moines. La statistique de certains cloîtres nous donne de précieuses indications. Les monastères comptant cinq cents moines n'étaient point rares, mais ceux de trois cents frères étaient plus fréquents. D'autres, plus modestes, renfermaient cent, soixante, cinquante moines. Enfin le monastère de Jumièges, fondé en 674, comptait neuf cents moines, chiffre qui d'ailleurs devait être fort rare. Il faut dire aussi que dans le Midi, le Centre et l'Ouest de la Gaule les cloîtres étaient fort nombreux. Des diocèses en comptent jusqu'à douze dans certaines cités. Ils devenaient plus rares à mesure que l'on s'avançait vers l'Est et le Nord[1].

Le monastère comprenait une série d'édifices nécessaires à la vie des moines et à la culture des champs. C'était tout d'abord l'église souvent richement ornée, avec plusieurs autels. Sa forme était quelquefois la croix latine[2]. Dans certains monastères, l'autel de l'abside était dédié à la Vierge Marie. Venaient ensuite les appartements destinés aux pèlerins, car il y avait d'incessantes relations entre les monastères et les villes. C'était là que se rendaient les grands personnages et même les rois; les papes plus tard y séjournèrent. Ces visites n'étaient souvent pas sans intérêt, car ces pèlerins puissants, au courant des faits politiques, permirent aux moines plus lettrés d'écrire de petites chroniques qui, objet de nos études d'aujourd'hui, nous ont conservé le récit de tous les événements importants de leur époque.

La construction destinée aux moines avait deux étages le plus souvent. Au rez-de-chaussée, les cuisines, les caves, les celliers, les granges, le réfectoire, l'école, la bibliothèque, puis le préau avec ses portiques; au premier étage, le dortoir pour la communauté et quelques chambres pour les hôtes les plus considérables. Il était quelquefois nécessaire d'avoir plusieurs dortoirs.

Ces nombreuses constructions avec les jardins potagers, le moulin

1. Le nombre des moines résidant dans un monastère était très variable. Ainsi nous voyons des cloîtres avec douze moines, Mabillon, *Acta*, II, *Vita Geremari*, 20, p. 461. D'autres, plus importants, en comptaient quarante, *Annales S.Benedicti*, IV, p. 679 (près de Vienne). Le cloître de Sainte-Radegonde à Poitiers possédait deux cents moines, Grégoire de Tours, *In gloria confessorum*, 104, p. 814. Celui d'Arles, fondé par Césaire et dont la sœur était abbesse, en avait à peu près le même nombre, Mabillon, *Acta*, I, *Vita Cesarii*, 3, p. 654. Le monastère de Lérins comptait, en 530, cinq cents moines; en 515, l'abbé en envoie cent au cloître d'Agaune, *Gallia christiana*, III, p. 1194. Ce dernier en possédait alors cinq cents, *Gallia christiana*, XII, p. 785; celui de Jumièges, en 674, neuf cents, *Annales S. Benedicti*, I, p. 481. Celui de Corbie, fondé en 657, de trois à quatre cents, *Statuta antiqua abb. S. Petri Corbeiensis*, d'Achery, *Spicileg.*, IV, p. 6, et *Annales S. Benedicti*, I, p. 409. Fontenelle, vers 648, trois à quatre cents, *Annales S. Benedicti*, I, p. 369. Saint-Julien, près de Vienne, en comptait, vers le milieu du VIIe siècle, quatre cents, *Annales S. Benedicti*, IV, p. 679. Le cloître de femmes dédié à saint Martial, près de Paris, fondé par S. Éloi, compta rapidement trois cents moines, *Annales S. Benedicti*, I, p. 323. Celui des nonnes de Laudun, Mabillon, *Acta*, II, *Vita Salabergæ*, S, p. 411, même nombre.

2. On songeait tout d'abord à l'église. On la désire claire, cf. Mabillon, *Acta*, II, *Vita Filiberti*, III, p. 786. Pour le réfectoire, le dortoir, cf. Mabillon, *Acta*, II, *Vita S. Geremari*, 14, p. 459. Pour l'habitation des étrangers, Grégoire de Tours, *In gloria martyrum*, 52, p. 525.

pour moudre le blé, donnaient au monastère l'apparence d'un grand bourg. Tout un monde vivait là à côté des moines. C'étaient les ouvriers maçons ou tailleurs de pierres qui élevaient les églises et étaient chargés de veiller à l'entretien des murs et des édifices de l'abbaye. Ils étaient groupés en corporations qui donnèrent naissance plus tard à des ateliers devenus célèbres par les œuvres qu'ils créèrent[1]. A côté d'eux étaient les colons, les non-libres ou les esclaves qui cultivaient, avec les moines, les terres du cloître. Prier et labourer, telles étaient les occupations principales de ceux qui vivaient dans le monastère[2]. Diverses attributions de fonctions eurent lieu peu à peu et surtout après les écrits de Cassiodore qui poussèrent à l'étude de l'antiquité et remirent en honneur la lecture des auteurs païens. On utilisa bien vite les plus lettrés, les intelligences qui venaient chercher un refuge dans le cloître qui fut ainsi une école destinée à l'instruction des jeunes gens qui voulaient devenir moines. La règle de saint Benoît facilita le développement de ces écoles, et un certain nombre de religieux, peintres ou enlumineurs, vécurent à l'abri du monastère. Dès le sixième siècle, les moines se livraient à l'étude de la médecine, et nous verrons que les laïques venaient se faire soigner au monastère.

La société monacale était loin d'être homogène. Si les indigènes en formaient la base, il faut pourtant avouer que les monastères sont à cette époque cosmopolites : Orientaux, Syriens fuyant les ravages occa-

1. La règle de saint Benoît autorisait le monastère à avoir des ouvriers et des *artifices*, ainsi que la vente des ouvrages qu'ils fabriquaient, mais le produit devait en être remis à l'abbé, *Regula S. Benedicti* (LVII, Martène), p. 733. Ils seront humbles.

2. Grégoire de Tours, *Vitæ Patrum*, 18, 6, Travaux des champs, cf. Mabillon, *Acta*, I, *Vita Lifardi*, 13, p. 147, II, *Vita Filiberti*, 14, p. 787, II, *Vita Columbani*, Mabillon, *Acta*, II, 6, 11, p. 21. Les plus nobles ne dédaignaient pas de s'occuper des travaux les plus durs, cf. Grégoire le Grand, *Dialog.*, I, 4, 251. Jardins potagers où étaient cultivés les légumes destinés à la nourriture des moines, cf. Grégoire le Grand, *Dialog.*, I, 4, p. 239. Défense de dérober aucun fruit, car le diable punit le larcin, des légendes circulaient dans le monastère. Colomban recommande surtout le travail manuel, même aux malades, *Regula S. Columbani*, *P. L.* (Migne), t. 80 : c. 9, p. 218. « *Lassus ad stratum veniat, ambulansque dormitet, necdum expleto somno surgere compellatur.* » Cf. aussi Mabillon, *Acta*, II, *Vita Columbani*, 20, p. 22 : « *Imperat ut omnes surgant atque messem in area virga cædant*, aussi 27, p. 24 : « *Cum vidisset eos magno labore glebas scindere.* » Il serait trop long d'énumérer tous les passages des Vies des saints qui se rapportent au travail agricole des moines. La *Regula S. Benedicti* précise avec soin les heures de travail. Les moines doivent se lever dès 2 heures du matin pour chanter Matines. Ensuite lecture des psaumes jusqu'à six heures et travail des champs de six à dix heures : les études suivent jusqu'au repas *Ad sextam* (midi), puis de deux heures environ jusqu'aux Vêpres, de nouveau travail aux champs.

sionnés par les ennemis de l'Empire byzantin, ou abandonnant une patrie qui était gouvernée par un empereur hérétique, Italiens, se donnent rendez-vous dans les cloîtres des Gaules et coudoient le Gallo-Romain et le Germain. La civilisation ne fit qu'y gagner : des conceptions artistiques, des usages, des mœurs étrangères pénétrèrent peu à peu dans ces nouveaux centres de culture[1].

La nomination de l'abbé était très importante. Cette haute fonction exigeait des qualités morales et intellectuelles qui devaient être peu communes à cette époque. Il devait être un père pour les moines, clément pour tous, ne jamais montrer aucune préférence pour les uns, aucun mépris pour les autres. Les règles lui tracent avec soin ses devoirs. Tout est prévu et rien n'est laissé à l'arbitraire. La tâche de l'abbé est difficile, il a le soin des âmes des moines, et doit en rendre compte au tribunal de Dieu. Sa conduite doit servir d'exemple, ses paroles doivent encourager les moines à mieux faire. Il lui faut connaître les hommes et étudier le caractère de ceux dont il a la garde. Le choix est libre en théorie, et fait par la communauté, mais en fait il dépend soit du propriétaire, soit du roi, enfin de l'évêque. La règle de saint Benoît exigeait la confirmation du choix par l'évêque et veut que le prélat vienne au monastère le bénir[2]. Cette confirmation donnait bien souvent lieu à des formalités désagréables et souvent onéreuses pour le cloître. Le prélat pouvait refuser et laisser ainsi le monastère attendre de longs mois la fin du conflit. Nous voyons aussi que le choix de son successeur est

1. Les monastères étaient à cette époque cosmopolites. Les grands personnages s'y rendaient, Grégoire le Grand, *Dialog.*, I, 4, p. 239 ; on y rencontrait des Grecs, des Syriens, des Égyptiens, des Irlandais, etc. Mabillon, *Acta*, I, *Vita S. Severi*, 4, p. 563. Grégoire de Tours, *Vitæ Patrum*, I, 4, p. 674, *ibid.*, 3, p. 672. *In gloria martyrum*, 94, p. 552, *Vitæ Patrum*, IX, I, 4, p. 672. Il y eut une recrudescence lors des invasions des Arabes en Palestine et en Syrie. *Vita Cesarii*, I, 8, Grégoire de Tours, *H. F.* 3, p. 65, *In gloria martyrum*, 57, p. 527.

2. Il est nécessaire de faire une distinction dans la question des monastères : ceux fondés par des particuliers jouissaient d'une plus grande liberté. Le seigneur nommait l'abbé lors de la fondation du cloître, puis la communauté élisait son successeur, Lœning, *l. c.*, II, p. 374, mais l'évêque pouvait annuler ce choix, car tous les monastères du diocèse étaient sous sa dépendance. Cf. Grégoire de Tours, *H. F.*, IX, 42. *Vitæ Patrum*, IX, 3, 704, Mabillon, *Acta*, *Vita Columbani*, 5, II, p. 12. Ceux créés par l'évêque étaient sous sa dépendance immédiate. Enfin les moines des abbayes fondées par le roi étaient souvent autorisés à nommer l'abbé, mais le choix devait être toujours ratifié par l'évêque. Comme on le voit, le libre choix d'un chef spirituel était très limité. Les conciles augmentèrent la puissance de l'évêque en l'autorisant à déposer un abbé indigne, Cf. *Concile de Tours*, II, c. 7, *Concilia*, p. 124.

pour l'abbé une préoccupation constante. Il était donc nécessaire d'obtenir la prompte sanction de l'évêque. Les efforts des abbés mérovingiens sont dirigés en ce sens et les monastères obtiennent le plus souvent des privilèges qui garantissent la confirmation du choix des moines à la mort de l'abbé. L'évêque ne peut refuser sa bénédiction à l'élu et les privilèges disent qu'elle sera octroyée gratuitement. Les moines qui entraient dans les monastères étaient des laïques qui, fatigués du monde, venaient chercher la paix intérieure dans la retraite et la solitude. Ces hommes pieux n'étaient pas clercs ; aussi, dans les premiers monastères, l'abbé ne fut le plus souvent, comme les moines, qu'un laïque choisi par la communauté et chargé de la surveillance de la société religieuse. Le monastère avait donc besoin du secours de l'évêque qui préposait un prêtre à la célébration de la messe dans le cloître. Mais, avec le temps, on voit que l'abbé est clerc, diacre ou prêtre, et par cela même se trouve sous la dépendance épiscopale et soumis à sa juridiction. Les conciles s'efforcèrent de maintenir cette subordination; aucun monastère ne pouvait être fondé sans la permission de l'évêque et les abbés devaient venir une fois par an à l'évêché rendre compte au prélat de la vie des moines, l'informer des fautes graves qu'ils avaient commises [1]. L'abbé ne saurait oublier ses devoirs envers l'évêque, car ce dernier peut le déposer s'il n'accomplit pas ce qui est prescrit. Les abbés des temps ultérieurs tenteront au moyen de privilèges royaux ou du pape de se soustraire à la juridiction épiscopale.

L'abbé avait donc la surveillance des moines et devait maintenir la discipline dans le cloître. Il est l'administrateur de la fortune du monastère, mais ne peut en aliéner les biens sans la permission de l'évêque. Prêtre, il peut dire la messe, mais les droits de l'évêque sont maintenus avec soin. C'est lui qui consacre l'autel, qui bénit le frère nouvellement reçu dans la communauté, qui prépare le saint-

1. Ce fut un bien pour la religion chrétienne que l'épiscopat fût assez fort au moment de la création des monastères pour les placer sous sa dépendance. L'évêque resta le maître dans son diocèse, et nulle autre puissance ne vint se placer en face de la sienne. L'abbé fut sous la surveillance de l'évêque. Cf. concile d'Orléans I, c. 19, concile d'Arles V, can. 5. Il doit veiller à la bonne discipline des cloîtres, les visiter, Grégoire de Tours, *Vitæ Patrum*, VI, 2 ; Mabillon, *Acta*, I, *Vita Paterni*, 18, p. 37. Il est chargé de vérifier l'administration des biens des cloîtres établis dans son diocèse. Cf. Concile d'Epaone (517), can. 8, *Concilia*, p. 21, d'Orléans IV, can. II, p. 89. Le monastère est en quelque sorte assimilé à une paroisse.

chrême. Lorsque des troubles survenaient dans les cloîtres, il venait en personne pour les apaiser [1].

Les nombreuses règles qui existaient alors en Gaule limitent d'une manière différente le pouvoir de l'abbé. Celle de saint Colomban donne à celui-ci une omnipotence souvent excessive et ordonne l'obéissance la plus absolue à ses ordres. Ce que désirait avant tout l'abbé de Luxeuil c'était, outre cette obéissance passive, l'éternel silence, le jeûne chaque jour répété. Les punitions sont fort dures et peu en harmonie avec l'idéal chrétien, des coups de bâton, de fouet, sont appliqués pour des fautes légères [2]. Dès son entrée dans le monastère, le moine est la chose de l'abbé, il lui appartient. Son individualité est méconnue, il doit se soumettre complètement aux ordres reçus, et cela sans réplique et sur-le-champ. Il vit, pense, agit d'après les ordres de saint Colomban [3]. Ces prescriptions fort sévères ne répondaient certainement pas à la culture plus élevée du midi et du centre de la Gaule [4]. On comprend sans peine que cette règle dût céder la place à celle, plus humaine, de saint Benoît, dont les papes et surtout les œuvres de Grégoire le Grand facilitèrent la victoire. Le nord et l'est de la France ne l'abandonnèrent pas cependant complètement, car son influence se faisait encore sentir au commencement du septième siècle; un essai fut même tenté, les abbés cherchèrent à fondre ensemble les deux règles, mais

1. Dès la fin du sixième siècle, certains signes semblent annoncer la décadence des monastères : la discipline se relâche, les disputes surgissent et le désordre nécessite l'intervention du pouvoir civil. Cf. le monastère de Sainte-Radegonde, Grégoire de Tours, *H. F.*, X ; cf. aussi la lettre de Grégoire le Grand à la reine Brunehaut. Il faut l'action énergique de Colomban, et plus tard (*Epist.*, IX, 8) celle de Boniface pour maintenir la discipline.

2. Les fautes graves étaient sévèrement punies, mais la *Regula S. Cesarii*, *Acta Boll.*, janv. XII, tome I, 12, p. 731, dit qu'on ne pourra administrer plus de trente-neuf coups de fouet. Pour un mensonge le moine recevra la discipline. Cf. *Regula S. Cesarii*, c. 5, *P. L.* (Migne), t. 67, p. 1101.

3. La règle établie par Colomban avait prévu tous les délits. Il était défendu de tousser pendant les psaumes, de tenir le calice entre les dents, de n'avoir pas la barbe rasée et les ongles longs. Cf. *Regula S. Columbani*, *P. L.* (Migne), t. 80, X, p. 217. Les moines devaient se laver la tête et les cheveux tous les quinze jours et les pénitents toutes les semaines.

4. La règle formulée par Colomban est d'un ascétisme exagéré. Elle interdit toute viande, tout poisson, et ne permet qu'un repas unique, ayant lieu le soir; c'était donc un jeûne quotidien. Les fautes sont sévèrement punies: la prison au pain et à l'eau, des coups de fouet dont le nombre varie de six à cent, le bâton même est employé. Elle exige le complet silence, la parole n'est autorisée que pour le service. Les prières sont longues, et l'on doit se tenir debout et immobile sur le sol.

ce fut en vain, saint Benoît l'emporta sur Colomban. La culture gréco-romaine avait vaincu la barbarie du Nord.

L'ascétisme exagéré de la règle, la défense de toute viande, la prohibition de tout poisson pouvaient convenir à un petit nombre d'élus qui savaient, en entrant dans le cloître, ce qu'ils allaient trouver, mais ne pouvaient pas être la règle des monastères futurs. Elle était trop austère pour être pratique, et pour son maintien il aurait fallu la grande personnalité de Colomban. Lui mort, il était à prévoir que les monastères qu'il avait fondés ne pourraient se maintenir ni à cette hauteur, ni à cet ascétisme, et seraient obligés d'accepter une règle plus douce et plus humaine.

Le pouvoir accordé par saint Benoît à l'abbé est moins despotique. Il ne prendra aucune détermination sans avoir consulté les moines plus âgés, et même dans certains cas la communauté entière. La discipline doit être plus douce, l'abbé avertit tout d'abord le frère de sa faute, et lui en fait voir toute l'importance.

Tout doit être tenté pour le mettre à l'abri d'un nouveau péché : les paroles de l'abbé, les efforts des moines plus âgés sont employés pour l'encourager à bien faire. Un souffle de grande bonté, d'humilité, circule dans cette règle. Si ces avertissements restent sans résultat, l'abbé est obligé de sévir et de punir le coupable. La punition ne porte-t-elle aucun fruit, le supérieur peut enfermer le moine et le priver pendant quelque temps de la communauté. Mais, là encore, combien plus douce et plus clémente est la règle de saint Benoît ! Elle considère la faiblesse de l'homme, son peu de santé, et ordonne à l'abbé d'alléger son travail. On le voit, c'est un christianisme plus tempéré et plus doux.

Les fonctions de l'abbé étant très nombreuses, il était assisté d'un *præpositus* ou prévôt qui le remplaçait en cas d'absence. Après lui, viennent un certain nombre de fonctionnaires. Ce sont les *decani* qui avaient une division composée de dix moines sous leur surveillance, le clergé du monastère, c'est-à-dire les prêtres qui disaient la messe, car le plus souvent le moine n'était qu'un laïque, enfin l'*œconomus* qui était chargé de l'administration du cloître. A côté d'eux et sous la dépendance de l'abbé, étaient le *magister scholarum*, chargé de l'instruction des religieux, le *cellarius*, préposé aux provisions, le *custos infirmorum* qui dirigeait l'infirmerie, enfin le portier qui veillait à la bonne discipline des moines. Il surveillait l'entrée du monastère. Ce n'est pas encore la direction méthodique du onzième siècle, mais on pressent déjà les commencements de ce développement[1].

Toutes les fonctions étaient électives. Les textes nous parlent aussi des *decani* qui avaient certains moines sous leurs ordres. Cette division existait surtout en vue du travail manuel.

Les abbés que le peuple a honorés comme saints sont très nombreux dans la période mérovingienne et le rôle qu'ils ont joué est quelquefois très important. Des individualités telles que saint Colomban ne peuvent pas rester sans influence sur la civilisation de leur siècle. De même que la vénération pour le saint avait augmenté le pouvoir de l'évêque dans la cité, de même aussi la conception du nouveau martyre de l'abbé, ses prières incessantes, ses relations constantes avec le ciel, lui donnèrent une grande autorité sur les fidèles. Ils purent souvent parler très haut aux rois eux-mêmes et les menacer de leur colère. Dieu prophétise par leur bouche.

Après la naissance de ces grands centres religieux parfaitement organisés, il fut sage de ne pas admettre tout de suite le laïque qui venait, dans un élan souvent généreux, implorer l'abbé de le recevoir parmi les moines du monastère. Il était prudent d'éprouver sa ferveur. Le nouveau venu attendait quelques jours à la porte du cloître. L'abbé, s'il le recevait, le confiait aussitôt à un moine qui était chargé de lui montrer la sévérité de la règle et de l'initier aux coutumes du monastère. Après deux ou trois mois passés ainsi, le candidat écoutait la lecture de la règle et avait encore un délai pour se décider. Les moines lui lisaient plusieurs fois, au moins trois fois, la règle du monastère. Comme nous n'avons pas encore une règle unique, la préparation du novice différait. Celle de saint Benoît exige que le candidat reste deux mois dans l'hôtellerie et attende là qu'on lui lise la règle. Ce n'est qu'après cette lecture que commence son noviciat et prend connaissance des coutumes de la vie commune. Chaque trimestre, il lui était fait une nouvelle lecture de la règle, et après une année accomplie, le supérieur pouvait le recevoir.

Si après un mûr examen il se décidait à entrer dans le cloître, il était reçu alors par l'abbé. Le consentement du roi ou du comte devenait

1. Toutes ces fonctions sont mentionnées dans les différentes règles de l'époque mérovingienne. On parle dans les Vies des saints de certains emplois. Cf. Mabillon, *Acta*, I, *Vita*, II, *Vita Leobini*, 2, p. 115. *Vita Agili*, X, p. 310. Le portier devait fermer à *complies* les portes du monastère et en remettre les clefs au *præpositus*.

nécessaire. L'évêque devait bénir le nouveau moine. Avant sa réception, l'abbé avait dû s'informer de sa condition. S'il était esclave, chose fort rare, le patron devait l'affranchir. A mesure de l'augmentation du nombre des monastères sur le sol de la Gaule, les laïques qui y pénètrent y viennent pour les motifs les plus divers. Ce réveil religieux était souvent provoqué par la mort d'un fils, d'une fille, d'une épouse, par le dégoût de la vie, le souci du salut. On demandait la paix du cœur, la solitude[1].

Une vie orageuse, le dégoût des plaisirs mondains vous poussaient aussi dans le cloître. Le sentiment de piété était quelquefois absent. Des parents, pour des raisons de famille, forçaient un des leurs à embrasser la vie religieuse. Il faut cependant reconnaître que le plus souvent la famille s'opposait aux désirs exprimés par les fils ou les filles. Les légendes nous racontent bien souvent le désespoir des parents et les stratagèmes les plus subtils et les plus dangereux employés par les filles. Une sainte est obligée de s'enfuir dans un monastère, revêtue d'habits d'homme pour ne pas être découverte par les siens. L'abbé refusait difficilement l'entrée du monastère à un candidat et nous pouvons constater même des cas d'acceptation après la promesse de mariage de la part du futur moine[2]. Les cloîtres

1. Bien des motifs conduisaient les fidèles au monastère. Cf. Grégoire de Tours, *Vitæ Patrum*, I, 736, la mort d'un enfant, l'exaltation religieuse. Cf. Mabillon, *Acta*, II, *Vita S. Bavonis*, 4, p. 381. On reconnaît la vanité du monde, Cf. Id., *ibid.*, II, *Vita S. Bavonis*, 2, p. 381. le prologue de l'*H. F.* de Grégoire de Tours, *Vitæ Patrum*, XIII. cf. aussi le prologue des liv. 5 et 11. Celui de la règle de saint Benoît nous indique les causes qui poussaient à l'entrée dans un monastère : « *ut mereamur eum, qui nos vocavit, in regno suo videre.* » Martène, *Regula S. Benedicti*, p. 2. On doit surtout chercher le salut pendant qu'il est temps, *ibidem*, p. 3. A partir du ve siècle, il circulait un grand nombre d'écrits qui glorifiaient la vie ascétique et qui permettent de comprendre l'enthousiasme du vi[e] siècle. Les évêques faisaient aussi une propagande très active et étaient à la tête du mouvement. La plupart sortant du monastère de Lérins fondèrent eux-mêmes des cloîtres. Les papes vantaient cette vie conforme en tous points aux préceptes du Christ. Cf. Grégoire le Grand, *Dialog.*, préf., I, p. 234. Fortunat compose des poésies pour encourager les jeunes filles à embrasser la vie religieuse. Cf. *Carm.*, VIII, 4. Le concile de Tolède, IV, can. 49, Labbe, *Concilia* VI, p. 1463, déclare que la vie monacale est due à la *paterna devotio* ou à la *propria professio* qui vous fait devenir moine.

2. Les parents souvent mécontents de voir leur fils entrer dans un monastère, venaient quelquefois même le réclamer avec menaces ; cf. Mabillon, *Acta*, II, *Vita Columbani*, 8, p. 6. L'entrée au monastère était souvent précédée de querelles, de scènes fâcheuses, de menaces de mort ; cf. Grégoire de Tours, *Vitæ Patrum*, XII, 2, p. 713 : « *Quem ejus germanus plerumque interficere voluit, cur nollet matrimonio copulari.* » L'abbé lui-même hésitait à l'accepter, mais on ne peut enregistrer aucun refus. Cf. Grégoire de Tours, *Vitæ Patrum*, XVI, 1,

acceptèrent aussi des jeunes gens. L'âge n'était pas fixé et l'abbé avait toute liberté de les recevoir. On voit des enfants de huit ans être élevés et instruits dans les écoles monacales. D'autres viennent à douze ans écouter les maîtres. L'abbé qui les nourrit et les instruit pouvait exiger d'eux de rester leur vie durant dans la communauté[1].

Le monastère représenta dans la société mérovingienne un monde fermé, destiné à réaliser le rêve du Christ. Là, une morale plus sévère, une austérité de vie toujours maintenue, une surveillance incessante sous les yeux peu indulgents des frères. Dans le monde, au contraire, des concessions faites chaque jour aux fidèles, une indulgence profonde pour les fautes, une connaissance plus exacte de la réalité. Les évêques reconnaissent l'impossibilité d'exiger une perfection idéale d'un monde obéissant encore à l'instinct. Les dignes prélats savent eux-mêmes que c'est dans les cloîtres que vivent encore ceux que si rapprochent le plus de l'idéal chrétien. Au temps de Pâques, ils désirent s'isoler dans les monastères pour goûter la paix religieuse et se livrer à la prière. Dans les temps de troubles, lorsque l'humanité lutte et souffre, au moment même du relâchement de la discipline monacale, les évêques considèrent que c'est encore là le foyer de la plus grande piété. Les monastères ne restent pas indemnes de la grossièreté des temps. A mesure que le nombre des moines augmente, nous trouvons dans les centres religieux les caractères les plus divers. Les uns se montrent cupides, querelleurs, sournois, mécontents de la règle trop sévère et strictement observée. Les autres s'en vont par suite d'une vie trop austère. L'homme se manifeste là aussi avec ses mauvais instincts, sa jalousie, sa méchanceté. Le caractère souvent violent des abbés et des moines, les haines, les jalousies mesquines d'autant plus mauvaises et

725. *In gloria conf.*, 16, p. 757. L'abbé se montre quelquefois empressé de couper la chevelure du jeune homme désireux d'être moine, malgré la résistance des parents, *Vitæ Patrum*, IX, I, p. 703,

1. Les garçons au-dessous de dix à douze ans et les filles au-dessous de six à sept ans n'étaient pas admis dans les monastères, *Regula S. Aureliani.*, *P. L.*, t. 67, (Migne), c. VIII, p. 389. Cf. *Regula S. Cesarii*, c. 7. Les parents donnaient volontiers leurs enfants au monastère, Grégoire de Tours, *De gloria martyrum*, I, 76, p. 539. *De gloria confess.*, 22, p. 76. Lœning, *l. c.*, p. 389, dit qu'à l'époque franque l'entrée dans les ordres ne pouvait avoir lieu qu'avec la permission du roi ou du comte. Cf. la formule de Marculf, 1, 19 (Zeumer), p. 55. Le savant historien cite un certain nombre de Vies de saints qui indiquent la permission accordée. Cf. Lœning, *l. c.*, p. 169. Il faut reconnaître cependant qu'on ne fait pas allusion à cette permission, ce qui est surtout vrai pour le sixième siècle.

tenaces que le champ de l'activité monacale était plus restreint, les révoltes quelquefois violentes nous sont racontés par les chroniqueurs. Et ce ne sont pas les classes inférieures qui se réfugient dans le cloître, mais bien la noblesse gallo-romaine, plus tard l'aristocratie guerrière franque. On peut dire que le recrutement des moines pendant la première partie du moyen âge est aristocratique. Ils avaient connu la vie riche des cours, une existence plus facile, et malgré les sacrifices qu'ils faisaient en entrant dans un monastère, la nature humaine était plus forte que leur raison, et les instincts égoïstes l'emportaient. Des moines d'une culture plus élevée se voyaient obligés de fuir devant la méchanceté et la jalousie des frères et chercher une solitude dans la forêt. La piété vraie, était surtout tenue en suspicion et les frères craignaient un zèle religieux trop vif. Les plus fidèles étaient donc souvent l'objet des médisances de la part des moines plus tièdes, quelquefois même un ascète affaibli par les jeûnes sans cesse répétés ne pouvait-il plus travailler la terre, il devenait un motif de jalousie de la part de ceux occupés aux travaux des champs. L'abbé était-il trop sévère, les moines, pour s'en débarrasser, ne reculaient pas devant le poison, le meurtre ou la trahison. L'élu de Dieu était sauvé par un miracle. Les mœurs ont conservé leur origine grossière et nous voyons un abbé frapper un moine avec son escabeau[1].

Les laïques qui entraient dans les monastères étaient considérés par la société comme sans fortune[2]. Le moine avait suivi les préceptes du Christ, il avait tout quitté : parents, amis et richesse. Dans la première période des cloîtres, le jeune ascète partait, distribuant aux pauvres ce qu'il possédait ou l'abandonnait à sa famille. La forêt le recevait, et dès son séjour dans la solitude, il cherchait sa nourriture parmi les plantes et les herbes qu'il avait sous la main. Le régime de ces anachorètes et de ces ascètes ne dura pas longtemps, ainsi que nous l'avons dit, et fut bientôt remplacé par celui des monastères. Les laïques en entrant dans ces cloîtres abandonnaient d'habitude une partie de leur fortune. Nous voyons cependant par les

1. Grégoire de Tours, *Vitæ Patrum*, I, p. 709.

2. La *Regula S. Benedicti* indique ce qui appartient au moine, cf. Martène, c. 55, p. 696 : « *Cuculla*, *tunica*, *pedules*, *caligæ*, *bracile*, *cultellus*, *graphium*, *acus*, *mappula*, *tabulæ*. » On voit ainsi qu'en dehors des vêtements, il possède un certain nombre d'objets destinés à son usage.

diplômes qui nous sont parvenus que quelques-uns conservèrent une grande partie de leurs biens dont ils firent ensuite don aux monastères.

Il arrivait cependant quelquefois que certains de ces hommes riches plus habitués à commander qu'à obéir ne pouvaient s'astreindre à la sévérité de la règle, ou bien encore que l'insalubrité du climat, une santé trop délicate s'opposaient au régime de la vie claustrale ; il était donc sage de conserver une partie de sa fortune dans le cas d'un départ. Le laïque, du reste, n'était pas coupable, car en entrant dans le monastère, il n'avait promis que l'obéissance et la stricte observance de la vie monacale. Les temps mérovingiens ne connaissent pas les vœux de chasteté et de pauvreté des siècles suivants. Ce n'est qu'après le triomphe du monastère, en tant que communauté religieuse soumise à des règles fixes, que le pouvoir spirituel chercha d'un côté à défendre la sortie du monastère, en édictant des peines sévères contre tous ceux qui le quittaient, et de l'autre, à assurer au cloître la fortune des laïques qui voulaient embrasser la vie religieuse.

Le nombre des moines, qu'on ne pouvait laisser inoccupés, nécessita la réglementation de l'emploi de la journée[1]. L'oisiveté, dit la règle, est la mère de tous les vices[1]. On arriva donc à diviser le temps d'une manière fort minutieuse, qui se composait le plus ordinairement d'heures consacrées à la prière et au travail des champs : à Primes, c'est-à-dire le matin, au moment du lever du soleil : prière et chant des psaumes et des hymnes. A neuf heures, nouveau service religieux ; à trois heures du soir, à minuit : prière en commun et chant des hymnes. Le premier repas est à midi, le second au coucher du soleil[2]. Les travaux des champs ont lieu deux fois par jour, de six heures à dix heures du matin, et de deux heures jusqu'aux vêpres. Le vêtement est des plus simples, c'est celui des pauvres gens, la tu-

1. Une cloche appelait les moines à la prière, aux différents repas. Une grande régularité devait être observée dans l'accomplissement des devoirs religieux. Si le moine était en retard, il était puni par l'abbé, il recevait des coups de fouet. Cf. *Regula S. Cesarii*, *P. L.* (Migne), t. 67, p. 1100, *Regula S. Aureliani. P. L.* (Migne), t. 68, IV, p. 389. Cf. *Regula S. Benedicti* (Martène), 48, p. 610 : « *Otiositas inimica est animæ.* »

2. La règle indique aussi les jeûnes de l'année. Les moines, à partir de la Pentecôte jusqu'au 3 septembre, jeûnent le mercredi et le vendredi jusqu'à Nones ; du 3 septembre jusqu'au Carême, ils ne font qu'un seul repas, à Nones ; enfin pendant le Carême, également un seul, à Vêpres. Ce n'est donc que de Pâques à la Pentecôte que les deux repas, l'un à Sexte (midi), l'autre le soir, se font régulièrement.

nique et la cuculle ; pour le travail, le *scapulaire* avec capuchon[1]. Le lit se composait d'une simple natte ou d'une paillasse, d'un drap de serge et d'une couverture[2].

La nourriture se composait le plus ordinairement de légumes et de poisson, elle était servie dans des plats, et dans quelques monastères

1. Cf. la *Regula S. Aureliani, P. L.* (Migne), t. 61, 26, p. 391 : « *Vestimenta alio colore non induatis nisi laia lactina et nigra nativa.* » Le vêtement des monastères sous la règle de Césaire d'Arles était blanc, Cf. *Regula S. Cesarii, P. L.* (Migne), t. 67, 40, p. 1115. Celle de saint Benoît précise et donne quelques détails intéressants. Cf. *Regula S. Benedicti*, Martène, c. 55, p. 696 : « *per singulos cucullа et tunica. Cuculla in hieme villosam, in æstate puram aut vetustam et scapulare propter opera, indumenta pedum, pedules et caligas.* » C'était donc une tunique, sans nul doute, avec manches ; on mettait par-dessus la *cuculla*, manteau assez large, pourvu d'un capuchon et qui en hiver pouvait être en peau ou en étoffe plus épaisse (*villosa*). Quant au *scapulare*, sorte de manteau court qui couvre la tête, cf. Mabillon, *Acta*, 1, *Vita Eugendi*, 2. « *Æstivis temporibus caracalla vel scapulari cilicino utebatur.* » Ils portaient aussi des *pedules*, qui faisaient partie de la chaussure ; peut-être faut-il voir des bas ou des chausses. Cf. Grégoire de Tours, *Vitæ Patrum*, VIII, 5, p. 696 : « *Deciso cucullo, aptatis pedulibus, pedes operuit.* » La règle ajouta aussi des *caligæ*, chaussures fortes avec des clous, cf. Grégoire le Grand, *Dialog.*, 4, 7 : « *Clavatis calceatus caligis.* » Chaque moine devait posséder deux tuniques et deux manteaux : « *Sufficit enim monacho duas tunicas et duas cucullas habere, propter noctes et propter lavare ipsas res, et pedules et quodcumque est vetus reddant, dum accipiunt novum. Femoralia hi qui in via diriguntur, de vestiario accipiant, quæ revertentes lota ibi restituant.* » On permettait des *femoralia* à ceux qui allaient en voyage. C'étaient les braies, culottes qu'ils portaient maintenues par une ceinture en cuir.

2. Le dortoir était très vaste, car les règles recommandent de faire dormir les moines tous ensemble dans une même chambre. On aura soin de mettre les plus jeunes sous la surveillance des plus âgés. Cf. *Regula S. Benedicti* (Martène), 22, p. 344. Cf. aussi *Regula S. Cesarii ad virgines*, VII, *P. L.* (Migne), t. 67, p. 1109. Les malades seront réunis ensemble : « *Omnes divisis lectulis in una mansione.* » Si le dortoir est trop petit, l'abbé divisera les moines en escouades de dix ou de vingt sous la surveillance des plus âgés. Des lampes resteront allumées toute la nuit : « *candela jugiter in eadem cella ardeat usque mane,* » cf. p. 344. On pourra toujours observer ce qui se passe dans le dortoir. Les lits seront fort simples ; les différentes règles sont d'accord sur ce point. « *Lectuaria sæcularia de coloribus facta in usu non habeatis.* » Cf. *Regula S. Aureliani*, XVII. *P. L.* (Migne), t. 68. p. 391 ; *Regula S. Cesarii ad virgines*, XLV, *ibid.*, t. 67. XLI, p. 1115 : « *Lectualia vero ipsa simplicia sint, nam satis indecorum est, si in lecto religioso stragula sæcularia aut tapetia picta resplendeant.* » La *Regula S. Benedicti* précise et exige que chaque lit comprenne « *matta, sagum, lena* et *capitale* ». Cf. Martène, 55, p. 696. Grégoire de Tours, *Vitæ Patrum*, XIX, 2, p. 738 : « *nullum habens stratum feni paleæque mollimen, nisi tantum illud quod intextis junci virgulis fieri solet, quas vulgo mattas vocant.* » Les moines auront des lits séparés, il est défendu de coucher deux. Les conciles répètent cette ordonnance. Ils doivent dormir tout habillés et chaussés, Cf. *Regula S. Benedicti*, (Martène, 22), p. 344 : « *vestiti dormiant. Adolescentiores fratres juxta se non habeant lectos sed permixti cum senioribus. Cincti cingulis aut funibus et cultellos suos ad latus suum non habeant dum dormiunt.* Cf. la *Regula S. Columbani, P. L.* (Migne), t. 80, p. 222 : « *cum nocturno cingulo vel veste.* »

les repas sont si copieux que l'abbé est tout étonné du bien-être des moines[1]. La règle de saint Benoît permet le vin, indique la quantité de pain qu'on doit distribuer à chaque moine, mais interdit la viande des animaux à quatre pieds et ne la permet qu'aux malades[2].

Pendant les premiers siècles de l'Église, il y eut toujours des jeunes filles, des veuves qui, retirées dans la maison paternelle, menaient

Fortunat, *Vita S. Paterni*: « *veste tantummodo qua in die usus est, ea per noctem contentus est.* » Le moine ne devait rien cacher dans son lit ou près de sa couche. Il ne devait pas apporter au dortoir soit de la nourriture, soit du vin ou de la bière. Cf. *Regula S. Aureliani*, *P. L.* (Migne), t. 68, p. 389. Il n'aura aussi aucune armoire particulière (*armariolum*), 8, p. 389. La règle de saint Benoît répète la même prescription.

1. Cf. Grégoire de Tours, *Vitæ Patrum*, 3, p. 665. Réunion deux fois par jour au réfectoire, pour le *prandium* et la *cœna*. Un des moines récite le *Benedicite* avant et après le repas (*benedictio ad mensam*). Cf. *Regula S. Columbani*, *P. L.* (Migne), t. 80, X, p. 218. L'assemblée répondra, *Amen*. On garde le silence le plus absolu. Avant de manger, on fera le signe de la croix sur sa cuiller : « *qui non signaverit cochleare, quod lambit.* » Cf. *Regula S. Columbani*, X, p. 218. On fera pendant tout le repas une lecture pieuse. Les règles s'accordent sur ce point. Il en est de même pour les nonnes. *Regula S. Cesarii ad virgines*, 16, *P. L.* (Migne), t. 67, p. 1110. Cf. *Regula S. Aureliani*, *ibid.*, t. 68, p. 393. La nourriture variait suivant les règles. Celle de Colomban, plus sévère, défendait la viande et le poisson. Cf. *Regula S. Columbani*, *ibid.*, 3, t. 80, III, p. 210 : « *olera legumina, farina aquis mixta, cum parvo panis paximatio, ne venter oneretur et mens suffocetur.* On jeûnait chaque jour. Cf. 4, p. 211. On buvait de la bière, cf. *Regula S. Columbani*. Id., *ibid.*, 10, p. 217. Quand le moine était puni : « *pro cervisia aquam bibat.* » La *Regula S. Aureliani*, *ibid.*, t. 68, p. 395, indique avec soin la nourriture. : « *Cibaria quotidie ad refectionem tria, ad prandium duo, ad cœnam duo biberes ad refectionem, id est in æstate merum et tres caldellos, ad prandium tres tantum, ad cœnam, in æstate mensibus Junio, Julio, et Augusto ternas, reliquis diebus ad cœnam binas bibant. Quotidie vero olera caseo et oleo semper condiantur, biberes vinas ad prandium binas ad cœnam accipiant si jejunaverint ternas.* »

2. Mais si elle défend la viande, elle permet quelquefois le poisson : « *carnes in cibo nusquam sumantur, pulli vero vel cuncta volatilia in congregatione non ministrentur, infirmis tantum provideantur et accipere liceat. Pisces vero cunctis festivitatibus aut quando sanctus abbas indulgentiam facere voluerit tunc procurentur.* » Il en est de même de la règle de saint Césaire pour les monastères de femmes. Chaque moine ou nonne devait faire la cuisine à tour de rôle. On se remplaçait chaque semaine. Cf. *Regula S. Cesarii*, 11, *ibid.*, t. 67, p. 1109. La règle de saint Benoît dit que les ustensiles doivent être très propres et remis en état chaque semaine au *cellarius* qui vérifiera s'il ne manque rien. Cf. *Regula S. Benedicti*, 35 (Martène), p. 400. La nourriture des monastères bénédictins avait été minutieusement indiquée. Elle est importante, car elle va devenir la règle de tous les cloîtres de la première partie du moyen âge. Cf. *Regula S. Benedicti*, Martène, XXXIX, p. 499 : « *Cocta duo pulmentaria.* » Cf. Isidore, *Orig.* = *pultis*, sorte de bouillie : « *Ergo duo pulmentaria cocta fratribus omnibus sufficiant etsi fuerit unde poma aut nascentia leguminum addatur et testum. Panis libra una, sufficiat in die, sive una sit refectio sive prandii et cœnæ.* » La quantité de vin est aussi indiquée : « *heminam vini per singulos sufficere per diem* ». Cf. *ibid.*, 40, p. 553.

une vie austère. Les monastères de femmes furent tout d'abord fort rares en Gaule, mais l'influence orientale et surtout celle de Cassien donnèrent naissance dans notre pays à quelques-uns de ces centres religieux ; au cinquième siècle, Cassien en fonda un à Marseille et dut lui donner une règle orale, plus tard, saint Césaire d'Arles en établit un autre pour sa sœur Césaria aux portes de la Rome des Gaules. Il écrivit pour elle une règle, que nous possédons. D'autres s'élèvent lentement ; sainte Radegonde en fonde un près de la ville de Poitiers. Avec le temps, le nombre s'en accroît et le plus souvent les nonnes habitent un cloître à côté de celui des moines[1]. De là, bien des abus regrettables que les chroniques enregistrent sans cesse[2]. Les règles établies pour ces cloîtres exigeaient une très grande prudence : il était nécessaire de ne laisser pénétrer dans l'abbaye aucun laïque, ni aucun religieux peu recommandables. Les ouvriers doivent exécuter leurs travaux sous la surveillance de l'abbesse et ne point entrer sans sa permission. On mure les portes qui pourraient faciliter un accès trop commode à l'église et permettre de communiquer avec des laïques. On surveille surtout les clercs qui viennent célébrer le culte, la messe. L'abbesse exige d'eux un passé sans tache, une probité reconnue.

1. On chercha à protéger les abbayes de femmes. Le concile d'Orléans (585), can. 26, Labbe, *Concilia*, p. 10, en défend l'entrée aux hommes. Les fidèles ne sont admis que dans le *salutarium*, parloir, et dans l'*oratorium*, cf. concile de Mâcon, I, can. 2, *Concilia*, p. 165. Les nonnes ne peuvent entrer seules dans l'église. Cf. *Regula S. Cesarii*, IX, *P. L.* (Migne), 69, p. 1107. On reconnut bientôt les inconvénients du voisinage des monastères d'hommes et de femmes ; le concile d'Agde, can. 28, *Concilia*, IV, p. 521, chercha à y remédier, bien qu'il en existât déjà un certain nombre.

2. Césaire nous donne un tableau de la vie des monastères de femmes en Gaule, au VIe siècle. On sait que la règle du saint prélat fut acceptée par les nonnes de Poitiers. La jeune fille qui entre au monastère doit écouter avec soin, au *salutorium*, la règle du monastère. Elle restera un an novice, ou tant que l'abbesse le jugera nécessaire. Cf. *Regula S. Cesarii*, *P. L.* (Migne), t. 67, p. 1107. Rien n'est ici fixé, mais on compte sur le bon sens de la directrice. Les novices sont alors confiées à la *Formaria*. Les nonnes apprendront à lire et à écrire. Les heures consacrées à ces travaux sont le matin ; cf. ch. 17. D'autres plus instruites pourront copier les manuscrits. Cf. *Vita Cesarii*, I, 44, Le costume sera fort simple. Les vêtements seront blancs, sans broderies, et fabriqués par elles. Elles devaient porter une tunique, un pallium, et sans nul doute, un voile, *Regula S. Cesarii ad virgines*. Cf. *P. L.* (Migne), t. 67, 40, p. 1118. La *lanipendia* distribuera la laine et surveillera les travaux, *ibid.*, can. 25, p. 1116. La nonne ne doit pas avoir les cheveux longs. Césaire en indique la longueur. On ne peut recevoir que des jeunes filles âgées, au moins de 6 à 7 ans. Cf. *Regula S. Cesarii*. Id., *ibid.*, III, p. 1107. On leur apprendra tout de suite à lire, cf. p. 1108. Elles devront promettre par charte de laisser au monastère la fortune qui leur revient de leurs parents, cf. IV, p. 1108. On ne doit rien cacher, car on subirait le châtiment d'Ananie et de Saphira.

L'évêque, le prêtre, les diacres et les lecteurs ont seuls le droit d'entrer dans le sanctuaire de l'église du monastère. C'est la supérieure qui indique et distribue aux nonnes le travail; elle ne doit montrer aucune préférence. L'emploi du temps est le même que celui établi pour les moines. Saint Césaire a pris les prières et les hymnes du monastère de Lérins pour sa règle. La durée du noviciat est également d'une année.

Le silence est de rigueur, sauf lorsque le travail réclame la parole. On ne doit ni jurer, ni maudire. La fortune doit être abandonnée au moment de l'entrée de la novice dans le cloître et peut être léguée au monastère, mais les nonnes riches ne mépriseront point celles qui n'ont rien apporté au cloître. Le soin des malades est prescrit d'une manière minutieuse et délicate, et par la lecture de la règle de saint Césaire on peut se convaincre de la culture plus élevée du Midi de la Gaule. L'abbesse, assistée de la *prœposita*, dirige le monastère. Il est aussi d'usage de nommer, parmi les plus âgées, celle qui distribuera la laine aux sœurs, qui dirigera la cuisine des nonnes, qui aura soin de la pharmacie du monastère. La règle prévoit toutes ces diverses fonctions.

Pendant l'époque mérovingienne, toute une société vit donc dans de nombreux monastères sous des règles de plus en plus fixes. L'existence qu'on y mène est la vie au grand jour. La règle même encourage cette surveillance mutuelle et invite à la dénonciation de celui ou de celle qui fait mal. Le silence du frère ou de la sœur peut être une cause de la mort spirituelle du moine ou de la nonne. Le danger qui pouvait résulter de cette surveillance de chaque heure était la naissance d'un esprit de suspicion, une crainte permanente, et donner ainsi lieu quelquefois à des accusations mal fondées. La vie séparée est le plus souvent interdite, les législateurs ecclésiastiques ont cherché par tous les moyens à ne pas isoler l'individu ; à leurs yeux, la solitude facilitait la chute de l'homme, en obéissant à son instinct, à sa propre nature, mauvaise par elle-même. Aussi les moines ne sont jamais seuls. Le jour, la chapelle les réunit, le travail les rassemble, le soir, le grand dortoir les reçoit. Mais, malgré toutes ces minutieuses précautions, le monde qui remplit de plus en plus les cloîtres ressemble aussi bien aux laïques qu'aux clercs. Ce sont les mêmes reproches exprimés par les écrivains contemporains[1]. La discipline se relâche

1. Jalousie entre moines, Grégoire de Tours, *Vitæ patrum*, I, p. 709. Ivresse, Mabillon, *Acta*, I, *Vita S. Cesarii*, I, 6. Chassés du monastère, *Regula S. Bene-*

jusqu'au jour où une réforme devenue nécessaire fut établie par la renaissance carolingienne.

On craignait pour cette société le monde extérieur[1]. Les évêques qui ont formulé des règles ont soin de dire que toutes les choses nécessaires à la vie doivent se confectionner dans le monastère. On n'achètera aucun objet au dehors. Les moines ou les nonnes ne doivent rien recevoir sans l'autorisation de l'abbé ou de la supérieure. Les lettres, les présents sont remis au portier du cloître qui les montre[2] à l'abbé ; la permission de ce dernier est obligatoire pour l'envoi aux parents, soit de réponses, soit d'eulogies. La vie s'écoule, toujours la même, avec sa division fixe, les heures se répètent, monotones, entre la prière et le travail.

L'influence des premiers ascètes ne s'était pas trop fait sentir sur la société laïque et sur le clergé séculier. Les grands *possessores* du Bas-Empire, les fonctionnaires de l'État qui avaient accepté l'épiscopat comme la fin d'une vie honorable, voyaient avec étonnement l'austérité de ces moines, l'ascétisme d'un saint Martin. Mais avec le temps, ce christianisme à demi païen disparut et les grands monastères purent donner un certain nombre de prélats aux évêchés. L'esprit monacal agit dès lors avec plus de force ; ces dignes évêques, sortis des monastères de Lérins ou de ceux fondés par saint Martin conçurent une idée plus élevée de la religion et comprirent leurs devoirs. Nous verrons bientôt l'influence de saint Colomban sur la société laïque. Le pouvoir spirituel subit sans conteste l'action bienfaisante du cloître et chercha à relever la morale et les mœurs du clergé séculier et de la société mérovingienne.

dicti (Martène), 29, p. 386. Moines pervers, Grégoire le Grand, *Dialog.*, II, 2, p. 288. Jaloux, Mabillon, *Acta*, II, *Vita Filiberti*, 4, p. 785. Ils mettent un poignard dans la couche d'un frère pour le tuer. Id., *Acta*, II, *Vita Geremari*, 14, p. 459. Abbés débauchés, Grégoire de Tours, *H. F.*, VI, 6, p. 249. D'autres quittent le monastère et veulent reprendre les biens déjà donnés. Cf. concile de Mâcon, I, can. 19 ; Labbe, *Concilia*, VI, p. 662. Moines cupides, Grégoire de Tours, *H. F.*, IV, 31, p. 167. Sur les désordres intérieurs dans les monastères, cf. la lettre du pape Symmaque à saint Césaire d'Arles ; Labbe, *Concilia*, V, p. 425. Grégoire le Grand se plaint de la conduite des moines. Lorsqu'ils sortent pour les besoins de la communauté, ils passent le temps à s'entretenir avec des femmes et mangent hors du cloître, cf. Grégoire le Grand, *Dialog.*, II, 12, p. 263. Les conciles parlent bien souvent de la conduite des nonnes.

1. Il est défendu aux moines de sortir du monastère, Cf. Concile d'Angers (453), can. 8. Labbe *Concilia*, IV, p. 450.

2. Cf. *Regula S. Aureliani*, *l. c.*, 6, p. 389.

CHAPITRE VII

La Vie Religieuse

Dans l'étude que nous venons de faire des différentes classes qui composaient la société mérovingienne nous avons vu qu'elle était loin d'être homogène. Le monde qui naît en ce moment est formé des classes inférieures de l'Empire romain et des Barbares qui s'établissent sur le sol de la Gaule. Les nobles, l'aristocratie deviennent de moins en moins nombreux et fuient le plus souvent dans les cloîtres un monde qui va finir [1]. Les Germains qui arrivent, annoncent le règne du Christ et les ruines qu'amoncellent ces hordes barbares prouvent la colère de Dieu. Si le rôle des grandes familles sénatoriales est encore assez important pendant le sixième siècle, il va de plus en plus s'effaçant ; et dans le mélange des deux peuples qui s'opère, dans la reconstitution de la société sur des bases nouvelles, les deux races sont presque égales en civilisation.

Nous est-il possible de savoir comment le christianisme fut accepté par les nouveaux venus et par les habitants des campagnes de la Gaule? Pour résoudre une question aussi importante il nous faut examiner comment la société franque a compris la doctrine de Jésus, et ce qu'elle a cru voir dans le culte chrétien. Il importe aussi de nous rendre compte du mode d'évangélisation de ces masses venues sur le tard au christianisme. Nous pourrons alors analyser les idées religieuses de la société du temps de Grégoire de Tours.

Les villes de la Gaule, nous l'avons vu, avaient été lentement conquises à la religion chrétienne et la création relativement tardive des paroisses nous a montré aussi l'évangélisation récente du plat pays.

1. Les récits des écrivains contemporains sont empreints d'un profond découragement et de la pensée intime que la fin du monde est proche. Cf. Frédégaire, *Chron.*, IV, p. 123. Peu d'intérêt qu'on apportait à l'existence, cf. *Vitæ Patrum*, 2, p. 704, 13, p. 715. Le Blant, *Inscriptions chrétiennes de la Gaule*, p. LXXXVI, Grégoire de Tours, *H. F.*, I, prologue : « *Adpropinquante mundi fine.* » Il est inutile d'ajouter que la masse de la population vivait sans nul souci de ces idées pessimistes qui préoccupaient l'esprit de l'aristocratie intellectuelle.

Les Wisigoths et les Burgondes arrivés en Gaule déjà convertis à l'arianisme retardèrent même le libre développement de l'orthodoxie. Le baptême de Clovis ouvrit pour le catholicisme une ère nouvelle et dès cette époque le monde barbare entra peu à peu dans le giron de l'Église. Nous verrons cependant bientôt de nombreux centres, encore païens, disséminés sur les contrées de la Gaule.

Le mode de conversion employé par l'Église ne fut pas partout le même. L'évangélisation des campagnes fut moins rapide que la conversion des Barbares, et se fit peut-être avec plus de méthode et de prudence. Les Vies des saints nous initient aux procédés employés par le pouvoir spirituel pour convertir le plat pays au catholicisme et aux causes qui attirèrent surtout ces populations païennes dans les sanctuaires chrétiens.

Un phénomène céleste, un orage épouvantable, une épidémie provoquent des conversions en masse[1]. Ce n'est ni l'explication dogmatique. ni une instruction religieuse même superficielle, encore moins la beauté de la morale du Christ qui entraînent les païens. Ce fut avant tout le pouvoir immense des Élus de la Jérusalem céleste. Il y eut même un temps où des édifices païens côtoyaient des sanctuaires chrétiens. Paganisme et catholicisme vécurent côte à côte[2], et le païen qui voyait l'impuissance de ses divinités à le sauver d'un danger immédiat s'adressait aussitôt aux saints pour leur demander son salut. Les légendes déclarent l'efficacité du recours et nous disent aussi la prompte conversion du païen reconnaissant.

Le pouvoir spirituel ne pouvait attendre des seuls miracles la conversion des foules. Il fallut employer une action plus énergique. La manière de convertir de saint Martin, les conseils donnés par la papauté pour l'évangélisation de l'Angleterre permettent de se rendre compte de l'évangélisation du monde païen. Grégoire le Grand recommande au prêtre Augustin de ne point abattre les temples des païens mais seulement les idoles qui s'y trouvaient. Saint Martin se montre

1. Grégoire de Tours, *De virtutibus Sancti Juliani*, 6, p. 567.

2. Nous dresserons dans *le culte des saints* la carte du paganisme aux sixième et septième siècles et nous verrons les nombreux îlots encore païens. La *Neustrie*, l'*Austrasie* avaient encore des sanctuaires voués aux anciennes divinités et les évêques sont obligés de les tolérer. C'est le cas pour Cologne. A Trèves, sous Théodebert Ier, il y a encore des païens et nous voyons que Théodebert II (597-612) chercha à dissuader Colomban de ses projets de mission en lui montrant l'amour encore tenace des sujets de son royaume pour les divinités païennes.

plus sévère et détruit systématiquement les édifices dédiés à l'ancien culte et les remplace par des oratoires ou des chapelles chrétiens. Le pape conseille donc de conserver les temples et de les purifier avec de l'eau bénite. Augustin devra y placer un autel contenant des reliques. La foule païenne, dit le successeur de saint Pierre, y viendra et voyant qu'on a respecté ses temples, elle y pénétrera volontiers; mais ce n'est pas suffisant, les païens ayant l'habitude d'immoler un grand nombre de bœufs en sacrifiant aux démons, il sera nécessaire d'établir des solennités à propos de la dédicace des églises et des fêtes des martyrs. Le pape précise davantage et les règles qu'il édicte montrent un bon sens, un opportunisme vraiment intelligent de la part du pouvoir spirituel. Il se rend un compte exact du travail à accomplir. Il permet aux païens de faire des feuillées autour des temples transformés ainsi en églises et de célébrer les fêtes par des repas modestes.

Grégoire le Grand n'ignore pas les pratiques du paganisme, il sait qu'on sacrifie des animaux aux divinités de l'Olympe. Augustin doit laisser manger aux nouveaux convertis la chair de ces animaux afin que, rendant grâces à Dieu qui les rassasie, il leur laisse quelques réjouissances sensibles pour pouvoir leur insinuer plus aisément les joies intérieures. Et il ajoute: « Car il est impossible d'ôter à des esprits incultes toutes les coutumes en même temps. On ne monte pas à un lieu élevé en sautant, mais en s'élevant peu à peu. » Le plus pressant est de faire disparaître ce que les vieilles fêtes ont de plus choquant, les sacrifices, les danses lascives, la joie exubérante. C'est ainsi que procéda le pouvoir spirituel dans la conversion du plat pays, et les nombreux édifices sacrés, bâtis sur l'emplacement des temples païens, nous prouvent que ce mode ne s'appliqua pas seulement aux paysans[1].

Il en fut de même pour la conversion des Germains. Elle eut lieu sans aucune intervention de la part du pouvoir royal. Les Francs entrèrent en masse dans l'Église[2]. Des armées entières, des

1. Il en fut de même pour les temples, Grégoire le Grand, *Dialog.*, III, VII, p. 284 : « *in eodem vero templo Apollinis, beati Andreæ Apostoli repente oratorium fecit.* » Un grand nombre de nos églises sont bâties sur l'emplacement d'édifices païens. Fortunat, *Vita beati Maurilii*, 112, p. 96 : « *Ita autem mundato per ignem loco ædificavit ibi statim in honore beatæ Mariæ genetricis basilicam.* »

2. Grégoire de Tours, *H. F.*, II, 3, p. 93. Cf. pour celle des Wisigoths, Frédégaire, *Chron.*, IV, 8, p. 125.

peuples suivirent l'exemple de leurs rois. Nous savons qu'au baptême de Clovis, trois mille guerriers furent convertis après la cérémonie[1]. Les légendes ne nous indiquent qu'une faible résistance de la part des Francs, et nous voyons que les contrées de la Gaule autrefois chrétiennes et ravagées par les hordes barbares redeviennent peu à peu des centres où fleurit la doctrine du Christ. Ces races guerrières qui ne connaissaient pas le christianisme et qui venues du Nord avaient encore une religion naturaliste, à peine ont-elles pénétré en Gaule que de tous les côtés un mouvement religieux inconnu jusqu'alors se développe : églises, oratoires, monastères, s'élèvent dans toutes les contrées de notre pays. Et c'est ainsi que le monde barbare passe sans secousse, sans révolution à la doctrine du Christ. Les dieux des forêts lointaines sont désormais oubliés, méconnus et ne peuvent se défendre. L'Église montre aux nouveaux domiciliés leur faiblesse et nous n'enregistrons ici et là que des protestations sans effet, comme sans importance.

Nous pouvons facilement prévoir les conséquences de ces conversions rapides. Avant tout superficielles, elles ne pouvaient changer l'état mental de ces populations. Elles nous expliquent aussi ce que nous allons trouver dans l'Église. On ne saurait trop insister sur cette rapide conversion des païens de la Gaule, car sans elle, le moyen âge avec ses pratiques religieuses et leur survie dans les temps modernes ne peuvent se comprendre. Notre pays ne demandait pas le christianisme, les dieux païens lui suffisaient. Les masses populaires qui devinrent chrétiennes ont ramené à leur niveau des doctrines qu'elles n'avaient point créées et qui leur furent même imposées par l'aristocratie urbaine. Les différentes créations du christianisme : épiscopat, monastère, culte, reçurent, nous l'avons vu,

1. Lettre de Grégoire le Grand à l'abbé Augustin, le 18 juillet, 601. Cf. *Epistol.*, LX, 67, et aussi *Vita August.* (op. Lanfranc), II, 61 et 62. La lutte entre le christianisme et le paganisme fut fort longue. Nous parlerons ailleurs de la seconde phase de l'évangélisation des Barbares. Nous lisons dans Grégoire de Tours qu'on établissait une église près de l'endroit adoré par les Gentils. Cf. *In gloria confessorum*, 2, p. 750. On ne voit aucun enthousiasme comme aussi aucune colère dans la conversion des Gallo-Romains et plus tard des Germains. Un étang est l'objet d'un culte, et l'Église veut enlever cette superstition. « *Tum inspirante Divinitate, sacerdos Dei basilicam, in honore beati Helarii Pictavensis eminus ab ora stagni ædificavit, in qua et reliquias ejus locavit dicens populo : Nolite, filioli, nolite peccare ante Deum. Nulla est enim religio in stagnum.* » *In gloria confessorum*, 2, p. 749, et *Vitæ Patrum*, XVII, 5, p. 732, et la conversion au catholicisme de la province de Narbonne, *H. F.*, IX. 16, p. 371 ; pour les Barbares, *Vita S. Galli*, Pertz, *Scriptores*, II, p. 7.

une empreinte plus personnelle et nationale. Ce ne fut donc pas le catholicisme qui subjugua les indigènes, mais au contraire les masses populaires lui donnèrent une forme particulière selon leurs vues, leurs besoins et leurs intérêts religieux.

La foi grossière des temps mérovingiens trouve donc son explication dans l'évangélisation trop rapide de la société franque. Le miracle seul, la force même, le plus souvent l'ont convertie.

Il en fut de même des paysans gallo-romains. Au moment de leur évangélisation, ils étaient encore fortement attachés à la religion des ancêtres, mais la lutte fut très courte. Les missionnaires ascètes démontrèrent facilement à ces populations la puissance de Dieu et des saints. La résistance eût été même impossible, car la nouvelle religion s'annonçait avec son culte très développé, ses cérémonies grandioses, son organisation centralisée et une richesse déjà considérable. Tout conspirait contre le culte païen. Les grandes propriétés entre les mains de l'aristocratie convertie facilitaient l'évangélisation du plat pays[1]. Les masses populaires devinrent donc chrétiennes, mais apportèrent dans leurs nouvelles croyances d'anciennes conceptions religieuses qui étaient encore dans toute leur vigueur. La doctrine du Christ va souffrir pour des siècles de cette conquête fatale. La transformation de la religion chrétienne s'opéra peu à peu, à l'insu même du pouvoir spirituel qui épousa bientôt les idées de la société et même les pratiqua. Nous ne pouvons constater dans les récits contemporains aucun trouble produit par ces changements soudains. Le païen converti, nous le verrons, garde ses anciennes conceptions religieuses, réclame la satisfaction des mêmes besoins et les crée souvent à l'insu du pouvoir spirituel : converti, il reste quand même païen au fond.

L'ancienne religion vaincue en apparence s'abrita sous le manteau de l'Église. Les cérémonies chrétiennes sont partout les mêmes, le nouveau fidèle écoute la messe chaque dimanche, mais revient bien vite à ses anciennes idées dans ses pratiques de tous les jours. C'est surtout dans le culte des saints que se manifestent les conceptions religieuses des ancêtres. Et l'évangélisation a eu lieu si rapidement que le pauvre paysan dont on a détruit les vieux temples

1. Nombreux exemples dans les récits contemporains; cf. Grégoire de Tours, *In gloria martyrum*, 79, p. 542 : « *conversusque ad fidem catholicam, credidit cum domo sua, qui in hac perfidia tenebatur.* »

que ne protègent plus les anciennes divinités champêtres ne comprend pas encore les usages et les cérémonies du christianisme; il fête le jour consacré à Jupiter et oublie le repos du dimanche !

Il ne faut pas juger l'évangélisation de la Gaule avec nos idées modernes. L'Église ne cherchait pas à faire comprendre les dogmes chrétiens, elle ne l'aurait pu. Qu'on se représente un village païen avec sa population fétichiste, avec ses petits temples, ses sanctuaires dédiés aux anciens dieux inférieurs du paganisme, Rome même n'avait pu les vaincre. Le paysan est là sans culture, connaissant seulement ce que l'habitude lui a appris. Sa foi religieuse est tenace, car elle fait partie de sa vie, le console, le rassure. L'Église aurait-elle pu en un jour détruire la religion des ancêtres consacrée par de longs siècles? Elle n'y songea pas un instant, son désir était d'arriver au plus tôt à une foi unique, à un christianisme universel, et ce qui lui était nécessaire pour atteindre ce but, objet de ses préoccupations constantes, c'était d'obtenir des conversions de plus en plus nombreuses.

L'Église arriva donc dans le bourg, montra la vanité des idoles, leur impuissance et après ces preuves faciles à donner, elle glorifia la puissance des saints. Les légendes étalèrent aux yeux des paysans ravis et étonnés les miracles des élus de Dieu[1] !

L'éloignement des centres religieux, des évêchés où la surveillance de l'évêque pouvait être efficace, les nombreuses *villæ* et *vici*, mal desservis par un clergé tout d'abord insuffisant expliquent aussi l'impossibilité d'une conversion plus profonde. Ces explications montrent combien fut grande la force du christianisme pour ne pas être étouffée sous la pression des éléments païens. Le paganisme gallo-romain,

1. Les moindres motifs amenaient des conversions, cf. Grégoire de Tours, *De virtutibus S. Juliani*, 5, p. 567 ; *Vitæ Patrum*, VI, 5, p. 732. La grêle envoyée par Dieu accélère la conversion des Gentils, les Ariens se convertissaient en masse. Id, *In gloria martyrum* 79, p. 542 ; Grégoire le Grand, *Dialog.*, 11, XXXVII, p. 274. L'hagiographie relate à chaque instant des conversions dues à des motifs souvent puérils. On montre aux Gentils la faiblesse des dieux païens ; Grégoire de Tours, *In gloria martyrum*, 80, p. 542. *Vita S. Germani*, *Acta Boll.* Juillet VII, liv. VI, 48, p. 213. Un miracle produisait la conversion en masse d'un *vicus* ou d'une *villa*. Cf. Id., *Vitæ Patrum*, 2, p. 749. *Vita Melanii*, *Acta Boll.* Jan. I, IV, 23. p. 331. « *Si istum puerum resuscitaveris a mortuis, omnes credemus Dominum quem prædicas.* » *Vita Colombani*, Mabillon, *Acta*, II, 10, p. 17. Cf. aussi Mabillon, *A. S.*, I, *Vita Bavonis*, 31 juillet, VI, 48, p. 213. Les prêtres allaient souvent prêcher contre les usages païens, mais les paysans étaient d'une rusticité trop grande. Grégoire de Tours, *In gloria confessorum*, 2, p. 749. *Vita S. Galli*, Pertz, *Scriptores*, II, 3, p. 8; il fallait partir quelquefois, *ibidem*, p. 8, on laissait quelques moines pour ne pas perdre les résultats déjà acquis.

l'ancien culte des races indigènes, le fétichisme des peuplades germaniques se mêlent à cette époque et forment un amalgame bizarre dont il est souvent difficile d'extraire les éléments si divers.

Étant donné les habitants des cités déjà plus cultivés, le plat pays converti récemment au catholicisme, l'arrivée des Germains en Gaule comme païens ou hérétiques, il est impossible de considérer la société mérovingienne comme ayant la même foi, les mêmes conceptions religieuses. Ce fut surtout le cas pour le sixième siècle. Le monde lettré des villes, cette société gallo-romaine savante n'ont pas complètement disparu ; saint Césaire d'Arles, Fortunat sont les derniers représentants de ce monde attardé.

Nous avons encore les chrétiens savants, rhéteurs imbus des idées aristocratiques et sociales du paganisme. Les uns désirent les évêchés, considèrent ce sacerdoce comme la fin d'une carrière honorable, et apportent bien souvent des préoccupations secondaires dans leurs fonctions, les autres, fatigués du monde, désertent la société et vont dans la solitude demander à leur rêve mystique la paix intérieure de leur cœur troublé. Et ces désanchantés de la vie ne sont pas légion, ils forment même, nous l'avons vu, dans la société mérovingienne une exception et appartiennent à l'aristocratie gallo-romaine.

Tous ceux qui ont reproché à l'Église de n'avoir pas dès l'origine extirpé l'ivraie qui se mêlait de plus en plus au bon grain ne se sont pas rendu un compte exact de la situation des évêchés au moment de l'avènement de Clovis et n'ont pas étudié l'état d'esprit de cette foule qui remplit les sanctuaires. Oui, les ronces et les herbes vont bientôt couvrir l'édifice si simple des premiers chrétiens. Oui la doctrine de Jésus va être dénaturée et transformée! Mais que faire? Changer en un instant les conceptions religieuses des nouveaux convertis était impossible à l'Église et nous venons de montrer l'opportunisme sage, prudent, bien compris des évêques et des papes, car ce n'est pas par de nombreux décrets qu'on peut changer les conceptions religieuses d'un peuple, et nous avons pu voir déjà leur inefficacité. Il y a plus, tout allait à l'encontre d'une évangélisation plus profonde et plus efficace, car à côté de l'état mental si grossier de ces populations, des difficultés de toutes sortes s'opposaient à une influence lente et progressive de l'Église. Aux invasions à peine terminées, succèdent les luttes des fils de Clovis, la Bourgogne conquise après des cruautés inouïes, le Midi naguère ravagé et pillé, enfin les guerres de Charles-Martel.

Les transformations que va subir la foi chrétienne et que nous allons bientôt décrire donnent à ces études un intérêt capital. Les historiens qui se sont occupés des premiers siècles ont raconté surtout les querelles religieuses, ont esquissé les grandes figures de ces temps si intéressants. Le peuple a été négligé. Ils n'ont pas vu combien il était important d'étudier le mélange des conceptions païennes et de la doctrine chrétienne qui s'opère en ce moment, du travail sourd, bien souvent à l'insu de l'Église, de la part du peuple pour transformer à son profit une religion qu'il n'avait pas créée, qui ne correspondait même pas à son esprit et qui lui était imposée par une aristocratie soit royale, soit ecclésiastique. Et pourtant ces siècles ouvrent le moyen âge et sont d'une importance immense pour l'histoire du catholicisme. Nos ancêtres chrétiens sont les contemporains de cette époque, et nous ne pouvons juger de la foi populaire de notre temps sans avoir jeté un coup d'œil, même rapide, sur ce monde qui s'installe et qui veut vivre.

L'Église eut pour elle le nombre, et on peut même dire qu'au milieu du septième siècle la plus grande partie de la Gaule est convertie. Nous allons étudier maintenant les sentiments de cette masse qui, évangélisée depuis peu, formait à l'époque mérovingienne la nation franque, et nous pouvons le faire sans distinction ni de races, ni de culture, car avec le temps, la société aristocratique gallo-romaine disparaît peu à peu, et avec elle une littérature pédante et sans influence sur le peuple. Le parti philosophique de l'Église, celui qui discutait sans cesse les dogmes, devient de plus en plus rare, et l'on peut dire que l'épiscopat a réglé pour un temps l'abstraction. Les masses populaires qui représentent la société franque se composent donc avant tout des Germains et des classes inférieures des Gallo-Romains. Après la disparition de cette aristocratie, on ne peut constater aucune différence entre les conceptions religieuses des paysans qui cultivent le sol et celles des nobles Francs qui vivent à la cour.

La piété des masses populaires est avant tout formaliste et dépourvue de toute imagination. Le cœur de l'homme mérovingien n'est pas profondément touché et le christianisme n'est qu'extérieur. C'est avec une minutie vraiment étonnante que le fidèle accomplit ses dévotions, qu'il vient au tombeau du saint, qu'il lui apporte ses dons. Les idées païennes sont encore vivaces, et si les statues ne sont plus permises, si les fidèles ne peuvent plus revêtir les dieux de vêtements magnifiques, ils n'en donnent pas moins à l'Église les habits d'or et de soie qui servaient autrefois aux divinités païennes. Si l'on voulait se contenter d'une vue superficielle, on serait porté à croire, en voyant ces nombreuses églises et ces monastères édifiés de tous côtés par les contemporains, que le christianisme a pénétré les âmes et que la doctrine du Christ les a conquis. Mais il n'en est rien. Le religion, à l'époque mérovingienne, a bien une vitalité très grande, mais cette nouvelle humanité est au point de vue religieux encore trop jeune, sa naïveté comme sa faiblesse s'accusent dans toutes les manifestations de sa foi. Cela n'empêche pas de constater, malgré la grossièreté de ces temps, des sentiments d'une fraîcheur et d'une bonté souvent étonnantes. Chez ces âmes jeunes, tout est spontané, le mal comme le bien, et les légendes nous laissent quelquefois attendris devant des exemples de bonté et d'amour que les époques plus lettrées et plus égoïstes connaissent rarement.

Malgré des actes de piété sans cesse répétés, on sent que chez le peuple mérovingien le sentiment religieux lui fait défaut. La religion n'était pas incompatible à cette époque avec la plus grande immoralité. Par la lecture des Vies des saints, on peut voir combien l'esprit de la société était encore fétichiste et païen. Nous parlerons bientôt de sa crédulité et de sa foi envers le pouvoir du saint. Tout ce qu'a touché l'élu de Dieu est pour elle un talisman précieux, comme le sang qui coule de ses plaies, la paille qui a servi à sa couche, le lit où il a dormi, la fontaine qui a reçu de son sang, les pierres où il a appuyé ses membres pendant son supplice. La masse des fidèles va vivre de plus en plus sans culture, adonnés les uns aux travaux des champs, les autres à la guerre, et il n'y aura plus bientôt qu'une société chrétienne fétichiste, au vrai sens du mot. Et il faudra des siècles pour faire sortir de cette grande masse des classes distinctes, au point de vue intellectuel, qui, dégagées plus ou moins des croyances primitives, auront pour mission de développer les lettres et les arts. Le progrès sera tout d'abord lent: ces différents degrés du développement humain ne se trouvent-ils pas encore représentés dans notre société actuelle?

Il faut ajouter aussi que le caractère religieux de cette époque est sombre et triste. L'homme est toujours tremblant, craintif devant les phénomènes extérieurs qu'il ne comprend pas, et il croit à l'influence journalière de la divinité et à son pouvoir de modifier à sa volonté les événements et les phénomènes. La notion du miracle s'enracine de plus en plus. On considère la nature comme dépendante du bon vouloir divin, sujette aux caprices de Dieu et des saints et soumise à leur volonté souveraine. On peut même voir l'union fort étroite entre le ciel et la terre : Dieu et les saints peuvent à chaque instant exercer leur action sur notre planète [1].

Cette croyance se montre à chaque instant dans les Vies des saints; aussi en présence de telles conceptions, tout miracle est possible, et les faits, racontés par Grégoire de Tours, faits que nous traitons aujourd'hui de puérils, trouvent leur explication dans cette union.

Peu de siècles ont été plus durs à l'humanité que l'époque mérovingienne. Des fléaux s'abattent sur chaque génération, des guerres sans but détruisent le bétail, les fruits de l'année, le labeur quotidien. Épidémies, famines, pestes, incendies si fréquents amoncellent les ruines et rendent l'homme incertain du lendemain. Tout allait à l'encontre d'une religion plus sereine. L'angoisse quotidienne, le châtiment de Dieu suspendu sur la tête, telle était la vie au temps de Grégoire de Tours et de Frédégaire. Ainsi s'explique la grande place que tient la religion dans la société de cette époque. Le culte cependant se développe, le nombre des saints se multiplie, les édifices sacrés s'élèvent de tous côtés ; devant les calamités des temps l'homme pense tout d'abord à satisfaire les divinités tutélaires et à assurer son salut éternel.

L'épiscopat fit tous ses efforts pour relever le niveau moral de la société chrétienne, par ses discours, par ses prières, par la création des chants religieux, par son dévouement à la cause du plus petit. Mais il ne pouvait modifier l'homme comme il aurait voulu, et lui-même, après la disparition des familles sénatoriales, partagea les idées de la société. Ce qu'il créa avant tout, c'est la croyance à la vigilance d'une divinité sans cesse en éveil, toujours renseignée sur les

1. La Providence s'occupe des plus petits détails de la vie, Mabillon, *Acta*, I, *Vita Columbani*, 9, p. 14, *Acta Boll.*, III, février, *Vita Quinidii*, 7, p. 831. La foi la plus naïve se fait jour dans les récits de Grégoire de Tours. Cf. *In gloria confessorum*, 109, p. 848. Elle se manifeste sans cesse, à chaque instant, et punit les fautes. Id., *De virtutibus S. Juliani*, 31, 577. Dieu avertit le fidèle. Id., *Vitæ Patrum*, 3, p. 682. Son pouvoir est infini. Id., *H. F.*, VIII, 14, 333. On va jusqu'à lui demander la mort d'autrui. Id., *ibid.*, IV, 36, p. 170. On doit le prier sans cesse, Id., *ibid.*, III, 29, p. 133; Fortunat, *Vita S. Germani*, 6, 13, p. 34.

moindres faits humains. Cette conception imprima dans l'âme du Franc la peur du châtiment. Le Germain tue en regardant encore la basilique du saint, et cependant dans son âme il sait que le châtiment suivra son crime. Ce que le monde apprend et ce que l'Église lui répète, soit par ses discours, soit par sa littérature religieuse, c'est que les passions les plus coupables, les excès de toutes sortes, les instincts les plus bas, les vices les plus dégradants sont toujours châtiés par la divinité, par les saints ses auxiliaires. Cette conception fait accomplir des actes de générosité aux plus durs, à ceux qui avaient dépouillé sans honte l'indigent et le pauvre. Frédégonde épouvantée par la colère de Dieu[1], fit brûler les livres des impôts à la mort de ses enfants. Et la peur glace d'effroi le coupable, sans toutefois être encore assez forte pour l'arrêter. Quels efforts seront nécessaires pour que l'Église ait quelque influence salutaire sur cette société si instinctive !

L'Église ne dédaigna pas de régler avec soin la vie de tous les jours : fêtes, jeûnes, travaux des champs, repos même pendant la journée, elle essaye d'imposer des règles à toutes les manifestations de l'activité humaine. Elle parlait au nom de la divinité, et peu à peu le fidèle se soumet à ses ordres, et malgré bien des écarts, on peut déjà constater son influence bienfaisante.

Le pouvoir spirituel exigea d'abord fort peu des fidèles. Être bon chrétien à cette époque consistait à entendre la messe tous les dimanches, à observer rigoureusement le repos dominical et le carême, et à faire l'aumône. On ne pouvait demander plus à cette foule, et nous voyons par les récits contemporains combien il était difficile d'obtenir même ce minimum.

Le clergé considérait le monde mérovingien comme une communauté religieuse où tous les membres vivent sous la surveillance de l'Église. Les fidèles dans chaque diocèse formaient donc la vraie famille de l'évêque qui veillait sur eux[2]. L'antiquité avait bien déjà connu une solidarité entre les différents membres des corporations ou des cités, et plus encore, une certaine conscience de l'unité de l'Empire romain, mais les liens avaient été plus lâches et l'homme se sentait, au point de vue moral, moins protégé. Les chrétiens d'une

1. Cf. Grégoire de Tours, *H. F.*, III, 29, p. 133 ; IV, 2, p. 142.
2. Cf. concile d'Arles, II, can. 50. Labbe, *Concilia*, V, p. 8, déclare que ceux qui ont des inimitiés ne doivent pas prendre place dans l'église avec les fidèles tant qu'ils ne sont pas réconciliés.

cité, d'une paroisse rurale formaient un centre assez uni, et l'Église encouragea autant qu'elle le put cette solidarité. A côté de la haute morale chrétienne conservée par les écrits des Saintes-Écritures et les œuvres des Pères de l'Église, il sortit de ces différents centres une morale moyenne née des croyances et des sentiments de la communauté. Elle va former un système qui deviendra de plus en plus la conscience collective de l'époque franque. Conçue par le pouvoir spirituel, et bien que tout d'abord peu observée, elle deviendra néanmoins par sa pression, plus générale, plus répandue dans toute la société. La source dont elle émane est aussi bien les droits romain et germanique que la religion chrétienne. Ainsi formée, les générations futures travailleront à la perfectionner.

De la littérature de l'époque se dégage une croyance populaire qui était loin d'égaler la doctrine des Pères de l'Église. Les Vies des saints, les œuvres de Fortunat et de Grégoire de Tours nous présentent les conceptions religieuses plus simples des Francs. Pour eux, le monde est l'œuvre de Dieu. Il se montre à nous, bon, généreux, et sa bonté s'étend sur tout ce qui existe : hommes, animaux, arbres, peuvent éprouver sa bienveillance ou sa colère[1]. Cette divinité tutélaire veille sur chacun et dispense suivant sa justice les biens et les maux, elle abaisse les superbes et élève les humbles. Elle peut tout octroyer : victoire, santé, fortune[2]. Nous verrons bientôt que par l'intermédiaire des saints, l'homme s'adresse à la divinité pour les moindres faits de la vie. Tout lui est possible. Nous avons dit qu'il n'y avait aucune séparation entre les deux mondes naturel et surnaturel. Des forces surnaturelles ont une influence quotidienne sur la terre et peuvent suivant leur caprice en modifier les phénomènes.

L'art hésite cependant à représenter le Père Éternel, le créateur de toute chose; nous sommes encore trop près des temps primitifs chré-

1. Le foi mérovingienne est avant tout passive, elle ne saurait discuter, elle accepte tout. Grégoire de Tours, *Vitæ Patrum*, 12, p. 702 : « *credo quia potens est Deus egregia operari per famulos suos.* » La pitié est basée surtout sur les avantages matériels que procurent la puissance des divinités célestes. Id., *H. F.*, IX, 15, p. 371; id., *De virtutibus Sancti Juliani*, 5, p. 567.

2. Cf. Grégoire de Tours, *H. F.*, I, 15, p. 34, II, 3, p. 64; cf. V, 7. Rien n'arrive fortuitement, Grégoire de Tours, *De virtutibus S. Juliani*, 15, p. 571 : « *Quod ne fortuitu actum quis putet, cernat inter multos innoxius unum interisse sacrilegum.* » La main de Dieu s'étend partout; Frédégaire, *Chron.*, III, 32, p. 133.

tiens. Une main dessinée dans le ciel rayonnant indique sa présence, et ce n'est même que dans les moments les plus solennels que les artistes osent la représenter[1]. La main apparaît pour donner à Moïse les Tables de la loi, pour arrêter le bras d'Abraham, pour chasser nos premiers parents du Paradis[2]. Elle est toujours placée au-dessus de la terre, dans les nuages, car Dieu n'habite pas sur notre planète. Sa demeure est le Paradis. La Jérusalem céleste était la conséquence nécessaire du dogme de la résurrection. La place du ciel ne change pas. Païens et chrétiens avaient placé le Paradis au delà de la voûte azurée, au-dessus de la terre.

Les artistes précisèrent avec un soin minutieux le séjour de Dieu et leurs descriptions servirent à la propagande chrétienne. Le ciel tient désormais une grande place dans l'imagination des fidèles de l'époque franque. Les représentations figurées aidèrent même les conceptions religieuses et facilitèrent le rêve. Les grandes absides des églises présentaient aux fidèles une image sommaire de la Jérusalem céleste et dans les cérémonies, les sanctuaires tout resplendissants de lumière donnaient à ces foules étonnées l'idée du Paradis[3].

Les contemporains de Grégoire de Tours se représentaient le ciel comme une ville entourée de murailles et de tours. Dans l'intérieur de la cité sainte, il y avait quatre fleuves bordés de prés toujours verts, ornés de fleurs aux doux parfums[4]. Les fidèles connaissaient même les noms de ces fleuves. C'était là que venaient s'entretenir les

1. Cf. *Codex* de la genèse de Vienne; Garrucci, *Storia dell' Arte cristiana*, tav. 113, celui de Vatican (*Cosmas Indicopleuste*), tav. 142, 143, 144: cf. aussi pour l'iconographie du quatrième au sixième siècle, mon travail sur la *Foi chrétienne*, Paris, Bouillon, p. 123, 155, et mon étude sur Ravenne; *Louis Courajod*, Paris, Bouillon, 1897, p. 35 à 60.

2. Grégoire de Tours, XVII, *Vitæ Patrum*, 5, p. 732. On croit que Dieu va descendre sur la terre « *ex summa cœli arce descenderas* » ; cf. pour les portes du Paradis, Le Blant, *l. c.*, n°s 421 et 657.

3. Grégoire de Tours, *H. F.*, II, 31, p. 92: « *Velis depictis adumbrantur plateæ, ecclesiæ curtinis albentibus adornantur, baptisterium componitur, balsama diffunduntur, micant flagrantes odorem cerei, totumque templum baptisterii divino respergeretur ab odore, talemque sibi gratiam adstantibus Deus tribuit, ut æstimarent se paradisi odoribus collocari.* »

4. Fortunat, *Carm.*, VIII, 4, 9 ; *Apocalypse*, XX, 16-33 ; cf. aussi *Carm.*, VIII, 8, X, 7. L'*aula* céleste est pour l'évêque de Poitiers une cour mérovingienne. Saint Martin porte un diadème et la ceinture d'or, saint Pierre tient les clefs et sainte Eugénie conduit par la main sainte Radegonde qui se présente devant Jésus, assis sur son trône. Cf. *Carm.*, X. Les mosaïques avaient reproduit depuis longtemps le Christ assis sur un trône orné de pierres précieuses, dont le siège est recouvert d'un coussin brodé. Il apparaît dans toute sa gloire,

mortels qui avaient été ravis à la terre. Il y régnait un printemps éternel, un jour sans fin et sans soleil. Après avoir dépassé ces jardins délicieux, on pénétrait dans la salle du Trône où Dieu était assis. Tout y était ruisselant d'or, les portes étaient d'émeraudes les murs couverts de pierres précieuses. Le palais lui-même était de topazes et les toits tout dorés. Autour du Seigneur on voyait les douze apôtres assis sur des sièges couverts de pierres précieuses. A côté d'eux, les vingt-quatre vieillards, revêtus de robes blanches, complètent ce sénat auguste. Devant le trône du Christ était placé l'autel où les saints disaient la messe. Nous sommes déjà loin de l'imagination naïve des premiers chrétiens, le ciel a subi l'influence du faste et du cérémonial byzantins. Il n'était que la reproduction plus magnifique du palais impérial. Les peintures de Ravenne, celles des églises de Rome peuvent encore nous permettre de voir avec quelle rapidité on orna la cité sainte.

Tandis que les écrits des Pères de l'Église parlent sans cesse du dogme de la Trinité, les artistes hésitent à la vulgariser. On peut même dire que ce n'était pas une croyance populaire. Le Saint-Esprit est assez rarement représenté : les évangélistes le personnifièrent par la colombe qui figure dans deux ou trois épisodes de la vie de Jésus et de Marie. Elle apparaît presque toujours dans l'Annonciation et dans le baptême du Christ[1].

La Jérusalem céleste s'était peuplée de plus en plus. Ce n'était plus la cité des temps passés. Ce sont d'abord les patriarches parmi lesquels se fait remarquer Abraham, puis les prophètes qui ont à leur tête Moïse, ensuite les sénateurs du ciel, les martyrs parmi lesquels saint Étienne tient le premier rang[2].

Les vierges, sainte Thècle, sainte Justine, sainte Agathe, sainte Agnès, etc., resplendissantes de beauté et de pureté, forment un cortège à la Mère du Sauveur. Et les mosaïques nous donnent les traits des habitants du Paradis[3]. Les artistes ne se contentent pas d'un

magnifiquement vêtu, avec les cheveux longs flottants et la barbe en pointe. C'est bien celui que le ps. 45, 3, a annoncé comme le plus beau parmi les hommes. Fortunat n'oublie pas de nous dire que saint Pierre porte les clefs du Paradis et qu'il en garde l'entrée. Cf. *Carm.*, IV, 27 ; X, 7.

1. Cf. Les mosaïque des baptistères orthodoxe et arien de Ravenne; Garrucci, *l. c.*, tav. 226 et 232.

2. Cf. *Acta Boll.*, I, janvier, *Vita Salvii*, 6, p. 705.

3. Fortunat, *Carm.*, IV, 26. Cf. les belles mosaïques de Saint-Apollinaire *Nuovo* à Ravenne, où l'on a représenté les vierges et les saints vêtus de riches

contour peu arrêté, d'un dessin fuyant et vague; ils décrivent avec un soin minutieux les costumes. La Vierge est vêtue d'une tunique de pourpre et d'un riche manteau blanc, sur sa tête est posé le triple diadème, son cou est orné de pierreries magnifiques, ses cheveux sont entrelacés de rangs de perles. L'influence de la littérature se fait désormais sentir sur les œuvres artistiques [1]. On peut même dire qu'à partir de la paix de l'Église le clergé eut une action sur le développement iconographique des saints.

Les élus de Dieu sont désormais en nombre considérable dans la patrie céleste. Ils deviennent les *Proceres* du Paradis et ont obtenu, dit Paulin de Nole, un *honor æthereus*. Lorsque le nouvel élu pénètre dans l'*aula* céleste, tout le sénat acclame son nom. Telle fut la réception de sainte Radegonde au ciel. Dès le seuil de la porte, à la vue des pierres précieuses qui ornent les murs de la grande salle, en présence de saint Martin qui a un diadème autour de la tête et une ceinture d'or, l'âme de la sainte, portée par les anges, reste stupéfaite devant tant de splendeurs [2]. Fortunat se représente le ciel comme une cour mérovingienne.

Dès l'édit de Milan, la période populaire de l'Église est terminée, les saints, à part quelques rares exceptions, seront choisis, nous le verrons, parmi les personnages les plus riches, les plus honorés. Les habitants du Paradis seront désormais pris parmi l'aristocratie contemporaine. L'esclave est de plus en plus oublié. Le ciel devient donc moins accessible aux simples, et pour l'acquérir, il fallait une influence terrestre qu'ils ne pouvaient plus avoir.

La garde des portes du Paradis était confiée à des anges, messagers du ciel. L'art les représente avec des ailes [3]. On connaît déjà certains noms. A cette époque, ils sont légion, et il est désormais nécessaire

habits et tenant à la main leurs couronnes ornées de pierres précieuses, Garrucci, *l. c.*, tav. 226 à 242, 245. Nous avons aussi un certain nombre de mosaïques à Rome qui représentent des saints ou des saintes dans le Paradis. On voit toujours des arbres qui symbolisent la Jérusalem céleste.

1. Grégoire de Tours, *Vitæ Patrum*, 6, p. 733.

2. Cf. Fortunat, *Carmina*, VIII, 3; Mabillon, *Acta*, II, *Vita Romarici*, 13, p. 402.

3. Ils sont représentés vêtus d'une tunique blanche aux manches étroites et serrée par une ceinture, cf. le Codex de la Genèse de Vienne, Garrucci, *l. c.*, tav. 112, 114. Ils tiennent un bâton, tav. 117, ils sont souvent deux. Quelquefois le bâton est surmonté d'une croix. Cf. Codex du Cosmas Indicopleuste (Vatican), Garrucci, *l. c.*, tav. 148, les mosaïques de Sainte-Marie-Majeure, tav. 212, de Saint-Cosme-et-Saint-Damien, tav. 253, de Saint-Vital, tav. 258. Ils sonnent de la trompette, tav. 267.

d'établir une hiérarchie céleste et de différencier leurs fonctions. Aux uns est confiée la garde de la cité céleste, à saint Michel[1] les âmes des défunts dignes d'être introduits tout de suite dans la patrie céleste. Les artistes l'ont représenté en guerrier, l'épée à la main, prêt à combattre les puissances infernales[2]. L'archange saint Gabriel[3] est d'un caractère plus doux, il annonce à la Vierge sa haute mission. Il tient un bâton pour indiquer qu'il est envoyé par Dieu. D'autres encore sont les mandataires de Dieu. Tous, beaux de visage avec de longs cheveux blonds, ils sont les amis et les protecteurs des hommes, auxquels ils apparaissent surtout la nuit et font connaître en songe la volonté divine[4]. Rien ne leur est inconnu, ils savent la pensée des mortels et leur donnent sans cesse des conseils. Messagers rapides, semblables aux génies de l'antiquité, ils font deviner leur présence à l'odeur suave qu'ils laissent sur leur passage. C'est ainsi que Vénus se fait reconnaître à Énée en descendant sur la terre. Leurs occupations sont multiples. Ils assistent les grands saints, font cortège au Christ, ou encensent le trône du Seigneur et l'autel.

1. Grégoire de Tours, *H. F.*, VI, 29, p. 268. Cf. aussi *De virtutibus S. Martini*, I, p. 591.

2. Sur les mosaïques de Saint-Michel à Ravenne et à Saint-Apollinaire in Classe, le saint est représenté tenant un bâton orné d'une croix. Garrucci, *l. c.*, tav. 266 et 267. La représentation de l'archange dans le Josué du Vatican est toute particulière: ailé, revêtu du costume de héros, il tient une épée à la main.

3. Saint Gabriel ne se distingue pas des autres anges. On le trouve représenté dans l'Annonciation de la Vierge. Cf. les mosaïques de Sainte-Marie-Majeure à Rome. Garrucci, *l. c.*, 212, 214.

4. Grégoire de Tours, *Vitæ Patrum*, 6, p. 684:... *Per visum apparuit ei angelus Domini, qui tam cæsariem quam vestem in simulitudine nivis candidam efferebat*, Mabillon, *Acta*, II; *Vita Agili*, 25, p. 34; *Acta Boll.*, 1er janvier, *Vita Laloii*, 6, p. 705. Messagers de Dieu, cf. Mabillon, *Acta*, II, *Vita Geremari*, 23, p. 461. Considérés comme des protecteurs, Mabillon, *Acta*, II, 7, *Vita Fursci*, 7, p. 289. Ils le déclarent eux-mêmes: « *Noli timere, defensionem habebis.* » Ils formaient dans le Paradis plusieurs chœurs, Grégoire de Tours, *Vitæ Patrum*, I, p. 676: « *Locavit eum inter angelorum choros.* » Cf. pour cette cour céleste; Fortunat, *Carmina*, VIII, 3; Mabillon, *Acta*, II, *Vita Wandregisili*, 27, p. 523. Ils portaient aussi l'âme du défunt. Id., *ibid.*, II. *Vita Romarici*, 13, p. 402. Ils conduisent l'élu auprès du tribunal du Christ, Fortunat, *Carmina*, VIII, 3. Ils assistent le fidèle au Jugement dernier, et sont quelquefois leur avocat, Grégoire de Tours, *De virtutibus S. Martini*, III, 60, p. 631. Ils remplissent aussi d'autres fonctions utiles aux hommes. Ils les visitent et les protègent, Mabillon, *Acta*, I, *Vita S. Max.*, 7, p. 579; II, *Vita Ansberti*, 34, p. 1613; leur présence dans les combats, *Liber Historiæ Francorum*, 37, p. 307. Ils donnent des conseils, cf. *Vitæ Patrum*, 3, p. 704. Ils annoncent l'avenir: Mabillon, *Acta*, II, *Vita Fursci*, 19, 219, on entendait leurs douces voix: « *ac illorum cantica cum omni suavitatis dulcedine audiebat.* » *Ibidem*, 7, p. 589. Le *Sanctus* chanté perpétuellement dans le ciel par quatre chœurs d'anges, Mabillon, *Acta*, II, *Vita S. Fursci*, 18, p. 291.

Les contemporains s'étaient demandé avec anxiété quelles étaient les occupations des habitants du Paradis pendant les longues heures de ces jours sans fin. On finit par admettre que les fidèles continuaient à faire au ciel ce qu'ils avaient l'habitude de faire dans l'Église. Ils disaient la messe et chantaient des hymnes pieuses à deux chœurs ; toutefois, ce n'est pas sans de grandes difficultés que les écrivains essayèrent de nous donner un tableau de la vie céleste. Les contradictions naissent sous la plume de l'hagiographe, le matérialisme le plus grossier se fait jour. Les martyrs écoutaient la messe dite par les saints [1]. Un élu de Dieu dit un jour à une pauvre femme qui se désespérait de la mort de son fils, qu'il habitait auprès d'eux et qu'elle pourrait tous les matins entendre sa voix se mêler au chant des moines. Ayant gardé leurs corps, les habitants du Paradis vivaient au ciel la vie terrestre. Des fidèles assuraient avoir vu le ciel s'ouvrir et remarqué les saints revêtus de l'étole [2].

Aux élus de Dieu seuls le Paradis était ouvert tout de suite après leur mort. Nous verrons bientôt qu'il y avait une apothéose [3]. Le ciel s'ouvrait, les chœurs célestes se faisaient entendre, et ceux qui avaient des sentiments religieux pouvaient voir l'âme monter au ciel et sa réception à l'entrée par saint Pierre et saint Paul [4]. Mais comme le nombre des saints était relativement restreint, la plupart des fidèles se demandaient avec anxiété quel serait le jour du réveil. Les écrivains ecclésiastiques avaient cherché à prévoir l'avenir et les obscures révélations de l'*Apocalypse*, dont les principales furent acceptées par les fidèles, y contribuèrent puissamment; aussi les contemporains de Grégoire de Tours pensaient-ils que les temps étaient proches et que le monde allait bientôt finir [5].

1. Hymnes chantées à deux chœurs par la troupe céleste, Mabillon, *Acta*, I, *Vita Eugendi*, 3, p. 554.
2. Grégoire de Tours, *De gloria martyrum*, 175, p. 538.
3. Nous décrirons dans le Culte des saints les croyances relatives à la résurrection. Cf. Fortunat, *Carmina*, X, 7. L'évêque de Poitiers, pensait que les âmes sans tache allaient directement au Paradis.
4. Grégoire de Tours, *De virtutibus Sancti Martini*, I, 4, 590. Le ciel s'ouvrait, *In gloria martyrum*, 95, p. 552. On entendait des voix célestes, *H. F.*, II, 24.
5. Le Jugement dernier est proche, Rossi, *Inscriptions chrétiennes de Rome*, I, n° 317; le jour attendu avec impatience, Le Blant, *Inscriptions chrétiennes de la Gaule*, II, n° 478. Le fidèle annonçait avec joie son attente de ce jour. Muratori, *Liturgica Romana;* I, 453, « *ut resurrectionis diem spe certæ gratulationis exspectet* ». On l'attend encore dans le sein d'Abraham, Mabillon, *Acta*, II, *Vita Wandregisili*, 27, p. 522. On parle du *refrigerium*, Grégoire de Tours, *De virtutibus Sancti Martini*, I, 49, p. 606.

Quel était le sort des défunts jusqu'au jour si attendu ! Sur ce point les auteurs ecclésiastiques ne sont pas toujours d'accord[1]. Les uns croient à un repos de l'âme humaine sous la terre pendant un temps assez long ; d'autres, au contraire, que le Jugement dernier a lieu immédiatement après la mort[2]. La croyance à un sommeil dans l'attente du grand réveil était cependant la plus accréditée. L'Antéchrist devait annoncer ce grand jour. Les défunts dormaient jusqu'au moment du Jugement dernier. Puis c'étaient d'autres visions qui donnaient des détails nouveaux, précisant les différentes phases de cette scène si grandiose[3]. Dieu apparaîtrait alors sur une haute tour et proclamerait ceux qui doivent entrer dans le Paradis. Des anges assisteraient le Père Éternel dans ses fonctions. L'un d'eux tiendrait dans ses mains le livre des humains, un autre appellerait les fidèles et les ferait entrer dans la patrie céleste.

Le point sur lequel le pouvoir spirituel insista fut le jugement que le défunt devait subir avant d'aller au paradis ou en enfer. Saint Germain d'Auxerre interroge le tombeau de Cassien et celui-ci répond qu'il dort en paix, attendant la venue du Seigneur. Cet interrogatoire effrayait les âmes de cette époque. Le meurtrier voyait en songe ses victimes venir l'accuser et se désespérait. Aussi ces conceptions devaient-elle provoquer les donations de la part des laïques. Pour la plupart des fidèles, le Jugement dernier avait lieu devant le tribunal de Dieu. Le Seigneur, assis sur son trône, écoutait l'accusé obligé de se défendre. La cour céleste formait l'assistance. La discussion était souvent longue[4].

1. Fortunat, *Carm.*, IX, II.
2. Grégoire de Tours, *Vitæ Patrum*, I, p. 709.
3. L'Antéchrist est annoncé par des guerres sans nombre ; D'Achery, *Vita Sancti Eligii*, p. 105. Les descriptions variaient, cf. celle de Grégoire de Tours, *Vitæ Patrum*, XVII, 5,732 : « *Vidit enim in visu noctis turrem magnam, tanta celsitudine præditam, ut polo propinqua susciperetur, habentem fenestras multas, Dominumque stantem super cacumen ejus et angelos Dei per speculas illas positos. Unus autem ex his tenebat librum magnum in manu, dicens : tamtum temporis rex ille et ille victurus est in sæculo. Nominacitque omnes viritim, vel qui eo tempore erant vel deinceps nati sunt ; dixitque et qualitatem regni et quantitatem vitæ eorum. Sed post uniuscujusque nomen semper Amen ceteri angeli respondebant.* » Cf. aussi Mabillon, *Acta*, II, *Vita Fursci*, 44, p. 283. Grégoire de Tours, *Vitæ Patrum*, XII, 3, p. 714.
4. Le Jugement dernier décrit par l'Évangile, cf. Matthieu, xxv, 31. Les artistes le représentent encore très simplement. Le Sauveur est assis, entouré de ses disciples, au bas on voit des fidèles qui dirigent vers lui leurs regards. Cf. Codex Cosmas. Garrucci, *l. c.*, 14, 3. On le plaçait toujours dans l'abside de l'église. L'*Apocalypse* est au sixième siècle le livre préféré des mosaïstes. Ils lui empruntent la représentation fort simple du grand jour.

Les contemporains savaient que l'humanité tout entière devait se lever au moment où les anges sonneraient de la trompette. Les morts sortiront alors de leur tombeau, les vivants reconnaîtront ce moment à certains signes : des tremblements de terre, des troubles, des guerres, des pillages, précéderont ce grand jour. Ce sera le triomphe éphémère de Satan. Puis Jésus viendra porté sur les nues, le ciel largement ouvert. La cour de Dieu se montrera dans toute sa gloire. Les fidèles trépassés revivront à l'âge du Christ au moment de la Passion et, les maladies, la mort n'auront plus aucune puissance sur ceux qui auront été choisis. On ne pouvait seulement préciser l'endroit où devait avoir lieu le Jugement dernier[1].

Les écrivains ecclésiastiques ajoutent quelques détails à la scène. Fortunat, dans sa vive imagination, toute méridionale, voit Élie et Énoch montés sur un char, suivis par saint Pierre et saint Étienne à la tête des disciples, puis Marie, escortée par des saintes. C'est en présence de cet aréopage que le mort est jugé. Il s'avance devant ce tribunal : coupable il sera garrotté et plongé dans la fournaise où il subira mille maux. Les flammes le brûleront. Ce tableau du Jugement dernier que nous donne Fortunat était peut être bien la reproduction d'une représentation figurée[2].

Et c'est à cet instant que l'humanité revivra, que les bons iront habiter la patrie céleste, car l'homme est étranger ici-bas. Le jugement subi, le défunt sera revêtu de riches habits. Fortunat, faisant l'éloge des enfants morts de Chilpéric, nous dit qu'ils seront revêtus

1. Des fidèles croyaient aussi qu'on dormait jusqu'au jour du jugement. Les inscriptions le déclaraient : *In pace dormiam, requiescam in pace.* Cf. Le Blant, *l. c.*, n° 336. On savait que la vie n'était qu'un passage. Cf. Le Blant, *l. c.*, n° 12, p. 31 ; n° 310. Cf. hypogée de Mellebaude à Poitiers, « *quoniam quidquid quotidie pejus et pejus quia jam finis adpropinquat* ». Formules des inscriptions pour indiquer la vie future : *vivas in æterno, in æternum, in pace requiescas in æterno ;* cf. Le Blant, *l. c.*, II, n° 594. « *Qualibet in regione poli situs aut paradisi, clare, sub æterna pace beatus agis.* » On exprime aussi des souhaits de paix : *In æternum pax tecum*, ou *requiescit in Christo.* On peut se rendre compte par la lecture des récits contemporains que les idées sur le Jugement dernier étaient flottantes et souvent contradictoires ; cf Fortunat, *Carm.*, IV, 26. Les fidèles demandaient à Dieu ou aux saints un lieu de repos pour le défunt où il pût reposer en paix jusqu'au grand jour : *dare ei locum lucidum, locum refrigerii vel quietis.* Cf. aussi Grégoire de Tours, *De virtutibus sancti Martini*, III, 40, p. 606. On souhaite qu'il soit reçu tout heureux dans le sein d'Abraham ; cf. Mabillon, II, *Acta, Vita Wandregisili*, XXVII, p. 522. Le Blant, *l. c.*, n° 380. « *Transierunt ad veram remeans e corpore vitam.* » On attendait le grand jour. « *Surrecturus die cælo cum venerit auctor ;* » cf. id., *ibid.*, n°s 392, 401, 414, 418, 429, 436.

2. Cf. Fortunat, *Carm.*, IV, 26.

d'une robe blanche et d'une chlamyde palmée tissue d'or. Leur *palla* aura la blancheur de l'agneau, une ceinture brillante serrera leur toge de pourpre[1]. La littérature contemporaine et la mosaïque déroulaient aux yeux des fidèles les joies ineffables du Paradis et le luxe éblouissant des costumes.

La sublime grandeur de ces descriptions agissait profondément sur l'esprit des Mérovingiens, elle les portait à la prière, à l'aumône et contribuait ainsi au progrès moral des fidèles.

Si les siècles précédents ont célébré les miracles du Christ, s'ils l'ont considéré avant tout comme un thaumaturge, l'époque qui nous occupe le représente particulièrement comme le roi du ciel. Il trône au milieu de l'abside de l'église, sur un siège orné de pierres précieuses, tenant dans la main gauche le livre saint et bénissant de la droite le peuple prosterné devant l'autel. Ce n'est plus le jeune et gai compagnon des Apôtres qui parcourt les rivages aimés du Jourdain. Les traits de son visage sont plus précis, d'une beauté régulière. Il porte la barbe et les cheveux longs, mais le sourire a disparu de ses lèvres et sa figure prend souvent un air menaçant. Il devient de plus en plus le juge de l'humanité. Quelquefois on le représente dans le ciel entr'ouvert. Des anges entourent son trône magnifique, ses pieds reposent sur des animaux symboliques[2]. Il n'est point rare de le voir aussi debout sur un rocher d'où coulent quatre fleuves[3]. C'est la représentation la plus primitive du Paradis.

A partir de la paix de l'Église l'iconographie s'était développée, l'art avait cherché à exprimer plus clairement les descriptions souvent peu précises des poètes et des Pères de l'Église. Au travail iconographique déjà existant vinrent s'ajouter de nombreux détails sur la vie des grands personnages de la Jérusalem céleste. On représenta les phases les plus diverses de la vie du Christ. Les Évangiles apocryphes fournirent des détails inconnus qui devinrent de plus en plus populaires. L'Annonciation commence la vie illustrée du

1. Cf. Fortunat, *Carm.*, IX, 11.
2. Cf. A. Marignan, *La Foi chrétienne*, p. 51-54. Cf. les mosaïques de Saint-Apollinaire in Classe. Le portrait du Christ de la mosaïque de Sainte-Sophie est plus fin et plus doux. Nimbé, il a la barbe et les cheveux longs, le nimbe souvent crucifère. Cf. aussi Garrucci, *l. c.*, tav. 334. Cf. la mosaïque de S.-Cosme-et-S.-Damien, Garrucci, *l. c.*, tav. 253 : celle de Saint-Apollinaire : Nuovo, tav. 242. Les attributs sont nombreux. Il conserve encore de l'époque primitive, sa *virga*, mais il tient le plus souvent une croix et l'Évangile ouvert. Cf. Garrucci, *l. c.*, tav. 325, 331, 418, 438.
3. Garrucci, *l. c.*, tav. 344, 473.

Christ[1]. Les artistes n'oublient aucune scène et osent déjà peindre les derniers moments du Sauveur. Si l'Occident voit encore avec peine la représentation du Golgotha, l'Orient a décrit les tragiques instants de la mort du Christ[2].

L'ascétisme qui exerce une si grande influence sur le pouvoir spirituel va désormais développer l'agonie du Doux Maître. Déjà le crucifix apparaît sur la porte de l'église Sainte-Sabine et sur une peinture de la basilique de Narbonne. Mais ces représentations causent encore aux fidèles un profond étonnement mêlé de tristesse[3].

La Mère du Sauveur occupe désormais une plus grande place dans l'art mérovingien. Les œuvres littéraires en particulier nous la

1. Garrucci, *loc. c.*, tav. 324, 325, 326. On sait le nom des fleuves : Geon, Fyson, Tigris, Eufrata.

2. Pour l'Annonciation, cf. les fresques de Sainte-Marie-Majeure à Rome, et le sacrophage de Ravenne. Cf. aussi Garrucci, *l. c.*, tav. 344, 453, 458, 478. On voit aussi l'adoration des trois Mages; cf. Matthieu, 2, 11; la nativité avec l'âne et le bœuf, Garrucci, *l. c.*, tav. 130, 212, 214, 417. 454. On représente Jésus au Temple, son baptême par saint Jean-Baptiste. On le trouve dessiné surtout dans les baptistères; cf. ceux de Ravenne. Jésus est figuré nu dans l'eau du Jourdain et saint Jean-Baptiste debout sur un tertre assez élevé, tenant une croix, répand de l'eau sur la tête de Jésus à l'aide d'un vase, la colombe est placée au-dessus du Sauveur. Le Jourdain est ici personnifié sous les traits d'un personnage, cf. Richter, *Die Mosaïken von Ravenna*, Wien, 1877, fig. I, J. Strzygowski, *Iconographie der Taufe Christi*. On trouvera dans ce travail tous les monuments relatifs au baptême. La porte de Sainte-Sabine, à Rome, montre déjà des représentations de l'Ascension, des pèlerins d'Emmaüs, de la Résurrection. Les artistes ont figuré le tombeau gardé par des anges. Cf. aussi le Codex syriaque de Rabula (Florence), du sixième siècle, Garrucci, *l. c.*, tav. 139.

3. Si les artistes antérieurs avaient représenté les différents épisodes de la vie du Christ, ils n'avaient pas osé montrer son agonie. Nous pouvons constater encore au sixième siècle, en Occident, leur hésitation à l'égard de la Passion du Sauveur. On retrouve rarement la crucifixion. La porte de Sainte-Sabine représente cette scène. Garrucci, *l. c.*, tav. 446, donne un ivoire du British Museum. A côté de l'agonie du Sauveur, l'artiste a sculpté la mort du traître Judas. Le codex Syrien Rabula (vers 586), cf. Garrucci, *l. c.*, pl. 139, nous en fournit une représentation très intéressante. Cet épisode, à en juger, avait pris en Orient un prompt développement. On y voit entre les deux larrons, le Sauveur, vêtu d'une longue tunique; le soleil et la lune éclairent cette sinistre scène. Au bas, Longinus perce le flanc gauche du Christ et un autre personnage présente l'éponge. Au milieu, des soldats jouent aux dés la tunique du divin Maître. Les parents du Christ : Marie, son disciple Jean, les autres Maries sont placées de chaque côté de la scène. On retrouve encore cette représentation sur les ampoules de Monza. Cf. Garrucci, *l. c.*. 434, 435. Elles proviennent de Jérusalem. C'est encore l'Orient qui nous fournit une scène plus développée. On voit ici au pied de la croix Adam et Ève. Nous savons par Grégoire de Tours (*In gloria martyrum*, 23, p. 501) le scandale qu'occasionna à Narbonne une représentation picturale de la crucifixion. Un évêque la fit recouvrir d'un rideau. Le Sauveur était figuré *præcinctus lenteo*.

représentent comme reine du ciel et souvent à côté de son divin Fils. Dans les temps primitifs, elle n'avait eu qu'un rôle effacé, même secondaire, mais la description des premiers moments du Christ lui avait permis de s'affirmer. Dès le quatrième siècle, les artistes la font figurer dans les scènes de l'Annonciation, de la Nativité, de l'Épiphanie et lui donnent une certaine noblesse dans les traits : elle tient avec un respect mêlé de crainte, l'Enfant-Jésus entre ses bras et lui réserve l'adoration presque exclusive des fidèles. Les Évangiles apocryphes font connaître sa jeunesse et propagent son culte.

Elle apparaît dans les scènes de la Visitation, de la fuite en Égypte, de la visite de Jésus au Temple. On la voit encore, assistant aux derniers moments du Christ sur le Golgotha, et enfin dans l'Ascension du Sauveur elle figure au milieu des Apôtres. Pendant la période mérovingienne son culte se propage ; les fidèles l'invoquent et des églises, des monastères lui sont dédiés[1].

Les Apôtres avaient été représentés sans attributs particuliers. La statuaire du quatrième siècle nous les représente tous, jeunes, tenant à la main un *volumen*, formant un cortège au Doux Maître. On ne saurait alors les reconnaître, mais avec le temps, les deux grandes personnalités de ce groupe, saint Pierre et saint Paul, se distinguent des autres disciples. On les voit aux côtés du Seigneur, ils s'inclinent devant lui, l'adorent ou lui présentent de vénérables défunts. Leurs traits s'accentuent, saint Pierre se reconnaît à sa tête très large, presque ronde, avec la barbe courte, saint Paul a des traits plus fins, le visage plus régulier, la barbe en pointe. Il tient un *volumen*, symbole de son savoir, tandis que saint Pierre porte la croix ou les clefs en vertu de la promesse du Christ[2].

Les évangélistes obtinrent une place particulière dans l'art ; l'in-

1. Cf. Garrucci, *l. c.*, tav. 212, 213, 214, 244 : elle est représentée seule ou tenant l'Enfant-Jésus, ou à côté de l'enfant assis sur un trône. Elle occupe une place toute particulière dans la Jérusalem céleste. Son âme a été reçue par le Christ et remise par lui à l'archange Michel; cf. Grégoire de Tours, *In gloria martyrum*, 4, p. 489. Son Fils l'a placée au milieu des chœurs d'anges. Id., *ibid.*, 9, p. 494. Elle est toujours aux côtés de son Fils, Mabillon, *Acta*, II, *Vita Salabergœ*, 25, p. 413; reçoit les saintes, Grégoire de Tours, *De virtutibus Sancti Martini*, I, 5, p. 591. Elle préside six chœurs de vierges, Id. *ibid.*, I, p. 591. On lui élève des églises, des monastères, Id., *ibid.*, *In gloria martyrum*, 20, p. 500. Les fidèles possèdent de ses reliques, 11, p. 494, et 19, p. 500. On l'invoque pour punir le coupable. Elle est déjà mentionnée dans les formules d'anathème, Grégoire de Tours, *H. F.*, IX, 42, p. 403 : « *Obtenente cruce et beata Maria divinam ultionem incurrat.* » Le Blant, *l. c.*, n° 542 A.

2. Portraits de saint Pierre et de saint Paul de la collection du Vatican, cf. Ficker, *Die Darstellung der Apostel in der altchristl. Kunst*, Leipzig,

terprétation d'un passage de l'*Apocalypse* leur fit donner à chacun un symbole particulier, désormais fixé et accepté promptement par les artistes : à Jean l'aigle, à Luc le bœuf, à Matthieu l'ange, enfin à Marc le lion, et c'est ainsi que nous les voyons déjà représentés sur la mosaïque de l'église de Sainte-Pudentienne à Rome[1].

Le culte des saints influa également sur le développement artistique chrétien. La première période ne connaît que les divers incidents de la vie du Christ, mais après la paix de l'Église on représente des scènes de martyre et les fidèles vénèrent les portraits des saints. Les mosaïques de la seconde période nous décrivent sommairement le Paradis. Jésus apparaît suivi des grands martyrs de la chrétienté. Ils sont là, — preuve de leur résurrection, — compagnons fidèles du Divin Maître, humbles témoins de sa puissance. C'est ainsi qu'apparaissent aux yeux des fidèles saint Laurent, saint Cosme, saint Damien, etc., nimbés et portant une couronne que quelquefois le Sauveur leur présente[2].

Pendant leur lutte avec le christianisme, les dieux du paganisme et l'ancien culte avaient été ridiculisés, bafoués par les écrivains ecclésiastiques. Le pouvoir spirituel les avait transformés en démons et le cortège du diable en était devenu plus nombreux. Les grands dieux de l'Olympe, les hôtes assidus des forêts et des fontaines, les esprits malfaisants que l'antiquité avait créés : vampires, larves, lémures sont devenus les compagnons et les serviteurs fidèles de Satan. C'est lui qui résume et s'empare des attributs de ces divinités vaincues, et pour comprendre les transformations qu'il peut prendre,

1887. On peut voir que les artistes accentuent les traits qu'ils donnent aux princes des Apôtres. Cf. Garrucci, tav. 208. Ce travail ne peut être que de la seconde moitié du ve siècle. Ils sont placés tantôt à droite, tantôt à gauche, Paul tient un rouleau, Pierre porte les clefs ou la croix. Il conduit au ciel les âmes des défunts, cf. Idem, tav. 331, 332, 333, 336, 345, 380. C'est la même idée exprimée par Grégoire de Tours, *Vitæ Patrum*, p. 733 : « *Vidi Paulum apostolum cum Johanne Baptista invitantem me ad requiem sempiternam atque exhibentem mihi coronam cœlestibus margaretis ornatam.* »

1. Le cinquième siècle avait déjà représenté les évangélistes tantôt sous la forme humaine, tantôt avec leurs attributs, quelquefois seulement leurs symboles. Déjà au quatrième siècle, la mosaïque de Sainte-Pudentienne, Garrucci, *l. c.*, tav. 208, donne les évangélistes, avec leurs symboles, Id., *ibid.*, tav. 263. On les représente ailés avec le livre, cf. Id., *ibid.*, tav. 237 et 239. Les attributs symboliques sont fixés. Cf. *Apocalypse*, IV, 6, et J. Strzygowski, *Die Altbyzantinische Plastik*, publié dans la *Revue byzantine*, 1re année. Cf. sur la légende de saint Jean, Grégoire de Tours, *In gloria martyrum*, 29, p. 505.

2. Cf. le mausolée de Galla Placidia à Ravenne, Alinari, *Photog.*, 103, 2 et 3, mon étude sur Louis Courajod, p. 40. Les mosaïques présentent presque toujours un saint ou le Christ.

il ne faut pas oublier les formes étranges, singulières des divinités malfaisantes de l'antiquité. L'imagination antique avait créé déjà les nombreuses métamorphoses de ce monde inférieur.

Le domaine de Satan est immense. C'est aussi bien la mer que la terre, les espaces infinis, la forêt avec ses mystères, l'obscurité avec ses terreurs. A sa voix, les flots se soulèvent, le vent abat les demeures, le feu détruit les moissons. C'est lui qui apporte les maladies et la mort. Dieu, il est vrai, manifeste sa colère au fidèle, mais sa bonté est infinie, le pardon suit bien vite et la demande est exaucée; à Satan la bonté est inconnue[1].

Que représentait-il en ce moment aux populations d'alors? Les désirs de luxure, les pensés mauvaises, les crimes atroces commis d'une manière si soudaine qu'on les attribue aux démons, tel est Satan, principe de l'éternel mal, de l'instinct mauvais et pervers. N'est-ce pas lui qui a poussé et encouragé Judas à trahir son maître, et à se détruire après l'accomplissement de son horrible forfait? N'est-ce pas lui qui précipite dans le Tartare les êtres corrompus et souillés ? L'homme apparaît guidé par des forces mauvaises et cachées, les contemporains comprirent la fragilité et la faiblesse de la raison humaine et reconnurent la force toujours victorieuse de la volonté. La responsabilité des actes ne fut pas acceptée, l'homme était un roseau fragile placé entre deux puissances surnaturelles : le paradis et l'enfer. Nous sommes en présence d'un parfait dualisme : d'un côté Dieu avec ses saints, le Paradis et ses anges, de l'autre, la *pars adversa*[2], Satan avec ses démons, l'enfer avec ses victimes. Nous sommes encore loin de la description minutieuse de Lucifer et de son cortège. Le diable ainsi que les démons, ses auxiliaires, vont bientôt recevoir les qualifications les plus bizarres.

Satan devint l'effroi de ce monde grossier. Les croyances populaires ne lui donnaient aucun repos. Il est toujours là, épiant sa victime, cherchant à s'emparer de l'âme du fidèle. Il ne recule devant aucun

1. Cf. *Acta Boll.*, 31 juillet, *Vita sancti Germani*, 46, p. 212. Il a sous ses ordres un grand nombre de démons, *ibid.*, « *legionis inimica vis dæmonorum.* » « *Diabolus cum iniquis angelis.* » Grégoire de Tours, *De virtutibus sancti Martini*, I, 9, p. 594. « *Cum suis apparitoribus.* » Mabillon, *Acta Sulpicii*, 32, p. 166. Cf. Grégoire de Tours, *Vitæ Patrum*, 2, p. 702.

2. *Pars adversa*, dit Grégoire de Tours, *In gloria confessorum*, 30, p. 767. On lui donne une série d'épithètes, Id., *De virtutibus sancti Martini*, I, 9, p. 594 : *inimicus*: Id., *ibid.*, 20, p. 599, *insidiator*, Id., *ibid.*, I, 4, p. 590, *princeps sceleris* ; cf. aussi *De virtutibus Sancti Juliani*, c. 8, p. 572.

stratagème et personne ne saurait être à l'abri de ses attaques. Les saints surtout, ces hommes pieux sont en butte à ses poursuites sans cesse renouvelées; toujours en éveil, il est l'ennemi de la sainteté. C'est lui qui, par ses insinuations perfides, tente le fidèle et le prêtre en murmurant aux oreilles des moines et des évêques les plaisirs de la chair, qui brûle leur corps de tentations depuis longtemps évitées. Urbicus est la proie de cette voix impie et commet un péché charnel[1].

Qui pourrait décrire la peur de ces pauvres gens, chez qui les passions étaient si puissantes qu'elles ne permettaient pas souvent la résistance, et qui, incapables de réflexion, se croyaient environnés de dangers incessants? Le Mérovingien ne vit que d'effroi, le moindre bruit l'épouvante, celui du tonnerre le glace d'horreur, le déchaînement des éléments le rend fou. Il se croit tantôt poursuivi par des hommes dont la bouche et les narines exhalent du feu, tantôt il n'ose s'aventurer le soir dans l'obscurité peuplée de mauvais esprits[2]. Les conceptions antiques n'ont rien perdu de leur puissance et de leur force. Puis c'étaient les légendes diaboliques portant partout l'effroi. On racontait que des enfants avaient été rendus aveugles et paralysés par les démons, et que dans l'atrium de l'église des danses infernales avaient surtout lieu le soir. Une autre fois, le diable ébranlait les murs de l'église. Les fidèles entendaient un grand bruit et, épouvantés, glacés d'horreur se prosternaient sur le sol[3] !

Le clergé lui-même décrivait à la foule attentive les ruses de Satan. Il développait dans l'esprit de cette population inculte la peur, cette effroyable peur du maître des Enfers que nous retrouverons à travers tout le moyen âge. C'était peut-être le seul moyen qui lui était offert pour obtenir le peu de morale que ces siècles pouvaient permettre. Mais, à mesure que le pouvoir spirituel devient moins lettré, il épouse lui-même les croyances populaires, et partage avec la femme

1. Grégoire le Grand, *Dialog.*, II, 11, p. 26. *Acta Boll.*, 31 juillet, *Vita S. Germani*, VII, 13, p. 105. Grégoire de Tours, *H. F.*, 44, p. 53. Il serait trop long de citer les nombreux passages des écrivains contemporains sur la puissance du diable et sur ses ruses. Cf. Grégoire le Grand, *Dialog.*, I, 4, p. 239.

2. Mabillon, *Acta*, I, *Vita S. Launomari*, 10, p. 377. Grégoire le Grand, *Dialog.*, I, 11, p. 282; III. 4, p. 282..

3. Grégoire de Tours, *Vitæ Patrum*, 2, p. 704; Mabillon, *Acta*, I, I, *Vita Sulpicii*, 33, p. 166. A cette époque, Satan était considéré comme l'instigateur des choses mauvaises. Le mal venait de lui. On rencontre presque toujours dans les récits contemporains l'expression *instigatus a demone*. Cf. Grégoire de Tours, *De virtutibus S. Martini*, I, 17, p. 598.

du peuple la crainte de l'enfer. Les croyances deviennent dès ce moment plus grossières et toujours d'un réalisme exagéré et souvent ridicule.

Pour perdre les âmes, Satan ne reculait devant aucune métamorphose : les plus singulières, les plus étranges lui sont permises pour arriver à ses fins. Pour pouvoir comprendre les formes qu'il revêt, il ne faut pas perdre de vue qu'il représente les divinités déchues, et qu'à côté de ces dieux vaincus viennent se placer aussi les esprits malfaisants de l'antiquité. Ses métamorphoses seront donc fort nombreuses. Il pourra revêtir la forme de crapaud, de corbeau, de bouc, de chien, de chat, de loup, de taureau, de bélier. S'il est nécessaire, il se métamorphosera en hibou, en oiseau noir, en chouette. En hibou, il annoncera surtout le malheur. Mais la forme qu'il préfère est celle du serpent[1]. Les Vies des saints contemporaines sont remplies de ces métamorphoses. Pour combattre les saints et les hommes pieux, il sera saint Martin lui-même, le Christ, un ange de lumière. Pour vaincre les moines et les ascètes, il apparaîtra en dragon ou sous la forme d'une belle femme[2].

Les phénomènes de la nature, ceux qui étaient nuisibles surtout, étaient toujours considérés comme l'œuvre de Satan. Le diable fut donc dans la pluie qui tombe du ciel et apporte les inondations, dans la grêle qui détruit les moissons. La maladie était également son œuvre. La folie, l'épilepsie étaient les indices d'une possession diabolique. Les

1. On le voit souvent apparaître sous la forme de monstre, d'hydre, cf. Grégoire de Tours, *Vitæ Patrum*, XVII, 3, p. 731, XXII, 4, p. 694; d'animal, Mabillon, *Acta*, II, *Vita Filiberti*, 3; d'oiseau, id., *ibid.*, II, *Vita Sulpicii*, 31, p. 165. On le reconnaît à des bruits sourds, Grégoire le Grand, *Dialog.*, III, 4, p. 282; sous la forme de bélier, Grégoire de Tours, *Vitæ Patrum*, 4, p. 732; de dragon, *ibid.*, I, p. 710; de corbeau, Mabillon, *Acta*, II, *Vita Agili*, 21, p. 310, *Acta*, I, *Vita Cæsarii*, 16, p. 650, *Acta*, I; d'ours, id., *Vita Filiberti*, III, p. 785; de serpent, Grégoire de Tours, *Vitæ Patrum*, I, 710. Cette dernière métamorphose revient sans cesse. Le serpent est toujours considéré comme le démon, car il avait été fort aimé pendant l'antiquité païenne. Le diable a toujours un visage terrible, Grégoire de Tours, *De virtutibus S. Martini*, IV, 37, p. 659 : « *vidit per visum advenientem personam teterrimam dicentemque sibi.* » Sa présence s'accuse par la mauvaise odeur dont il remplit l'endroit où il apparaît, id., *Vitæ Patrum*, XI, I, p. 710; pour les représentations figurées, cf. Codex Rabula, Garrucci, *l.c.*, tav. 134. 2. Les démons sous la forme de jeunes gens ailés, au visage noir et grimaçant. Cf. Garruci, *l. c.*, tav. 456, sous la forme de dragons, de serpents et de monstres.

2. Sous la forme d'un soldat, Grégoire de Tours, *De virtutibus S. Martini*, II, 18, p. 615. Le saint est l'objet de ses moqueries, *ibidem*, II, 18, p. 615; sous la forme du saint lui-même, *ibidem*, 18, p. 615; sous celle du Christ, id., *Vitæ Patrum*, 2, p. 707; quelquefois *in angelum lucis transfigurat*, *ibid.*, 2, 704.

contemporains ne comprenaient pas autrement cette force si redoutable que montre le fou furieux; pour eux et dans leur esprit, le diable qui habitait le corps du malade était seul capable d'une pareille résistance. Les fidèles croyaient même voir l'esprit du mal sortir du corps du possédé sous la forme de l'écume blanche qui se montrait à la bouche du patient[1].

Rien n'était impossible à l'Ange des ténèbres. Il peut ouvrir les fenêtres des maisons, prendre les objets, s'introduire dans la chambre du fidèle qui le reconnaît aussitôt à ses bruits immondes et à la mauvaise odeur qu'il exhale. Certaines heures, midi et minuit, sont surtout dangereuses, les plus terribles, et c'est là encore une réminiscence de l'antiquité. On donne aux démons de ces heures des noms particuliers et souvent même c'est la déesse si aimée, si vénérée, la Diane des anciens, aujourd'hui réduite à n'être qu' un diablotin des plus nuisibles[2].

Son Empire est l'Enfer. Il y règne en maître et amène les âmes qu'il a séduites dans cette géhenne aux mille douleurs. Nous n'avons pas encore de description bien précise de ce sombre lieu. Quelques phrases du Nouveau-Testament indiquent sa nature : un étang de feu et de soufre. Le Sauveur avait dit aussi que c'était un feu qui ne s'éteignait jamais. Mais c'était tout, et pour en savoir davantage, il fallut recourir à la description de l'enfer païen donnée par le poète le plus populaire, par Virgile. Le VIe chant de l'*Énéide* commença à avoir une certaine influence, bien cependant que superficielle, et il faut arriver à Dante pour comprendre l'importance de ce chant sur la littérature médiévale.

Où était situé le royaume de Satan? Les contemporains ne pouvaient en préciser la place exacte. Platon établissait le séjour de Pluton dans les profondeurs de la terre, situation que Tertullien accepta. Le Christ lui-même, après avoir été mis au tombeau, avait indiqué,

1. Croyance aux pactes passés avec lui, ce qui était alors la réalisation de ses désirs, cette conception se trouve déjà dans S. Augustin, *De Divinitate*, LXXIX, 4. Le diable reçoit donc des dons, Grégoire de Tours, *Vitæ Patrum*, 2, p. 704, et accomplit des miracles, Mabillon, *Acta*, I, *Vita Cæsarii*, 16, p. 650; son emploi des possédés pour tromper le peuple, Grégoire de Tours, *De virtutibus S. Martini*, II, 25, p. 618; pour les phénomènes de la nature, Mabillon, *Acta*, I, *Vita Eugendi*, 11, p. 556. Transport des fous dans les basiliques où le diable ne pouvait exercer aucun mal, cf. Mabillon, *Acta*, I, *Vita Cæsarii*, 14, p. 650. Les cauchemars, effet du diable, Grégoire de Tours, *Vitæ Patrum*, 3, p. 679; pour le vent, cf. Grégoire de Tours, *De virtutibus S. Martini*, III, 16, p. 636; pour la pluie et l'obscurité, II, 45, p. 625.

2. Grégoire de Tours, *H. F.*, III, 9, p. 635; IV, 36, p. 659; VIII, 33, p. 349.

par sa descente aux enfers, le lieu souterrain, mais sans grande précision. Les Mérovingiens le tenaient pour situé au cœur de la terre, mais cette conception devait varier suivant les contrées. Les fidèles occidentaux n'avaient pu se mettre d'accord et certains penchaient pour la Sicile[1].

La nature des tourments infligés aux damnés était aussi vague et flottante. Chilpéric est jeté dans une chaudière remplie d'eau bouillante et son corps est aussitôt dissous. Le côté des peines éternelles n'apparaît pas en Gaule comme aux époques ultérieures. Nous avons çà et là des détails changeant souvent, suivant le degré de culture de l'auteur ou suivant les souvenirs antiques[2].

Les écrivains se servent en effet des expressions de l'antiquité. On croirait lire les vers de Virgile. Le Tartare est une expression familière à Grégoire, à Fortunat, aux inscriptions de la Gaule. Les noms de ses fleuves même sont pris à la littérature païenne, aucun souffle, aucune originalité ne se font encore jour[3]. Partout plane le vague, l'indécision sur les souffrances et les douleurs des damnés. On sait cependant qu'elles sont effroyables et le pouvoir spirituel a soin de les décrire aux fidèles. A les entendre, on croirait qu'ils les avaient vus ces gouffres vomissant des flammes, ces damnés souffrant des douleurs atroces et terribles[4]. L'auditoire ne pouvait douter de ces descriptions qui lui

1. Cf. Frédégaire, *Chron.*, IV, 83, p. 59. On employait les mêmes mots. Le Tartare, cf. Grégoire de Tours, *H. F.*, I, 22, p. 44. Il y avait un étang dont on savait le nom. C'était comme autrefois l'Achéron, cf. Id., *De virtutibus S. Martini*, IX, p. 649.

2. Grégoire nous dit qu'il y avait une chaudière toujours bouillante où les damnés étaient précipités, *H. F.*, VIII, 6, p. 329. On citait alors le châtiment éternel infligé à Chilpéric, *ibid.*, VIII, 5, p. 329. On mentionne déjà les supplices subis, cf. *Capitularia*, M. G. H., p. 11 (édit de Gontran). On s'en tient aux textes des Évangélistes : *Marc*, IX, 43, *Matthieu*, XVIII, 8, *Luc*, XVI, 23. Étang de feu et de soufre. Grégoire de Tours, *H. F.*, III, 1, p. 108. Ignorance du lieu où il était situé : on le place quelquefois dans le soleil, cf. la description littéraire de Grégoire de Tours, *H. F.*, III, 33, p. 169 : « *Ipse quoque referre erat solitus, ductum se per visum ad quoddam flumen igneum, in quo ab una parte litoris concurrentes populi ceu apes ad alvearia mergebantur; et erant alii usque ad cingulum, alii vero usque ascellas, nonnulli usque mentum, clamantes cum fletu se vehementer aduri. Erat enim pons super fluvium positus ita angustus, ut vix unius vestigii latitudinem recipere possit. Apparebat autem et in alia parte litoris domus magna, extrinsecus dealbata.* » L'imagination populaire ne semble pas avoir été frappée par les supplices détaillés de l'enfer. Son effroi se borne surtout aux phénomènes célestes.

3. Frédégaire, *Chron.*, IV, 83, p. 59; Grégoire de Tours, *De virtutibus S. Martini*, IV, p. 649 ; *Vitæ Patrum*, LXVI, 2, p. 742 : *reduxit a Tartaro*, *H. F.*, I, 22, p. 44 : « *spoliato Tartaro.* » *De virtutibus S. Martini*, I, 31, p. 603 : « *dimergere in Tartarum, præcipitare ad ima,* » cf. Le Blant, *l. c.*, n° 293.

4. Cf. Mabillon, *Acta*, II, *Vita Fursci*, 7, p. 289, Grégoire de Tours, *In gloria*

étaient déjà familières. Les évêques parlaient beaucoup de l'enfer, car deux intérêts les guidaient : la morale et les donations que les fidèles faisaient pour le repos des défunts. Déjà même l'enfer se peuple : on y place les rois indignes, les fonctionnaires infidèles, les faux prêtres et les évêques corrompus.

Nous avons dit qu'à l'époque mérovingienne la religion tenait une grande place dans la vie des contemporains. L'homme à un degré de culture assez inférieur a besoin de règles fixes que la religion peut seule lui donner, car elle seule les sanctionne. C'est donc elle qui prend l'individu sous sa protection, qui a soin de lui jusqu'au tombeau. Les cadres ecclésiastiques vont permettre à l'Église d'avoir cette influence. La société franque est désormais divisée en petites communautés religieuses qui ont leur centre soit dans l'évêché, soit dans les paroisses rurales. Placée sous la surveillance de l'évêque ou de l'archiprêtre, l'Église peut donc exercer sa toute-puissance sur ces petits groupes chrétiens et imposer à tous les membres de ces corporations religieuses les pratiques d'honnêteté, honnêteté extérieure et toute relative.

Le pouvoir spirituel put donc, grâce à ces petits centres religieux, surveiller l'accomplissement des règles fixes qu'il édictait. La tâche était cependant difficile ; elle consistait surtout à imposer à ces foules encore instinctives ce que l'Église avait déjà établi. Son action va donc se manifester de plusieurs manières. Par son calendrier, l'Église pénètre dans la vie économique du peuple, elle interdit à

confessorum, 110, 820 : « *quæ æternæ gehennæ flagrantem restinguat incendium.* » Les souffrances commençaient, disait-on, dès la mort, et l'on entendait quelquefois la plainte des malheureux qui étaient ensevelis, cf. Grégoire de Tours, *Vitæ Patrum*, 3, p. 726. Les hommes pieux pouvaient communiquer avec eux et apprendre leur douleur. Ils déclaraient combien était efficace pour eux la prière des fidèles et du saint, Id., *ibid.*, 2, p. 726. Les ascètes ravis en extase voyaient les supplices de l'enfer, *Acta Boll.*, 2 mai. *Vita Desiderati*, p. 304. On demandait d'être délivré des tourments de l'enfer, Le Blant, *Inscriptions chrétiennes de la Gaule*, n° 293, cf. aussi *Sacramentarius Gelasius* : « *Libera eam, Domine, de principibus tenebrarum et de locis pœnarum.* » On ne saurait préciser : « *ut locum pœnalem et gehennæ ignem, flammamque Tartari in regione viventium evadat.* » On était précipité en enfer, Grégoire de Tours, *De virtutibus S. Martini*, I, 31, p. 603. Des êtres affreux vous conduisaient dans ces ténèbres, cf. Grégoire le Grand, *Dialog.*, I, XI, p. 252 : « *Tetri valde erant homines qui me ducebant, ex quorum ore et naribus ignis exibat, quem tolerare non poteram. Cumque per obscura loca me deducerent, subito pulchræ visionis juvenis cum aliis nobis euntibus obviam factus est, qui me trahentibus dixit : Reducite illum quia Severus presbyter plangit, ejus enim lacrymis Dominus eum donavit.* »

certains jours le travail, elle limite les heures du labeur quotidien, elle distribue le repos aux classes rurales. Par ses conceptions morales elle atteint la constitution de la famille, défend le mariage à certains degrés de parenté. Par sa pénitence, elle cherche à relever le degré moral des fidèles. Enfin par les nombreuses donations, des contemporains, elle vient en aide aux petits et prend soin du pauvre. Nous allons étudier tour à tour les différentes manifestations de l'influence que l'Église exerce sur la société mérovingienne.

Au moment de l'arrivée des Germains, l'Église possédait déjà un calendrier assez développé : elle avait accepté les divisions de l'année païenne avec sa manière de compter et établi ses fêtes en combinant, autant qu'il était possible, les données historiques. Ce ne fut pas en un jour qu'elle arriva à son but, et nous voyons encore que le calendrier chrétien est loin d'être fixé. A mesure que nous avançons dans le moyen âge, nous pouvons remarquer le nombre croissant des fêtes chrétiennes et le repos que l'Église octroie aux non-libres, aux esclaves. L'année fut divisée par le pouvoir spirituel en des périodes de joie et de tristesse. Pâques, la grande fête de l'année, forme, pour ainsi dire, le point central de l'année liturgique. Le Carême n'est que la longue préparation à cette solennité si importante.

La Gaule n'avait pas une date fixe pour le commencement de l'année[1]. Certaines contrées avaient choisi Noël ou la Nativité du Christ, d'autres, comme la province de Tours, faisaient commencer l'année au mois de mars. Nous prendrons un moyen terme en suivant les fêtes d'après le jour de Noël. Nous verrons alors que les solennités religieuses peuvent se diviser en deux catégories : la première comprend celles qui sont communes à l'Église des Gaules et qui rappellent les grandes époques de la vie du Christ et des Apôtres, la seconde, les fêtes des saints qui ont avant tout un caractère local.

Le but de ces grandes fêtes religieuses était de provoquer l'enthousiasme des fidèles, et elles ont servi, sans nul doute, à élever le sentiment religieux des Germains. Ces solennités ont produit un effet salutaire sur l'imagination du fidèle, et l'Église n'a rien épargné pour développer le luxe imposant de ces cérémonies. A côté de cet intérêt religieux, elles répondaient au besoin impérieux de l'homme de se

1. Grégoire de Tours fait commencer l'année tantôt au 1er janvier, tantôt au 1er mars.

réjouir. Ces grands jours de fête donnaient lieu à des réunions de parents et d'amis ; et ainsi s'entretenait le noble sentiment de l'hospitalité. La paix régnait, imposée par le pouvoir spirituel durant ce laps de temps. Les villes même bénéficiaient de ces visites des villageois, venus souvent de contrées éloignées pour fêter le saint, et qui visitaient les foires qui avaient lieu ordinairement pendant ces grandes solennités religieuses.

La semaine avait aussi une importance aux yeux de l'Église, qui avait hérité des conceptions juives. Elle avait remplacé les jeûnes du lundi et du jeudi des Israélites par ceux du vendredi, jour de la mort du Sauveur, et du samedi, en opposition voulue avec le Sabbat. On jeûnait alors jusqu'au milieu du jour. Pendant la semaine, l'église était ouverte aux fidèles à certaines heures du jour, et le clergé venait dire l'office à *Matines* et à *Vèpres*. Les clercs devaient chanter au moins douze psaumes terminés par l'Alleluia[1]. A l'exception des fêtes des saints, le jour de repos de la semaine avait lieu le dimanche, qu'on faisait commencer le samedi soir au coucher du soleil[2]. Tout travail,

1. Les Matines annoncées aux fidèles par le son des cloches, Grégoire de Tours, *De virtutibus S. Martini*, I, 28, *De virtutibus S. Juliani*, 27, p. 575. Les rois y assistaient, *H. F.*, VIII, 44, p. 355. Déjà au cinquième siècle les églises ne pouvaient contenir la foule des fidèles dont un certain nombre devait rester en dehors de la basilique, Sidoine Apol., *Epist.*, V, 17, cf. Mabillon. *Acta*, I, *Vita Theod.*, 7, p. 328. D'habitude assez générale, le service divin avait lieu quelques heures après les Matines et la communion tous les jours, cf. Grégoire de Tours, *H. F.*, VI, 40; X, 8. *In gloria confessorum*, 64, Fortunat, *Carm.*, X, I. Les rois excommuniés veulent venir le dimanche à l'église, *Vitæ Patrum*, 2, 729. Étonnement de voir un fidèle ne pas s'approcher de la sainte table. *H. F.*, VI, 40. *Vita Eligii*. D'Achery, *Spicileg.*, 17, 2. Les documents nous disent aussi que le peuple suivait avec zèle le service divin. Fortunat, *Carm.*, II, 9; III, 6. Il chante les hymnes avec le clergé, Grégoire de Tours, *Vitæ Patrum*, 2, p. 681; 4, p. 694. Les fidèles qui négligeaient de prier pendant la messe étaient remarqués; *De virtutibus S. Juliani*, 18, p. 572. Saint Nicet ayant institué en Gaule le chant alterné des psaumes, *Vitæ Patrum*, 4, p. 694, le peuple chantait pendant la messe, *ibidem*, 6, p. 692. A côté de ce culte en commun, un certain nombre de fidèles, en petit nombre il est vrai, remplissaient chez eux leurs devoirs religieux et se levaient la nuit pour réciter quelques psaumes; Grégoire de Tours, *In gloria confessorum*, 30, p. 766 : « *juxta morem sacerdotum nocte ab stratu suo consurgens orationi adstetit.* » Nous sommes assez mal renseignés sur l'assiduité des paysans au culte. Grégoire de Tours et les écrivains parlent sans cesse des habitants des villes. Les conciles ordonnent aux agriculteurs du plat pays de venir aux grandes fêtes entendre la messe dans la ville la plus proche.

2. Le repos du dimanche n'est pas observé; Grégoire de Tours, *De virtutibus S. Martini*, III, 29, p. 639. Le concile d'Orléans, III, can. 28, cf. *Concilia*, Labbe, V, p. 1281, énumère les travaux défendus : labourer, façonner la vigne, faucher les foins, moissonner ou battre le blé, enfin essarter ou faire des haies. Le clergé donnait l'exemple, cf. Fortunat, *Vita S. Germani*, 19, p. 102. Les

quelque minime qu'il fut, était défendu, même les soins de propreté. On ne saurait dire combien il fallut de punitions, combien d'ordres de conciles et royaux ont été nécessaires pour imposer ce repos dominical. Les légendes nous parlent des terribles châtiments divins réservés à ceux qui enfreindraient ces lois et destinés à effrayer et à retenir les populations. Et malgré tout cela, les chroniques enregistrent des récits qui prouvent l'inefficacité des décrets. L'Église cherchait à gagner à sa cause les grands *possessores*, mais nous savons par les documents que nous possédons qu'ils faisaient encore travailler leurs esclaves. Ces prescriptions sans cesse répétées nous sont aussi une preuve irréfutable que ce n'est pas par des lois, mais bien par une influence lente et continuelle qu'on peut obtenir des résultats. Tout rapport sexuel pendant ce saint jour était également interdit. Les enfants qui étaient conçus le dimanche venaient au monde contrefaits ou lépreux. Une femme avoue que son fils a été conçu un tel jour et attribue à sa faute la paralysie de l'enfant [1].

Le clergé fit tous ses efforts pour contraindre le peuple à assister à la messe le dimanche, à l'église. On voit que le zèle s'était refroidi et

paysans ne tiennent pas compte des avertissements donnés par le clergé, Grégoire de Tours, *De virtutibus S. Martini*, II, 13, p. 613; IV, 45, p. 660, *In gloria martyrum*, 15, p. 498; *De virtutibus S. Juliani*, II, p. 569; *H. F.*, X, 30, p. 442; ils travaillent le dimanche, *De virtutibus S. Martini*. III, 45, p. 643; 7, p. 633, malgré leur promesse, *ibidem*, III, 29, p. 639, 55, p. 645. Édits royaux pour exiger la sainteté du dimanche; cf. celui de Gontran (585), *Capitularia*, V, 10, p. 11; de Childebert, 4, p. 17. Les maîtres, méconnaissant ces sages ordonnances, faisaient leurs travailler esclaves. Les conciles répètent cette défense, cf., concile de Reims, canon 14, Labbe, *Concilia*, VII, p. 406. Grégoire de Tours nous dit que la *rusticitas* des paysans était la cause de cette violation, cf. *De virtutibus S. Martini*, IV, 45, p. 660. Le travail des champs surtout réclamait, on rentrait le foin par crainte de mauvais temps, cf. *De virtutibus S. Martini*, IV, 45, 660. Les femmes travaillaient à la maison, elles faisaient le pain, cf. *De virtutibus S. Martini*, III, 31, p. 640; 55, 645; elles labourent, cf. *De virtutibus S. Juliani*, 10, p. 569.

1. Défense de se laver ni de se coiffer le dimanche; cf. Grégoire de Tours, *Vitæ Patrum*, 5, p. 690 : « *Puella quædam die dominico dum capud suum componeret, pectine adprehenso, credo ob injuriam dei sancti, in manibus ejus adhæsit...* ; » une autre s'étant lavé la tête, elle est aussitôt punie; *In gloria confessorum*, 5, p. 751. Il n'était pas permis de porter son pain au four, le samedi après le coucher du soleil; le travail était interdit après six heures du soir; id., *De virtutibus S. Martini*, III, 56, p. 646, *ibidem*, 31, p. 640. Les enfants qui auront été conçus le dimanche seront lépreux, boiteux; cf. id., *De virtutibus S. Martini*, II, 24, p. 617 : « *Sed quia dixi parentibus ejus ob peccatum evenisse per violationem noctis dominicæ.* » « *Cavete, o viri, quibus sunt conjuncta coniugia, Sat est aliis diebus voluptati operam dare hunc autem diem in laudibus Dei inpolluti deducite. Quia, cum evenerit, exinde aut contracti aut ephileutici aut leprosi nascuntur.* » Cf. aussi une mère : « *confitebatur cum lacrimis nocte illum dominica generatum.* »

que les fidèles écoutaient quelquefois d'une oreille distraite le saint culte. Cependant, la plupart des manouvriers, les rois même, vont à *Matines* et reviennent encore quelque temps après assister au service divin.

La fête de Noël était précédée par quatre semaines de recueillement. Grégoire de Tours nous dit que du 11 novembre jusqu'au 25 décembre, un jeûne de trois jours par semaine avait été institué. Le 25 décembre était considéré comme le jour de la Nativité du Seigneur.

Bien que ne possédant aucun renseignement précis sur le jour de la naissance du Christ, l'Église avait adopté celui du 25 décembre, qui coïncidait avec celui de la fête qui se célébrait en l'honneur du dieu Mithra. La fin du mois de décembre était, dans l'antiquité, un temps de réjouissance qui durait du 17 au 24. C'était l'époque du carnaval en Italie. Les païens, masqués, parcouraient les rues et, à la fête des *Sigillaria* se faisaient cadeau de poupées en argile ou en cire. L'Église considéra les jours qui précèdent Noël comme des jours de pénitence où tout plaisir public était défendu. Elle empêchait ainsi les mascarades et les réjouissances païennes[1].

La grande solennité de Noël était précédée d'une vigile[2], c'est-à-dire d'un culte dès l'aurore, qui était considéré comme une préparation à

1. Cf. Concile de Tours (566), can. 17. Concilia, *M. G. H.* p. 126. « *Et quia inter natale Domini et epyfania omni die festivitates sunt, idemque prandebunt excepto triduum illud, quod ad calcandam gentilium consuetudinem patris nostri statuerunt, privatas in Kalendis Januarii fieri letanias ut in ecclesia psalletur et ora octava in ipsis Kalendis circumcissionis missa Deo propitio celebretur.* » Cf. *Le Culte des saints*, introduction. *La survie des croyances antiques.*

2. Cf. pour la fête de Noël, Grégoire de Tours, *De virtutibus S. Martini*, III, 16, p. 636; 25, p. 618. Tous les fidèles assistaient aux vigiles qui étaient fort longues. Id., *De gloria confessorum*, 90, p. 806 : « *factum est autem in una vigiliarum nocte, dum psalmos lectiones Daviticæ decantarent.* » On lisait les prophètes, les psaumes, jusqu'au chant du coq, Eusèbe, *H. E.*, VI, 9. Quelquefois l'évêque faisait un discours. Césaire d'Arles parlait au peuple. Cf. pour les vigiles de Noël, Grégoire de Tours, *Vitæ Patrum*, 8, p. 701, et *H. F.*, III, 17 p. 126. C'était la *nox alma dominici natalis*. Des prêtres, trouvant les vigiles trop longues, allaient chez eux pour boire; cf. Grégoire de Tours, *In gloria martyrum*, 86, p. 546 : « *Hic enim dum dominici natalis vigilias celebrare eclesiam expetisset, per singula horarum momenta egrediebatur de templo Dei ac in domo sua pocula lasciva, spumantibus pateris, hauriebat, ita ut adfirmarent multi eum post galli cantum in ipsa nocte vidisse bibentem.* » Concile d'Auxerre, canon XI. Labbe, *Concilia*, VI, p. 644; elles ne se terminaient pas avant 2 heures du matin, et il était interdit de boire et de manger pendant toute leur durée. Il arrivait presque toujours que des assistants exténués étaient obligés de se retirer avant qu'elles fussent terminées; cf. Grégoire de Tours, *In gloria martyrum*, 86, p. 546. On cherchait à amuser le peuple par des récits, à rehausser les vigiles, mais en vain; les longues veilles étaient bien souvent troublées par les mauvaises actions des auditeurs: cf. *ibidem*, p. 546.

la fête. Le culte consistait en psaumes, leçons et oraisons. Le lendemain matin, tous les fidèles étaient forcés de venir entendre la messe dans l'église, et les grands propriétaires étaient obligés d'envoyer dans la cité ou dans la paroisse rurale leurs colons et leurs esclaves.

Le 26 décembre était la fête de saint Étienne[1]. Son culte était célèbre en Occident, et l'invention de son corps avait rehaussé le crédit de l'apôtre martyr. Celle des saints Innocents avait lieu le 28 décembre, et elle était précédée, le 27, de la fête de saint Jean et saint Jacques, disciples du Sauveur[2].

Plusieurs fêtes avaient lieu pendant le mois de janvier. Au premier jour, les fidèles célébraient la Circoncision. On jeûnait à cause des réjouissances du carnaval que les Gallo-Romains avaient l'habitude de fêter. Isidore de Séville nous dit que la fête païenne de Janus donnait lieu à des danses et à des festins copieux. Les Gallo-Romains se déguisaient ce jour-là. L'Église voulut faire cesser des coutumes qui permettaient la débauche et la luxure[3]. Le 6 janvier était la fête de l'Épiphanie[4]. Elle rappelait aux fidèles l'adoration des Mages, les miracles des noces de Cana et le baptême du Christ par Saint-Jean-Baptiste.

Le *Natale Sancti Johannis* et la fête de la Vierge Marie avaient lieu dans la première moitié de ce mois. Nous ne pouvons en préciser la date. Le calendrier de Perpétue, évêque de Tours, indique le Natale Sancti Johannis après la fête de l'Épiphanie[5]. Le digne prélat ne mentionne pas encore le jour consacré à la Vierge, mais Grégoire de Tours en parle dans ses œuvres. Enfin la fête de la Translation de Saint-Paul, apôtre, avait lieu le 25 janvier. Elle se trouve dans les calendriers et dans les martyrologes les plus anciens sans aucune autre indication[6].

Le mois de février contenait très peu de fêtes, car le Carême commence généralement dans cette période de l'année et ce temps de deuil ne permet aucun plaisir. Ce n'est qu'à la fin du septième siècle que

1. Cf. L. Duchesne, *Origines du culte chrétien*, p. 256.
2. Cf. *ibidem*, p. 257.
3. Isidore, *P. L.* Migne, t. 83. *De Officiis*, I, 41 p. 775. Cf. notre introduction, pour le *Culte des Saints*.
4. Grégoire de Tours, *Vitæ Patrum*, 3, p. 866, elle était déjà fort ancienne en Gaule, où l'empereur Julien y assiste. Cf. A. Marcellin, *H.*, liv. XXI, 2.
5. Cf. Grégoire de Tours, *H. F.*, X, 31, p. 445. « *Natale S. Johannis ad basilicam domni Martini.* » Pour celle de la Vierge, *In gloria martyrum*, 8, p. 493, *mediante mense undecimo*. Duchesne, *l. c.*, 260, dit qu'il ne connaît pas d'attestation plus ancienne pour la Gaule.
6. Duchesne, *l. c.*, p. 270.

l'Église fêta, le 13 février, la Purification de la Vierge, quarante jours après la Nativité du Seigneur[1]. Au 22 février, les Mérovingiens célébraient le *Natale Petri de Cathedra*[2]. Cette fête remplaçait une cérémonie païenne en l'honneur des morts, la *Cara cognitio*. Les Gallo-Romains avaient l'habitude de faire un repas funèbre en l'honneur des défunts, et nous pouvons voir par le concile de Tours que cette coutume persista malgré les défenses réitérées du pouvoir spirituel.

La fête de Pâques devait être célébrée le même jour dans toute la Gaule. Lorsque l'évêque d'un diocèse avait des doutes, il devait s'adresser au pape qui indiquait, suivant la coutume, par lettre, le jour de la résurrection du Sauveur. Dès que le prélat avait reçu cette information, il devait l'annoncer au peuple, soit le jour de Noël, soit à l'Épiphanie. Il indiquait aussi le commencement du Carême.

On voit combien ces mesures étaient nécessaires, car malgré la table pascale dressée par Victorius d'Aquitaine, la célébration de la fête de Pâques n'avait pas toujours lieu en Gaule le même jour. En 577, l'Église de Tours célébra Pâques, le 25 avril, selon le cycle de Victorius, tandis que d'autres la fêtèrent le 25 mars[3].

Le Carême comprenait alors une partie du mois de février et du mois de mars. Pendant cette période aucune fête n'avait lieu. Cependant Grégoire de Tours nous parle au 26 mars de la fête de la Résurrection du Seigneur indépendante de celle de Pâques[4]. Dans la province les fidèles avaient coutume à la mi-Carême de célébrer des Rogations[5]. Ils se rendaient à pied et en procession à la basilique de Saint-Julien, distante de 360 stades de l'église de Tours. Le temps du Carême était loin d'être fixé, certaines contrées pratiquaient le jeûne

1. Duchesne, *l. c.*, p. 261.
2. Elle était déjà ancienne en Gaule. Cf. le concile de Tours (567), c. 23, *Concilia*, p. 133, nous donne le motif de sa date. « *Enim vero quoniam cognovimus nonnullus inveniri sequipedas erroris antiqui, qui Kalendas Januarii colunt, cum Janus homo gentilis fuerit, rex quidem, sed esse Deus non potuit: quisquis ergo unum Patrem regnantem cum filio et spiritu sancto credit, non potest integer Christianus dici, qui super hoc aliqua de gentilitate custodit. Sunt etiam qui in festivitate cathedræ domni Petri intrita mortuis offerunt et post missas redeuntes, ad domus proprias ad gentilium revertuntur errores et post corpus Domini sacratas dæmoni escas accipiunt.* » Elle avait une vigile, Mabillon, *Acta*, II, *Vita S. Germani*, 14, p. 493.
3. Grégoire de Tours, *H. F.*, V, 19, p. 207.
4. Grégoire de Tours, *H. F.*, X, 3, p. 445 : « *Sexto Kalendas Aprilis resurrectio Domini nostri Jesu Christi.* »
5. Grégoire de Tours, *VitæPatrum*, VI, 6, p. 685. « *Rogationes illas instituit, ut media quadragesima psallendo ad basilicam beati Juliani martyris itinere pedestri venirent.* »

pendant six semaines, d'autres fidèles, suivant les coutumes orientales, ajoutaient une semaine de plus et ne jeûnaient pas le samedi. On voit par les conciles que l'Église cherche à mettre un peu d'ordre dans ces usages et à créer une coutume générale pratiquée par tous[1]. Les jeûnes étaient suivis avec une austérité fort sévère par toutes les classes de la population. L'Église y tenait beaucoup et les faisait minutieusement observer, c'était même la partie la mieux comprise de la doctrine et chacun attendait de la stricte observance de ses prescriptions une récompense accordée par la divinité satisfaite. Les ascètes si nombreux entretenaient aussi la population agricole dans l'efficacité de la mortification de la chair, dans le mérite d'une longue abstinence. La nourriture des pauvres gens, comme nous le disent souvent les auteurs contemporains, se réduisait dans ces jours au pain et à quelques légumes, mais la piété toute formaliste encourageait ces abstinences, et la littérature distribue sans cesse l'éloge à ceux qui se montrent les plus stricts observateurs de la règle. Aussi la sainte quarantaine était-elle suivie souvent même de maladies, d'épidémies, car il faut l'avouer, les temps de jeûnes étaient fort mal placés, tantôt décrétés à la fin de l'hiver, époque où le corps est déjà débilité, ou au milieu des grandes chaleurs ; au temps de l'Assomption ou de la fête de saint Pierre. Les fièvres augmentaient pendant cette période. Le peuple passait ainsi sans aucune transition d'une tristesse poignante qui augmentait à mesure que la semaine de Pâques approchait, à la joie la plus exubérante des jours suivants. Alors tout était permis, et cela sans mesure, ni discernement.

Le Carême n'était pas la seule période de l'année où les jeûnes étaient obligatoires. Saint Perpétue en indique un grand nombre. Il y avait ceux de la Pentecôte, des Quatre-Temps et de l'Avent qui prépare à la fête de Noël. On pouvait compter environ cent jours de jeûne dans le cours de l'année[2]. La dernière semaine qui précédait la fête de Pâques était la plus solennelle, elle était annoncée par un dimanche qu'Isidore de Séville appelle déjà le *Dies palmarium*. Les fidèles avaient l'habitude de porter à l'église des rameaux et d'expri-

1. Le concile d'Agde (706), c. 12, et celui d'Orléans, IV (551), c. 2, cherchent à régler le Carême. Ils décrètent qu'on jeûnera le samedi. Les personnages pieux, les clercs, les évêques mêmes avaient l'habitude faire une retraite pendant le Carême, cf. *Acta Boll. Vita Domnoli*, I sept. 9, p. 608. Fortunat, *Carm.*, VIII, 9.

2. Isidore, *P. L.*, Migne, t. 83, *De Officiis*, I, 28, p. 753 : « *Nos per ecclesias nostras solemus portare ramos et clamare Hosanna !* »

mer leur joie par le cri d'Hosanna ! Le jeudi saint était un jour particulièrement fêté. On célébrait le matin la messe en commémoration de la Sainte-Cène[1]. Pendant la cérémonie religieuse, l'Église recevait les pénitents et consacrait l'huile sainte. Le vendredi était le jour le plus triste de l'année, le clergé ne célébrait aucune messe, et le service divin qui avait lieu rappelait aux fidèles les derniers moments du Sauveur, son supplice sur la croix, sa sainte mort. Le jour suivant, pendant la nuit, les fidèles célébraient la vigile de Pâques, car chaque grande fête était précédée d'une cérémonie religieuse qui avait lieu tantôt pendant la nuit, tantôt un peu avant l'aube. Le calendrier de saint Perpétue de Tours compte 15 vigiles pendant l'année[2]. C'est pendant cette cérémonie nocturne que l'archidiacre allumait le cierge pascal[3]. Il montait à l'ambon, et après avoir réclamé l'attention des fidèles, il récitait des prières appropriées à la solennité. Les chrétiens entendaient l'éloge des abeilles, si laborieuses et si chastes, écoutaient les preuves de la bonté du Seigneur, de sa miséricorde, de sa toute-puissance. Puis c'était la glorification de la mort du Christ pour les péchés des hommes. L'impression des assistants devait être poignante au souvenir des souffrances du Sauveur ! Enfin, la cérémonie se terminait par la bénédiction des fonts baptismaux et par la célébration du baptême.

La fête de Pâques était le jour le plus solennel de l'année. La joie, l'allégresse devaient régner partout, dans tous les cœurs. Les propriétaires des grands domaines permettaient à leurs non-libres de venir entendre la messe, soit dans la cité, soit dans la paroisse rurale. Les esclaves, les servantes devaient y assister. Presque tous les fidèles communiaient ce jour-là. La maladie seule était une excuse pour ne point assister au service divin. Pendant ces grands jours de fête qui duraient toute une semaine les pauvres n'étaient pas oubliés ; on leur distribuait de l'argent, on donnait des repas aux indigents inscrits à la matricule de l'église. Les malheureux qui vivaient aux portes des édifices sacrés trouvaient aussi une piété plus secourable de la part des fidèles. Le pouvoir royal imitait la charité de l'Église, les comtes, au nom du roi, n'oubliaient pas leurs devoirs et donnaient

1. Concile de Mâcon, II, can. 6. Labbe, *Concilia*, V, p. 675. « *Ut sacramenta altaris non nisi a jejuniis hominibus celebrentur, excepto uno die anniversario, quo cœna Domini celebratur.* » Cf. aussi *Concilia*, p. 167.

2. Grégoire de Tours, *H. F.*, X, 31, p. 445.

3. Concile de Tolède (633), IV, can. 9. Labbe, *Concilia*, VI, p. 1454.

aux nécessiteux. Les fidèles fêtaient avec joie, par un repos presque absolu, les huit jours qui suivaient Pâques, et les catéchumènes revêtaient pendant cette semaine les habits blancs qu'ils avaient portés lors de leur baptême. Le dimanche de l'octave était appelé par cela même *Pascha alba*.

Trois jours avant l'Ascension de Notre-Seigneur, qui arrivait quarante jours après Pâques, avaient lieu les Rogations instituées depuis longtemps par saint Mamert[1]. Un jeûne sévère était prescrit pendant les trois jours qu'elles duraient. Les fidèles se réunissaient dans les églises des différents quartiers de la ville et la procession se mettait en marche à neuf heures du matin. On observait un certain ordre, mais qui ne devait pas être partout le même[2]. Le clergé ouvrait la marche ou la fermait. Grégoire de Tours nous dit qu'un diacre ou un sous-diacre portant la croix marchait en tête. A son côté, venait un autre diacre tenant à la main les Saints-Évangiles ouverts. Des clercs annonçaient avec des sonnettes le cortège qui s'avançait à travers les rues de la cité et sortait des portes de la ville jusqu'à une certaine distance dans la campagne. Toutes les classes prenaient part à ces processions. Le pouvoir épiscopal punissait sévèrement les clercs qui n'allaient pas aux Rogations. Les rois, les reines suivaient le clergé. Les fidèles portaient des torches ou des cierges allumés. Les uns avaient des bannières, mais nous ignorons si elles avaient reçu déjà des peintures. D'autres tenaient à la main des petites croix[3]. Le cortège s'avançait lentement; les enfants, les hommes, les femmes, les moines, le clergé suivaient le diacre portant la croix. On entendait le chant alterné des psaumes et le *Kyrie eleison*. Les fidèles chantaient quelquefois des cantilènes. C'était trois jours de repos pour toutes les classes de la société. Ce n'était pas les seules litanies qui avaient lieu durant l'année. A certaines époques, les Mérovingiens avaient l'habitude d'implorer ainsi la miséricorde divine. Grégoire de Tours en

1. Sidoine Apollinaire, *Ep.*, V, 14; VIII, 1. Concile d'Orléans, can. 27; cf. Grégoire de Tours, *De gloria martyrum*, I, 44. Les femmes se faisaient remarquer par leur tristesse. Elles étaient vêtues de noir et portaient les cheveux épars. Déjà au temps de Sidoine, tous les fidèles y assistaient, « *populus urgens sexu ex utroque* ».

2. Pour la marche du cortège, cf. Grégoire de Tours, *Vitæ Patrum*, I, 6; p. 667; pour les bannières, *H. F.*, V, 4, p. 196; IX, 6, p. 362: « *His enim diebus rogationes publicæ celebrabantur quæ ante sanctum dominicæ ascensionis diem agi solent.* » *Vitæ Arnulfi*, M. G. H., III, 10, p. 436.

3. Le concile d'Orléans (511), can. 27, mentionne les *Rogationes*, et punit les clercs qui n'y assisteront pas; can. 28; Labbe, *Concilia*, V, p. 548.

mentionne un certain nombre, et surtout celles de la première semaine de novembre [1]. Cette façon de réclamer le secours de la Divinité était encore une réminiscence du passé. Une calamité publique, une peste, une grande désolation survenaient-elles, l'évêque prescrivait les jeûnes et les processions à travers la ville. Les fidèles parcouraient alors la cité en suppliants, pieds nus, vêtus d'habits de deuil. On demandait ainsi à Dieu l'éloignement ou la cessation du fléau ; tel était, à cette époque, l'unique recours, car les jeûnes étaient considérés comme une juste expiation des péchés commis.

Le jour de l'Ascension était une grande fête pour les fidèles. Elle avait une vigile [2]. Pendant la cérémonie religieuse, le clergé bénissait les fèves. Le Sacramentaire gélasien nous a conservé la prière qu'on récitait, il parle aussi des raisins. Le *Liber Pontificalis* mentionne ces bénédictions : à Rome, elles étaient dites pendant le canon, au moment le plus solennel du service divin. Dix jours après l'Ascension, ou cinquante après la fête de Pâques, les fidèles célébraient la Pentecôte. Elle avait aussi une vigile[3]. Pendant le service nocturne, on baptisait les catéchumènes et on bénissait le lait, le miel, l'eau nécessaires à cette cérémonie. Le mois de mai comptait en outre un certain nombre de fêtes fixes. Le 1er jour était consacré aux saints Philippe et Jacques [4], le 3e à la découverte de la Croix du Seigneur [5], le 6e était destiné à saint Jean l'Évangéliste [6]. A partir de cette période de l'année, les fêtes des saints se succédaient nombreuses. Chaque cité avait des solennités religieuses en l'honneur du patron de la ville, et quelquefois la renommée du saint répandue dans les différentes contrées, grâce aux reliques obtenues par les fidèles, rendait de plus en plus son culte général. Ce sont les saint Martin de Tours, les saint Hilaire de Poitiers, les saint Médard de Soissons. Les confesseurs et les martyrs commençaient à être fêtés déjà par les autres

1. Isidore, *P. L.* Migne, t. 83, *De Officiis*, I, 40 p. 775 ; Fortunat, *Carm.*, VII, 15 ; on jeûnait très sévèrement pendant ces litanies ; cf. aussi Grégoire de Tours, *Vitæ Patrum*, 2, 722. Elles étaient fort suivies : le concile d'Orléans, 511, can. 27, *Concilia*, p. 8, ordonne que les esclaves et les paysans devaient y assister ; cf. *Vita Arnulfi*, 10, p. 142. Tout travail était interrompu.
2. Grégoire de Tours, *H. F.*, X, 31, p. 445.
3. Id., *ibidem*.
4. Duchesne, *l. c.*, p. 271. On ne peut affirmer que cette fête fût alors générale en Gaule.
5. Elle ne se trouve pas mentionnée dans Grégoire de Tours ; cf. Duchesne, *l. c.*, p. 264.
6. Grégoire de Tours, *De gloria martyrum*, 30.

églises. Nous trouvons à Tours les fêtes de saint Symphorien, de saint Laurent, célébrées par les habitants de la ville[1]. A côté de ces solennités, il était encore d'usage de fêter les anniversaires de la dédicace des églises, de l'ordination des évêques ou celui de leur mort. Mais ces fêtes ne pouvaient être que locales.

Le mois de juin célébrait les fêtes de la Passion, de saint Jean-Baptiste le 24[2], celle de saint Pierre et saint Paul, le 29[3]. Toutes deux avaient une vigile[4]. Le mois de juillet ne comptait qu'une seule fête, celle de Saint-Martin, qu'on célébrait le 3 de ce mois[5]. Les solennités religieuses étaient plus nombreuses au mois d'août. Le 1er, avait lieu la fête des Macchabées[6], le 10, celle de saint Laurent[7]; à la fin du septième siècle, le 15 août, était célébrée la *Dormitio* de la Vierge, le 23 était le jour dédié à saint Symphorien[8], le 29 à la Passion de saint Jean[9]. A la fin de la période mérovingienne, l'Église célébra le 8 septembre, la Nativité de la Vierge[10].

Le mois de novembre comptait un certain nombre de fêtes importantes, le premier jour était celle de saint Hilaire[11], le 11 celle de la mort de saint Martin, le 13 le *natale* de saint André[12], enfin le 30 celui de saint Brice[13]. L'année suivante commençait à la nativité du Seigneur.

L'Église chercha par ses conceptions morales à faire sentir son action sur la société mérovingienne. Les décrets des conciles antérieurs résumaient le long travail de l'humanité et n'étaient pas restés sans action sur les lois du Bas-Empire. Ce fut surtout le mariage qui devint l'objet de la surveillance du pouvoir spirituel. L'Église se ren-

1. Grégoire de Tours, *H. F.*, X, 31, p. 445.
2. Grégoire de Tours, *H. F.*, X, 31, p. 446; aussi bien pour la *Passio Sancti Johannis* que pour le *Natale sanctorum Apostolorum Petri et Pauli*.
3. Grégoire de Tours, *H. F.*, X, 31, p. 445. *De virtutibus S. Martini*, IV, 4, p. 650, 34, p. 621.
4. Duchesne, *l. c.*, p. 265.
5. Duchesne, *l. c.*, p. 273; Grégoire de Tours, *In gloria martyrum*, 42, p. 17.
6. Duchesne, *l. c.*, p. 261, ne se trouve pas mentionnée dans les documents de l'époque mérovingienne.
7. Grégoire de Tours, *H. F.*, X, 31, p. 445, avec vigiles.
8. Id., *ibid.*, l. X, 31, p. 445.
9. Duchesne, *l. c.*, p. 261.
10. Grégoire de Tours, *H. F.*, X, 31, p. 445.
11. Id., *ibid.*, *De virtutibus S. Martini*, IV, 5, p. 650.
12. Grégoire de Tours, *H, F.*, X, 31, p. 445, elle venait avant celle de saint Hilaire, *ibid.*, p. 445.
13. Cf. Grégoire de Tours, *In gloria martyrum*, 80, p. 505.

dait bien compte des conséquences fâcheuses qu'entraînait, pour la famille et les enfants, la dissolution du mariage, si fréquente dans les derniers temps de l'Empire. Elle chercha à maintenir les conceptions déjà anciennes du christianisme primitif sur l'indissolubilité du mariage.

Les temps apostoliques avaient considéré d'un très mauvais œil le second mariage, surtout durant la vie du premier époux, et dans la société primitive, plus élevée et plus sévère, il était presque impossible à l'un des conjoints de contracter un nouveau mariage durant la vie de l'autre. Mais après les invasions germaniques, il fut bien difficile de maintenir dans une société tout instinctive des idées morales aussi élevées. Les guerres, les désastres qui les suivaient rendaient le pouvoir spirituel incapable de faire respecter les décrets des conciles et de se montrer plus sévère contre la violation de ses ordonnances.

Les classes inférieures n'étaient pas les seules à transgresser les ordres des conciles, les rois eux-mêmes donnaient l'exemple. Les divorces nombreux, les séparations fréquentes, les seconds mariages, les concubinats attestent le niveau moral bien inférieur des fidèles et la résistance inefficace de l'Église. Les écrivains contemporains mentionnent aussi les excommunications infligées par le pouvoir épiscopal aux rois transgresseurs, et la colère du saint contre les puissants devant des oublis aussi coupables. Elles sont un sûr garant de la résistance de l'Église contre de tels abus. Les châtiments divins ne manquaient pas pour retenir un moment les plus rebelles, et les légendes cherchaient à rendre plus populaires les théories élevées de l'Église. Dans cette société grossière les adultères sont la cause principale des divorces. Ils sont nombreux pendant l'époque mérovingienne, et l'homme aussi bien que la femme sont coupables. Le pouvoir spirituel fit encore tous ses efforts pour relever la condition de la femme et considéra la faute commise par l'époux comme aussi importante et entraînant des conséquences aussi graves.

L'Église avait épousé les conceptions romaines sur le mariage, et la séparation des deux époux ne pouvait avoir lieu que sur la preuve indéniable de crime d'empoisonnement ou d'adultère. Le pouvoir spirituel chercha à devenir l'arbitre dans les familles, il voulut pénétrer de plus en plus dans le foyer domestique et se rendre compte des ruptures. Son action bienfaisante se fait jour dans ses ordonnances. Sont excommuniés tous ceux qui renvoient leurs femmes sans avoir prouvé auparavant en présence de l'évêque qu'ils ont des raisons légitimes pour rompre le mariage. Il fit plus encore ; les conciles décrètent que dans le cas le plus favorable de la femme trompée par son mari, et separée de lui, il lui est interdit de se remarier. Si elle contracte un second mariage, elle est punie par l'Église et ne peut recevoir la communion avec les autres fidèles tant que son premier mari sera encore vivant. A sa mort, elle pourra rentrer dans la communauté religieuse et ne sera point séparée de son second époux.

Le pouvoir spirituel étendit son influence sur les degrés de parenté des deux époux. Héritière du droit romain, l'Église défendit le mariage entre des parents peu éloignés. Mais ses ordonnances furent souvent méconnues et les rois même désobéirent à ses lois. Le pouvoir épiscopal considère à cette époque comme mariages incestueux l'union d'un gendre avec sa belle-mère, d'un beau-frère avec sa belle-sœur, d'un neveu avec la veuve d'un oncle, de celui-ci avec sa nièce, enfin l'union entre cousins germains L'influence morale de l'Église grandit de plus en plus et force souvent les rois à se soumettre aux canons des conciles.

Il était aussi nécessaire de régler les mariages entre chrétiens et hérétiques. L'Église les défend à moins que l'hérétique ne se convertisse à la foi orthodoxe. Le cas était le même pour le Germain païen, il devait au moment du mariage être baptisé. La royauté mérovingienne se montra plus tolérante vis-à-vis des Juifs, et il semble que des mariages mixtes aient eu lieu. L'Église ne pouvait en principe permettre de telles unions, mais la population israélite assez nombreuse dans les villes gallo-romaines obligeait souvent à tolérer de semblables mariages.

Le baptême avait permis au fidèle de faire partie dès ce jour de la communauté religieuse, et l'enfant présenté par deux parrains était reçu dans l'Église et acquérait les droits et était tenu aux devoirs des autres fidèles. Le pouvoir spirituel avait sanctionné cette entrée. Il ne pouvait rester indifférent devant la solennité du mariage qu'il cherchait à relever. Nous voyons déjà, d'une manière isolée il est vrai, que l'évêque bénit les conjoints par l'imposition des mains. Il recommandait dans ses prières au Seigneur les deux époux qui se juraient fidélité au moment de la célébration du mariage[1].

Dès les premiers temps du christianisme, l'Église avait montré une

1. Duchesne, *l. c.*, p. 413.

tendre sollicitude pour les malades. Elle avait calmé les craintes du fidèle et le réconfortait au moment de la mort. Le pouvoir épiscopal donnait même au pécheur des espérances de pardon et ne refusait point aux pénitents le saint viatique.

C'est ainsi que l'Église suivait l'homme dans toutes les périodes de sa vie et ne l'abandonnait jamais, surtout aux heures les plus difficiles de son existence. Il trouvait toujours dans son sein, appui et protection; aidé de ses conseils, il s'encourageait à mieux faire. Le progrès s'accuse ici par un lien très étroit de l'Église avec les fidèles, union inconnue aux temps du polythéisme gréco-romain ; il se montre aussi par une influence constante, une vigilance de tous les instants de la part du pouvoir spirituel sur la société qui lui est confiée. L'Église ne laissa rien au hasard, et comme les lois barbares qui avaient précisé avec une minutie extraordinaire les délits et les crimes, l'épiscopat cherche par des habitudes de plus en plus fixées à régler la vie quotidienne des fidèles.

Mais pour pouvoir être écouté, il fallait au pouvoir spirituel la puissance et l'autorité; les représentants de la morale sont donc avant tout les évêques, qui deviennent de plus en plus par la force des choses les défenseurs et les juges de cette société.

Un fidèle a-t-il commis un crime, une faute grave qui outrage cette morale, c'est à eux de le retrancher de la communauté, de l'excommunier, de lui interdire pour un certain temps l'entrée de l'Église. Les jeûnes, les jours de pénitence sont l'expiation de sa faute. Le criminel expie ainsi l'outrage fait à la conscience religieuse. Et cette morale ne reste pas stationnaire, elle s'étend à mesure que la société s'élève, que le progrès s'accomplit. On ne peut pas dire qu'elle représente la société mérovingienne, elle résume au contraire tout le travail humain des générations antérieures. Elle ne reconnaît aucune distinction de races : pour elle au contraire, la société est homogène et héritière des conceptions romaines, elle sacrifie presque l'individu au triomphe de cette morale religieuse qui prépare ainsi la fusion des éléments si disparates qui composent le monde mérovingien. Là ne se bornent point les devoirs des chefs ecclésiastiques; ils n'ont pas seulement à punir, ils doivent veiller au salut des fidèles, chercher par leurs prières à les préserver de l'attaque du mal, songer aussi à appeler sur eux la bénédiction de la Divinité tutélaire et surtout la protection des saints.

Les habitants de la ville ou d'une paroisse rurale sont donc la grande famille de l'évêque ou de l'archiprêtre. L'autel les réunit. Le fidèle, s'il n'est honnête, ne peut s'approcher de la sainte table, et quiconque a commis certains péchés, quelque crime, doit être exclu de la communauté religieuse. L'évêque a le devoir de lui refuser la communion, de le séparer des autres chrétiens. Les ennemis de l'État sont aussi ceux de l'Église. Le pouvoir épiscopal n'a pas le droit de recevoir à la communion ceux qui ont été proscrits par le ban royal. Il faut le consentement du roi ou de la reine. La seule arme spirituelle que l'Église possédait était à cette époque l'excommunication.

Aucun fidèle n'en est exempt, et les rois, les évêques même peuvent être ainsi retranchés de la communion. On appelait les châtiments les plus terribles sur l'excommunié et l'anathème était souvent prononcé contre sa femme et ses enfants innocents. Toute relation avec les autres fidèles lui était interdite, l'Église en faisait la défense expresse. On ne pouvait songer à fuir, à passer dans un autre diocèse, car les noms des excommuniés étaient connus et les conciles défendaient aux évêques de les recevoir. Les légendes avaient redoublé la frayeur du fidèle d'être retranché de la société chrétienne. Ce qui n'était qu'un effet du hasard devenait souvent une punition terrible de Dieu. Les évêques pouvaient citer la mort de Marcovèfe et de Caribert, tous deux excommuniés par l'Église. Cette arme fut employée contre les criminels, les parjures, les faux témoins, les accusateurs sans preuves. L'Église même la prodigua, en sorte que l'action de cette censure s'affaiblit. Il fallut joindre à l'excommunication des amendes pécuniaires décrétées par le pouvoir royal.

Pour pouvoir excommunier le fidèle, il était nécessaire que le crime ou délit qu'il avait commis fût de notoriété publique. Dans la société exaltée des temps primitifs, où les membres des églises chrétiennes étaient peu nombreux et animés d'une foi ardente, la confession publique pouvait avoir lieu et l'humiliation consciente des fidèles servait à l'édification des autres chrétiens ; mais, à mesure que la société grandit, que la population agricole envahit le sanctuaire, l'Église comprit bientôt que la confession publique des anciens jours n'était plus possible ; deux raisons s'y opposaient : les faits ainsi racontés pouvaient être un sujet de scandale dans l'Église et la confession du fidèle, dont le crime ou la faute étaient ignorés de la justice, pouvait provoquer une poursuite.

Il était aussi difficile de s'en tenir seulement aux crimes qui étaient punis par l'État. Le pouvoir spirituel savait trop combien étaient nombreux les fidèles coupables. Il fallut donc avoir recours à une autre confession, la pénitence publique offrant de trop graves dangers. En 459, le pape Léon nous montre qu'on avait eu déjà recours à la confession secrète. Ce digne prélat recommande de ne pas exiger une confession complète des pénitents, il conseille aux coupables de révéler en secret à l'évêque ou au prêtre les fautes qu'ils ont commises[1].

On évitait ainsi les confessions publiques, peu édifiantes pour l'auditoire, et les poursuites. Elle devint donc plus intime et l'Église se réserva ce moyen excellent qui lui assurait une influence morale, considérable sur les fidèles. L'évêque ou le prêtre décidaient alors s'il y avait lieu de les admettre parmi les pénitents. Cette institution devint générale. La pénitence publique subsista, mais à l'état exceptionnel.

Les fidèles, déclarés pénitents par le pouvoir épiscopal, formaient au sein de la communauté une classe particulière qui devait vivre séparée durant le temps de pénitence fixé par l'évêque, qui les recevait ensuite dans l'église, au milieu des fidèles. Il étendait les mains sur eux, en signe de bénédiction et récitait les prières prescrites. Dès ce jour, le pénitent devait expier sa faute par une vie sévère, par le jeûne, les macérations, les aumônes. Comme marque distinctive et afin qu'on puisse les reconnaître, ils ont la tête rasée, portent des vêtements de deuil et reçoivent le cilice de la main du prêtre[2]. Aux offices, ils prient à genoux et ne doivent pas se mêler à la communauté, leur place est marquée et le diacre les congédie avant la célébration des saints mystères. Les écrivains contemporains se taisent sur les rigueurs de la pénitence pendant l'époque mérovingienne; à peine quelques conciles nous prouvent qu'elle existe toujours. Pendant tout le temps indiqué, le fidèle repentant doit mener une vie exemplaire, le mariage est défendu, les rapports sexuels entre époux interdits. La vie publique cessait dès ce jour. Le pénitent ne

1. Cf. Jaffé, *Reg.*, n° 544. *P. L.* (Migne), tome 54, p. 1199.
2. Cf. Concile d'Agde, can. 15. Labbe, *Concilia*, V, p. 524. « *Pœnitentes, tempore quo pœnitentiam petunt, impositionem manuum et cilicium super caput a sacerdote, sicut ubique constitutum est, consequantur. Si autem comas non deposuerint aut vestimenta non mutaverint, abjiciantur et nisi digne pœnituerint non recipiantur.* »

peut être ni soldat, ni clerc. Ces exigences rendirent fort sévère le pouvoir spirituel. Les évêques admettent difficilement les jeunes gens comme pénitents, car pendant la durée de l'expiation, il fallait garder la continence et la pénitence ne pouvait être accordée qu'une seule fois. Il y avait donc à craindre qu'ils ne retombassent de nouveau dans leurs erreurs[1]. Pour les grands, l'Église se montrait quelquefois plus indulgente et rendait une sentence moins dure.

Le temps fixé pour la pénitence étant écoulé, les évêques de chaque diocèse reçoivent les pénitents en assemblée solennelle. Le jeudi saint était consacré à cette cérémonie. Des prières étaient dites par l'évêque, qui demandait ensuite pour les pénitents l'indulgence, le pardon. C'était un grand jour de fête et de joie pour l'Église qui recevait ses enfants égarés comme de nouveaux baptisés[2].

A côté de cette pénitence qui avait une origine fort ancienne et dont nous pouvons voir le développement lent et régulier, les transformations nécessitées par l'évangélisation des classes populaires, nous en voyons naître en Gaule une autre qui est certainement due à une influence étrangère. Nous voulons parler des livres pénitentiels et de l'action énergique et salutaire sur la discipline ecclésiastique due à la personnalité puissante de Colomban. Dans les cloîtres d'Irlande qui avaient été les seuls centres autour desquels étaient venus se grouper les païens, il était de règle de se confesser à l'abbé, qui après avoir entendu la confession prescrivait des psaumes à réciter, des oraisons, des jeûnes.

Ces habitudes donnèrent naissance à des livres pénitentiels qui indiquaient à la fois la faute et l'expiation. Colomban apporte en Gaule ses conceptions irlandaises qui s'étendent de plus en plus sur le sol franc[3]. Les livres pénitentiels ne donnent pas une analyse très subtile de la faute. Les péchés qu'ils connaissent sont les fautes graves : le vol, le parjure, les crimes, l'adultère, les vices contre nature. L'influence du prêtre augmenta donc par la connaissance des péchés du fidèle qui le choisissait pour son intermédiaire auprès de Dieu. Il indiquait la pénitence à subir, les psaumes à réciter, les jours de jeûne. Il surveillait même l'accomplissement de la peine. Nous igno-

1. Concile d'Agde (506), can. 15. Labbe, *Concilia*, V, p. 524 : « *Juvenibus etiam pœnitentia non facile committenda est propter ætatis fragilitatem.* »
2. Duchesne, *l. c.*, p. 423, a donné les prières qu'on récitait.
3. Lœning, *l. c.*, p. 468 à 489, a mis en lumière le rôle de Colomban au point de vue de la confession secrète.

rons si cette confession secrète était obligatoire pour tous les fidèles ou si elle fut appliquée d'une manière irrégulière. Le concile de Châlon mentionne seulement la confession secrète qu'on faisait avant aux prêtres ou aux évêques pour être admis à la pénitence publique[1].

Les fautes souvent graves, les délits sans cesse répétés donnaient lieu à une pénitence fort longue, augmentée par des péchés nouveaux. Le pénitent avait beau doubler la rigueur du temps de la pénitence, bon nombre de jeûnes nouveaux venaient s'ajouter aux anciens. Aussi le pouvoir spirituel permit-il aux pénitents de se racheter d'un certain nombre de jours de jeûne et cet argent devait être distribué aux pauvres. Cette tolérance s'appliqua d'abord aux malades qui ne pouvaient jeûner, mais peu à peu elle devint générale. Riches et pauvres se purent ainsi racheter, et, chose bizarre et encore plus mauvaise, il fut même permis de se faire remplacer et de faire ainsi expier par d'autres les fautes qu'on avait commises. Cette pratique devint si grossière et si vulgaire que les conciles s'efforcèrent, dès le huitième siècle, de l'abolir.

L'Église, dès les temps primitifs, avait pris les pauvres sous sa protection et nous connaissons le nombre d'indigents nourris par l'évêque de Rome et par quelques prélats de l'Orient. Afin de pouvoir venir en aide aux nombreuses souffrances résultant autant des guerres que de l'état économique de plus en plus défectueux, et qui s'aggravait sans cesse, le besoin d'une Église riche et puissante s'imposait. C'est ce qui arriva à partir du milieu du troisième siècle et surtout après l'édit de Milan. Nous sommes déjà loin des rêves égalitaires des premiers chrétiens. Si les Pères de l'Église reconnaissent que l'homme doit borner l'étendue de sa richesse aux seuls besoins de l'existence, si saint Basile admet qu'un grand nombre de fidèles possèdent une trop grande fortune, si saint Ambroise affirme que la richesse comporte des devoirs, l'Église avait cependant admis la propriété individuelle, et cherché elle-même à posséder une fortune de plus en plus considérable qu'elle envisagea, avant tout, comme *alimenta pauperum*. Elle fit plus et déclara que la pauvreté était nécessaire même au point de vue du pécheur.

De quels moyens disposait alors le pouvoir spirituel pour augmenter toujours cette richesse ? Ce fut l'aumône ; les dons que l'on faisait aux églises, elle les avait conseillés aux fidèles. Saint

1. Concile de Châlon (639-654), can. 8; cf. *Concilia* (*M. G. H.*), p. 210.

Cyprien montrait déjà dans l'aumône un moyen de purification, et Salvien puise dans la Bible des préceptes nombreux sur les vertus de l'offrande. Ces proverbes pieux encourageaient ainsi les fidèles à l'aumône et l'Église leur recommandait de la faire avec un cœur pur, mais combien il lui était difficile de pénétrer au fond des consciences ! Elle accepta donc les offrandes de tous les fidèles, s'en remettant à Dieu du soin de juger le cœur du donateur.

De même que l'eau éteint le feu, l'aumône éteint le péché, répète sans cesse le pouvoir spirituel, et l'état social est très bien préparé pour la propagation de ces maximes[1]. Les contemporains qui rachètent les crimes les plus noirs par des compensations arrivent à croire que les dons faits aux saints rachètent aussi les péchés. Les offrandes ont aux yeux des masses des pouvoirs magiques, elles procurent tout de suite le secours du saint ou de Dieu. Les dons se multiplient et augmentent de plus en plus la fortune de l'Église. Par ces dons, le chrétien s'assurait une récompense au ciel. Ils étaient faits ainsi par le fidèle *pro animæ suæ remedium*. Le salut de l'homme rendu si difficile par les idées religieuses fut facilité par les dons. Les idées pessimistes de la religion chrétienne sur la vie, la richesse considérée encore comme un danger pour l'âme humaine, le paradis octroyé de préférence aux pauvres, tout en un mot encourageait à l'aumône et concourait à fortifier la puissance déjà si grande de l'Église.

Les contradictions qu'entraînait cette fortune ne se montraient pas encore, mais allaient bientôt se faire jour. Celle qui encourageait à la vie contemplative, qui proclamait la vanité des richesses, fut la

1. Cf. *Formulæ Andecavenses*, « *pro devinitatis intuitu et anime meis remedium* », *M. G. H.* Leges (Zeumer), II, 20, p. 11. On donne *pro animæ suæ compendium. Ibidem*, 46, p. 20. Cf. aussi Marculf, *Formulæ*, I, I, p. 39 ; 2, p. 41. 4, p. 44, les mêmes expressions se répètent sans cesse. On cite les passages des Évangiles relatifs à la pauvreté : « *Vende omnia quæ habes, da pauperibus, et habebis thesaurum in cœlo.* » Matthieu, 19, 21 ; 5, 3. « *Absconde elemosynam in corde pauperis, et ipsa pro te deprecabitur Domino* » ; cf. Liber *Eccl.*, 29, 15, aussi « *Sicut aqua extinguit ignem, sic elimosya extinguit peccatum* », *ibidem* 3, 33, et Marculf, *Formulæ*, II, I, pp. 71 : p. 74 : « *Date elimosynam et omnia mundi sunt vobis*, » Luc, II, 41, p. 75. On donne aussi « *pro remedium animæ nostræ et remissione peccatorum nostrorum* » p. 76, aussi pour *l'æternam beatitudinem*, p. 77, 78. Cf. Concile d'Agde (566), can. 6. Labbe, *Concilia*, V, p. 512, « *pro redemptione animæ suæ et animæ suæ salvatione* ». Cf. Concile de Reims (625), can. 20, *ibidem*, XI, p. 1425. On retrouve les mêmes formules dans les diplômes de cette époque. Pardessus, *Dipl.*, I. p. 227, 228, II, et les sermons des évêques répètent les mêmes idées, cf. ceux de Césaire, *P. L.*, Migne, 39, 2, p. 2264, *peccata tua elemosynis redime et iniquitates tuas misericordiis pauperum*, 2, p. 2331 ; 6, p. 2170, l'aumône sauve de la mort, 5, p. 1878. Elles facilitent le salut, p. 2232, et 5, p. 1895.

première à se trouver à la tête d'une fortune immense qui devait être le patrimoine des pauvres et des déshérités, et ne fut le plus souvent qu'un instrument de corruption et de débauche pour ceux à qui elle avait été confiée[1]. Cette grande richesse rendit l'Église trop attentive aux intérêts matériels, lui fit négliger ses devoirs moraux et fut la cause de maux sans nombre et de querelles sans cesse renaissantes qui firent éclore certaines hérésies du moyen âge. Mais dans ces temps de guerres continuelles, et dans l'état social tel qu'il existait alors, nous n'entendons que de faibles plaintes sur cette richesse trop grande de l'Église; les rois eurent seuls à en souffrir. La protection qu'elle accorda à tous ceux qui travaillaient sur ses terres, sa haute puissance morale dans la première partie du moyen âge sont une des nombreuses causes de ce silence. Mais un jour viendra où cette immense fortune apparaîtra aux yeux des contemporains comme la cause de tous les maux. C'est l'époque de ces sectes du xie et du xiie siècle qui se reportant aux temps apostoliques primitifs rêveront une Église pauvre et sans puissance temporelle.

Et comment aurait-on pu empêcher l'accroissement continu de cette fortune ? Les conceptions religieuses, leur état mental poussaient aux offrandes[2] ces populations qui donnaient à tous les événements heureux ou malheureux une signification surnaturelle. Les divinités

1. Sur ces plaintes qui se font déjà entendre, cf. Labbe, *Concilia*, V, 1, p. 423, lettre de Césaire au pape Symmaque ; la grande fortune de l'Église est constatée par Chilpéric : « *Aiebat enim plerumque : Ecce pauper remansit fiscus noster, ecce divitiæ nostræ ad ecclesias sunt translatæ, nulli pœnitus nisi soli episcopi regnant* ; *periit honor noster et translatus est ad Episcopus civitatum.* » Grégoire de Tours, *H. F.*, VI, 46, p. 286.

2. Les rois sont les premiers à donner des terres à l'Église. Cf. Fortunat, *Vita Germani*, 22, p. 13, Pardessus, *Dipl.*, I, 82. Presque tous ont enrichi l'Église, Frédégaire, *Chron.*, IV, 62. Le fils de Chilpéric, Clotaire Ier lui octroie de grands biens. Les reines ne l'ont jamais oubliée. Grégoire de Tours, Fortunat, vantent la bonté des reines envers les pauvres. *Carm.*, IV, 25, *H. F.*, VI, 41. L'Église recueille des biens de toutes parts, les fidèles sans enfants lui abandonnaient une grande partie de leur fortune. Cf. Concile d'Agde (506), can. 35, les grands dignitaires de l'Église, les prêtres mêmes ne l'oubliaient pas, cf. Grégoire de Tours, *H. F.*, V, 36 ; VI, 13 ; VII, 31 ; *Vitæ Patrum*, VIII, 5. Les évêques surtout, fils des anciennes familles gallo-romaines donnent sans compter, cf. Grégoire de Tours, *H. F.*, X, 31. Nous verrons plus tard l'usage de donner au saint de sa ville et nous énumérerons les offrandes des fidèles. Pendant toute l'époque mérovingienne on ne peut signaler aucune tiédeur de la part des fidèles. Les laïques rivalisaient avec les rois, cf. Grégoire de Tours, *H. F.*, VI, 45 ; *De virtutibus S. Martini*, IV, II ; *In gloria confess.*, 64; *In gloria martyrum*, 75, p. 538 ; *H. F.*, III, 2. Il résulte de ces tendances que l'Église posséda très rapidement le tiers des propriétés, cf. Lœning, *l. c.*, II, p. 654, et Roth, *Beneficialwesen*, p. 248.

du ciel, les démons de l'enfer avaient toujours une part dans les événements de chaque jour. L'âme troublée, craintive, hésitante, se croyait sans cesse sous le coup du malheur et à toute heure menacée. Était-on malade, le saint manifestait sa colère, avait-on péché, il fallait l'apaiser, et par des dons le fidèle implorait sa clémence.

L'Église, lors de l'arrivée des Germains, comptait déjà des siècles de durée. Elle se présente aux Francs avec une fortune assez importante et un clergé nombreux. La législation romaine avait reconnu aux évêchés le droit de propriété, et ce droit s'étendit même à la paroisse rurale et aux monastères. A cette heure les conciles recommandent aux évêques de ne créer aucune paroisse rurale sans lui assurer une dot territoriale suffisante pour l'entretien des clercs. La fortune même des cloîtres était devenue peu à peu indépendante de celle de l'évêché et était administrée par l'abbé. Les Germains en s'établissant en Gaule ne pouvaient porter atteinte à ces institutions déjà si puissantes. Ils acceptèrent les conceptions juridiques romaines inconnues à leur code trop simple, et on peut voir durant la période mérovingienne le nombre des monastères augmenter de plus en plus : les uns élevés par les princes qui les dotent, d'autres aux frais personnels des évêques ou par de simples particuliers.

Comme l'Église suivait le droit romain, le pouvoir spirituel maintint les différents modes de donation en usage sous l'Empire. Des terres furent léguées à l'Église par testament. Il était même rare qu'un grand personnage oubliât celle de son diocèse. La donation par charte durant la vie du donateur était aussi employée, mais pour éviter les contestations elle devait être reconnue par tous les membres de la famille. Un autre mode non moins fréquemment usité consistait dans la transmission de la propriété durant la vie du fidèle qui s'en réservait l'usufruit. Le pouvoir spirituel préféra cette donation qui la mettait aussitôt en possession du bien qui lui était légué, en ayant soin de faire promettre au donateur de ne point reprendre le bien donné. Quiconque agissait autrement était tenu pour aussi parjure que le traître Judas et devait souffrir les mêmes peines.

L'Église chercha à prouver avant tout la raison d'être de cette fortune qui augmentait toujours[1]. Le pouvoir spirituel veut la mettre

1. Les dons sont considérés comme *alimenta pauperum* et permettent de faire vivre les malheureux qui ne possèdent rien « *unde pauperes vivunt* », cf. Concile d'Agde, c, 6. Labbe, *Concilia*, V, p. 512 ; Id., *ibidem*, VI, p. 669. Salvien, *Ad eccl.*, III, 5, avait déjà dit que l'Église devait être riche « *ut donent, ut*

à l'abri de la cupidité des grands et crée une opinion publique contre ces vols. Les écrivains multiplient les récits les plus terribles pour effrayer les ravisseurs. Celui qui distraira quelque chose de ses biens sera un *necator pauperum*. Grégoire menace de mort le fidèle qui détournera une terre appartenant à saint Martin. Le culte des saints augmenta aussi, nous le verrons, la puissance de l'Église. Et malgré toutes ces précautions on constate sans cesse des contestations au sujet des biens octroyés à l'Église, car la famille du défunt cherchait à conserver les terres données par testament, l'Église de son côté voulait qu'on respectât la volonté du donateur et cherchait à s'opposer à ces reprises.

Les conciles légiférèrent toujours pour rendre ces donations inviolables. L'entrée d'un fidèle dans les ordres suscitait des haines dans les familles, car les parents craignaient que le clerc n'instituât l'Église son héritière[1]. Mais le pouvoir spirituel était toujours le plus fort. Il se montrait insinuant auprès du riche, l'invitait à venir prendre du repos, à songer à son salut et employait tous les moyens pour gagner ses bonnes grâces.

L'Église surveillait les familles et cherchait, comme au temps de saint Jérôme, à en tirer le plus possible. Nous savons par les écrivains de l'époque qu'elle recevait des héritages qui provoquaient la haine et la colère des parents frustrés. Irrités, ils venaient injurier le clergé et le menacer, et quelquefois le pouvoir épiscopal étai obligé de restituer le bien ainsi mal acquis.

largiantur, ut illis habentibus cuncti habeant non habentes ». L'avarice, vice si fréquent à cette époque, aussi bien chez le clergé que chez les laïques, est sévèrement puni. Celui qui frustre les pauvres va en enfer, cf. Grégoire de Tours., *In gloria martyrum*, 105, p. 560 : « *migrans in inferno sepultus est.* »

1. On n'enleva rien aux dons ecclésiastiques. Les conciles répètent sans cesse la même ordonnance et le pouvoir civil recommande de ne rien distraire des offrandes des fidèles, cf. *M. G. H.*, *Leg.*, II, p. 19. Mais les fonctionnaires refusaient souvent de reconnaître les biens ecclésiastiques et malgré les menaces envahissaient les terres appartenant à l'Église, certains même les confisquaient sous prétexte de les défendre. La situation de l'Église était difficile. Les conciles déclarent que les terres ainsi enlevées pouvaient être reprises pendant un délai de trente ans. On craignait principalement les héritiers, et il n'était point rare que les biens transmis à l'Église fussent repris, cf. concile d'Orléans, IV, can. 14, Labbe, *Concilia*, V, p. 1366. Si les parents oubliaient de les donner à l'Église, ils étaient appelés les *necatores pauperum*, cf. concile de Reims, can. 10, Labbe, *Concilia*, VI, p. 1434. La famille craignait toujours pour les biens, et voyait d'un mauvais œil un veuf entrer dans l'Église, cf. Grégoire de Tours, *H. F.*, VI, 13. « *Lupus urbis Turonicæ civis, cum uxore perdita ac liberis, clericatum expeteret, a fratre Ambrosio prohibitus est timens ne heredem institueret Dei ecclesiam, si ei conjungeretur.* »

Malgré tout, la possession de ces biens était fort précaire, car l'Église n'avait qu'une arme : l'excommunication, qu'une seule puissance morale : le pouvoir du saint. Les rois avaient donné sans compter aux églises des Gaules. Les nouveaux venus avaient hérité du fisc romain et se trouvaient propriétaires de territoires immenses. Sortis naguère de la Germanie, hommes de guerre avant tout, ils n'avaient que du mépris pour un état économique qui les forçait à devenir stables et qui vivait de ce qu'ils détestaient : de repos et de paix. La valeur de la terre fut par eux méprisée et les premiers rois abandonnèrent à l'Église leurs possessions territoriales. C'est ce qui explique la trop grande prodigalité des premiers Mérovingiens et l'étonnement d'un Clotaire II en présence d'un fisc complètement ruiné et d'une Église toute-puissante.

Aussi, en présence de l'appauvrissement du fisc, quelques princes enlevèrent sans scrupule et sans droit des terres à l'Église. Que pouvait-elle faire devant ces excès, sinon se soumettre et attendre des jours meilleurs ? Si l'on ajoute à cela les guerres fréquentes, les divisions territoriales qui survenaient lors de la paix et qui portaient le trouble dans les possessions ecclésiastiques, il restera l'impression d'une Église franque puissante, mais dont la fortune était en butte à des attaques incessantes, à des confiscations soudaines et sans raison. Les rois même ont beau promettre de respecter les terres de l'Église, le pouvoir spirituel a appris la valeur éphémère de tels serments. Malgré les ordonnances réitérées des conciles, elle sent très bien l'état précaire de sa richesse. Elle n'était jamais sûre de conserver intact le patrimoine transmis et connaît la politique changeante des rois, témoin Dagobert qui pille sans honte les propriétés des saints[1]. Et à mesure que le fisc s'appauvrit, les ennemis du royaume deviennent menaçants. Ce sont les Arabes qui déjà sont en possession d'une partie de la Septimanie. Il faut de plus en plus faire appel à l'aide des leudes et le pouvoir royal n'hésite pas à donner en récompense les biens ecclésiastiques transmis en *précaires*.

Outre les rois qui étaient le plus souvent éloignés des diocèses, l'Église avait à redouter surtout l'avidité des grands du royaume. Comme ses biens étaient partout nombreux, ils excitaient la convoitise des fonctionnaires de l'État. De là, des conflits incessants qui

1. Les rois donnaient souvent l'exemple. Cf. Grégoire de Tours, *De virtutibus S. Martini*, I, 29, 30, p. 602.

s'élevaient entre eux et les évêques. Les grands surtout répétaient leurs ravages et cherchaient par tous les moyens à s'emparer du patrimoine des pauvres ou des saints ; le clergé s'efforçait d'effrayer ces Barbares ; des légendes terribles circulaient sur ceux qui s'étaient emparés de biens ecclésiastiques : Le corps d'un comte, disait-on, était devenu tout noir à sa mort, comme s'il eût été brûlé vif ; c'était à coup sûr la vengeance divine, Dieu était le défenseur des prêtres. Et ces légendes semaient la peur dans les esprits. Un prêtre dit à la femme de Sigibaldus que la maladie de son mari était due au vol d'une propriété fait à l'Église ; celle-ci fait aussitôt préparer les chariots pour transporter les bagages, et quitte avec le moribond la maison volée à l'élu de Dieu.

Le pouvoir spirituel veillait avec un soin jaloux sur sa fortune. Si le bien avait été pris par un grand du royaume, le clergé se rendait auprès de lui pour lui en réclamer la restitution immédiate. Sur son refus, les évêques lui adressaient une lettre pour l'engager de nouveau à le restituer. S'il persistait, le clergé de la paroisse réuni récitait le psaume 108 contre le ravisseur : il mourra anathématisé.

Ce n'étaient pas seulement les grands qui cherchaient à s'emparer des biens ecclésiastiques. L'Église dut mettre à l'abri des entreprises de ses membres les propriétés qu'elle possédait. Il n'était pas rare de voir à la mort de l'évêque, les biens du diocèse pillés et ravis, les meubles même de l'évêché emportés par les clercs de la ville. Un inventaire des meubles et des propriétés ecclésiastiques fut jugé nécessaire à la mort de chaque évêque, il était dressé par un prélat voisin du diocèse. L'archidiacre et les clercs de l'église épiscopale devaient ensuite défendre les propriétés ecclésiastiques du diocèse.

Héritière des idées gréco-romaines, l'Église chercha toujours à augmenter sa fortune, tout en dissimulant, pour ainsi dire, ses biens immenses. Elle se déclare au contraire toujours pauvre, malgré des donations nombreuses, et répète sans cesse aux fidèles qu'elle ne possède pas assez. A mesure qu'elle s'établit solidement, que les mauvais jours disparaissent, elle réclame davantage, sans craindre les dangers qu'entraîne la fortune, les instincts de lucre et de convoitise qu'elle développe même à son insu, les tribulations incessantes qu'elle se crée. Déjà fort riche, elle se montre à nous, revendiquant sans cesse des biens ravis, soutenant des procès contre les grands. Et à mesure que sa richesse augmente, la discipline ecclésiastique s'affaiblit et une réforme devient nécessaire. C'est dire beaucoup en affirmant que jamais l'ordre séculier n'a pu trouver dans son sein assez de force morale pour l'accomplir. Il a eu toujours besoin des moines pieux qui, à différentes reprises, ont sauvé l'Église.

Ce besoin insatiable de richesse eut aussi une influence néfaste sur la pitié de cette époque. Il entretenait dans l'esprit de ces populations une tendance à ne voir dans la religion qu'un commerce entre le fidèle et les divinités de la Jérusalem céleste. On oublie tout ce qui avait été l'essence même du christianisme primitif : le rêve mystique, la venue prochaine du Doux Maître. Jésus lui-même n'est qu'un thaumaturge, un Dieu sévère, qui a dompté le diable et qui peut ouvrir aux fidèles les portes du Paradis. Les cœurs bons et miséricordieux sont fort rares. La piété repose avant tout sur l'égoïsme. Les évêques le disent eux-mêmes et l'enseignent à la foule. L'aumône est recommandée au fidèle dans son propre intérêt. Elle adoucit la gravité des péchés commis, ceux qui ont suivi le temps du baptême.

L'Église ne se contenta pas des donations multiples des fidèles, elle réclama encore les dîmes, qui consistaient à prélever chaque année au profit des saints le dixième du produit des champs, des arbres fruitiers, du bétail, elle l'étendit même jusqu'aux esclaves.

C'était d'ailleurs une conception déjà fort ancienne, l'Église primitive avait désiré que chaque fidèle donnât une faible part de ses revenus pour le soulagement des pauvres et des serviteurs de Dieu. Les écrivains ecclésiastiques basaient ces prétentions sur l'Ancien-Testament et y encourageaient les fidèles. Mais ce ne fut qu'au cinquième siècle que le pouvoir spirituel chercha à prélever le dixième du revenu sur le produit des terres des fidèles ; il est vrai cependant que ces tentatives furent d'abord isolées.

Saint Jérôme engage les fidèles à consacrer cette faible partie au soin des pauvres, mais on voit par les écrits de Césaire d'Arles le peu d'effet que produisit cette exhortation du digne prélat[1]. Les invasions, les malheurs qui frappèrent l'Église orthodoxe sous les Wisigoths n'avaient pu permettre au clergé de chercher à systématiser les dîmes. Ce n'est que plus tard, vers la fin du sixième siècle que les prétentions du pouvoir spirituel s'accentuent. L'autorité du clergé, sa haute influence, ses vastes possessions rendent désormais possible

1. Cf. *P. L.* (Migne), t. 39, p. 2266. L'évêque d'Arles rappelle souvent ce don à Dieu, pp. 2195, 2217, 2268. On peut voir que le fidèle n'y était nullement obligé.

l'abandon de produits naturels : part encore relativement importante pour une population agricole malheureuse. En 585, le 2e concile de Mâcon institue la dîme pour tous les fruits et déclare que ceux qui se refuseront à la payer seront excommuniés[1]. Si l'Église pouvait exiger des colons qui travaillaient sur ses terres une semblable redevance, elle ne pouvait encore y forcer les agriculteurs libres des différentes contrées de la Gaule. Nous pouvons constater des cas isolés et les tentatives réitérées de l'Église pour rendre cet impôt obligatoire, mais l'usage est loin d'être général et solidement établi[2]. Il faut attendre l'époque carolingienne pour assister au triomphe complet des prétentions du clergé franc. Les textes nous disent aussi que le dixième des produits était une redevance qu'on exigeait souvent des agriculteurs du midi de la France. Les rois mérovingiens en font quelquefois l'abandon au clergé ou aux moines. On identifia peut-être cette redevance avec la dîme de l'Ancien-Testament. Nous trouvons dans les écrits contemporains de Charlemagne les traces du mécontentement provoqué chez les fidèles par cette obligation de donner à l'Église cette partie, quoique faible, de leurs revenus. Ces protestations nous prouvent que cette coutume était récente et qu'elle ne venait que d'être établie en Gaule.

Tous ces dons, toutes ces terres octroyées formaient alors la fortune mobilière et immobilière de l'Église. Les revenus devaient servir chaque année à l'entretien de la maison épiscopale, à celui des clercs, enfin à la nourriture des pauvres et des malheureux. Ils étaient aussi affectés aux édifices sacrés et aux réparations à faire aux églises. Tous ces soins incombaient à l'évêque du diocèse. Il devait répartir les revenus ecclésiastiques, car c'était lui qui donnait à chaque clerc, suivant sa fonction, à titre de précaire, c'est-à-dire révocable tous les cinq ans, un lot de terre que le prêtre devait faire cultiver avec soin, soit par des fermiers, soit par des esclaves.

Ce mode s'étendit aux colons et aux non-libres qui travaillaient sur les terres de l'évêché sous la surveillance de fonctionnaires d'un ordre inférieur que les documents nomment *agentes*. L'évêque, dans

1. Certains évêques avaient fait déjà en 677 des tentatives pour instituer les dîmes d'une manière plus générale, cf. Lœning, *l. c.*, p. 677. Le concile de Mâcon, can. 5, *Concilia* (*M. G. H.*), p. 166, les décréta. Elles sont affectées aux besoins des pauvres et des captifs.

2. Quelques exemples isolés, cf. Grégoire de Tours, *De gloria confessorum*, 107, p. 813. *De virtutibus S. Martini*, III, 33, p. 630, mais l'usage devient de plus en plus fréquent, cf. *Vita Radegundis*, 3, *M. G. H.*, p. 366, et Grégoire de Tours, *H. F.*, VI, 6, p. 250.

ce cas, restait le grand administrateur des biens ecclésiastiques. Nous avons vu qu'il y avait aussi des terres que le donateur gardait à usufruit pendant sa vie. Le pouvoir spirituel reconnut bientôt les inconvénients de ce contrat qui, tout en étant révocable chaque cinq ans, était renouvelable, et il en résultait que le contractant pouvait posséder la terre ecclésiastique pendant une durée de trente ans. Suivant le droit romain cette longue possession entraînait la prescription et le bien de l'évêché devenait la propriété de l'occupant. Les conciles cherchèrent pendant toute la période mérovingienne à abolir cette prescription pour les biens ecclésiastiques.

Le pouvoirroyal entra même dans ces vues afin de sauvegarder les intérêts de l'Église[1]. Cependant les difficultés ne purent être aplanies et l'Église se vit obligée au VIIe siècle d'imposer un cens minime aux possesseurs de propriétés ecclésiastiques[2]. Le pouvoir épiscopal évitait ainsi toute contestation et permettait aussi des donations faites par des particuliers qui se reconnaissaient par cela même les tributaires de l'Église. D'autres fermages donnés à cens moyennant une redevance pouvaient être transmis par hérédité. Les héritiers reconnaissaient les droits de l'Église et payaient le même cens.

La législation des conciles s'occupe avant tout pendant la période mérovingienne de conserver intact le patrimoine territorial de l'Église. Les mesures prises pour maintenir et fixer la fortune ecclésiastique étaient déjà fort anciennes. Dès le IVe siècle l'évêché, reconnu comme personne morale, se trouvait déjà en possession d'une fortune importante qu'il avait été nécessaire de maintenir et de défendre contre les atteintes qui auraient pu se produire de la part des évêques

1. Le précaire est mentionné au concile d'Agde, can. 7, Labbe, *Concilia*, V, p. 512, mais le pouvoir spirituel redoute les institutions du droit romain, et cherche à empêcher l'aliénation du bien malgré une longue possession, cf. concile d'Épaone, can. 18 (*M. G. H.*), p. 23. Le concile parle même d'une sanction royale interdisant le droit de prescription. Au concile d'Orléans (541), can. 18, p. 91, le clergé interdit l'aliénation « *quamvis longa possessio* ». On s'en rapporte aux *statuta canonum* qui déclarent l'aliénation nulle. Mais on voit que cela ne pouvait suffire et que l'Église était impuissante à maintenir ses prétentions. Elle cherche à obtenir la sanction royale et demande au roi de sauvegarder les biens ecclésiastiques. Clotaire II (684-628), plus vraisemblablement Clotaire Ier donne une *præceptio* qui protège les propriétés de l'Église. Le roi demande au prescripteur un titre, cf. *M. G. H.*, *Leges II*, *capitularia*, 13, p. 19. Inutile de dire que le précariste ecclésiastique ne pouvait en montrer aucun.

2. Pour l'usufruit, cf. concile d'Agde, can. 7. Labbe, *Concilia*, V, p. 512, mais on voit déjà au VIIe siècle que l'Église pour éviter toutes contestations au sujet de la prescription impose un cens relativement minime aux biens ainsi octroyés. Il indique clairement qu'elle reste propriétaire des terres concédées.

ou des clercs. Les conciles prohibèrent en principe l'aliénation des biens ecclésiastiques, mais conférèrent à l'évêque, seul représentant de l'Église, le droit de vente et d'échange dans l'intérêt de l'évêché. La loi était trop générale pour qu'on ne vît bien vite les inconvénients de cette trop grande liberté. Il y eut des abus qui obligèrent le pouvoir spirituel à limiter ces droits.

Dès le ve siècle, la législation des conciles exige pour l'aliénation des biens ecclésiastiques situés dans un diocèse le consentement du concile provincial. Si l'évêque a outrepassé ses droits, il remplacera les biens vendus par ceux qui lui appartiennent en propre. Le concile d'Agde va plus loin et demande le consentement des évêques voisins et ordonne la déposition des évêques qui auront enfreint la loi. Cette défense d'aliénation s'étend sur tous les immeubles et biens meubles de l'Église. Les esclaves peuvent être affranchis par l'évêque ; le prélat peut même leur accorder un lot de terre, mais ne saurait le vendre[1]. Ce n'est qu'à la dernière extrémité qu'on vendra le trésor sacré des églises. Les échanges restent autorisés sous le contrôle des évêques voisins[2].

A mesure que l'institution du métropolitain s'affirme, il acquiert le contrôle sur les aliénations. Nul évêque de sa province ne peut vendre un bien ecclésiastique sans son consentement. Dans tout l'Occident, le pouvoir spirituel se voyait obligé de consolider le patrimoine des églises et de restreindre les droits d'aliénation. On voit cependant que l'évêque passait quelquefois outre et octroyait des biens appartenant à l'église épiscopale[3] à un monastère qu'il voulait fonder. La législation de l'époque mérovingienne restreignit de plus en plus ce droit et ceux qui détenaient des biens ecclésiastiques devaient les restituer, s'ils ne voulaient pas être excommuniés. Mais bien souvent ces prescriptions n'étaient pas observées, car les lois de l'Église

1. Pour l'aliénation, cf. concile d'Agde (506), can. 7. En 507, le pouvoir spirituel fait un pas en avant, et exige que le métropolitain donne son consentement, cf. concile d'Epaone, can. 12, *Concilia* (*M. G. H.*), p. 22, le concile d'Orléans, can. 13, *ibid.*, p. 77. Les évêques ordonnent qu'on fera rentrer les biens déjà aliénés. Ceux qui refusent de les restituer, recevant sans nul doute une compensation, seront excommuniés. Le concile d'Orléans (541), can. 18, *ibid.*, p. 91, interdit aux clercs d'aliéner les biens qu'on leur concède.

2. Le concile d'Épaone, can. 17 (*M. G. H.*), p. 22, permet aux évêques de faire des échanges sans contrôle.

3. Saint Césaire dote le monastère de sa sœur avec les biens de l'évêché, cf. Jaffé, *Reg.*, 864.

n'avaient pas l'appui de l'État. Le pouvoir royal confirmait difficilement les décisions des conciles.

Il en fut de même pour les monastères et pour les paroisses rurales. Les abbés ne peuvent rien vendre sans le consentement des évêques ; on limite même les droits de l'abbé, il lui faudra l'assentiment des frères pour la vente des propriétés du cloître et pour certains contrats.

L'évêque était, dans chaque diocèse, chargé du soin des pauvres. Le pouvoir spirituel avait fait tous ses efforts pour restreindre le vagabondage et avait déclaré que chaque paroisse, aussi bien celle de l'évêché que celles des campagnes, devaient nourrir ses indigents. La bienfaisance fut donc exercée dans chaque centre religieux, et par là, le chiffre des mendiants qui parcouraient les routes, et étaient souvent des objets de terreur pour les populations fut diminué. Pendant la période mérovingienne, les pauvres étaient très nombreux, car l'arrivée des Germains qui détruisaient et pillaient, le plus souvent sans raison, les propriétés des indigènes fut loin d'apporter un remède à la misère. Des fermiers, des colons dépossédés par la violence durent se trouver sans ressources.

On peut dire que la mise en valeur par les Mérovingiens de terres jadis incultes, et une plus juste répartition dans la distribution des biens morcelés n'eurent pas le résultat qu'on aurait pu en attendre pour améliorer le sort et réduire sensiblement le nombre des indigents des derniers temps de l'Empire. Les chroniqueurs contemporains sont unanimes sur ce point : on les rencontre partout, disent-ils, assis sur les marches des églises, aux tombeaux des saints, le long des routes, dans les rues de la cité. Ils demandent l'aumône aux fidèles, et les évêques recommandent de ne pas leur adresser des paroles blessantes et surtout de soulager leur misère. Quelques-uns, plus heureux, recevaient de la part des prélats des lettres de recommandation qui leur permettaient de recueillir des aumônes plus fortes, mais les voleurs s'emparaient quelquefois de ces certificats qui leur facilitaient l'entrée dans les demeures des habitants[1].

L'Église avait donc, pour justifier les biens immenses qu'elle possédait, à répartir une partie des revenus aux pauvres des diocèses. Depuis des siècles, elle avait eu ses pauvres, et avait créé des matricules, sur lesquelles étaient inscrits les indigents de la paroisse qui étaient nourris par les évêques ou les archiprêtres du diocèse. Ces

1. Grégoire de Tours, *Vitæ Patrum*, 9, pp. 698 et 699.

indigents formaient une corporation et chaque paroisse avait ses *matricularii*[1].

Ces malheureux demandaient l'aumône à tour de rôle, pendant le jour, aux portes de l'église. Chaque matricule possédait des biens, et les fidèles leur donnaient des terres. Les *matricularii* étaient domiciliés quelquefois dans une maison à côté de l'évêché. Les malades, les infirmes, tous ceux qui ne pouvaient travailler, recevaient aussi de l'Église les vêtements et la nourriture. Les noms indiquent que le pouvoir spirituel ne faisait aucune distinction de race, car on rencontre parmi eux des Germains et des Gallo-Romains. Quant à la moralité de ce monde, elle laissait à désirer, car souvent le mendiant cherchait à s'approprier une partie des aumônes[2].

L'évêché trouvait quelquefois dans ces mendiants une protection efficace pour la défense des clercs de la ville, aussi l'Église fit-elle tous ses efforts pour encourager les fidèles à venir en aide à ses indigents. Les récits contemporains nous montrent la tendre sollicitude des matrones mérovingiennes, les soins vraiment maternels qu'elles prodiguent aux pauvres. Elles ne craignent pas de les servir à table pendant le séjour, quelquefois long, qu'elles faisaient à la basilique d'un saint célèbre. C'était de leur part une satisfaction personnelle, un devoir qui, vivement senti, encourageait à mieux faire.

L'Église combattit autant qu'elle le put la misère effroyable de l'époque, remédia aux famines, secourut les fidèles pendant les pestes, vendit quelquefois le trésor des églises pour racheter les prisonniers ; mais elle ne put faire à elle seule tout le nécessaire, elle n'avait ni le personnel ni la fortune suffisants pour une tâche aussi lourde. Le pouvoir spirituel encouragea les efforts des fidèles pour remédier aux calamités présentes[3], et s'efforça de développer chez l'homme le

1. Grégoire de Tours, *De virtutibus S. Martini*, II, 7, p. 611, 21, p. 616, III, 14, p. 634, cf. aussi concile de Lyon, III, can. 6 ; Labbe, *Concilia*, VI, p. 668.

2. Grégoire de Tours, *De virtutibus S. Martini*, II, 31, p. 603.

3. Les papes, les évêques faisaient distribuer aux pauvres des secours, cf. *Liber Pontificalis* (éd. Duchesne), p. 435. Ils encouragent les dons : *P. L.* (Migne), *Vita Desiderii*, 116, p. 274, ils vendent leurs vêtements pour racheter les prisonniers, *Vita Cæsarii*, Mabillon, *Acta*, I, 27, p. 643. Saint Léger, fit lors de sa lutte avec Ébroïn, distribuer aux pauvres tout le trésor de l'église d'Autun. Les exemples ne manquent pas pour prouver la charité des évêques. Des particuliers rivalisaient avec eux. cf. Grégoire de Tours, *Vitæ Patrum*, I, p. 715, cf. aussi la conduite de Grégoire le Grand. Il vend les objets sacrés pour le rachat des captifs, *Epist.*, XIII, lib. VI, p. 202, Mabillon, *Acta*, I, *Vita Severi*, 9, p. 565. *Acta Boll*, 31 juillet, *Vita S. Germani*, 6, p. 203. Les rois donnaient aussi beau-

sentiment de l'amour du prochain. Il y avait des souffrances à soulager, et l'appel à la charité sans cesse répété augmenta l'instinct de la solidarité humaine.

La littérature hagiographique propagea les conceptions altruistes de l'Église. Le saint est toujours préoccupé du plus petit. Il souffre comme saint Paul pour autrui. Rien ne lui appartient : ses vêtements, il les donne aux pauvres, sa nourriture, il la partage avec eux. Cette morale populaire accréditée par les légendes et par l'exemple des évêques eut une grande influence sur la société mérovingienne. On peut dire que le long travail de l'antiquité pour développer dans l'humanité le sentiment d'affection mutuelle ne fut pas perdu, l'Église le recueillit et l'augmenta. Les exemples deviennent de plus en plus nombreux et les femmes germaines aussi bien que les matrones gallo-romaines pratiquent la charité. Les pauvres eux-mêmes sont émus devant une misère plus grande que la leur[1].

Ce fut surtout en faveur des malades que l'action de l'Église sur la société contemporaine se fit sentir. En Orient, où le christianisme était plus ancien et où la population était plus appauvrie, les institutions de bienfaisance avaient pris un rapide développement. A côté des aumônes distribuées aux malheureux, les églises avaient créé de nombreux hôpitaux, des maisons de retraite pour les infirmes, et ces établissements avaient déjà rendu de grands services.

Saint Jérome vante le travail accompli et le pape Symmaque créa sur le mode de ces établissements des hôpitaux à Rome. La Gaule ne resta pas en arrière, et dès le commencement du VIe siècle nous pouvons mentionner un de ces hôpitaux à Arles. L'évêque Césaire, qui avait visité l'Italie, et était en relations constantes avec les pays orientaux, fonde le premier hôpital sur notre sol. Dès cette époque, les évêques, les rois, les simples particuliers en élèvent, et on peut dire que la charité s'étend sur toutes les contrées. Les hôpitaux reçoivent les malades qui sont soignés le plus souvent par des médecins préposés à ces établissements. Des léproseries sont fondées pour recevoir les fidèles atteints de cette si horrible maladie qui glaçait d'effroi les populations. Les lépreux étaient considérés comme des parias dans la société.

coup pour les pauvres, mais l'évêque profita toujours de ces dons. Il était considéré comme le père de la population de son diocèse, Mabillon, *Acta*, II, *Vita Sulpicii*, 24, p. 163.

1. Grégoire de Tours, *Vitæ Patrum*, I, p. 715.

Mais l'horreur qu'ils inspiraient donnait lieu à des actes peu humains. Les évêques devaient en prendre soin. La plupart repoussés de tous vivaient retirés dans des grottes. On vante la vertu d'un saint pour avoir lavé les plaies des lépreux. Les hôpitaux renfermaient tantôt neuf, douze, quinze, tantôt vingt ou vingt-cinq lits ; les malades y couchaient deux ensemble. Ils existaient le plus souvent dans les villes qui avaient encore une certaine importance.

Les monastères faisaient beaucoup de bien aux populations du plat pays et cherchaient à dépasser le zèle des évêques. Chaque cloître avait ses pauvres, sa matricule que les fidèles augmentaient par des dons. Les monastères étaient alors très populaires et les dons affluaient. Ils avaient aussi des salles pour recevoir les malades et exerçaient le plus souvent la médecine ; aussi n'est-il point rare de voir des malades de toute sorte, et même des énergumènes, soignés dans un monastère.

De riches particuliers avaient aussi construit sur leurs terres des hôpitaux dont ils avaient confié l'administration à des laïques qui surveillaient les soins donnés aux malades par les esclaves préposés à leur garde[1].

De tous les côtés s'élève un souffle de charité inconnu aux époques de l'Empire. On ne saurait nier ce réveil religieux. Partout des mo-

1. Nous savons que le clergé, les rois et les grands en ont fondé un certain nombre, mais on peut dire que l'hôpital en Gaule est une création toute récente. Césaire en construit un à Arles ; cf. Mabillon, *Acta*, I, *Vita Cæsarii*, II, p. 15. D'autres l'imitent : l'évêque Agricola en crée un à Châlon, le roi Childebert en fonde un à Lyon, cf. Labbe, *Concilia*, p. 394 ; Grégoire de Tours, *In gloria confessorum*, 85, p. 803. Ansbertus construit un hôpital de douze lits, Mabillon, *Acta*, II, *Vita Ansberti*, 4, p. 613. Il y fit venir des médecins pour soigner les malades. Ceux qui étaient guéris partaient aussitôt et étaient remplacés par d'autres. Projectus en construit un à l'Orientale. Des médecins y sont préposés, cf. Mabillon, *Acta*, II, 4, p. 613. Brunehaut en fonde un à Autun. Attalus en construit dix, cf. Le Blant, *l. c.*, n° 334. Marculf, *Formulæ*, II, I (Zeumer), p. 72, nous a conservé le libellé d'une charte pour la fondation d'un hôpital, cf. *Vita Domnoli*, *Acta Boll.*, 1 sept., 5, p. 607, construits hors de la ville, aussi *Vita Dadonis*, ibidem, 4 août, 24, p. 815. Saint Ouen en fonda un certain nombre. L'Église s'était aussi occupée des lépreux. L'évêque de chaque diocèse leur devait donner les vivres et les vêtements nécessaires, cf. concile d'Orléans (549), can. 21, *Concilia*. p. 107. Il y avait déjà des léproseries, cf. Grégoire de Tours, *Vitæ Patrum*, 4, p. 666 : « *Factum est autem quodam tempore, dum iter ageret ad visitandos fratres, ut occupante crepusculo ad hospitiolum diverteret leprosorum. Erant autem novem viri.* » Ils couchaient deux dans le même lit, à Tours, léproserie construite par l'évêque Léonce, Le Blant, *l. c.*, n° 587, à Metz, Beyer, *Urkundenbuch*, p. 5, pour seize lépreux. D'autres vivaient cachés dans les forêts ou dans des grottes, cf. Mabillon, *Acta*, II, *Vita Romani*, 4, p. 744.

nastères s'élèvent et deviennent des centres à la fois de culture et de bienfaisance, partout naissent des églises rurales qui arrivent à une plus grande indépendance et peuvent avoir, elles aussi, des matricules où sont inscrits les pauvres des campagnes. Au milieu des souillures et des crimes si fréquents pendant la période mérovingienne, à cette époque surtout où l'homme se conduit suivant son caprice et obéit à l'instinct, au milieu de la misère qui entraîne avec elle ses vices, il est doux de voir l'effort touchant de ces populations malheureuses vers un mieux moral, difficile à atteindre, il est consolant de constater avec quelle ardeur quelques-uns suivent les préceptes de charité transmis par l'Église. C'est un heureux présage pour l'avenir.

La bonté du pouvoir épiscopal s'étend sur tous ceux qui ont besoin de protection, et principalement sur les veuves et les orphelins. Il veille sur eux afin d'éviter les injustices si fréquentes à cette époque, obtient même de la royauté que les jugements qui les intéressent seront rendus en présence de l'évêque du diocèse ou d'un de ses mandataires. Le juge qui passait outre était excommunié. Les enfants nés souvent de la débauche, abandonnés par les parents, étaient recueillis soit par l'Église, soit par de simples particuliers. Ils appartiennent dès lors à ceux qui leur ont donné un foyer, et nous enregistrons avec joie des évêques compatissants et des maîtres doux pour eux. Les parents exposaient de préférence ces pauvres petits êtres à la porte des basiliques, où leurs cris pouvaient attirer la compassion des passants, des fidèles, amis de l'Église. Les famines étaient la cause la plus commune de ces abandons, et il n'était pas rare de voir dans ces jours néfastes des vieillards infirmes, des femmes âgées délaissés par leurs proches[1].

1. On exposait les enfants aux portes des églises, et la charité, quelquefois l'intérêt, poussait le fidèle à les recueillir, mais bien souvent après les avoir nourris et élevés, les parents les obligeaient à les rendre. C'étaient des querelles sans fin. Aussi personne n'osait plus s'en charger, cf. concile de Vaison, can. 10. Labbe, *Concilia*, IV, p. 71. Le concile ordonne que le dimanche suivant le diacre avertira le peuple qu'on a recueilli un enfant exposé, afin que ceux qui voudront le reconnaître puissent le réclamer dans l'espace de dix jours; ce temps écoulé, celui qui l'aura recueilli ne pourra être inquiété; cf. concile d'Arles II, can. 51, Labbe, *Concilia*, V, p. 8 : « *securus habeat qui collegit.* » l'Église le recevait et l'inscrivait à sa matricule ; cf. *Formulæ Andecavenses* (*M. G. H.*), p. 21 (Zeumer); on les appelait *infantuli sanguinolenti;* cf. aussi les Formules de Tours, 11, p. 141. On les trouvait exposés le matin : « *dum matutinis horis, pannis involuti.* »

L'Église protège aussi les affranchis et les esclaves. L'évêque devait veiller sur eux ; la législation ecclésiastique s'occupe particulièrement de la situation de ces membres de la population et réclame des maîtres un traitement humain[1]. Malheur à qui aurait usé de vexations ou de violence à l'égard des affranchis. Le pouvoir spirituel fut considéré comme le défenseur de cette classe si menacée pendant cette période. Les affranchis recherchèrent avec ardeur la protection de l'Église, et se recommandaient à elle. La dépendance que leur créait ce lien leur paraissait légère, car ce secours leur était nécessaire dans un temps où la force avait toujours raison du droit. Tout allait à l'encontre de cette classe, et les nobles cherchaient à réduire en servitude les hommes déjà affranchis.

L'Église agit de même à l'égard des esclaves et maintint, au moins en théorie, les anciennes conceptions si chères aux temps apostoliques de la fraternité envers les esclaves. L'évêque doit surveiller ceux de son diocèse, punir sévèrement de deux années d'excommunication le maître qui mettra à mort un esclave. Par l'extension du droit d'asile, l'Église les protège contre la colère souvent brutale du maître. Elle ouvre ses portes à tous les malheureux, à ceux qui fuient un mauvais sort, et prend en main la cause du fugitif. Si c'est un meurtrier poursuivi par les parents de la victime, l'évêque s'efforçant d'apaiser la famille, lui faisait jurer de ne rien entreprendre contre le coupable et de se contenter de la composition. Si c'est un esclave, le prélat exigeait du maître, souvent trop dur, la promesse de ne faire aucun mal à son fugitif et rendait l'esclave sous la foi du serment. Malheur au parjure, excommunié par l'Église, il devait rendre l'esclave. Dans ces temps de barbarie, il était difficile d'accorder sa confiance à ces promesses, mais la faute n'en est pas aux évêques, qui surent remplir leurs devoirs de charité et d'amour à l'égard des déshérités[2].

1. Elle encourage aussi les fidèles à affranchir leurs esclaves. Les testaments mentionnent toujours quelques affranchissements. Les évêques donnent l'exemple.

2. Le réfugié dans une église était sous la protection de l'évêque ; cf. Grégoire de Tours, *H. F.*, VIII, 6. On jurait sur l'autel de ne lui faire subir aucun mauvais traitement ; cf. concile d'Arles (551) I ; Grégoire de Tours, *H. F.*, IX, 38. Les esclaves, en particulier, venaient chercher protection au pied des autels, Grégoire de Tours, *H. F.*, IX, 38. Le maître promettait à l'évêque de lui pardonner, mais trop souvent il oubliait sa promesse. Les conciles cherchèrent à faire respecter le droit d'asile souvent violé, cf. Concile d'Orléans (511), can. 2, *Concilia*, p. 3 ; id., d'Épaone (517), can. 39. *Concilia*, p. 28. Quiconque n'aura pas respecté le droit d'asile sera excommunié ; concile

L'Église chercha à arracher les coupables à la mort. On voit les évêques et les prêtres toujours prêts à sauver un criminel et les légendes des saints en citent toujours quelques exemples. Le pouvoir spirituel considérait d'un très mauvais œil la peine de mort et fit tous ses efforts pour la rendre plus rare. Les conceptions religieuses s'y opposaient, car le supplicié ne pouvait reposer dans un cimetière chrétien, son cadavre était livré aux bêtes ou aux oiseaux de proie. Les châtiments, atroces à cette époque, entraînaient souvent la mort. L'Église essaya au moyen de compositions à rendre moins fréquentes ces sauvages punitions et condamna même les guerres privées. Elle fit tous ses efforts pour mettre un terme à ces luttes de famille souvent très difficiles à apaiser[1].

Résumons donc les grands services rendus par l'Église à l'humanité. Elle donne des règles fixes à la société mérovingienne, elle protège et soutient l'homme. Nous allons voir bientôt qu'il n'est jamais abandonné par le pouvoir spirituel, c'est lui qui le reçoit sur les fonts baptismaux et plus tard l'admet dans la société chrétienne, bénit son mariage, calme ses craintes au moment de la mort; dans les moments pénibles de la vie, à ces heures troublées, elle l'aide et le conseille. L'évêque le défend dans le malheur. Les conceptions morales du christianisme se systématisent, forment un tout qui vit dans l'esprit des évêques mérovingiens. Malgré les défaillances de certains prélats, malgré bien des ombres, résultat inéluctable de l'imperfection humaine, l'Église n'en a pas moins cherché, au milieu de l'arbitraire et du despotisme des rois, à faire régner un peu de justice et d'amour. Et si pendant ces siècles elle ne fut pas occupée, au milieu des guerres, de discussions théologiques, si sa littérature devenue plus populaire cherche uniquement à répandre les théories du pouvoir spirituel, elle n'a pas moins conscience de sa mission, et fait tous ses efforts, à l'aide d'une morale empirique, la seule possible à ce moment, pour élever la conscience troublée des contemporains de Chilpéric et de

d'Épaone (517), can. 35, *Concilia*, p. 28; concile d'Orléans (549), can. 22, *Concilia*, p. 107. Le pouvoir royal confirme les sages prescriptions de l'Église; *Capitularia* (*M. G. H.*), p. 14, de Gontran et de Childebert II (587), et p. 6.

1. Pour les peines : cf. Grégoire de Tours, *H. F.*, VIII, 2; X, 21; souffrances atroces, cf. Id., *ibid.*, III, 7, V, 39, VI, 35. Le prélat de Tours cite des tortures horribles. La peine de mort était souvent appliquée. Id., *ibid.*, III, 7, 15, V, 18, Frédégaire, *Chron.*, IV, 42. Il existait plusieurs sortes de supplices : la noyade, la strangulation, la décollation, etc.

L'Église prenait soin des prisonniers, l'archidiacre les visitait et veillait au bon ordre dans les prisons.

Frédégonde, et permettre aux générations futures un développement logique et régulier. Et ce progrès s'accuse déjà dans les conceptions chrétiennes de l'époque encore grossière transformée, par l'ignorance du peuple, en un demi-paganisme. Un sentiment charitable, compatissant se fait jour et prouve l'infinie tendresse de l'âme humaine.

Malgré la barbarie des temps les vertus chrétiennes sont tenues en grand honneur, l'essence du christianisme, la charité, la pauvreté, le renoncement de soi-même, l'abnégation de ce moi qui réclame sans cesse apparaissent comme la fin meilleure de l'homme. L'amour envers le pauvre, même encouragé par des vues souvent égoïstes, produit de tous côtés des œuvres louables, crée des hôpitaux, multiplie les dons. L'Église s'efforça d'adoucir les grandes souffrances humaines. Et à mesure que la foi chrétienne monte vers le Nord, fleurissent aussitôt un grand nombre de monastères, qui deviendront plus tard des centres très importants pour les réformes de l'épiscopat et la renaissance du sentiment chrétien. Un nouveau souffle s'étend sur toutes les contrées de la Gaule, et s'il donne naissance, bien souvent, à des productions imparfaites et à des caractères qui sont loin encore de réaliser le rêve mystique du Sauveur, il faut avouer cependant que dans cet amour divin, dans ce besoin si répandu de songer aux déshérités de ce monde se manifestent déjà les sentiments les plus élevés de la nouvelle foi.

CHAPITRE VIII

Les Usages populaires

Les usages et les coutumes, aussi bien gallo-romains que germaniques, persistèrent durant la période mérovingienne. L'hérédité pesait sur les nouvelles générations et la société vécut de la vie d'autrefois. L'Église d'ailleurs n'aurait pu changer en un jour ce qui avait été consacré par les ancêtres et par le temps. L'esprit conservateur du peuple maintint, en particulier dans les cérémonies qui accompagnaient la naissance, le mariage et la mort d'un contemporain de Grégoire de Tours, certains usages, certains symboles païens, sans pouvoir les expliquer. Le pouvoir spirituel se borna à élaguer ce qu'il trouvait contraire à la doctrine chrétienne et dans toutes ses prescriptions nous pouvons voir la politique toujours modérée et tolérante de l'Église.

La naissance d'un fils était une cause de joie pour les parents, qui voyaient dans le nouveau-né la perpétuité de la famille et du nom[1]. Les filles, au contraire, étaient le plus souvent mal accueillies, et lors des expositions d'enfants, suite affreuse des temps de famine et de malheur[2], le nombre de ceux du sexe féminin était toujours le plus considérable, car c'étaient celles-ci que les parents sacrifiaient de préférence. L'enfant, aussitôt né, la famille cherchait à le soustraire à l'influence des démons, tant était grande la crainte du mauvais œil, des incantations, des charmes des sorciers, de la haine de l'étranger qui pouvait

1. Il faut dire que d'après les écrivains contemporains, les avortements, même chez les familles riches, étaient assez communs, cf. Fortunat, *Vita S. Germani*, I, p. 11. Les enfants nés difformes étaient souvent mis à mort par leur mère, cf. Grégoire de Tours, *De virtutibus S. Martini*, III, 24, p. 617 et notre note, p. 160. Quand on ne voulait point nourrir des enfants estropiés, on les apportait au tombeau des saints, cf. Grégoire de Tours, *De virtutibus S. Martini*, II, 40, p. 160. Pour les enfants exposés, cf. concile d'Arles, II, can. 32. Ceux qui les acceptaient se montraient fort durs, cf. concile de Vaison, can. 10. L'Église chercha à porter remède à ces maux. Elle exigeait le nom des personnes qui s'en chargeaient.

2. Lors de la naissance d'un fils de roi, il était d'usage de mettre les prisonniers en liberté ; cf. Grégoire de Tours, *H. F.*, VI, 23, p. 263 ; Formules de Marculf, I, 39 ; V, 68.

s'adresser au diable et faire périr l'enfant à l'aide de philtres magiques. Le père, soucieux de l'existence de l'enfant, et pour le soustraire aux mauvais sorts dont il pouvait être victime, éloignait quelquefois de lui le nouveau-né[1]. Ces croyances populaires étaient souvent la cause de vengeances atroces et toujours injustes. Frédégonde, on le sait, vengea la mort de ses deux fils qu'elle attribuait aux influences néfastes des sorciers[2].

Les procédés employés pour mettre l'enfant à l'abri du mauvais œil et des démons ne différaient pas de ceux de l'antiquité : les phylactères aux formules étranges, les os d'animaux offerts quelquefois par les sorciers eux-mêmes, peut-être même encore la *bulla*, médaillon rond pendu au cou, qui devait protéger l'enfant, les petits sacs de sel, le plus souvent la relique, et surtout à cette époque le signe de la croix étaient destinés à conjurer les attaques des démons. Les sources se taisent sur les mille petits usages que nous connaissons par l'étude de l'antiquité, mais on peut dire qu'ils ont persisté au milieu de ce monde si disparate et si grossier. Ils forment encore le fonds des croyances des peuples méridionaux et surtout des habitants de la Pouille et du royaume de Naples. Transmis par les siècles, ils se perpétuaient en dehors de l'Église.

Les mœurs romaines et les usages germaniques avaient donné au huitième jour de la naissance une importance très grande. Chez les Francs, l'enfant était lavé par celui qui lui donnait son nom, et chez les Romains il était présenté le neuvième jour, après le bain, aux dieux du foyer. Le sacrifice offert à cette occasion aux Lares par la famille disparut avec le christianisme, mais ce jour conserva une importance que mentionnent les lois germaniques. Dès ce moment, l'enfant faisait partie de la famille, et recevait un nom qui n'était jamais donné d'une manière arbitraire, mais toujours dicté par des motifs religieux ou des intérêts de famille[3].

Le dogme du péché originel avait porté les Pères de l'Église à

1. Grégoire de Tours, *H. F.*, V, 39, p. 231, tous les enfants de Chilpéric étaient morts, quelques-uns avaient succombé aux maléfices : « *puerum, qui mortuus fuerat, maleficiis et incantationibus fuisse subductum.* » Aussi le roi ordonne, *H. F.*, VI, 41, p. 281, que son nouveau-né, Clotaire II, sera élevé loin des regards. « *His diebus ei filius natus fuerat, quem in villa Victuriacense* (Vitry) *nutrire jubet, ne forte, dum publice videtur, aliquid male incurrat et moriatur.* »

2. Grégoire de Tours, *H. F.*, VI, 35, p. 275.

3. Les prénoms étaient en général tirés de la Bible, l'Église ayant proscrit l'emploi de ceux des divinités païennes, cf. Le Blant, *Inscriptions chrétiennes de la Gaule*, I, p. 76. Les plus aimés étaient ceux de Agapus, Gaudentius, Hila-

recommander le baptême immédiat des enfants, car le pouvoir spirituel avait déclaré que dès leur naissance ils étaient sous la puissance du prince des ténèbres et de ses lieutenants et qu'ils ne pouvaient être délivrés que par les sacrements. L'Église allait plus loin encore et certifiait que l'entrée du royaume du ciel était interdite aux enfants morts sans avoir été baptisés[1].

Des légendes avaient répandu ces croyances en racontant le miracle de saint Étienne ressuscitant un enfant mort sans baptême pour qu'il pût recevoir les sacrements. Les Pères de l'Église, les conciles ne cessent d'engager les fidèles à faire baptiser le plus tôt possible les nouveau-nés, prescriptions qui n'étaient pas encore suivies régulièrement à l'époque franque, où un temps relativement assez long s'écoulait entre le jour de la naissance et celui du baptême, mais nous savons cependant que lors de maladie les parents s'empressaient de leur faire administrer ce sacrement. La cérémonie était la même que pour les adultes, mais moins longue et moins compliquée: l'exorcisme, les onctions, l'insufflation en étaient les actes principaux et avaient toujours pour but de mettre en fuite les puissances mauvaises, aussi considérait-on comme dus au démon, désolé de voir ainsi sa proie lui échapper, les cris et les petits mouvements de l'enfant au moment du baptême.

rius, Vincentius, qui indiquaient la joie, le bonheur d'être chrétien, cf. Id., *Nouveau Recueil*, n° 29. Celui d'*Innocentius* était souvent pris, cf. Fortunat, *Carmina*, IV, 22, « *nomine sed primus vocitatus rite Johannes.* » Le Blant, *Insc. chr. de la Gaule*, *N. R.*, n° 29; Grégoire de Tours, *H. F.*, V, 38, p. 230. Quelquefois on prenait le nom du parrain, « *ipse in baptismo Berthchrammus vocitatus est.* » Grégoire de Tours, *H. F.*, VIII, 22, p. 339.

1. Lorsqu'un enfant était malade, les parents se hâtaient de le faire baptiser: « *Ut autem eum hic fervor attigit, concurrit pater ad ecclesiam, ne prolis absque baptismo fungeretur.* » Cf. Grégoire de Tours, *De virtutibus S. Martini*, II, 43, p. 624, *H. F.*, V, 22, p. 219. Les enfants qui mouraient dans leurs robes blanches du baptême allaient directement au ciel, cf. Grégoire de Tours, *H. F.*, II, 29, p. 91. Baptême après quarante jours, Grégoire de Tours, *H. F.*, IX, 37, p. 391; VI, 34, p. 226; Le Blant, *Inscriptions chrét. de la Gaule*, n° 200, n° 244; Marini, *Arvali*, p. 171; plus tard, cf. Mabillon, *Acta S.*, II, *Vita S. Germani*, 8, p. 457; à dix mois, Grégoire de Tours, *Vitæ Patrum*, 4. p. 671. Les enfants des rois étaient en général baptisés dans les *villæ royales*. Le parrain était toujours un personnage important, et on choisissait de préférence des évêques ou des moines déjà célèbres par leur piété, cf. Mabillon, *Acta S.*, II, *Vita S. Amandi*, 15; des reines étaient choisies pour marraines des enfants des fonctionnaires: « *Filia enim ejus ex lavacro regina susciperat et ob hoc misericordiam de eo habere voluit.* » Cf. Grégoire de Tours, *H. F.*, IX, 11, p. 366. Ce prélat nous dit les liens étroits qui unissaient le parrain à son filleul, qu'il considérait comme son propre fils, cf. *H. F.*, V, 18, p. 213. L'enfant tenu sur les fonts baptismaux est généralement épargné, cf. Id., *ibidem*, III, 23, p. 131, Frédégaire, *Chron.*, IV, 42, p. 141.

Si la mère ne l'allaitait pas elle-même, l'enfant était confié aux soins d'une nourrice, mais lorsqu'il appartenait à une famille riche et puissante, il était placé sous la garde de nombreux serviteurs chargés de le surveiller[1]. Il partageait les jeux des enfants de son âge et grandissait ainsi sous les yeux de ses parents[2]. Les jouets devaient être les mêmes que ceux du Bas-Empire, mais il n'en est fait aucune mention dans les textes qui nous sont parvenus. La famille devait songer ensuite à son éducation. Le jeune garçon était envoyé à l'école vers sa septième année. Cette règle n'était pas cependant absolue, et l'on peut constater quelques exceptions, car nous voyons des enfants de 5 ans commencer à apprendre à lire, d'autres plus âgés recevoir, vers 13 et 14 ans, les premiers éléments de la grammaire[3]. Il existait alors trois écoles où l'enfant pouvait puiser les connaissances nécessaires à la vie : l'école du palais, celle de l'évêché, et enfin le monastère. Nous ferons remarquer cependant que l'instruction des jeunes gens des familles riches était souvent confiée à des professeurs libres qui créaient ainsi dans la cité et en dehors de l'évêché des petits centres de culture.

La cour avait une école où les jeunes gens des familles puissantes recevaient l'instruction et l'éducation nécessaires pour remplir les

1. Les enfants des rois et des grands étaient confiés à des *nutrices*. Un certain nombre d'esclaves (*pueri*) étaient attachés à leur service, cf. Grégoire de Tours, *H. F.*, III, 18, p. 128 : « *separati a pueris, et nutritoribus.* » Id., *Vitæ Patrum*, V, 2, p. 680. Id., *De virtutibus S. Martini*, 42, p. 624 : « *Puer genitus lacte materno deficiente, nutrici ad alendum datur.* » L'enfant confié à une gouvernante, *nutrix Septimina*, cf. Grégoire de Tours, *H. F.*, IX, 38, p. 392. On y adjoignait aussi un fonctionnaire : « *Droctulfum, qui ad solatium Septiminæ ad nutriendum regis parvulus fuerat datus.* » Serviteurs attachés au service des enfants des rois, cf. Id., *ibid.*, IX, 46, p. 391.

2. Cf. Grégoire de Tours, *De virtutibus S. Martini*, IV, 18, p. 654.

3. Grégoire apprit à lire vers l'âge de huit ans, cf. *Vitæ Patrum*, VIII, 2. p. 692 : « *in adolescentia mea, cum primum litterarum elementa cœpissem agnoscere et essem quasi octavi anni ævo.* » D'autres vers 10 ans, Id., *ibid.*, IX, 1, p. 702; à 12 ans, *Acta*, *S.* Boll. (IV, août) *Vita Eptadii*, 1, p. 778 : « *Cum esset ergo annorum duodecim, nescientibus parentibus ejus ad disciplinam fugit scholarem, ibique per se ipse magistro infantiam ætatis suæ tradidit sacris litteris edocendam.* » Mérite accordé aux propriétaires qui font instruire les enfants de leur *domus*, cf. Grégoire de Tours, *Vitæ Patrum*, VII, 2, p. 692 : « *illud omnino studebat, ut omnes pueros, qui in domo ejus nascebantur, ut primum vagitum infantiæ relinquentes loqui cœpissent, statim litteris doceret ac psalmis imbueret.* » Usage de donner aux enfants aux jours de station du pain et du vin consacrés, cf. concile de Mâcon, II, 6, *Concilia*, M. G. H., p. 167 : « *Quæcumque reliquiæ sacrificiorum post peractam missa in sacrario supersederint, quarta vel sexta feria innocentes ab illo, cujus interest, ad ecclesiam adducantur et indictum eis jejunio easdem reliquias conspersas vino accipiant.* »

fonctions qu'ils seraient appelés à exercer plus tard[1]. Ce n'était pas une école primaire, où les enfants apprenaient les premiers éléments de la grammaire, mais un Institut particulier où des jeunes gens arrivés à un certain âge, et ayant appris à lire et à écrire, étaient envoyés par

1. Il existait encore au VIe siècle des professeurs de grammaire à la recherche de leçons; on les rencontre dans certaines villes, cf. Kauffmann, *Rhetorenschülen und Klosterschülen*, p. 74 et 80. Certains même étaient étrangers, cf. Mabillon *Acta S.*, I, *Vita Cesarii*, 7, p. 660; Grégoire de Tours, *H. F.*, VI, 86, p. 276 : « *Erat autem ipsis personis familiarissimus quidam Pomerius nomine scientia Rhetor, Afer genere, quem ibi singularem et clarum grammaticæ artis doctrina reddebat.* » Id., *ibid.*, II, *Vita Ansberti*, 3, p. 1049, I : « *Traditur deinde a parentibus magistris strenuis, sacris litteris erudiendus.* » Quelquefois c'était un clerc, Id., *ibid.*, II, 5, p. 336; *Vita S. Columbani*, 9, p. 6. Grégoire de Tours, *H. F.*, VI, 36, p. 276, un clerc devient professeur : « *profert se litterarum esse doctorem, promittens sacerdoti, quod si ei pueros delegaret, perfectos hic in litteris redderet. Gavisus auditu sacerdos, pueros civitatis collegit ipsique delegat ad docendum.* », Id., *Vitæ Patrum*, VI, 2, p. 703. Patrocle, prêtre de l'église de Bourges, édifie au bourg de Néris un oratoire dédié à S. Martin et y établit sa demeure, « *pueros erudire cœpit in studiis litterarum.* » Les rois cherchèrent à relever, mais en vain, les écoles des Gaules, Mabillon, *Vita Columbani*, 7, p. 8 : « *Peractis itaque infantiæ annis, in pueritiæ ætate pubescens, liberalium litterarum doctrinis et grammaticorum studiis, ingenio capaci dare operam cœpit.* » *Vita S. Germani* : « *Deinde cum Avallone castro cum Stratidio propinquo puer scolis excurreret...* » *M. G. H.*, II, 5, p. 12, cf. *Vita Sancti Remedii*, pp. 2-64. Dans les grandes familles, on donnait l'enfant à des précepteurs : « *Cumque jam tempus adveniret, ut literarum studiis imbuendus darentur, mox traditur præceptori et doctissimis sacrarum litterarum magistris edocendus informatur.* » *Acta S.* Boll. (XIII, février). *Vita S. Licinii*, p. 678 : « *Quod ille audiens et hanc increpationem quasi a Deo sibi transmissam putans, reliquit oves in campi planitiæ et scolas puerorum nisu animi agile atque cursu velocissimo expetivit.* » Grégoire de Tours, *Vitæ Patrum*, I, 702, *Vita Desiderii*, Migne, *P. L.*, t. 87, p. 220, les jeunes gens qui apprenaient quelque peu les lettres étaient très fiers; un frère qui gardait les troupeaux, fort malmené par son frère : « *Discede longius, o rustice, tuum enim est opus oves pascere, meum vero litteris exerceri.* » Grégoire de Tours, *Vitæ Patrum*, I, 702, enfant : « *Sicque ingrediens laudabilis Agilus ævum pueritiæ committitur Eustasio probatæ religionis viro sacris litteris erudiendus cum aliis nobilium virorum filiis, qui postea Ecclesiarum Præsules exstiterunt.* » Mabillon, *A. S.*, II, *Vita Agili*, 318, p. 4. « *Hunc si quidem genitores velut unicum filium tenere diligentes, tradiderunt scholis erudiendum atque instruendum doctrina Christi.* » Id., *ibid.*, II, *Vita S. Geremari*, pp. 1-475 ; Fortunat, *Carmina*, VI, 7, 143, aussi p. 120. IX, 1 et 2, p. 201. 205. On en comptait néanmoins encore un certain nombre, cf. Fortunat, *Vita S. Medardi*, 4, p. 68. pour Verdun : « *in qua urbe cum adulescens ad scolam recurreret.* » Cf. *Histoire littéraire de la France*, III, p. 20. On en sortait à midi pour le *prandium*, cf. Grégoire de Tours, *Vitæ Patrum*, VII, I, « *meridie hic a scholis cum venisset.* » Il est à supposer que même à l'époque de Chilpéric on pouvait encore prétendre à une certaine unité de méthode dans ces écoles, cf. Grégoire de Tours, *H. F.*, V, 44, p. 237 : « *misit epistolas in universis civitatibus regni sui, ut pueri docerentur, ac libri antiquitus scripti, planati pomice rescriberentur.* » Il faut ajouter aussi que des nobles qui ne pouvaient pas venir étudier à la *Schola palatina* prenaient un *magister* qui enseignait les lettres à plusieurs élèves, *Vita Arnulfi*, Mabillon, *A. S.*, II, 3, p. 140; et aussi

leur famille à la cour. Des maîtres enseignaient à ces jeunes gens les connaissances nécessaires à l'administration du royaume[1]. La famille confiait quelquefois le jeune homme déjà instruit à un grand personnage de la cour[2].

Nous ignorons si les professeurs de la *Schola palatina* appartenaient au clergé, mais nous pensons que ce fut peut-être le cas vers la fin du VIIe siècle. A mesure que nous avançons dans le moyen âge, les clercs possèdent le monopole de l'instruction et sont aussi seuls capables de rédiger les actes, la correspondance que nécessitaient les affaires de l'administration.

Après la disparition des écoles païennes à la suite des invasions germaniques, l'enseignement perdit son caractère général de haute culture et ne servit plus qu'à quiconque voulait être clerc ou exercer une fonction publique. Ce fut surtout tous ceux qui désiraient entrer dans les ordres qui y furent astreints : une instruction moyenne obligatoire leur était imposée. Ce que le pouvoir spirituel

II, *Vita S. Walarici* (peut-être de la fin du VIIe s.), 2, p. 77 : « *Audivit in locis vicinorum propinquis qualiter nobilium parvulorum mos est doctoribus instruere scholas.* » Cet usage existait depuis longtemps déjà, cf. Mabillon, *A. S.*, II, *Vita Chlodulfi*, 3, p. 999, « *ut nobilium filiis fieri solet, scholis traditur.* » Id., *ibid.*, II, *Vita Pauli Verodunens*, p. 258, dit : « *Sicut olim moris erat nobilibus traditur imbuendus liberalium studiis litterarum.* »

1. École du palais des rois mérovingiens. On y enseignait ce qui était nécessaire à l'administration du royaume, cf. Fortunat, *Carmina*, VII, 4 ; Mabillon, *Vetera Analecta*, *Vita Aridii*, 187 : « *Interea Regi praecellentissimo Theodeberto commendatur, ut eum instrueret eruditione palatina.* » *Vita S. Leodegarii*, 1, 2. Le nombre de ces jeunes gens était fort grand, cf. Waitz, *D. V. G.*, II, 2, p. 108 ; Mabillon, *A. S.*, II, *Vita Leodegarii*, I, p. 668 ; *Vita Filiberti*, II, 1, p. 784. *Vita Faronis*, II, 9, p. 585 ; Grégoire de Tours, *H. F.*, X, 29. Mabillon, *A. S.* II, *Vita S. Pauli Verod.*, I, p. 258, dit que cette coutume était déjà fort ancienne : « *sicut olim moris erat nobilium.* » Grégoire de Tours, *H. F.*, II, I. C'était une imitation de l'école gallo-romaine qui existait sous l'Empire à Trèves. Elle devait comprendre aussi une instruction militaire. Le jeune élève devait apprendre la discipline militaire, l'équitation, le maniement des armes, comme aussi les connaissances nécessaires à l'administration du royaume; on l'envoyait à la cour à un certain âge, après les études terminées, *Acta Boll.*, cf. XIII, février, *Vita Licinii*, p. 678 ; Bouquet, *Historiens des Gaules*, III, p. 467, cf. aussi *ibidem.*, p. 467, Grégoire de Tours, *H. F.*, II, I. On enseignait surtout le droit civil et le droit canon, et l'élève devait être capable de composer un diplôme, une charte. Les *referendarii* sortaient de la *schola palatina*. Cf. Grégoire de Tours, *H. F.*, V, 29, p. 440. Ce sont les pages de la cour. On pouvait rester au palais et servir le roi ; car, à cette époque, quiconque remplissait un emploi à la cour devenait de ce fait fonctionnaire royal. Ils s'occupaient aussi des affaires de l'État.

2. *Vitae Patrum*, IX, I, p. 703, Patrocle, après avoir fréquenté les écoles : « *Dehinc Nunnioni, qui quondam cum Childebertho Parisiorum rege magnus habebatur, ad exercendum commendatus est.* »

exigea du jeune clerc, ce fut avant tout de savoir lire les Livres-Saints, les psaumes, et de se rendre compte de la liturgie. Tel était, si nous nous en rapportons aux écrits contemporains, le minimum de connaissances nécessaires. Ils nous montrent aussi le rôle important que jouait la mémoire dans cet enseignement élémentaire. Les élèves apprenaient par cœur le psautier et le savaient dès leur jeune âge.

Les maîtres de l'école épiscopale[1] ou monacale[2] étaient donc les instituteurs de toute la jeunesse de l'époque mérovingienne. Ils enseignaient, comme dans l'antiquité, les premiers éléments ; la lecture, l'écriture et un peu d'arithmétique. La fonction de clerc, en particulier, rendait la lecture obligatoire. Il est presque certain que beaucoup de jeunes gens de familles riches recevaient leur instruction dans les monastères qu'ils pouvaient quitter une fois leurs études terminées, tandis que les enfants *oblati*, seuls, étaient obligés d'y rester. C'est ainsi que de nobles Germains purent apprendre la langue latine et les poètes n'oublient pas de chanter leur savoir.

Après la lecture, on apprenait le psautier, les prières principales, telles que le *Pater* et le *Credo*, mais il aurait été bien difficile de retenir la liturgie et les lectures prises dans les Livres-Saints. L'écriture n'était pas aussi nécessaire, et il est certain que bien des clercs l'ignoraient.

Les hagiographes mentionnent avec soin que leur héros savait écrire. Quelques-uns même avaient des connaissances prises dans l'enseignement supérieur.

Nous sommes très peu renseignés sur les écoles mérovingiennes et

1. Il y avait aussi l'école épiscopale, sur laquelle le concile de Tolède (de 531) nous donne quelques détails. On voit que certaines familles y envoyaient *a primis infantiæ annis* leurs enfants pour être clercs. Ils étaient aussitôt tonsurés, *mox detonsi*, et remplissaient ensuite la fonction de lecteurs, *ministerio lectorum traditi*. Ils continuent leurs études dans la *domus ecclesiæ, sub episcopali præsentia, a præposito sibi debeant erudire.* On ajoute ensuite : « *ubi octavum decimum ætatis suæ compleverint annum, coram totius cleriplebisque conspectu, voluntas eorum de expetendo conjugio ab episcopo perscrutetur.* » Ceux qui refusent sont instruits pour être sous-diacres. Cf. Mabillon, *A. S.*, II, *Vita Germani*, 2, p. 490. L'évêque *Modoaldus*, évêque de Trèves, le fait instruire sans doute dans l'école épiscopale « *litteris liberalibus eum erudire cœpit.* »

2. On entrait dans les écoles des monastères dès l'âge de neuf à dix ans, cf. Kaufmann, *Rhetorenschülen und Klosterschülen*, p. 74. On apprenait à lire et à écrire à tous ceux qui entraient dans les abbayes, cf. *Regula S. Cæsarii*, c. 14, p. 1105. Cette règle décrète qu'on ne recevra que des jeunes filles de six à sept ans. Elles pourront aussi apprendre à lire. L'évêque d'Arles défend de recevoir des jeunes filles qui viendraient au monastère pour s'instruire, sans idée d'y demeurer, cf. *Regula S. Cæsarii*, Migne, *P. L.*, p. 1108, *Regula S. Benedicti*. 59 (Martène) p. 781.

sur les méthodes d'enseignement qui y étaient suivies. Nous savons cependant qu'elles faisaient partie de la maison épiscopale ou du monastère, où, ce qui est à présumer, une salle assez vaste était réservée aux élèves[1], sous la surveillance de l'archidiacre ou de l'abbé[2]. Nous ne pensons pas que ce haut fonctionnaire, fort occupé soit à représenter l'évêque dans ses différentes fonctions, soit à surveiller le clergé du diocèse, ait été chargé lui-même de cette lourde tâche ; des professeurs étaient sans doute nommés pour instruire ces jeunes gens, et l'archidiacre ou l'abbé veillaient à ce qu'aucune notion contraire à la doctrine chrétienne ne soit enseignée. Le monastère, qui avait déjà au VIe siècle son école, recevait des jeunes gens qui se destinaient à la vie religieuse ou qui venaient y puiser les premières notions indispensables à la vie. Un certain nombre étaient consacrés à Dieu dès leur jeune âge et laissés au cloître où ils restaient jusqu'à la fin de leurs jours; ces *oblati* trouvaient là une école primaire qui leur enseignait les premiers éléments, ainsi qu'à d'autres jeunes gens qui, venus au monastère beaucoup plus tard, à l'âge de dix-huit ans, ne savaient encore ni lire ni écrire.

Lorsque les élèves étaient assez nombreux, les professeurs avaient soin de les diviser en différentes classes qui comprenaient chacune dix étudiants. Un seul maître dirigeait ces jeunes gens qui avaient besoin d'une très grande surveillance. La discipline était très sévère, et nous savons par des récits que les maîtres ne craignaient pas de frapper le jeune écolier. Les temps étaient grossiers et l'enfant devait être fortement réprimandé : coups de fouet et de bâton, telles étaient

1. Cf. Grégoire de Tours, *Vitæ Patrum*, XX, 1, *Regula S. Cæsarii*, Migne, *P. L.*, « *in schola.* »

2. C'était quelquefois l'archidiacre qui enseignait les enfants. Cf. Grégoire de Tours, *In gloria martyrum*, 77 p. 540 : « *Erat enim hic Johannes nomine valde religiosus et in archidiaconatu suo studium docendi parvulos habens.* » Dès le VIe siècle, on voit naître dans les *vici* et dans les paroisses rurales de petits centres de culture. Les prêtres devaient enseigner à des jeunes gens la connaissance de la grammaire pour leur faciliter la lecture des Livres-Saints, cf. Concile de Vaison, can. I (529), *M. G. H.*, *Concilia*, p. 56 : « *Hoc placuit, ut omnes presbyteri, qui sunt in parrociis constituti, secundum consuetudinem, quam per totam Italiam satis salubriter teneri cognovemus, juniores lectores, quantoscumque sine uxoribus habuerent, secum in domo, ubi ipsi habitare videntur, recipiant et eos quomodo boni patres spiritaliter nutrientes psalmis parare, divinis lectionibus insistere et in lege Domini erudire contendant, ut et sibi dignos successores provideant, et a Domino præmia æterna recipiant. Cum vero ad ætatem perfectam pervenerint, si aliquis eorum pro carnis fragilitate uxorem habere voluerit, potestas ei ducendi conjugium non negetur.* » Concile de Tolède (531), can. I.

alors les punitions les plus douces. Chaque élève s'asseyait sur un escabeau et le maître prenait place en face des écoliers. Il avait beaucoup à faire pour instruire ces dix jeunes gens, car les premiers éléments étaient fort difficiles et nécessitaient un temps assez long.

Le *magister* apprenait tout d'abord à lire aux enfants. Les procédés étaient les mêmes que ceux de l'antiquité. Les lettres étaient écrites sur des tablettes et l'enfant les épelait[1]. D'autres tableaux contenaient des voyelles accompagnées de consonnes, de petits mots que l'élève récitait, en ayant soin de bien les prononcer[2]. Le maître devait se montrer fort sévère pour une bonne accentuation et pour une excellente diction. Après différents exercices, que nous ne connaissons pas, le maître apprenait aux enfants les psaumes. Ils devaient les réciter par cœur, car il est fort probable que, vu la rareté et la cherté des livres, chaque élève ne pouvait certainement pas posséder un exemplaire de la Bible[3].

Les jeunes gens étaient ensuite instruits dans le chant. Le professeur leur enseignait la manière de vocaliser les psaumes et les hymnes

1. Les instruments étaient les mêmes que ceux de l'antiquité : cf. Grégoire de Tours, *De virtutibus S. Martini*, II, 43. Les *ceratæ tabellæ*, *ibidem*. *Stylus*, *liber*, *codex*, *folium*, Id. *In gloria martyrum*, 42, p. 516 : « *Ceratas caput inlidunt tabellas, secantes latitudinibus stilorum punctisque minutis...* » On enfermait les chartes, les parchemins dans des armoires, cf. Grégoire de Tours, *H. F.*, IV, 46, p. 180 : « *in libellare, quo charte abdi soleti sunt.* » Frédégaire, *Chron.*, IV, 40, p. 140 : « *super tabulam cœram linitam.* »

2. On enseignait la lecture, comme on le fait encore dans les écoles primaires, on épelait, cf. Grégoire de Tours, *Vitæ Patrum*, VIII, 2, p. 692 : « *Nihil aliud præter notas agnovi.* » *Vita Walarici*, Mabillon, *A. S.*, II, p. 77 : « *Tabellam sibi faciens, cum summa veneratione humili prece a præceptore infantium depoposcit ut sibi alphabetum scriberet et notitiam litterarum insinuaret.* » *Vita Leobini*, I, p. 73 : « *Postea vero cum pater hujusmodi aviditatem discendi in filio compérisset, litterarum lineas in tabulis fieri decrevit.* » Dans ces écoles religieuses, on devait apprendre au jeune élève tout d'abord les psaumes et certaines prières. Il les récitait par cœur. On voit aussi par les formules de Marculf (Zeumer), præf., p. 37, qu'on leur donnait à lire des formules : « *sed ego non pro talibus viris sed ad exercenda initia puerorum, ut potui, aperte et simpliciter scripsi, cuilibet exinde aliqua exemplando faciat.* » C'était surtout pour ceux qui se livraient aux études administratives, mais le clergé avait dû de très bonne heure donner à lire aux élèves des psaumes et des Vies de saints.

3. Grégoire de Tours, *Vitæ Patrum*, VIII, I, p. 691 : « *Eodemque summa nutritum diligentia litteris ecclesiasticis mandavit institui,* » et aussi XX, I, p. 741 : « *qui tempore debito, cum reliquis pueris ad scholam missus, quæpiam de psalmis memoriæ commendavit.* » Mabillon, *A. S.*, II, *Vita Ansberti*, 19, p. 1053 : « *Et quia erat sanctarum scripturarum scientia imbutus,* » *Vita Geremari*, Mabillon, II, 2, p. 475 : « *scripturas sacras ita sitiens epotabat quotidie, ut pœne memoriter retineret et in corde suo assidua meditatione trutinaret.* » *Vita Leodegarii*, I, p. 651.

et nous pouvons constater qu'au VIe siècle les belles voix étaient fort recherchées. C'était même une bonne fortune pour un évêque de rencontrer un jeune lecteur possesseur d'une voix douce et agréable. Les hagiographes n'oublient pas de nous apprendre que le saint se faisait remarquer parmi les chanteurs de l'église ou du cloître[1]. La période mérovingienne est une époque de transition, elle ne crée aucune nouvelle méthode, elle ne fait que suivre l'enseignement antérieur. On peut voir par la Vie de saint Grégoire combien il était difficile à ces jeunes gens d'apprendre à chanter et à moduler les sons à la manière du Ve siècle. On ne peut constater aucun progrès de ce côté et les maîtres ne font que suivre les procédés qui leur ont été transmis.

Le jeune élève passait ensuite à l'écriture. L'antiquité avait encore indiqué la méthode. L'enfant imitait le contour des lettres découpées sur une tablette de bois, et la main du professeur guidait d'abord son inexpérience. Chaque élève recevait plus tard une tablette de cire sur laquelle, déjà plus expérimenté, il traçait alors les lettres sous le regard du maître. Lorsqu'il savait écrire, il pouvait commencer à copier sur parchemin certains ouvrages[2]. Des hagiographes mentionnent aussi le talent et l'habileté dont fait preuve leur jeune héros dans la copie d'écrits des Pères de l'Église ou d'ouvrages de liturgie. On les envoyait ensuite dans les différentes paroisses du diocèse, cas qui devait être assez rare, car des fautes provenant de l'instruction, trop superficielle encore, du jeune homme étaient à craindre.

En outre de ces notions, le professeur enseignait aux élèves les premiers éléments du calcul. La manière de compter la plus générale était celle du monde gréco-romain ; les doigts servaient à faire les additions et par leur pose indiquaient les dizaines et les nombres. L'antiquité avait donné aussi l'*abaque*, sorte de table qui simplifiait les calculs.

Tel était l'enseignement primaire que l'enfant recevait et qui devait être le bagage intellectuel de la plupart des clercs[3]. Les Vies des saints de

1. Grégoire de Tours, *In gloria martyrum*, 76, p. 538 : « *Mulier quædam, filium suum unicum ad hoc monasterium adducens, abbati tradidit erudiendum, videlicet ut factus clericus sanctis manciparetur officiis. Verum cum jam spiritalibus eruditus esset in litteris et cum reliquis clericis in choro canentium psalleret, modica pulsatus febre, spiritum exalavit.* » Le chant était très considéré, cf. Grégoire de Tours, *Vitæ Patrum*, VI, 2, p. 681. On vante la belle voix du jeune clerc.

2. Cf. Mabillon, *A. S.*, II, *Vita Ansberti*, 9, p. 1005 ; Grégoire de Tours, *Vitæ Patrum*, IV, p. 676.

3. L'instruction des clercs devait être relativement sommaire, cf. Grégoire de

l'époque mérovingienne mentionnent assez rarement une culture plus étendue, culture qui cependant existait, car cet enseignement sommaire n'aurait pu suffire, et l'Église avait besoin, pour les études théologiques, pour pouvoir commenter la Bible, de conserver les différentes sciences de l'antiquité. Il y eut des monastères ou des écoles épiscopales qui possédaient un plan d'études plus vaste et plus encyclopédique. Il correspondait à l'enseignement classique qu'avait connu l'antiquité. Les monastères surtout purent employer des maîtres assez doctes pour un tel enseignement, et les élèves obligés de rester toute leur vie dans le cloître étaient poussés suivant leurs capacités et leurs aptitudes vers des études plus élevées. Il est cependant certain que cet enseignement classique qui nécessitait un nombre assez important de professeurs, ne devait pas exister dans tous les monastères.

Au VIe siècle, le Midi de la Gaule possédait encore des rhéteurs aptes à transmettre les méthodes anciennes. On divisa comme autrefois les études suivant les connaissances qu'elles exigeaient. Il y eut différents degrés. Pour expliquer le dogme et étudier la théologie des Pères de l'Église, il était nécessaire de connaître la grammaire, c'est-à-dire les premières règles de la syntaxe et de la métrique, puis la rhétorique et la logique[1]. Ces études formaient la première partie de l'enseignement supérieur. Il s'appela plus tard le *trivium*, à cause des trois sciences qu'il comprenait. Les temps mérovingiens acceptèrent, sans les modifier, les manuels employés dans les écoles gallo-romaines. Ce fut ainsi que certains débris de l'enseignement de l'antiquité furent sauvés. La grammaire de Donat, celle de Priscien servirent de base à l'étude de

Tours, *De virtutibus S. Martini*, I, p. 609. Nous voyons par le concile de Narbonne quelle était l'ignorance des élèves dans le Midi de la Gaule, à Carcassonne, à Béziers, Maguelonne. Les évêques avouent qu'il y a des élèves *litteras ignorantes*, *litteris ineruditi*. D'autres ne savent pas lire. Cf. concile de Narbonne, can. II, Labbe, *Concilia*, VI, p. 728; cf. aussi celui de Tolède (653), can. 8, Labbe, *l. c.*, VII, p. 421. Le Nord était encore plus inculte. Quelques-uns excitaient le rire des auditeurs lorsqu'ils parlaient en public. D'autres chantaient fort mal.

1. Grégoire de Tours nous dit combien ses études ont été superficielles et nous déclare par là la faiblesse de ces écoles monacales ou épiscopales. Cf. *De Virtutibus Sancti Martini*, I, præf., 2, p. 586. Il se dit *inops litteris*, et ajoute : «*Nam ego ad hæc iners notam incurro, si hæc adnotare temptavero.*» cf. *H. F.*, I, 13, p. 31. *De Virtutibus Martini*, 2, præf., 31, p. 608. Il dit aussi, *De gloria confessorum*, præf., I, p. 747 : «*quia sum sine litteris rethoricis et arte grammatica.*»

La *Regula S. Benedicti*, c. 48 (Martène), p. 610, recommande l'instruction et la connaissance des œuvres des Pères de l'Église. Les écrits de Cassien, de Basile, la Bible doivent être lus par les moines, cf. Id., *ibidem*, 72, p. 894.

la langue[1]. Mais, l'Église dut user d'une grande prudence dans le choix des livres qu'elle recommandait aux élèves, car les œuvres de l'antiquité profane étaient pour elle un sujet d'effroi ; il lui semblait que le paganisme allait jeter le trouble dans l'âme des jeunes gens et faciliter l'œuvre de Satan, elle redoutait de plus les écrits souvent légers des poètes et surtout les légendes mythologiques ; aussi certains évêques qui voulaient lire les poètes étaient-ils sévèrement réprimandés par Dieu dans des songes menaçants[2]. Nous doutons cependant qu'il y eût un programme uniforme. Il devait y avoir au contraire des tendances bien diverses, ici hostiles au maintien des lettres anciennes, là au contraire très favorables à la civilisation gréco-romaine.

Cependant le grand attrait de la littérature antique la fit triompher.

1. Grégoire de Tours, *H. F.*, X, 31, p. 449 : « *quod si te, sacerdos Dei, quicumque es, Martianus noster septem disciplinis erudiit, id est, si te in grammaticis docuit legere, in dialecticis altercationum propositiones advertere, in rethoricis genera metrorum agnoscere, in geometricis terrarum linearumque mensuras colligere, in astrologiis cursus siderum contemplare, in arithmeticis numerorum partes colligere, in armoniis sonorum modulationes suavium accentuum carminibus concrepare; si in his omnibus, ita fueris exercitatus, ut tibi stilus noster sit rusticus, nec sic quoque, deprecor, ut avellas quæ scripsi.* »

2. La littérature profane est très mal vue par le clergé; cf. Cassien, *Collat.*, XIV, 12, 13 ; *P. L.*, Migne, tom. 49, p. 974, *Vita S. Cæsarii*, I, 9. A. S. Boll., VI, août (27 août), p. 65. Césaire est averti par Dieu de cesser de s'adonner aux œuvres littéraires. Pour Grégoire de Tours et aussi Isidore de Séville, *P. L.*, Migne, t. 83, *Sent.*; III, c. 13, p. 686, *De libris gentilium.* Il l'interdit aux moines, *P. L.*, Migne, t. 83. Id., *Regula monachorum*, chap. 8, p. 877. Cf. Bonnet, *Le latin de Grégoire de Tours*, introduction, p. 49 et suiv. L'auteur pense que l'historien des Francs a lu et appris Virgile, dès sa jeunesse, *Vitæ Patrum*, II, p. 668 : « *enim non me artis grammaticæ studium imbuit, neque auctorum sæcularium polita lectio erudivit, sed tantum beati patris Aviti Arverni pontificis studium ad eclesiastica sollicitavit scripta.... qui me post Davitici carminis cannas ad illa evangelicæ prædicationis dicta atque apostolicæ virtutis historias epistolas que perduxit.* » Cf. aussi Kurth, *Grégoire de Tours et les études classiques*, *Revue des Questions historiques*, VI (1878), p. 586. Quant aux traductions qui passèrent entre les mains du digne évêque, cf. Bonnet, *l. c.*, p. 61. « De cet exposé il résulte pour la question qui nous occupe que la Bible qui a pris une si large place dans les lectures de Grégoire et dont on doit s'attendre à trouver l'empreinte dans son latin, n'est pas seulement la Bible latine telle qu'elle est sortie des mains savantes de S. Jérôme, mais c'est aussi et c'est plus encore une de ces anciennes Bibles latines faites pour le peuple par les gens du peuple, par des gens peu lettrés ; du moins une de ces Bibles dont le texte du *Pentateuque* de Lyon nous donne une idée très exacte et dont le latin plein de barbarismes et d'incorrections de toute sorte n'était pas fait pour inculquer à Grégoire de Tours le respect de la grammaire ni pour rendre son oreille plus délicate. C'est un idiome fort, expressif comme celui de l'historien des Francs, mais de même aussi rude et indiscipliné. »

Les maîtres d'éloquence, et le doux Virgile furent les auteurs les plus lus et les plus aimés ; Prudence avait aussi un grand nombre de lecteurs et servait de modèle aux étudiants. Les grandes encyclopédies de la fin de l'Empire qui résumaient les connaissances des anciens, celle de Boèce surtout, contribuèrent dans une large mesure à conserver l'enseignement, bien amoindri, il est vrai, des études classiques. L'œuvre d'Isidore de Séville, vaste compilation, eut aussi une grande influence sur l'esprit des hommes du VIIe siècle[1].

L'enseignement de la rhétorique et de la logique ne laissait pas que d'être assez sommaire. Il est à croire que le droit, tant ecclésiastique que civil, fut enseigné durant cette période, surtout à l'école du palais. Les fonctionnaires qui rédigeaient les actes royaux, qui aidaient le pouvoir dans la confection des lois devaient connaître d'une manière assez étendue la législation antérieure ; certains mêmes étaient célèbres par leurs connaissances juridiques[2].

Les sciences qui faisaient partie de la seconde division de l'enseignement supérieur étaient l'arithmétique, la géométrie, la musique, l'astronomie. Ce fut le *quadrivium* du moyen âge ; comme l'élève était déja pourvu de nombreuses connaissances, il est fort probable qu'il cherchait à spécialiser ses études, nous voyons qu'on cite de très bons mathématiciens[3]. D'autres au contraire travaillaient tout particulièrement la musique[4], quelques-uns même la médecine qui devait être comprise aussi dans cet enseignement[5].

1. On pourrait donner le catalogue de la bibliothèque de Grégoire de Tours. Les auteurs qu'il affectionne sont : Sulpice-Sévère, Fortunat, Prudence et Sidoine-Apollinaire. Il possède les œuvres de S. Paulin de Nole, et la Vie de S. Martin par Paulin de Périgueux, puis viennent Orose, S. Avit, Grégoire le Grand, Cassien, Sedulius, cf. Bonnet, *l. c.*, p. 64-65. Cf. aussi les livres lus par sainte Radegonde.

Il faut ensuite ajouter les Vies des saints. Grégoire de Tours nous prouve qu'il en existait un grand nombre de son temps, cf. G. Monod, *Études critiques*, p. 81. Tout jeune, étant lecteur, on les lisait au peuple.

2. Certains sont renommés pour leur science, Cf. Grégoire de Tours, *Vitæ Patrum*, Prolog., p. 718; *H. F.*, III, 33, p. 136 : « *Asteriolus tunc et Secundinus magni cum rege habebantur, erat autem uterque sapiens et rhetoricis inbutus litteris.* » Le prêtre Hilaire était versé dans la science du droit, Fortunat, *Carm.*, IV, 12. On voit aussi que dans le Midi certains évêques s'occupent de discussions théologiques, cf. Grégoire de Tours, *H. F.*, IX, 15, p. 371, à Narbonne : « *Erat ibi tunc temporis Arianæ sectæ episcopus Athalocus, qui ita per propositiones vanas ac interpretationes falsas scripturarum ecclesias Dei conturbabat...* »

3. Grégoire de Tours, *H. F.*, IV, 46, p. 180.

4. Cf. Fortunat, *Carm.*, X, 11 ; Isidore, *Etym.*, II, 322.

5. Les rois et les reines avaient leurs médecins, Grégoire de Tours, *H. F.*, V, 14, p. 203, cf. aussi le culte des saints, ch. VII, les remèdes.

Les prêtres, les évêques avaient besoin pour le *comput* de connaître les règles arithmétiques et astronomiques. Le calendrier, la date de Pâques nécessitaient une étude spéciale de ces sciences.

Nous pouvons encore constater à l'époque mérovingienne les incertitudes de certains prélats dans la fixation des dates, preuve de l'ignorance des études mathématiques et astronomiques[1]. L'époque de Charlemagne, grâce au manuel de Boèce, fera revivre cette science alors un peu délaissée.

L'étude de la musique ne fut pas négligée par le clergé mérovingien. Les instruments qu'avait connus l'antiquité furent employés à l'époque franque, et avec eux les notions élémentaires des notes, de la mesure et du rythme.

Tels sont les renseignements épars qui nous permettent de constater l'existence des écoles supérieures au milieu de ces temps si troublés. Depuis la chute du paganisme et du haut enseignement qui florissait dans les cités de la Gaule, des idées nouvelles avaient surgi et jetaient un discrédit sur la science, les écrivains ecclésiastiques eux-mêmes nient l'utilité de l'instruction.

L'Église s'en méfie, car elle se rend très bien compte que le siècle est trop proche des temps païens, et que, dès lors, les notions que l'élève pourrait acquérir entraîneraient fatalement un retour à la culture gréco-romaine. Dieu lui-même marquait son déplaisir pour ces études aussi vaines que dangereuses. Il aurait été du moins étrange de voir les maîtres des écoles épiscopales ou monacales enseigner la langue latine en commentant les œuvres des poètes latins, les récits des historiens romains. Les discours des Pères de l'Église, la Bible, devaient servir désormais de base à tout enseignement. Ils facilitaient la croyance et propageaient la doctrine chrétienne.

Aussi ceux qui rédigèrent avec tant de soin les règles monacales ne prirent nul souci du développement intellectuel et, malgré les écrits de Cassiodore pour remettre en honneur les études antiques, on peut dire que son influence fut tout d'abord superficielle. Point n'était besoin de conserver l'héritage des ancêtres et nous savons par Cassien que les préoccupations du jeune moine ne tendaient rien moins qu'à l'instruction, qui même eût été un grand danger pour son âme. Ce ne fut que plus tard, lorsque le grand élan

1. Grégoire de Tours, *H. F.*, V, 17, p. 208 ; X, 23, p. 435 ; Krusch, *Neu. Archiv.*, 9, p. 128.

monacal se fut calmé, que se fit jour le désir de propager les études et les connaissances humaines transmises par l'antiquité. Il faut cependant distinguer dans les temps mérovingiens deux périodes.

Les hommes nés vers la fin du Ve siècle ont gardé encore l'héritage, bien amoindri du passé, et cependant, avec une langue déjà en décadence, les Césaire, les Fortunat, les Grégoire de Tours, etc., ont pu diriger les écoles épiscopales et maintenir ainsi les études classiques. La génération qui suit montre alors la décadence profonde des lettres, et il faudra attendre les efforts d'un Charlemagne pour donner une nouvelle impulsion, d'origine monacale, aux études littéraires.

Nous allons parler maintenant des croyances populaires qui se rattachent au mariage et à la mort. Nous pourrons ainsi juger du peu d'influence des conceptions religieuses sur les coutumes déjà fort anciennes. Les croyances antiques plus humbles, plus obscures, mais plus populaires aussi, subsistent encore dans la société mérovingienne. La jeune fille en quête d'un époux, le jeune homme désireux de se faire aimer allaient encore demander à la sorcière les secours de son art. Les procédés magiques, les formules, les philtres sont les mêmes que ceux du Bas-Empire. Des chants étaient aussi prescrits pour obtenir ce résultat.

Nous sommes étonnés de l'âge précoce des jeunes fiancés, 15 à 16 ans pour les jeunes gens, 13 à 14 pour les jeunes filles[1]. Le droit germanique fixe même à 15 ans la majorité du jeune homme. On peut s'imaginer de suite les conséquences funestes de ces unions trop tôt contractées.

Nous sommes très peu renseignés sur la manière dont se concluaient les mariages à l'époque franque.

Le droit germanique et le droit romain, le jeune âge des fiancés font supposer que c'était la famille qui s'occupait avant tout du mariage de ses membres[2].

Le père, si la jeune fille était libre, le seigneur si sa condition était

1. Fortunat, *Carm.*, IV, 26, nous parle d'une jeune fille du nom de Vilithuta, mariée à 13 ans à Dagaulfus : « *Romana studio, barbara prole fuit,* » et dans le même livre, c. 28, d'une autre, nommée Eusebia, fiancée à dix ans à Eusebius et qui mourut pendant que son fiancé était reçu dans la maison.

2. *Ibid.*, XX, 5, p. 741 : « *Sed cum ad legitimam pervenisset ætatem, cogentibus juxta consuetudinem humanam parentibus, ut arram puellæ, quasi uxorem accepturus, daret inpellitur.* » *Ibid.*, XVI, 1, p. 725 : « *qui dum esset juvenili ætate florens, a parentibus sponsali vinculo obligatur,* » aussi *Vita Desiderii*, Migne, *P. L.*, tome 87, 6, p. 225. Les parents forçaient le jeune homme à se

inférieure, décidaient de son sort[1]. Les rois même faisaient des mariages bien souvent sans consulter le choix des intéressés. Cependant si le droit exigeait le consentement de la jeune fille, il en était tout autrement, et nous voyons la jeune fille obéir à la volonté de ses parents; orpheline, il lui faut l'autorisation de son frère aîné, et elle ne peut sortir de la tutelle familiale sans le consentement de sa *gens*. Il est vrai cependant que ces sages mesures étaient souvent oubliées, la passion était plus forte et les enlèvements, les rapts étaient très fréquents. La femme nous apparaît beaucoup plus libre que dans le monde antique et le service religieux procurait aux jeunes gens un moyen commode de se voir; l'*atrium* des églises, l'enceinte des basiliques facilitaient les rencontres et permettaient quelquefois, à certaines heures du jour, des relations coupables[2].

Les parents décidaient donc le mariage de leur fils avec une jeune fille d'une famille de la cité ou du village. Les conceptions antiques sur la naissance, sur la fortune persistaient. Si, dans la vie de tous les jours, la distinction des classes était atténuée par des rapports fréquents et surtout par le petit nombre d'habitants des cités ou des villages, on la voyait bientôt reparaître à certains moments importants de la vie[3]; les parents choisissaient parmi les familles de leur rang et de leur condition la jeune fille qu'ils désiraient pour épouse de leur fils : le choix fait, ils allaient eux-mêmes ou envoyaient des amis demander la main de la jeune fille.

Les ambassadeurs faisaient l'éloge du prétendant, vantaient sa beauté[4], enfin ses qualités, et montraient les avantages d'une telle union. Si le

marier. Grégoire de Tours, *Vitæ Patrum*, 2, p. 713 : « *Quem ejus plerumque interficere voluit, cur nollet matrimonio copulari.* » Mabillon, *A. S.*, I, *Vita S. Geremari*, 7, p. 477 : « *Hoc ideirco maxime fecit ut inde procrearet aliquem futurum heredem, ne post mortem ejus gravia scandala orirentur inter parentes suos ex hereditate sua.* »

1. Grégoire de Tours, *H. F.*, 2, p. 194. Le roi désignait quelquefois la jeune fille et les parents du jeune homme n'osaient refuser, Mabillon, *Acta*, II, p. 407, *Vita Salabergæ*. Mais le pouvoir spirituel désirait que les parents soient complètement libres de choisir. Concile d'Orléans, can. 22, Labbe, *Concilia*, V, p. 1368. Édit de Clotaire (614), c. 18. Les jeunes nonnes fugitives ne pouvaient se marier, concile de Lyon, IV, can. 4. Labbe, *Concilia*, VI, mais Grégoire de Tours, *H. F.*, IX. 40, p. 398, nous montre les liens fragiles de ces nonnes.

2. Id., *ibid.*, V, 49, p. 252.

3. Grégoire de Tours, *H. F.*, V, 39, p. 232. Les cheveux coupés d'une jeune fille suspendus à un pieu devant la porte de l'amant étaient considérés comme une grossière injure, cf. aussi p. 231.

4. Cesarii *Sermones*, Migne, *P. L.*, t. 39, p. 2319, 1, et p. 2320, 4. Grégoire de Tours, *H. F.*, IV, 27, p. 163 : « *Erat enim puella elegans corpore,*

père de la jeune fille consentait au mariage, les parents se retiraient tout heureux et les fiançailles[1] étaient fixées. Le droit romain exigeait que le jeune homme donnât une somme d'argent appelée *arrhes* ou quelquefois une simple anneau. C'était l'attestation du contrat, le symbole des fiançailles. Celles-ci pouvaient se prolonger longtemps. La promesse du jeune homme était formelle, et considérée comme sacrée, et en cas de refus de tenir son engagement, il encourait une amende fixée par les lois. Le jour des fiançailles était un des plus heureux de la vie du jeune homme qui entrait, pour la première fois, dans la maison de sa fiancée et lui offrait un anneau d'or qu'elle plaçait comme autrefois au quatrième doigt. Cette bague portait souvent une inscription chrétienne et était pour elle un talisman. Les anneaux de cette époque que nous possédons sont relativement nombreux ; on y lit avec le nom du propriétaire une invocation à Dieu, un salut, quelquefois même des sujets bibliques y sont représentés.

Pour le choix du mois et du jour du mariage, les conceptions

venusta aspectu, honesta moribus atque decora, prudens consilio et blanda colloquio. » On vante la beauté, cf. Le Blant, *N. R.*, p. 337 ; *Mélanges de l'École française de Rome*, p. 102.

1. Le jeune homme se présentait à la maison de sa fiancée et *datoque arrabone*, cf. Grégoire de Tours, *H. F.*, 1, 42. Le digne prélat nous raconte le jour des fiançailles. Il y avait un repas, les invités buvaient beaucoup. « *Denique, dato sponsæ anulo, porregit osculum, præbet calciamenta.* » *ibidem*, on convenait ensuite du jour des noces, « *diem constituit nuptiarum* », Id., *H. F.*, 42, cf. *M. G. H.*, *Vita Chrothildis*, 2, p. 343 : « *Ecce annulus ejus et ornamenta reliqua et regalia sponsalia. Cumque ut ætati huic convenit, amori se puellari prostaret affabilem et cum poculis frequentibus etiam calciamenta defferet, contigit, adurbem Toronicam, Domino inspirante, veniret* ; » Grégoire de Tours, *Vitæ Patrum*, I, 725. Le fiancé donnait aussi des bijoux, cf. Grégoire des Tours, *H. F.*, X, 16, p. 428 : « *purpura neptæ suæ in tonica posuerit. De foliolis aureis et vitta auro exornatam Macconem famulum vestrum præsentem testem adhibuit, eo quod per manum ejus ab sponso puellæ prædictæ neptæ suæ viginti solidos accepit*, ». cf. p. 427 : « *Vittam de auro exornatam, foliola aurea, quæ fuerant in gyro palla, inconsulte sustulerit et ad collum neptæ suæ facinorose suspenderit.* » *Acta S.* (IV août), *Vita Eptadii*, 2, p. 778. Quelques bagues sont parvenues jusqu'à nous, cf. Fleury, *Les Antiquités du département de l'Aisne*, II, p. 243 ; monogramme du Christ. On peut lire autour de la bague *Christus vicit*. La lettre initiale du possesseur est gravée. Bagues en bronze cf. *Bulletin monumental*, t. 18, p. 125. Baudulfa et Hariculfa. En argent, cf. Caranda (Moreau), Armentières, pl. XIX : monogramme avec *Bene Este* pour *Estote*. Fleury, *l. c.*, II, p. 254. Croix en argent avec le monogramme. Id., *ibidem*, II, p. 244; Le Blant, *Inscriptions chrétiennes*, n° 19, Domnia. Cf. Avitus. *Epistolæ*, 78 : « *Apollinari episcopo*, » Le Blant, *N. R.*, 20 A. *Antoninos* pour *Antoninus*, n° 20 B. *Marconivia*. D'autres portent des noms de femme germaniques, n° 49, *Bertechildis* ; quelques-uns des inscriptions chrétiennes, *Leodemus vivat in Deo*, *N. R.*, n° 50. Cf. Catalogue du Musée de Langres, 1861, p. 59: *Valeat qui fecit*. D'autres portent les noms des deux époux. Cf n° 669 B., Le Blant, *N. R.*, n°s 55, 80, en or : *In Dei nomine, amen*.

anciennes prévalaient encore. La famille faisait les invitations aux parents, aux amis. On sait quelle importance avait alors la parenté et les liens étroits qui en unissaient les différents degrés. Les invités étaient le plus souvent très nombreux, et au jour fixé ils se rendaient avec le fiancé à la maison de la jeune fille. Nous ignorons si, comme dans les temps anciens, la fiancée avait voué aux saints ses jouets d'enfant, ses vêtements ; les documents se taisent sur ce point.

Avant l'arrivée de son futur époux, elle avait revêtu des habits plus en rapport avec sa nouvelle condition : la tunique droite et longue; sa chevelure avait été divisée en six tresses et retenue dans un réseau de soie rouge. Une ceinture serrée à la taille par un *nodus herculeus*, amulette contre la fascination, retenait sa tunique, un voile rouge la couvrait ; elle avait eu soin de cueillir elle-même des fleurs pour tresser la couronne qui ornait sa tête.

Les cérémonies du culte païen sont supprimées. Le sacrifice offert à cette solennité par les prêtres du paganisme : l'agneau égorgé, disparaît sous l'influence de l'Église. Il est remplacé par la bénédiction, par l'imposition des mains données aux nouveaux époux par le prêtre ou l'évêque catholique. Cette coutume qui n'est pas encore générale, n'a qu'une minime importance pour la validité du mariage[1].

1. Duchesne, *Origines du culte chrétien*, p. 415, cite la *Responsa ad consulta Bulgarorum*, c. 3, de Nicolas I (866) : *Post sponsalia, quæ futurarum sunt nuptiarum promissa fœdera, quæque consensu eorum qui hæc contrahunt et eorum in quorum potestate sunt celebrantur, et postquam arrhis sponsam sibi sponsus per digitum fidei a se annulo insignitum desponderit, dotem utrique placitam sponsus ei cum scripto pactum hoc continente coram invitatis ab utraque parte tradiderit, aut mox aut apto tempore... ambo ad nuptialia fœdera perducuntur*. C'est un véritable tableau des épousailles (*sponsalia*), la subarrhation ou tradition de l'anneau, enfin la date fixée par écrit. Après cela, nous avons la célébration de la messe devant les époux; la Vie de Césaire d'Arles nous indique qu'au VIe siècle il y avait une cérémonie religieuse; cf. Mabillon, *Acta S.*, I, *Vita Sancti Cesarii*, 34, p. 646 : « *Statuit etiam regulariter, ut nubentes ob reverentiam benedictionis ante tridium conjunctionis eorum eis benedictio in basilicis daretur.* » Nicolas I, poursuit: « *Et primum quidem in ecclesia Domini cum oblationibus quas offerre debent Deo per sacerdotis manum statuuntur, sicque demum benedictionem et velamen cœleste suscipiunt, verumtamen velamen illud non suscipit qui ad secundas nuptias migrat. Post hæc autem de ecclesia egressi coronas in capitibus gestant, quæ semper in ecclesia ipsa sunt solitæ reservari. Et ita festis nuptialibus celebratis, ad ducendum individuam vitam Domino disponente de cætero diriguntur.* » Cf. Grégoire de Tours, *H. F.*, X, 26, V, c. 89 ; Isidore de Séville, *De Officiis ecclesiasticis*, II, c. 20, Migne, *P. L.*, tom. 83, 810, Bibl. historique de l'Yonne. I, p. 138. Les représentations de quelques sarcophages donnent quelques indications. Cf. Kraus, *R. E.*, fig. 129, Marruchi, *Il matrimonio Christi sopra uno antico marmo*. Rome 1882. Cf. pour la toilette d'une jeune fille, Kraus, *l. c.*, 1, p. 383, 557.

Deux sièges réunis par un lien sont disposés pour les futurs époux et la cérémonie commence. La *pronuba*, parente mariée de la fiancée, les unit en plaçant la main de la jeune fille dans celle de l'époux. Si, pour appeler la protection des dieux, on n'étend plus sur eux la peau de l'agneau qui a servi au sacrifice, on voit que les conciles ordonnent de ne point employer les *pallæ* des autels ou des tombeaux des saints[1]. Les mains des deux époux s'unissent, symbole de la fidélité conjugale et de l'amour. Les assistants joyeux répètent les acclamations antiques. On entend de tous les côtés le *Feliciter!* La *cena* a ensuite lieu dans la maison de la nouvelle mariée. Les anciens chants païens, les danses commencent le plus souvent et la joie règne dans la maison. C'est aussi fête pour les esclaves[2].

Avant la nuit, les convives se lèvent pour conduire la jeune fille dans la maison de son époux, et là nous retrouvons les antiques

1. Cf. Concile de Clermont, can. 5. Labbe, V, p. 951.

2. Sur les repas de noce, cf. concile d'Auxerre, can. 40, Labbe, *Concilia*, VI, p. 646. Les prêtres ne pouvaient y assister: « *Non licet presbytero inter epulas cantare vel saltare.* » Les conciles conseillent: « *quod uno oportet Christianos euntes ad nuptias plaudere vel saltare vel venerabiliter cœnare vel prandere, sicut Christianos decet.* » Labbe, *Concilia*, p. 756, concile de Lérida (524). Mais les fidèles passent outre, car ils invitaient aux noces les *compatres* et les *vicini;* cf. Mabillon, *Acta S.*, II, *Vita Romarici*, 8, p. 401; saint Césaire, *Sermones*, *P. L.*, Migne, t. 39, 7, p. 2309 : « *Et illud quam lugendum et erubescendum est, quod dicuntur aliqui rustici, quando aut vinum habuerint, aut alia sibi pocula fecerint, quasi ad nuptiale convivium, ita ad bibendum vicinos vel proximos suos invitare, ut eos per quatuor aut quinque dies teneant, et nimia ebrietate sepeliant, et tamdiu ad domos suas de illa lugenda potatione non redeant, donec omnem potum, quem ille qui eos invitaverat habuit perexpendat; et unde se vel per duos et tres menses cum omni familia sua rationabiliter reficere potuit, quatuor aut quinque diebus dolenda aut erubescenda bibitione consumat.* » On portait pendant le repas des santés aux anges et aux saints; cf. *ibidem*, 5, p. 2308. Césaire reconnaît que c'est une habitude païenne, « *servant antiquam parentum suorum consuetudinem* ». Le même prélat s'élève contre les chants lascifs que les femmes et les paysans ont l'habitude de chanter; cf. *ibidem*, 3, p. 2325 : « *Quam multi rustici et quam multæ mulieres rusticanæ cantica diabolica, amatoria et turpia memoriter retinent et ore decantant.* » Les noces du roi Sigebert avec Brunehaut, Grégoire de Tours, *H. F.*, IV, 27. p. 163 : « *Ille vero, congregatis senioribus secum, præparatis epulis, cum imminsa lætitia atque jocunditate eam accipit uxorem.* » Duchesne, *l. c.*, p. 419. « Il résulte que sauf ce qui a un caractère nettement religieux, surtout l'aruspice et les sacrifices, tout le rituel nuptial romain a été conservé dans l'usage chrétien. Il n'est pas jusqu'au *flammeum* et aux couronnes qui n'y aient trouvé place. Cette sélection n'est pas isolée. Essentiellement conservatrice, l'Église ne modifiait, en ce genre de choses, que ce qui était incompatible avec ses croyances ». Le pouvoir spirituel défendit de se servir du trésor des Églises pour les noces, cf. concile de Clermont, can. 8, Labbe, *Concilia*, V, p. 950; *ne ad nuptiarum ornatum ministeria divina præstentur*.

usages. La nouvelle mariée est enlevée des bras de sa mère et le cortège se met en marche. Des enfants portent des flambeaux, les invités suivent les joueurs de flûte. Le fiancé jette des noix aux enfants, dernier adieu à sa vie de garçon. Trois jeunes gens conduisent la mariée : l'un porte une torche allumée, les deux autres marchent à ses côtés. Le cortège, par sa marche rapide, simule encore le rapt. Arrivée à sa nouvelle demeure, mais avant d'en passer le seuil, la jeune fille doit oindre les montants de la porte avec de l'huile ou de la graisse et les entourer de bandelettes de laine. La cérémonie achevée, un des parents de l'époux la soulève et la fait pénétrer ainsi dans l'*atrium* sans toucher le sol. Si la présentation aux dieux Lares a été supprimée, elle devait être remplacée par une courte prière, car dans les conceptions de cette époque on ne pouvait pénétrer dans une famille étrangère, sans demander aux Dieux leur bénédiction. La chambre nuptiale était préparée et les jeunes mariés restaient seuls après avoir reçu les souhaits de leurs parents.

La cérémonie du mariage chez les Germains était différente, mais il était à prévoir qu'avec le temps et le mélange des deux races il y aurait des échanges réciproques, ce qui est confirmé par la remise de l'anneau et la couronne de la fiancée. Les coutumes germaniques prévalant au VIe siècle, il est nécessaire de décrire rapidement le mariage chez les Francs. Les différents actes ont conservé leur caractère symbolique, et il est utile pour les siècles ultérieurs de les connaître.

Après la demande en mariage par la famille du jeune homme les parents de la jeune fille demandaient quelquefois à réfléchir et des signes, des herbes placés à la porte indiquaient le refus, cause fort souvent de haines et de vengeances, car c'était un affront pour les parents. Si au contraire la réponse avait été affirmative, les parents du jeune homme se retiraient avec lui après avoir fixé le jour des fiançailles. Ils promettaient quelquefois de beaux présents au père et à la mère de la jeune fille pour faciliter leur consentement[1], et souvent même

1. Cf. Grégoire de Tours, *H. F.*, IV, 46, p. 180 : « *Multitudinem aureorum meorum amplius quam sedecim milia in hoc libellare conditam tibi commendo, quod tuum esse poterit, si mihi filiam tuam præstiteris disponsari. Promisit mulier hæc simpliciter credens, absente viro, huic disponsari puellam.* » Lorsque les parents ne pouvaient accepter le fiancé choisi par leur fille, ils la faisaient enfermer dans un monastère, d'où quelquefois elle s'échappait.

Grégoire de Tours, *H. F.*, IV, 46, p. 181 : « *Dedi arram in disponsatione ejus.* » X, 16, p. 428 : « *De sponsalibus quoque ait, coram pontifice, clero vel senioribus pro nepte sua orfanola arras accepisse,* » et *Vitæ Patrum*, XX, p. 741 : « *cogentibus juxta*

on faisait miroiter à leurs yeux une fortune imaginaire[1]. Chez le jeune homme, le fiancé, le jour des fiançailles devait donner des arrhes, quelquefois insignifiantes : un denier ou, pour les riches, un sou d'or. Elles rappelaient la conception primitive des ancêtres, l'achat de la femme adouci au contact de la civilisation gréco-romaine. Le sou ou le denier ne fut envisagé que comme symbole du contrat des fiancés. Nous voyons cependant que les princes envoyaient au père de la jeune fille, par l'intermédiaire de leurs ambassadeurs, de nombreux présents consistant en objets mobiliers, en riches vêtements, en armes, en objets d'art[2].

Les fiançailles avaient lieu en présence des parents et des amis et étaient célébrées par un repas pendant lequel le jeune homme offrait à sa fiancée des souliers et un anneau[3]. Les souliers avaient un caractère symbolique et désignaient la puissance de l'époux. Un baiser était alors permis[4]. Les témoins étaient là pour certifier l'accord des deux familles. La promesse était aussi formelle que pour les Gallo-Romains et son oubli entraînait des amendes importantes. Les parents donnaient à la fiancée des présents qui consistaient en objets de parure, des colliers, des bijoux et on fixait ensuite le jour de la noce qui, suivant les anciennes traditions, devait avoir lieu de préférence le mardi ou le jeudi. Les gens de la campagne croyaient qu'on ne devait se marier que lors de la décroissance de la lune. On préférait aussi les mois qui suivaient la moisson et surtout la vendange, ce qui permettait de consacrer ainsi plus de temps aux fêtes, les travaux agricoles réclamant beaucoup moins qu'au printemps[5].

Au jour fixé, le fiancé se rendait accompagné de nombreux parents

consuetudinem humanam parentibus, ut arram puellæ, quasi uxorem accepturus daret, inpellitur. » Grégoire de Tours, *H. F.*, X, 1, 741, VI, 13, p. 257.

1. Grégoire de Tours, *H. F.*, IV, 27, p. 163, IX, 16, p. 370, 25, p. 370.

2. Cf. Frédégaire, *Chron.*, III, 18, p. 100. Zeumer (*Formulæ Bignon.*), p. 230.

3. Grégoire de Tours, *Vitæ Patrum*, XX, 1, p. 741 : « *Denique, dato sponsæ anulo, porregit osculum, præbet calciamentum, cælebrat sponsalia diem festum.* »

4. L'Église défendait les mariages de la Septuagésime jusqu'à l'octave de Pâques et trois semaines avant les fêtes de Saint-Jean-Baptiste et de l'Avent jusqu'à l'Épiphanie ; cf. Labbe, *Concilia*. V, p. 55, concile de Lérida, can. 18.

5. *Vita Sancti Galli*, I, S. Pertz, *Scriptores*, II, p. 6 : *Fecit ergo nuptiale convivium, vocata non modica turba principum.* On habille la fiancée. *Rex jussit adferre vestem regalem et coronam quæ sibi præparata fuerat.* Elle porte un voile et une couronne, « *cum velamine et corona* ». Cf. aussi *ibidem*, p. 122, mariage de Brunehaut avec Sigebert auquel un grand nombre de hauts personnages assistaient, Grégoire de Tours, *H. F.*, V, I, 42, celui de Galswinthe, Fortunat, *Carm.*, V, 5, 231 ; cf. Grégoire de Tours, pour celui de Brunehaut,

et d'amis à la maison de la jeune fille, qui se montrait alors richement vêtue, les cheveux dénoués, retenus seulement par un fil de soie rouge, sans couronne, avec une tunique longue, maintenue à la taille par une riche ceinture. Le père ou un personnage âgé choisi par la famille du fiancé réclame aux parents de la jeune fille l'accomplissement de la promesse, l'abandon de la fille. Après leur consentement, le jeune homme pose le pied sur sa fiancée, symbole de son autorité, de même que les souliers qu'il lui a offerts. La dot qui consiste le plus souvent en biens meubles dont il ne saurait disposer[1], est alors transmise à l'époux et les invités admirent les cadeaux. Le repas a lieu ensuite. Des danses, des chants, des mimes divertissent les convives[2]. L'évêque ou le prêtre avait pu bénir l'union des époux.

Pendant la cérémonie, la jeune mariée a été confiée à une de ses parentes qui assiste à côté d'elle au repas, tandis que le fiancé mange à une autre table avec sa famille. La fête se prolongeait très tard et les flambeaux étaient nécessaires pour conduire les jeunes époux dans la chambre nuptiale où des témoins devaient assister à l'entrée de la mariée, afin de prouver sa présence dans la chambre de l'époux. Une petite cérémonie symbolique avait alors lieu : On couvrait les deux mariés, couchés tout habillés sur le lit, d'une couverture, et cet usage depuis longtemps sacré attestait l'accomplissement de l'hymen. Les invités entonnaient des chants, trop souvent lascifs, à la porte de la chambre des mariés qui se relevaient ensuite pour dire un dernier adieu aux assistants.

Des mets étaient portés le lendemain aux jeunes mariés, et l'époux donnait alors par contrat le « *morgengabe* » qui était surtout offert en prévision du veuvage possible de la femme. Il consistait le plus souvent en propriétés, quelquefois même chez les rois en revenus de villes et en fermes. La noce durait plusieurs jours et donnait lieu à de grandes réjouissances[3].

Enfin avait lieu la dernière cérémonie, celle du départ, moment

H. F., IV, 27, p. 164, et pour celui de Galswinthe, 27, p. 163 ; cf. Frédégaire, *chron.*, IV, 53, p. 147 ; celui de Dagobert dura trois jours, Grégoire de Tours, *Liber de miraculis Andreæ apostoli*, II, p. 832.

1. Grégoire de Tours, *H. F.*, IX, 20, p. 376 : *tam in dote quam in morganegyba, hoc est matutinale donum.*

2. Grégoire de Tours, *H. F.*, X, 16, p. 428 : « *barbaturias intus eo quod celebraverit.* »

3. Cf. Grégoire de Tours, *H. F.*, IX, p. 376.

le plus douloureux pour la jeune fille qui devait quitter ses parents, tout ce qui avait été sa joie, et suivre son époux dans sa demeure. Le cortège était souvent magnifique. Des chants, des danses le précédaient. Elle, parée, assise sur un char, quelquefois en forme de tour, suivait entourée de ses serviteurs à cheval[1]. Son époux l'escortait. Puis venaient de nombreux chariots portant les cadeaux des parents. La foule admirait alors les riches costumes des époux, les nombreux invités, la dot magnifique et était souvent étonnée de la longueur du cortège[2]. On sait les nombreux présents que les filles des rois portaient avec elles. Cinquante chariots suffirent à peine pour contenir les cadeaux offerts à Rigonthe, fille de Frédégonde et de Chilpéric; le fisc avait été mis à contribution pour rehausser le faste de la princesse, et les grands du royaume, les familles nobles avaient été forcés d'offrir des présents, une armée de quatre mille hommes formait cortège[3]. Arrivée à la maison de l'époux la mariée, dans les classes populaires, allait droit au fumier et était ensuite élevée sur le seuil de la porte[4]. Enfin, entrée dans sa nouvelle demeure la jeune femme buvait un verre d'eau que lui présentait le père de son époux, acte symbolique, plusieurs fois séculaire. Nous retrouverons plus tard, pendant le moyen âge la tradition des différents actes du mariage germanique.

Ce n'était pas seulement dans la naissance et le mariage[5] que se mon-

1. Fortunat, *Carm.*, VI, 5, v. 215, 216, 224, 225 : «*Post aliquas urbes Pictavas attigit arces, regali pompa prætereundo viam. Hanc ego nempe novus conspexi prætereuntem molliter argenti turre rotante vehi.* »

2. Le parcours était souvent fort long, et il était nécessaire de se reposer, car les vêtements de l'escorte étaient en mauvais état; Grégoire de Tours, *H. F.*, VII, 9, p. 296; la reine Rigonthe arrive à Toulouse et veut hâter son voyage, mais les chefs de l'escorte lui répondent: « *oportere eam ibidem commorari, cum ipsi fatigati de itenere vestimenta haberent inculta, calciamenta scissa, ipsosque equorum adque carrucarum apparatus adhuc, sicut plaustris evecti erant, seorsum esse disjunctos.*»

3. Grégoire de Tours, *H. F.*, VI, 45, p. 284.

4. K. Weinhold, *Die Deutschen Frauen*, p. 409. C'est encore l'usage dans la Wesphalie, cf. Kuhn, *Westfäl. Sagen*, 2-37.

5. Les inscriptions relatent les qualités morales des défunts. Ils ont donné l'exemple de l'amour conjugal, de la charité, de la chasteté, cf. Le Blant, *Inscriptions chrétiennes de la Gaule*, I, n°s 299, 391. Une femme a élevé un tombeau «*pro amore*» à son époux, n° 262. D'autres sont plus prolixes: «*conjux semper amantissima sui adque obsequentissima dedicavit,* » n°s 257, 365; cf. aussi Grégoire de Tours, *De Virtutibus Sancti Juliani*, 14, p. 570. On célèbre quelques mariages chastes; cf. Mabillon, *A. S.*, II, *Vita Ansberti*, 4, p. 1003. Mariages unis, cf. Fortunat, *Carm.*, IV, 20. Mais les récits des écrivains nous signalent les adultères fréquents, les divorces nombreux, cf. Grégoire de Tours, *H. F.*, VI, 13, p. 257; l'Église cherche à restreindre les divorces, concile d'Orléans (533), II, can. X. Labbe, *Concilia*, V, p. 928.

trent les traces profondes des conceptions antiques, on peut les constater d'une manière encore plus surprenante dans les cérémonies des funérailles. Malgré les transformations que la nouvelle religion avait apportées aux rites funéraires, les pratiques anciennes se perpétuaient d'âge en âge et se continuaient sous le couvert de l'Église. C'est surtout par l'analyse des idées mérovingiennes qu'on peut se rendre compte des modifications survenues pendant les cinq siècles qui se sont déjà écoulés depuis la venue du Christ, et celles qui ont trait à ce dernier acte de la vie sont en particulier intéressantes. Rien n'avait été aussi cher aux premiers fidèles que l'assurance qu'après leur mort leur corps reposerait dans un tombeau; ils continuaient en cela la croyance qui avait fait créer des associations de pauvres destinées à assurer à chacun des obsèques convenables. L'Église formait alors une corporation religieuse dont tous les membres versaient chaque mois une cotisation proportionnée à leurs ressources pour s'assurer un enterrement décent et un cercueil. Les Catacombes étaient le lieu de repos des membres de ces associations. Mais l'Église, devenue religion d'État, reconnue, puissante et dont les richesses augmentent sans cesse, abandonne cette institution si ancienne et laisse à chaque fidèle le soin de pourvoir à son ensevelissement. Les nombreuses associations qui avaient pour but de subvenir aux frais de l'ensevelissement des classes pauvres ne purent se maintenir après les invasions germaniques. L'Occident même les avait peu connues, et nous ignorons si elles ont été fréquentes en Gaule où le Christianisme pénétra assez tard. Les classes inférieures étaient donc le plus souvent privées, non de la sépulture, mais d'un tombeau modeste et décent. Les esclaves et les non-libres, simplement enveloppés dans un linceul, étaient portés par les hommes de la *villa* seigneuriale et déposés dans une fosse. Dans les épidémies et les famines, alors que les cercueils venaient quelquefois à manquer, on enterrait dix personnes, et même davantage, dans la même fosse[1].

Au moment de mourir le fidèle avait pu faire l'aveu de ses fautes à un prêtre et recevoir de lui le saint Viatique ou la communion. Cet usage n'était pas devenu général, et nous voyons même dans les récits de Grégoire de Tours et de Frédégaire bon nombre de saints quitter la vie sans recevoir l'Eucharistie. Après la mort, le corps du défunt

1. Cf. Grégoire de Tours, *H. F.*, IV, 31, p. 163 : « *Nam cum jam sarcophagi aut tabulæ defecissent, decim aut eo amplius in unam humi fossam sepeliebantur.* »

était lavé par ses proches[1]. L'ancienne coutume d'entourer de bandelettes les membres du mort était encore pratiquée. Les parents le revêtaient ensuite de ses vêtements les plus précieux, le plus souvent en soie, tissés d'or, dans les classes riches[2]; ses bijoux et ses armes étaient placés à ses côtés[3]. S'il avait occupé une fonction, soit dans l'Église, soit dans l'État, le défunt conservait ou ses vêtements sacerdotaux ou les insignes de sa charge, le baudrier ou le ceinturon doré des personnages de la cour. Ses pieds étaient chaussés de souliers qui indiquaient aussi la condition et le rang du défunt.

Le corps était ensuite placé sur sa couche funèbre, lit de parade, dans une des pièces de la maison. Les grands personnages, les évêques en particulier étaient portés dans les églises où avait lieu un service religieux pour la veillée du corps[4]. Il était d'usage dans les familles riches d'embaumer les morts au moyen de plantes aromatiques[5]. Dans la chambre mortuaire, de nombreux cierges brûlaient et l'encens purifiait l'air. Des pleurs, des cris, de longs gémissements rompaient le silence. Les femmes surtout se faisaient remarquer par les manifestations immodérées de leur douleur ; elles s'arrachaient les cheveux, se tordaient les bras, déchiraient leurs vêtements. Nous pouvons voir encore ici les transformations du Christianisme primitif qui avait donné au fidèle une idée plus douce du dernier jour, et lui avait fait comprendre qu'il était même le moment si désiré de sa délivrance et la fin si souhaitée de son exil. Le pouvoir spirituel s'efforçait d'extirper ces anciennes coutumes si peu en harmonie avec sa doctrine, mais ces conceptions primitives, si nobles, si élevées, n'avaient pu pénétrer dans les classes populaires où le passé survivait sans avoir été même atteint ; le sentiment païen de la mort triomphait.

1. Cet usage est souvent cité dans les Vies des saints. Cf. Grégoire de Tours, *H. F.*, IV, 5, « *ablutus* ».

2. Cf. Jérôme, *Ad Vigil.*, V, II, p. 278 ; Le Blant, *Nouveau Recueil*, n°s 39, et 40 ; Grégoire de Tours, *H. F.*, 50, p. 185 : « *Tunc Aunulfo quodam collectus ablutusque ac dignis vestibus est indutus et ad Ecolonensim civitatem sepultus.* » Mabillon, *A. S.*, II, *Vita Ansberti*, 3, p. 1013. Fortunat, *Carmina*, VI, 6.

3. Cette coutume nous est attestée par les trouvailles faites dans le tombeau de Childéric à Tournai, et par les trésors wisigothiques qui ont été découverts. Les femmes aussi se faisaient enterrer avec leurs bijoux, cf. Grégoire de Tours, *H. F.*, VIII, 21, p. 339 : « *ante paucos autem dies mortua propinqua uxoris ejus sine filiis, in basilicam urbis Metinsis sepulta est cum grandibus ornamentis et multo auro.* » Jeune fille revêtue de vêtements de soie blanche. Grégoire de Tours, *In gloria confessorum*, 34, p. 760 : *Aiebant etiam, anulos murinulasque aureas circa eam repertas...*

4. Cf. Grégoire de Tours, *H. F.*, IV, 5, « *in ecclesiam deputatus esset* ».

5. Cf. Grégoire de Tours, *De gloria confessorum*, 35, p. 769 et 102, p. 816.

Il fallait soustraire le défunt aux puissances infernales, aussi les parents n'avaient-ils garde d'oublier de placer à côté de lui ou sur ses vêtements des phylactères pour le préserver des attaques du démon. Le fidèle usait encore des formules magiques transmises par les âges précédents[1], les unes provenaient de l'antiquité, les autres étaient tirées de l'Ancien et du Nouveau-Testament. Les portraits des hommes remarquables, Alexandre surtout, et parmi les personnages de la Bible, ceux qui ont été sauvés miraculeusement, servaient de talismans: Daniel, épargné dans la fosse aux lions, les trois Enfants dans la fournaise figuraient sur les fibules ou sur les vêtements portés par le mort. Il avait, suspendues au cou, des tablettes de bois aux formules difficiles et compliquées. Mais toutes ces précautions ne pouvaient encore suffire, aux yeux des contemporains, pour préserver le mort des assauts des puissances infernales. Les anges et les saints pouvaient même le tourmenter[2]; des morts, disait-on, se plaignaient du fond de leur tombe du feu qui les consumait. Aussi les parents, sans respect des sages prescriptions des conciles, donnent-ils au défunt l'oblation eucharistique qu'on plaçait généralement sur sa poitrine. Les saints eux-mêmes en conservaient pour pouvoir l'emporter dans leur tombe. Et à côté de ces pratiques d'origine chrétienne, nous voyons apparaître l'ancienne coutume, encore vivante dans l'esprit de la population, qui consistait à mettre dans la bouche du mort l'obole destinée à Charon, chose que les parents n'oubliaient pas de faire[3]. Dans certaines localités on plaçait aussi entre les jambes des

1. *Sermones S. Cæsarii*, Migne, *P.L.*, t. 39, 5, p. 2239 : « *philacteria diabolica et characteres sibi aut suis appendere.* » Le Blant, *Revue Archéologique*, 1893, p. 56, nous donne quelques formules cabalistiques chrétiennes: « *Os non communuetis ex eo,* » *Apocalypse*, 19, 36. On trouve aussi des imprécations: « *Fuge diabolus, Christus sequitur.* » Cf. aussi Le Blant, *Nouveau Recueil des inscriptions chrétiennes*, n° 250, et Idem, *Actes des martyrs*, p. 38. Mellobaude fait graver sur le seuil de son mausolée à Poitiers une formule cabalistique. Pour protéger les défunts, quelques-uns allaient jusqu'à les envelopper de la nappe ou des voiles des autels; concile d'Auxerre, can. 12. *M. G. H.*, *Concilia*, p. 180: *nec de velo vel pallis corpora eorum involvi.*

2. Cf. Hübner, *Inscriptions chrétiennes de l'Espagne*, n° 253 : « *ut non permittas introire angelum percutientem.* » Cf. aussi Grégoire le Grand, *Dialog.*, IV, 132. Des flammes dévoraient aussi les morts. *Vita Eligii*, 105. On employa bientôt, pour les préserver, des reliques; cf. Maxime de Turin, *Homelia*, 81 ; *P. L.*, t. 57, p. 401. Le Blant, *l. c.*, n° 419, n. 3; Idem, p. 306, 307. L'eucharistie fut même placée sur la poitrine des défunts. Concile d'Auxerre, can. 12, *M. G. H.*, *Concilia*, p. 180: « *non licet mortuis nec eucharistiam nec osculum tradi.* »

3. Cf. Le Bœuf, *Dissertation sur l'histoire ecclésiastique et civile de Paris*, 1789; *Traité sur les anciennes sépultures*, p. 56; Maury, *Magie et Astrologie*, p. 158; Moreau, *Album Caranda*, défunt tenant une bourse remplie de monnaies. Musée de Bologne, squelette avec un denier mérovingien dans la bouche.

défunts des silex qui étaient considérés, à cette époque, comme des amulettes contre le mauvais œil[1].

L'exposition du corps se prolongeait suivant la classe à laquelle le défunt appartenait. A sa mort, la famille faisait prévenir de tous côtés les parents et les amis auxquels il fallait donner le temps de venir pour les funérailles. Les sources indiquent donc des durées bien diverses. Le défunt reste tantôt 2, 3, 4, 8 jours dans la maison mortuaire. Les funérailles étaient proportionnées à la fortune et au rang de la famille. Nous sommes loin des conceptions de la primitive Église : le dédain des grandeurs, le mépris de la vie, la simplicité des mœurs, tout ce qu'avait aimé la petite communauté proscrite, méconnue, ne pouvait subsister et a disparu. La société mérovingienne héritière des idées du Ve siècle était trop orgueilleuse, trop vaniteuse pour ne pas manifester sa puissance par l'éclat de son luxe. La famille désirait pour les siens de belles funérailles, et le défunt lui-même avait soin quelquefois de désigner les personnages qui devaient porter son corps à la sépulture. Il avait tout prévu, le détail de la cérémonie, la place de son tombeau, la célébration du jour anniversaire de sa mort. Il faisait des legs à ses amis, à ses serviteurs pour les remercier et les encourager à venir chaque année assister à la messe célébrée pour le repos de son âme.

On plaçait le défunt dans le cercueil avec ses armes et ses bijoux, des vases, de l'eau lustrale. D'autres, plus pieux, mettaient des reliques à côté du corps. Le mort a quelquefois désiré avoir de l'argent auprès de lui et des sommes importantes sont ainsi déposées dans le cercueil. On retrouve encore de nos jours toute sorte d'objets : vases, armes, ustensiles de toilette, etc., dont la présence atteste parmi la société mérovingienne la croyance à une véritable vie d'outre-tombe[2]. La société du VIe siècle est formée d'éléments si divers que nous ne pouvons nous étonner de pratiques aussi rétrogrades ; nous savons par

1. Cf. Fleury, *Les Antiquités du département de l'Aisne*, II, p. 181, 182. Les perles d'ambre avaient un pouvoir magique, cf. Id., *ibidem*, II, p. 192 ; Leroux, *Histoire de Soissons*, I, p. 144, donne des amulettes trouvées dans des tombeaux.

2. Les morts sont en général enterrés la tête placée vers l'Orient, mais l'usage n'est pas général, quelquefois on trouve le défunt les pieds tournés vers le Nord. D'autres, en signe d'humilité, reposent la face contre terre. Cf. Cochet, *Normandie souterraine*, p. 116, 119, 153, 328; Troyon, *Description des tombeaux du Bel-Air*, p. 14. Les parents du défunt ont placé un certain nombre de monnaies.

exemple qu'à l'époque d'Arnulf les Germains pratiquaient encore l'incinération[1].

Le cercueil était soit en bois, en plâtre, soit en plomb ou en pierre, quelquefois même en briques. Si le défunt devait être enseveli dans un tombeau, il était, nous le supposons, porté sur un brancard et déposé ensuite dans un sarcophage[2].

La cérémonie avait lieu pendant le jour. A l'heure dite, le cortège se formait à la maison mortuaire. Le corps était porté par les serviteurs, le plus souvent par les esclaves affranchis par le défunt. Si c'est un grand personnage, un évêque, des prélats ou des dignitaire du royaume s'offraient pour porter le brancard ; un diacre portant la croix précédait le cortège, quelques membres du clergé y assistaient, suivis des moines voisins de la cité ; venaient ensuite les amis, les colons et les esclaves qui vivaient sur les propriétés du défunt. Les habitants de la ville, sans distinction de religion, car assez souvent on y voit figurer des Juifs, assistent aux obsèques des évêques ou des membres du clergé[3]. Chaque fidèle tenait à la main un cierge ou une lampe

1. Les Germains pratiquaient l'incinération encore au temps d'Arnulf, cf. *Vita Arnulfi*, 12 p. 436.

2. Les matériaux employés pour la fabrication des cercueils variaient suivant les contrées. A l'époque franque, on utilisait le plus souvent la pierre qu'on avait sous la main. Quelques cités qui avaient des carrières établirent de vastes entrepôts qui approvisionnèrent les contrées voisines, mais la main-d'œuvre étant relativement chère, on se servit des anciens sarcophages, assez nombreux encore en Gaule. On retournait l'inscription païenne et le côté encore intact recevait le formulaire chrétien. On les appelait aussi sarcophages, cf. Isidore, *Etym.*, XIII, I : « *Arca, in qua mortuus ponitur, sarcophagum vocant.* » Grégoire de Tours, *Vitæ Patrum*, XX, 4, p. 744. On trouve un certain nombre de cercueils formés de briques, plus ou moins bien jointes, Le Blant, *l. c.*, I, p. 251. Des tombes sont quelquefois composées de deux ou trois morceaux grossièrement creusés dans des pierres provenant de la démolition d'édifices gallo-romains, plus ou moins ajustées, à peine équarries et rapprochées à sec. On se servit aussi de cercueils en plomb en usage à l'époque impériale. Ils recevaient le plus souvent le mort qu'on plaçait ensuite dans un sarcophage. Les cercueils en bois sont aussi mentionnés et durent être employés dans les contrées septentrionales, cf. Grégoire de Tours, *De gloria confessorum*, 20, p. 759. *Ibidem*, 104, p. 816, *capsam ligneam fecerat.* La loi Salique, add. 6, tit. XIV (Behrend), p. 20, *Vita Severini*, *M. G. H.*, 43, p. 29 : « *paraverunt locellum ligneum.* » Le Blant, *N. Recueil*, n°s 39, 40. La loi burgonde indique « *nisi in nauffo, vel in petra vel in plastro* ». Enfin les cercueils en plâtre se rencontrent assez fréquemment en Bourgogne et dans l'Est de la France. On en a trouvé à Saint-Quentin (cimetière du faubourg Saint-Martin), à Troyes, pour la cathédrale de Troyes, *Congrès archéologique de France*, 1853, à Paris, cimetières Saint-Marcel et Saint-Germain-des-Prés, etc.

3. Cf. Fortunat, *Vita S. Medardi*, 29, pp. 7 et 71, et *Vita S. Radegundis*, 85, p. 40; Grégoire de Tours, *H. F.*, III, 18, 29, p. 134; Id., *Vitæ Patrum*, VI, 7, p. 684 ; *Vita S. Cæsarii*, 22.

allumés[1]. Ce n'étaient que pleurs et gémissements, et les femmes, en particulier, se faisaient remarquer par les manifestations extérieures exagérées de leur douleur. Revêtues de vêtements noirs, bien souvent encore elles faisaient partie du cortège des pleureuses qui n'ont pas disparu[2]. Saint Jérôme lui-même avait déjà été témoin de ces coutumes païennes dans les cérémonies des funérailles. Le pouvoir spirituel s'efforça de modérer ces transports de mauvais goût, mais ses ordonnances demeurèrent sans effet.

Le cortège s'avançait lentement à travers les rues de la ville. Le défunt placé sur un brancard[3], le corps recouvert d'un riche tapis ou d'une étoffe de soie, le visage découvert, était accompagné à sa dernière demeure au chant des psaumes. Les fidèles chantaient quelquefois des hymnes, car l'Église cherchait à rehausser le caractère des cérémonies funèbres.

Le défunt n'était pas apporté à l'église. Les évêques ont été souvent déposés dans les édifices sacrés où ils devaient être ensevelis, mais il n'y avait pour eux aucun service religieux. Les fidèles veillaient le corps en chantant des hymnes et attendaient le jour des funérailles[4].

Il existait à l'époque mérovingienne différents centres de sépultures[5] : les cimetières déjà anciens, l'enceinte des églises qui comprenait le portique, l'*atrium*, et par faveur la nef du sanctuaire; les mai-

1. Pertz, *Scriptores*, II, p. 17, *Vita S. Galli*, p. 17. Les affranchis portaient des cierges et marchaient à côté du cercueil. On inscrivait le plus souvent le nom de chaque personne sur ces gros cierges, cf. *Vita S. Radegundis*, II, 25, p. 393.

2. Grégoire de Tours, *H. F.*, III, 29, p. 134 : « *Mulieres quoque amictæ nigris palleis, dissoluta cæsarie, superposito cinere, ut eas putares virorum funeribus deservire, plangendo sequebantur.* » *H. F.*, V, 34, p. 227; cf. *In gloria confessorum*, 104, p. 814, et *De miraculis S. Andreæ apostoli*, 3, p. 829; *Vitæ Patrum*, VII, 7, p. 684 : « *Mulieres cum lugubribus indumentis, tamquam si viros perdidissent, similiter et viri, obtecto capite, ut in exsequiis uxorum facere mos est...* » Cf. *Le Culte des Saints*, chap. II, *Sa vie*.

3. Le brancard funèbre s'appelait *feretrum*, cf. Fortunat, *Carmina*, VI, 6; Grégoire de Tours, *H. F.*, III, 18, p. 128: « *Regina vero compositis corpusculis feretro,* » et IV, 1, p. 142; *De gloria confessorum*, 104-814; *Vita S. Radegundis*, II, 25, p. 239. La cérémonie se faisait suivant la coutume, quelquefois un char traîné par des chevaux portait le défunt, cf. Grégoire de Tours, *Vitæ Patrum*, VIII, 2, p. 692: « *Juxta ritum exsequiarum necessaria funeris præparat,* » cf. *Vita S. Galli*, Pertz, *Scriptores*, II, 17.

4. Cf. Grégoire de Tours, *H. F.*, III, 18, p. 128. La reine Clotilde fut ensevelie « *cum magno psallentio* », cf. *H. F.*, IV, I, p. 142. Il était défendu de mettre sur le cercueil des prêtres des voiles d'autel, cf. concile de Clermont, can. 7; Labbe, *Concilia*, V, p. 951 : « *Ne opertorio dominici corporis sacerdotis unquam corpus, dum ad tumulum evehitur, obtegatur ; ne sacro velamine usibus suis reddito, dum honorantur corpora, altaria polluantur.* »

5. La privation de sépulture était considérée, comme autrefois, une punition

sons de campagne des riches propriétaires pouvaient en recevoir. La plupart des cimetières des cités avaient déjà un long passé, et ils étaient fort nombreux en Gaule. Nous en connaissons quelques-uns et Grégoire de Tours nous parle de celui d'Autun[1]. Les familles païennes de la ville y étaient enterrées, et les enfants devenus chrétiens continuaient à y déposer leurs morts. On y entendait, disent les légendes, bien souvent la nuit des chants sacrés, preuve que des fidèles chéris de Dieu se trouvaient parmi les défunts. A côté de ces cimetières urbains, il faut mentionner aussi ceux des villages où on a retrouvé de nos jours les traces du séjour de peuplades franques, wisigothiques ou burgondes. Nombreux en France, ils nous révèlent des agglomérations fort anciennes là même où on n'en aurait pas supposé l'existence, et donnent à certains villages une antiquité fort reculée.

Le culte des saints avait développé, nous le verrons bientôt, l'habitude de se faire ensevelir près de leurs tombeaux ; mais les places étaient fort restreintes et, pour obtenir une telle faveur il fallait avoir fait à l'Église un don important, ou s'être distingué durant sa vie par un haut degré de sainteté. Ce désir partagé par les fidèles, et d'autant plus vif que la conscience était moins pure, avait entraîné bien des abus. A Rome, les places se vendaient au plus offrant et Grégoire le Grand chercha à mettre un terme à de pareils scandales. Nous sommes très mal renseignés pour la Gaule, mais il est à croire que bien souvent la vente d'une place mortuaire près du tombeau du saint se cachait sous la forme d'une donation importante à l'Église, ainsi obligée de recevoir des indignes[2]. Les vrais religieux, plus humbles, n'osaient pas même demander une place particulière et certains prélats

terrible, cf. Grégoire de Tours, *De Virtutibus S. Juliani*, 13, p. 570. L'hérétique était enseveli sans l'intervention de l'Église, *De Virtutibus S. Martini*, 80. Il en était de même à l'égard des suicidés, assez nombreux à cette époque.

1. Cimetières : cf. pour celui de Bourges, Grégoire de Tours, *In gloria confessorum*, 79, p. 796, pour celui de Cavaillon, Id., *ibid.*, 90, p. 802. un autre à Chalon, Id., *ibidem*, 85, p. 803; Fleury, *l. c.*, II, p. 116 et 117, à Trèves. *l. c.*, II, p. 251, celui de S. Mathias. Les nombreuses nécropoles mérovingiennes indiquent que le cimetière était le lieu le plus usité. Il semble que des gardiens étaient préposés aux tombeaux des grandes familles, cf. concile de Paris, can. 9. Labbe, *Concilia*, VI, p. 495, et *Vita S. Radegundis*, I, 28, p. 394. Dans les villes, *H. F.*, I, 39, p. 51, sur la voie publique. Il y en avait de plus petits autour des basiliques des monastères, cf. Mabillon, *Vita Cesarii*, 32, p. 645. Pour les églises, cf. Grégoire de Tours, *H. F.*, VIII, 21, p. 339.

2. Cf. Le Blant, *Inscriptions chrétiennes de la Gaule*, n°s 412, 418. C'étaient surtout ceux qui avaient fondé un monastère, une basilique, enfin les person-

choisissaient de leur vivant un lieu obscur, souvent foulé par les pieds des fidèles. Le pouvoir spirituel tenta, mais en vain, de proscrire les sépultures dans les églises, et surtout dans les sanctuaires ; aucun baptistère ne pouvait en recevoir[1]. Les légendes essayèrent, sans y parvenir, de prouver qu'il était inutile de se tenir près des tombeaux des saints et même dangereux de reposer auprès d'eux, les élus de Dieu chassant les indignes et détruisant les sarcophages[2]. Mais les conceptions populaires sur l'influence des saints allaient à l'encontre de ces prescriptions et le fidèle cherchait par tous les moyens à se créer ainsi un abri plus sûr, une retraite protégée par les élus de la Jérusalem céleste. Avec le temps, les églises devinrent, par l'oubli des lois de l'Empire au sujet des funérailles, des centres de sépultures et les portiques, les *atria* des édifices sacrés, le voisinage extérieur de l'abside furent envahis. Nous pouvons déjà le constater pour l'époque dont nous nous occupons, car les conciles se préoccupent des places ainsi octroyées.

Ce désir pieux de reposer près des reliques des martyrs ou des saints confesseurs avait aussi poussé les fidèles riches et puissants à l'édification d'églises ou d'oratoires qui devenaient de ce fait des nécropoles pour toute la famille. Les rois avaient ainsi leur sépulture dans l'église de Saint-Germain-des-Prés, et à partir de Dagobert, Saint-Denis offrit à la royauté une hospitalité sûre et puissante[3]. De nombreux

nages qui avaient fait preuve d'une piété exemplaire. Les évêques, le pape devaient accorder aux membres de la famille la permission d'ensevelir le défunt dans l'église, cf. Id., *ibid.*, p. 224. On désirait surtout reposer auprès des saints pour avoir une part aussi des prières, cf. Muratori, *Liturgia Romana*, I, p. 761; Le Blant, *l. c.*, n°s 412 et 413 ; Grégoire de Tours, *Vitæ Patrum*, 4, p. 671.

1. Concile d'Auxerre, can. 14, Labbe, *Concilia*, VI, p. 644.

2. Au VIe siècle le concile de Nantes permet l'ensevelissement autour des basiliques mais non dans l'intérieur et près des autels où se consacre le corps du Christ. Des songes menaçaient ceux qui voulaient être ensevelis dans l'église, cf. Grégoire le Grand, *Dialog.*, IV, 51 ; Grégoire de Tours, *H. F.*, III, 15, p. 123, IV, 31, 167; *De gloria confessorum*, 17, p. 757, 80, p. 798, Des légendes circulaient. On racontait que deux religieuses mortes en état de péché se levaient chaque jour de leur tombe, cf. Le Blant, *Inscriptions chrétiennes de la Gaule* I, p. 224.

3. A côté de ces tombeaux placés le plus souvent dans les bas-côtés de l'église, et surtout dans l'*atrium* des basiliques, ou *sub porticu basilicæ*, cf. Fortunat, *Vita S. Germani*, 19, p. 13. Quelques-uns étaient posés dans des arcatures le long des murs, cf. Grégoire de Tours, *In gloria confessorum*, 59, p. 782. On pouvait, de son vivant, se faire préparer un tombeau dans l'église, cf. Grégoire de Tours, *In gloria martyrum*, 88, p. 547: « *in qua sibi vivens deposuerat vas.* » Quelquefois on le sculptait soi-même, Id., *Vitæ Patrum,* XX, 4, p. 744. A l'époque mérovingienne, il n'existait pas de basilique destinée à servir de nécropole royale. Les souverains étaient ensevelis de préférence dans les

fidèles suivirent l'exemple de la cour, et des édifices furent construits pour recevoir les corps des membres de ces familles. C'était de simples mausolées le plus souvent sans luxe. Celui de Mellobaude retrouvé à Poitiers nous permet d'étudier le plan de ces petits édifices. A côté de la chambre mortuaire se trouvait un oratoire avec un autel destiné à la célébration de la messe les jours d'anniversaire. Des reliques étaient déposées pour protéger les morts contre les embûches du démon.

A côté de ces deux groupes de cimetières, on avait encore l'habitude, déjà fort ancienne, d'enterrer les morts dans leur propriété, ou encore le long des voies gallo-romaines. Une croix placée sur le tombeau avertissait le passant, mais cet usage se perdit de plus en plus, car les riches propriétaires qui avaient élevé des oratoires dans leurs *villæ* éprouvaient l'ardent désir de reposer près de l'autel où des reliques des saints étaient placées.

Lorsque le mort était déposé dans l'église, son sarcophage était généralement soutenu par quatre petites colonnes et formait ainsi un mausolée[1]. La couleur de la pierre est peu variée, presque toujours blanche, quelquefois noirâtre, suivant les contrées. La forme la plus fréquente à cette époque était le sarcophage dont la cuve étroite s'évase par le bas et dont le couvercle est en forme de dos d'âne. Dans l'intérieur se trouve souvent une petite cavité destinée à recevoir la tête. La forme de l'école d'Arles disparaît peu à peu, mais on trouve encore des tombeaux ayant celle d'un parallélogramme et le dessus celle d'un triangle ou quelquefois d'un demi-cercle ; à cette époque, il ne pouvait pas être d'ailleurs question d'une forme unique. Comme la main-d'œuvre coûtait cher, et que bien souvent dans les villages les ouvriers étaient rares, on ne se faisait aucun scrupule d'employer, malgré la défense édictée par les lois civiles, les matériaux qu'on avait sous la main ; on ne craignait pas de violer les tombes anciennes et de faire servir les sarcophages eux-mêmes, ou leurs débris, à la cons-

églises qu'ils avaient fondées. Clotilde fut enterrée à Paris dans la basilique de Saint-Pierre, « *in sacrario basilicæ Petri, ad latus Chlodovechi regis* », qui y avait été également enseveli, cf. Grégoire de Tours, *H. F.*, II, p. 106, et IV, I, p. 142; Childebert à Saint-Vincent, *ibid.*, IV, 20, p. 156; Clotaire Ier et Sigobert à Saint-Médard de Soissons, *ibid.*, IV, 21, p. 148, IV, p. 187, les fils de Chilpéric et de Frédégonde à Saint-Denis, *ibid.*, V, 35, 228; un autre fils à Soissons, cf. *Le Culte des Saints*, chap. VII. *Son église*.

1. Grégoire de Tours, *In gloria confessorum*, 59, p. 782, et 17, p. 577; Le Blant, *l. c.*, I, n° 209, n° 336 A et 386 A; Mabillon, *Annales Benedict.*, I, p. 622.

truction d'un nouveau tombeau. Les inscriptions païennes n'étaient pas un obstacle, la pierre était retournée et sur l'envers on faisait alors graver l'inscription chrétienne[1]. La violation des tombes chrétiennes a été relativement fréquente en Gaule[2]. Pendant le Ier siècle de la monarchie franque on trouva, accumulés à la suite des invasions, de nombreux débris d'édifices antiques : fûts de colonnes, morceaux de corniches, plaques de marbre, qui, plus tard, furent utilisés par la population soit pour la construction des églises, soit pour celle des tombes.

Le pouvoir spirituel semble ne pas s'être trop opposé à cette façon d'agir, car on a trouvé les couches de ces édifices païens creusées pour servir de tombes aux petits enfants. Les sarcophages gréco-romains, où étaient sculptées des scènes mythologiques ne furent pas délaissés pour cela et nous savons qu'ils furent utilisés pendant tout le moyen âge. Le bienheureux Luxor fut enseveli dans un tombeau dont les parois représentaient une grande chasse et diverses scènes de la vie des champs.

L'habitude d'ensevelir les morts avec leurs bijoux et leurs vêtements offrait les inconvénients fort graves qu'avait connus l'Empire, et encourageait les vols et les violations de sépultures[3], les voleurs qui parvenaient à ouvrir certaines tombes étant sûrs de faire un riche butin en or et en bijoux ; le cas n'était donc pas rare, car le voisinage des saints n'offrait bien souvent qu'une protection illusoire. Grégoire de Tours nous raconte qu'un tableau dans une église représentait la violation d'un tombeau et sa punition immédiate par le saint : on y voyait la mort subite du coupable[4]. L'État et l'Église cherchaient par

1. Le Blant, préface p. 50, et *Nouveau Recueil*, nos 23 et 135. Il en connaît huit exemples, cf. I, p. 344, n° 239 A, nos 306 et 330.

2. Nous avons là mention en 585 de violation de sépultures, cf. concile de Mâcon (585), can. 17, *M.G.H.*, *Concilia*, p. 171 : « *Comperimus multos necdum marcidata mortuorum membra sepulcra reserare et mortuos suos superimponere vel aliorum, quod nefas est, mortuis suis religiosa loca usurpare, sine voluntate scilicet domini sepulchrorum. Ideo statuemus, ut nullus deinceps hoc peragat. Quod si factum fuerit, secundum legum auctoritatem superimposita corpora de eisdem tumulis rejactentur.* » On trouve très souvent dans les cimetières quatre ou cinq corps superposés, cf. Fleury, *l. c.*, II, p. 149 ; Grégoire de Tours, *In gloria confessorum*, 17, p. 757.

3. Grégoire de Tours, *H. F.*, VIII, 21, p. 339 : « *Et ingressi, conclusis super se ostiis, detexerunt sepulchrum, tollentes omnia ornamenta corporis defuncti, quæ reperire potuerant.* » Id., *De gloria confessorum*, 61, p. 784 : « *aspicio in ostium esse scriptum, qualiter sepulcri violator cadaver spoliaret exanime. Inquerens vero causam, si hæc vera essent, quæ in ostio picta cernebantur.* »

4. *La Loi Salique*, tit. 17, 5 et 6 : « *Si quis corpus jam sepultum effodierit aut expoliaverit, wargus sit...* » Il était interdit de placer un mort sur un autre ;

des peines sévères à réprimer ce sacrilège, mais on peut voir par la répétition ininterrompue de ces prescriptions qu'elles devaient rester sans grand effet. Ce qui retenait surtout les contemporains, c'était le sentiment de respect, sentiment très ancien envers les tombeaux. Les sarcophages portaient même des inscriptions qui menaçaient le violateur de sépultures[1].

L'ancienne ornementation des tombeaux chrétiens, celle qui consistait à sculpter sur les trois côtés du sarcophage des scènes tirées de l'Ancien et du Nouveau-Testament a presque disparu. Grégoire de Tours nous en parle comme d'œuvres déjà anciennes. L'art mérovingien a un rapport plus intime avec celui de Byzance, et dans ses motifs de décorations il oublie les temps gréco-romains et accepte l'ornementation de l'art de Ravenne et de l'Orient[2]. Des causes multiples ont concouru à la formation de cet art qui, loin d'être homogène, n'est que le reflet de cette société formée d'éléments si divers. Après les bouleversements dont le Ve siècle a été le théâtre, les artistes de l'école d'Arles étroitement attachés à celle de Rome, et auxquels nous devons les nombreux sarcophages que nous possédons dans la région du Sud-Est, ont presque disparu. Les invasions ont interrompu les productions de cette école. Les ateliers deviennent alors de plus en plus rares et les Wisigoths sont peut-être les seuls à posséder certains artistes qui sculptent la pierre avec goût et une certaine habileté. Leurs œuvres forment un contraste assez frappant avec celles de l'art gréco-romain. La source en est tout à fait différente, car partis du pays du Pont-Euxin, venus en Gaule après bien des détours, ils ont subi déjà l'influence orientale, et leur art ornemental encore tout primitif, qui ne connaît que la ligne, le point, la spirale, les entrelacs très compliqués, accepte sans résistance les motifs décoratifs orientaux. Les sarcophages qu'ils ont sculptés sont dans le courant byzantin ; à la représentation humaine, aux scènes de plus en plus rares de la Bible, ils préfèrent les longs entrelacs, le monogramme du Christ entouré d'une couronne de fleurs ou

cf. concile d'Auxerre, can. 15, Labbe, *Concilia*, V, p. 644. Le pouvoir spirituel défendit aussi au VIe siècle les sarcophages destinés à contenir deux corps. L'antiquité les avait appelés bisômes. L'usage des tombeaux doubles dut prendre fin vers la seconde moitié du VIe siècle.

1. Grégoire de Tours, *H. F.*, IV, XIII, p. 148, *In gloria confessorum*, 35, p. 769; 90, p. 805; 100, p. 812.

2. A. Marignan, *L. Courajod*, Bouillon, 1897, pp. 19, 30, 31. J'ai fait l'analyse de ces motifs décoratifs pour le *corpus* des monuments et des fragments de sculpture de l'époque franque, cf. Le Blant, *Les Sarcophages chrétiens de la Gaule*.

de feuillages, inconnus à l'école d'Arles. On dirait qu'ils ont choisi de préférence ces formes géométriques, ces symboles si simples, le vase à deux anses, les feuilles et les grappes de raisin qui courent sur les bords des sarcophages, ces demi-cercles qui s'entrecoupent, ces tresses ou ces torsades, en un mot cette ornementation orientale si ancienne qui eut pour berceau surtout la Syrie et dont le Musée de Boulaq nous fournit encore de nombreux spécimens.

Ce ne sont donc plus ces scènes de miracles, toujours les mêmes, copiées sans originalité par l'école d'Arles ; c'est un nouveau souffle artistique qui, sans renouveler l'art décadent de l'époque mérovingienne, apporte quelques changements qui rompent un peu la monotonie de l'époque gréco-romaine. Quelques sarcophages du Sud-Ouest nous ont conservé cette grammaire orientale qui, nous le verrons plus tard, a été employée aussi pour la décoration des *cancelli* des églises mérovingiennes. Ces motifs décoratifs s'étendent sur tout l'Occident et forment un art particulier qui dure pendant toute la période franque. Les musées et les églises d'Italie et de France en possèdent et prouvent leur universalité. Nous en parlerons bientôt au sujet des façades des basiliques et des *cancelli* des églises.

Les tombes mérovingiennes portaient des inscriptions indiquant le nom, l'âge et la date de la mort du défunt. On peut surtout voir ici la durée des sentiments gréco-romains et les changements apportés par les nouveaux convertis : à la place de ces inscriptions fort simples des chrétiens de la primitive Église, on s'applique au contraire à attirer l'attention sur la noblesse du défunt et sur les fonctions qu'il a remplies. La distinction des classes est sévèrement maintenue et ce serait une erreur de croire que parmi les tombes que l'ont a découvertes quelques-unes aient appartenu à des esclaves. Si on ne trouve pas des inscriptions relatant l'esclavage, c'est que celui qui n'était point libre, et qui en droit n'était qu'une chose, ne possédait pas de tombeau avec une inscription. Ce serait trop bien juger la société mérovingienne, dont les classes étaient nettement séparées par le costume, que de lui supposer des sentiments si nobles, si élevés qu'elle était encore incapable de posséder.

Pour les inscriptions de l'époque mérovingienne, nous distinguerons deux sources, l'une très simple, celle des formulaires, l'autre due à la plume toujours exagérée et pompeuse des rhéteurs. Toutes les deux mentionnent la naissance, louent les ancêtres du défunt, les services qu'il a rendus au pays, les hautes fonctions qu'il a exercées durant sa vie. Elles ne sauraient ensuite oublier sa bonté envers les humbles. Le défunt a toutes les qualités: générosité, douceur envers tous. L'humilité en est presque bannie; ce n'est plus désormais qu'une aristocratie fière de ses titres et de ses privilèges. Les préjugés d'autrefois, les mœurs antiques ont triomphé. On est loin même de l'époque où Lactance disait avec tant d'éloquence que les titres et les dignités ne servaient à rien, et c'est lui aussi qui le dit, ainsi que je le suppose, que la piété, la bonté, l'innocence sont les seuls titres auprès de Dieu.

Le visiteur d'un cimetière mérovingien verrait donc comme autrefois la naissance et les ancêtres célébrés. Les tombes vanteraient la vertu du défunt, ses qualités de cœur, son grand amour pour les pauvres, le nombre des esclaves qu'il a affranchis. Ce ne sont que des âmes douces, vertueuses. C'est ici le séjour d'une société choisie, patiente et pleine de bonté; mais il remarque les formules copiées, les scènes de vers empruntés maladroitement aux formulaires, enfin il lit sans intérêt les exagérations des rhéteurs de ce monde attardé, et regrette le temps de la primitive Église, alors qu'un nom seul indiquait au passant la tombe du fidèle.

Et le monde antique ne survit pas seulement dans les idées, mais aussi dans l'expression et dans les termes: Le soleil est Phébus, Lucifer est le diable. Les inscriptions nous citent les Parques, les fleuves de l'enfer, le Styx, le Ténare, le lac Cymérien, le Tartare, les Champs-Élysées. Les mots qu'on emploie pour désigner l'ascension au ciel du saint personnage sont pris aux descriptions des apothéoses des poètes. Virgile surtout a eu une influence considérable et aucune originalité ne se fait jour. Le souffle vraiment chrétien n'a fait qu'effleurer ces générations gallo-romaines[1].

Les croyances sur l'utilité de la prière pour les défunts a développé le culte des morts. Les fidèles en sont préoccupés pendant leur vie[2].

1. On gravait quelquefois des jeux de mots sur les tombes, cf. Le Blant, *Inscriptions chrétiennes de la Gaule*, n° 12, p. 31. Elles témoignent une douleur peu profonde et un goût peu sûr.

2. Le défunt se recommande aux prières des fidèles, cf. Le Blant, *Inscriptions de la Gaule*, n° 41 ; *Nouveau Recueil*, n° 317. Nous avons une épitaphe de l'église Saint-Florian près de Marostica : « *Martina cara conjux, quæ venit de Gallia per mansiones ut commemoraret memoriam dulcis sui mariti.* » Cf. Hubner, *Inscriptiones Hispaniæ christianæ*, n°s 229, 283. Les évêques avaient inscrit sur des diptyques les noms des bienfaiteurs du diocèse. On les lisait

Ce ne sont plus des offrandes qu'on doit apporter aux tombeaux des ancêtres, mais bien des oblations qu'on doit faire pour le repos des âmes des morts. L'esprit antique est encore là vivant et tenace. Sous l'influence de saint Césaire d'Arles et de Grégoire le Grand le culte des morts devient de plus en plus important. Les écrivains ne précisent pas le séjour des défunts, l'expression de *purgatoire* n'est pas employée, mais ce que tous savent, c'est qu'ils sont dans un lieu éloigné, attendant le jugement dernier et demandant aux fidèles de prier pour eux. Certains même ont averti les parents de l'efficacité de leurs prières. La famille n'oublie pas de célébrer l'anniversaire de la mort de chacun de ses membres. Une femme gallo-romaine fit un long voyage pour aller célébrer la *commemoratio* de son mari décédé dans le nord de l'Italie. On affranchit les esclaves avec la condition de venir au jour de l'anniversaire apporter des offrandes à l'autel ; si les tombeaux sont dans un monastère, l'abbé doit les bien recevoir et leur offrir un repas. Le défunt a soin de faire des legs pour assurer l'accomplissement de ses vœux et demande que ses amis viennent nombreux à son anniversaire. Il y convie ses parents et ses proches, et est même tout heureux d'en compter un grand nombre.

Nous venons de décrire les usages et les croyances de la société mérovingienne et nous avons vu combien elle se rattachait au passé. Nous avons indiqué les changements que firent subir à l'Église les conversions si nombreuses et si superficielles du plat pays et celles des Germains. Nous assistons donc au drame douloureux de la transformation lente et progressive de la doctrine du Christ. La *mondanisation* de l'Église avait commencé dès le milieu du IIIe siècle et s'accentue de plus en plus. À peine quelques siècles écoulés, elle apparaît à nos yeux presque méconnaissable[1].

Pendant la première période de la propagation de la foi, les écrivains chrétiens avaient démontré le peu de valeur et l'inanité de la

à un certain moment de la messe et les prêtres les recommandaient aussi aux prières des fidèles, car c'était un grand mérite d'être ainsi inscrit sur les diptyques. Les églises des cités et des paroisses, celles des monastères avaient un certain nombre de fidèles à recommander, cf. Migne, *P. L.*, t. 72, p. 135. Le fidèle dit de prier pour lui, cf. Le Blant, *l. c.*, n° 41, n° 307 ; *N. Recueil*, n° 317. Cf. Pardessus, *Dipl.*, I, p. 214, II, p. 37. On donnait des terres avec des indications très précises. Les moines devaient prier à certains moments de l'année. Ils donneront un repas aux laïques qui viendront apporter des offrandes en leur nom au monastère ce jour-là. *Dipl.*, Pardessus, I, p. 216.

1. Grégoire de Tours, *Vitæ Patrum*, 4, p. 724 : « *Nam trigesimo ab ejus obitu die, cum ad ejus tumulum missa celebraretur.* »

religion païenne et d'une société basée sur le mensonge et l'inégalité. Ils avaient réclamé des droits pour les classes inférieures. Nous venons de voir que l'Église avait dû renier en fait son passé, ses vieilles maximes, consacrer les conceptions du vieux monde sur la richesse et la propriété. Les temps apostoliques sont déjà loin et avec eux a disparu la morale à la fois sévère et si patiente des premiers chrétiens. Les classes riches avaient désormais confisqué à leur profit ce qu'il y avait de généreux et d'élevé dans les réformes sociales du christianisme.

Résumons brièvement les résultats de notre étude sur la société mérovingienne. Nous avons tout d'abord montré ce qu'était la Gaule sous la domination impériale. Appauvrie, dépeuplée, la proie même des Germains, elle attendait tout de l'État et perdait le peu de virilité qui lui restait. Un affaiblissement du sens moral, un manque absolu d'initiative individuelle se font remarquer chez les hommes les plus instruits de cette époque. Il y a plus. Une centralisation de plus en plus forte avait abouti à un socialisme d'État et tari les forces vives des indigènes.

Nous avons vu l'appel incessant de la société au bras protecteur de l'État. Le christianisme même n'a pu modifier ce milieu déjà somnolent et avoir une influence vraiment salutaire sur la population urbaine. Les caractères faisaient absolument défaut.

Les Germains pénètrent en ce moment en Gaule. Nous avons indiqué les différentes étapes de cette invasion : tout d'abord, infiltration lente, faite pour ainsi dire sans bruit et petit à petit; ils se présentent sur le sol gaulois comme ouvriers, colons, lites ou soldats. Puis se succèdent les invasions apportant avec elles des maux sans nombre, enfin les différents établissements germaniques. Au VIe siècle, nous les trouvons établis, ici, plus compacts, formant des villages nombreux, là, au contraire, moins denses et très clairsemés. Notre étude a montré qu'on ne saurait parler d'une Gaule homogène, mais bien au contraire qu'elle était formée de parties très diverses suivant la plus ou moins grande colonisation germanique.

Nous avons vu que la venue de ces Germains n'apporte, à son début, aucun changement notable dans la vie ordinaire. Agriculture, commerce, industrie, sont les fruits d'un long passé que la civilisation gréco-romaine transmet aux générations futures. Ce qui est à ce moment intéressant, c'est l'arrivée d'une race jeune et avant tout guerrière, qui réveille les indigènes de leur ancienne apathie. Mais si elle a pour elle l'énergie, la rudesse de sa race, elle n'a pas encore atteint un degré de culture assez élevé pour avoir des institutions politiques capables de répondre aux nécessités de l'heure présente ; elle ne saurait maintenir désormais les conceptions politiques de l'Empire, elle ne pouvait unir par un lien étroit toutes ces provinces si différentes et donner à ce royaume nouvellement fondé l'unité et la vie qu'il avait possédées à l'époque impériale. Avec elle disparaît donc la centralisation de l'Empire, et à sa place nous avons un pouvoir royal qui manque encore d'un organisme capable de transmettre sa volonté dans les différentes parties du royaume, et de faire sentir sa force et son autorité d'une manière efficace sur les fonctionnaires, ses représentants. Nous avons vu aussi qu'il n'existe non plus aucune unité nationale, mais bien des rivalités sans cesse entretenues par des différences de pays, de races, suivant la plus ou moins grande densité des indigènes et des Germains. Le Nord se montre l'ennemi du Midi, l'Est et l'Ouest vivent séparés et des faits nombreux nous ont prouvé le peu de cohésion de ce royaume.

On ne saurait nier cependant que des idées nouvelles, inconnues encore aux indigènes apparaissent au moment de la fondation du royaume franc.

Une royauté tout à fait nouvelle apparaît sur le sol gallo-romain. Elle n'est pas issue de la société indigène, elle n'est pas le produit du développement lent et progressif des institutions gallo-romaines, elle s'impose sur notre sol par droit de conquête, étrangère par la langue, par ses mœurs encore primitives, elle s'établit en Gaule, facilitée par la longue domination impériale. Par ses victoires sur les Wisigoths et les Burgondes, Clovis apparaît donc aux populations conquises comme l'héritier de l'empereur byzantin et aux yeux des Francs comme le vainqueur des Romains et le fondateur d'un vaste royaume. Les conséquences de cette conquête furent multiples. Nous avons essayé de montrer que la royauté ne représente plus à cette heure l'Empire romain et n'est pas ce qu'elle était en Germanie. Par le mélange des deux races, par la vaste étendue du royaume, s'élève, par cela même, une nouvelle royauté. Elle n'est ni germanique, ni gallo-romaine. Au point de vue du royaume, la conception du roi mérovingien est tout à fait nouvelle : le prince le considère comme son propre domaine. Le caractère du droit privé naît aussitôt. Le principe d'hérédité s'établit désormais sur le sol gallo-romain. Le roi peut disposer de son royaume, le diviser entre ses enfants, et cela sans distinction, le bâtard est l'égal de l'enfant légitime.

Au point de vue extérieur, la conception de cette royauté est également nouvelle. Elle reste ce qu'elle était en Germanie. Le roi ne se distingue de ses sujets par aucun insigne particulier, sinon que son costume est plus riche et plus orné; il ne porte ni sceptre ni couronne sur la tête. Il est là, assis sur son trône, revêtu du manteau royal orné d'abeilles, l'épée à la main, au milieu des grands fonctionnaires. Il n'emprunte à l'Empire aucun titre honorifique, et ne s'appelle ni Auguste, ni César. L'épithète de *Rex Francorum* suffit à sa gloire. Combien nous sommes loin du cérémonial byzantin et du culte impérial!

Mais, si ces attributs pouvaient faire croire à une royauté plutôt humble que puissante, les faits disent le contraire. A peine établi en Gaule, le roi voit ses attributions augmenter. A l'extérieur, le prince est le représentant de son peuple, il conclut des alliances avec les nations étrangères, déclare la guerre, reçoit les ambassadeurs des pays lointains; à l'intérieur, il est le chef de l'armée et apparaît comme le protecteur et le juge de ses sujets. Héritier des empereurs romains, comme eux il publie des rescrits; et à mesure que la royauté s'établit solidement en Gaule, le prince a les mêmes devoirs et les mêmes droits que l'empereur byzantin. C'est lui qui doit veiller à la paix intérieure, à la police des villes, à la justice. Comme l'administration municipale des *civitates*, l'assemblée populaire germanique a disparu, le roi reste seul maître du royaume. C'est lui aussi qui permet à ses sujets l'entrée dans l'Église, qui s'occupe de la discipline ecclésiastique, qui institue plus tard des amendes contre ceux qui n'obéissent pas aux prescriptions des conciles. Mais pour aider à l'accomplissement de tous ces devoirs, les conceptions germaniques de la royauté salienne sont maintenues. Elles sont tout à fait nouvelles pour la Gaule. Le roi apparaît comme le défenseur de la *paix* publique, et c'est lui qui punit sévèrement tous ceux qui la troublent; il conserve aussi son ancien droit de *bann*, qui lui octroie, comme autrefois, le pouvoir de maintenir l'ordre et la justice. C'est par le *bann* qu'il gouverne le royaume et qu'il délègue aux fonctionnaires une partie de son pouvoir, c'est par lui aussi qu'il augmente sa puissance et peut modifier, par une législation particulière, le droit ancien. Ceux qui ne se soumettent pas à ses ordres sont sévèrement punis d'une amende de 60 *solidi*. Enfin, s'il réclame de ses sujets le serment de fidélité, le roi étend sa *protection* sur les faibles et les orphelins, il va même plus loin et octroie une charte, *carta de mundiburdio*, à ceux auxquels il s'intéresse. Ces privilégiés jouissent d'un wergeld plus élevé et ont ainsi une situation particulière vis-à-vis du prince. Il s'établit par cela même une hiérarchie, qui comprend aussi bien les fonctionnaires du royaume, les hauts dignitaires de l'Église, que les marchands, les Juifs, les étrangers, même les enfants et les femmes à qui elle est octroyée.

Ce qu'il est surtout intéressant de remarquer, c'est le despotisme, l'absolutisme de cette royauté mérovingienne. Sa puissance n'est limitée par aucun droit. Le roi, héritier des immenses domaines du fisc, des terres sans possesseurs, comme aussi des biens confisqués, devient le plus grand propriétaire du royaume. Il considère même les revenus publics comme sa fortune privée et dispose à sa guise des honneurs et des charges du royaume.

Mais tout conspire contre cette jeune royauté. Ce sont, tout d'abord ces fonctionnaires que nous avons vus soumis aux ordres royaux et qui, dépendants du prince, peuvent être déplacés suivant son bon plaisir. Choisis aussi bien parmi les indigènes que parmi les Francs, le plus souvent parmi les esclaves royaux, ils ont hérité de la morgue des fonctionnaires de l'Empire, et si leur situation est fort humble vis-à-vis de la royauté, elle est tout autre à l'égard des habitants du district qu'ils gouvernent. Hautains, despotes, ils envisagent leur district comme un domaine qui leur appartient. Et comme le roi considère son royaume comme son propre bien, ses comtes sont les représentants de sa puissance et l'administrent comme un domaine royal. C'est pour lui qu'ils prélèvent les impôts, c'est à lui qu'ils mandent les parties des amendes, des procès. Les revenus publics ne sont plus perçus pour l'intérêt de la société, pour l'État, comme au temps impérial, mais bien au contraire, pour accroître la fortune des rois. Le prince peut les augmenter suivant son bon plaisir.

C'est grâce aux comtes que les rois peuvent centraliser le pays conquis. Celui-ci préside le tribunal du district, rend et fait exécuter les sentences. Par le *ban* royal, il lève les troupes et représente peu à peu la seule force qui existe dans chaque *civitas*. Mais, à mesure que la royauté s'affaiblit, le comte devient un personnage de plus en plus puissant, et s'empresse de tirer profit de la situation précaire de la monarchie et des haines sans cesse avivées entre les différentes contrées de la Gaule. Et comme la royauté ignore la vraie notion de l'État, elle donne sans compter les biens du fisc, gaspille les ressources pécuniaires du royaume et ne peut rétribuer, comme autrefois, ses fonctionnaires par l'abandon de certains impôts perçus dans la *civitas* et des amendes des procès jugés dans son district. Elle se voit obligée, — le Trésor royal étant appauvri, — de payer par des biens territoriaux les services de ses représentants, et ces donations, qui augmentent à mesure que la royauté s'affaiblit, créent une noblesse déjà arrogante, basée avant tout sur la propriété. Nous voyons sous Clotaire II s'accroître l'importance de cette noblesse née d'hier, qui se fait reconnaître des droits et obtient de la royauté que les comtes seront pris parmi les propriétaires de la *civitas*. Ce personnage devenant dès lors de plus en plus puissant, et appartenant aux grandes familles du *pagus*, il fera tous ses efforts pour rendre le comté héréditaire.

La politique de la royauté vis-à-vis de l'Église était aussi la même. Nous avons montré que les rois avaient fait de larges dons aux basiliques nouvellement fondées, aux monastères nombreux qui s'établissent en Gaule. Ils prodiguent ainsi les grandes propriétés du fisc, et plus tard ils vont même jusqu'à abandonner aux évêques et aux abbés des droits régaliens par le privilège de l'immunité accordée aux propriétés religieuses. Il semblerait même que la royauté mérovingienne ploie sous le poids de ses devoirs et confie peu à peu à d'autres le soin de l'administration. L'aristocratie religieuse se charge désormais des fonctions civiles.

Et les hauts fonctionnaires du royaume, richement dotés de biens territoriaux voulurent aussi jouir de ce privilège royal. Ce fut ainsi qu'à la fin de la période mérovingienne ces immunités augmentant toujours créent des groupes artificiels où le pouvoir royal ne saurait pénétrer. Les exigences de cette noblesse s'accentuent également et nous assistons désormais à la naissance d'une caste qui va profiter de la faiblesse de la royauté. Il était à prévoir que peu à peu sortirait du sein même de cette noblesse une force nouvelle, qui, tout d'abord unie avec la royauté, ne tarderait pas à la prendre sous sa protection jusqu'à ce qu'e fin elle la supplante.

Et au milieu de cette lutte la royauté ne trouva aucun allié dans le royaume. Les hommes libres, venus avec Clovis, s'étaient établis sur le sol gallo-romain. Mais nous avons vu que tout alla à l'encontre de leur liberté. La royauté ne chercha même pas à maintenir cette classe si nécessaire à sa puissance, elle vécut au jour le jour, sans souci du lendemain et laissa disparaître ces petits propriétaires fonciers, les vrais soutiens de l'autorité royale. Et lorsqu'elle vit le danger que lui préparait leur disparition, — il était trop tard, — car la plupart étaient déjà sous la dépendance des grands fonctionnaires du royaume ou sur les biens ecclésiastiques, et désormais incapables de soutenir la royauté mérovingienne.

La monarchie va donc disparaître, mais les conceptions nouvelles qu'elles avaient apportées ne périront pas avec elle. Nous assisterons bientôt à leur développement, surtout pendant la royauté carolingienne.

Nous avons vu aussi dans la deuxième partie de notre étude que le long passé de la religion gallo-romaine, les habitudes séculaires des indigènes, le fétichisme des Germains pèsent de tout leur poids sur la société mérovingienne. Il nous reste à examiner maintenant comment l'Église va tranquilliser l'homme si incertain et si craintif et pourvoir aux désirs autrefois satisfaits par l'ancien culte. Telle est désormais notre tâche. Nous allons étudier les moyens que l'Église employa pour apaiser les craintes des fidèles et calmer les alarmes des sujets des rois mérovingiens.

FIN DU TOME PREMIER

INDEX ALPHABÉTIQUE

E

F

H

I

TABLE DES MATIÈRES

Chalon-s-Saône, Imp. Française et Orientale de L. MARCEAU, E. BERTRAND, succʳ

39. L'inscription de Bavian, texte, traduction et commentaire philologique avec trois appendices et un glossaire, par H. Pognon, 1re partie. 6 fr.
40. Patois de la commune de Vionnaz (Bas-Valais), par J. Gilliéron. Avec une carte. 7 fr. 50
41. Le Querolus, comédie latine anonyme, par L. Havet. 12 fr.
42. L'inscription de Bavian, texte, traduction et commentaire philologique, avec trois appendices et un glossaire, par H. Pognon, 2e partie. 6 fr.
43. De Saturnio latinorum versu. Inest reliquiarum quotquot supersunt sylloge, scripsit L. Havet. 15 fr.
44. Études d'archéologie orientale, par C. Clermont-Ganneau, membre de l'Institut. Tome Ier. Avec de nombreuses gravures dans le texte et hors texte. 25 fr.
45. Histoire des institutions municipales de Senlis, par J. Flammermont. 8 fr.
46. Essai sur les origines du fonds grec de l'Escurial, par C. Graux. 15 fr.
47. Les monuments égyptiens de la Bibl. Nat., par E. Ledrain, 2e et 3e livr. 25 fr.
48. Étude critique sur le texte de la vie latine de Sainte Geneviève de Paris, par Ch. Kohler. 6 fr.
49. Deux versions hébraïques du Livre de Kalilâh et Dimnâh, par J. Derenbourg, membre de l'Institut. 20 fr.
50. Recherches critiques sur les relations politiques de la France avec l'Allemagne, de 1292 à 1378, par A. Leroux. 7 fr. 50
51. Les principaux monuments du Musée égyptien de Florence, par W. B. Berend, 1re partie. Stèles, bas-reliefs et fresques. Avec 10 pl. photogravées. 50 fr.
52. Les lapidaires français du moyen âge des XIIe, XIIIe et XIVe siècles, par L. Pannier. Avec une notice préliminaire par G. Paris, membre de l'Institut. 10 fr.
53 et 54. La religion védique d'après les hymnes du Rig-Véda, par A. Bergaigne, T. II et III. 30 fr.
55. Les Établissements de Rouen, par A. Giry. T. Ier. 15 fr.
56. La métrique naturelle du langage, par P. Pierson. 10 fr.
57. Vocabulaire vieux-breton, avec commentaire contenant toutes les gloses en vieux-breton, gallois, cornique, armoricain connues, précédé d'une introduction sur la phonétique du vieux-breton et sur l'âge et la provenance des gloses, par J. Loth. 10 fr.
58. Hincmari de ordine palatii epistola. Texte latin traduit et annoté par M. Prou. 4 fr.
59. Les Établissements de Rouen, par A. Giry, tome second. 10 fr.
60. Essai sur les formes et les effets de l'affranchissement dans le droit gallo-franc, par M. Fournier. 5 fr.
61 et 62. Li Romans de Carité et Miserere du Renclus de Moiliens, Poèmes de la fin du XIIe siècle. Édition critique accompagnée d'une introduction, de notes, d'un glossaire et d'une liste des rimes, par A.-G. van Hamel. 2 vol. 20 fr.
63. Études critiques sur les sources de l'histoire mérovingienne. IIe partie. — Compilation dite de « Frédégaire », par G. Monod. 6 fr.
64. Études sur le règne de Robert le Pieux (996-1031), par C. Pfister. 15 fr.
65. Nonius Marcellus. Collation de plusieurs manuscrits de Paris, de Genève et de Berne, par H. Meylan, suivi d'une notice sur les principaux manuscrits de Nonius pour les livres I, II et III, par L. Havet, membre de l'Institut. 5 fr.
66. Le livre des parterres fleuris. Grammaire hébraïque en arabe d'Abou'l-Walid Merwan Ibn Djanah de Cordoue publiée par J. Derenbourg. 25 fr.
67. Du parfait en grec et en latin, par E. Ernault. 6 fr.
68. Stèles de la XIIe dynastie au Musée égyptien du Louvre, publiées par A.-J. Gayet. Avec 60 planches. 17 fr.
69. Gujastak Abalish. Relation d'une conférence théologique présidée par le Calife Mâmoun. Texte pehlvi publié pour la première fois avec traduction, commentaire et lexique, par A. Barthélemy. 3 fr. 50
70. Études sur le papyrus Prisse. — Le livre de Kaqimna et les leçons de Ptah-Hotep, par Philippe Virey. 8 fr.
71. Les inscriptions babyloniennes du Wadi Brissa, par H. Pognon. Ouvrage accompagné de 14 planches. 10 fr.
72. Johannis de Capua directorium vitae humanae. Alias parabola antiquorum sapientium. Version latine du Livre de Kalilâh et Dimnâh, publiée et annotée par J. Derenbourg, membre de l'Institut, 2 fascicules. 16 fr.
73. Mélanges Renier. Recueil de travaux publiés par l'École (section des sciences historiques et philologiques) en mémoire de son président Léon Renier. Avec portrait. 15 fr.
74. La bibliothèque de Fulvio Orsini. Contribution à l'histoire des collections d'Italie et à l'étude de la Renaissance, par P. de Nolhac. 15 fr.
75. Histoire de la ville de Noyon et de ses institutions jusqu'à la fin du XIIIe siècle, par A. Lefranc. 6 fr.
76. Étude sur les relations politiques du pape Urbain V avec les rois de France Jean II et Charles V, d'après les registres de la chancellerie d'Urbain V, conservés aux archives du Vatican, par M. Prou. 6 fr.
77. Lettres de Servat Loup, abbé de Ferrières. Texte, notes et introduction par G. Desdevises du Dezert. 5 fr.
78. Grammatica linguae graecae vulgaris auctore S. Portio. Reproduction de l'édition de 1668, suivie d'un commentaire grammatical et historique par W. Meyer, avec une introduction de J. Psichari. 12 fr. 50
79. La légende syriaque de Saint Alexis, l'homme de Dieu, par Amiaud. 7 fr. 50

80. Les inscriptions antiques de la Côte-d'Or, par P. Lejay. 9 fr.
81. Le livre des parterres fleuris d'Aboul-Walid Merwan Ibn Djanah. Traduit en français sur les manuscrits arabes, par M. Metzger. 15 fr.
82. Le roman en prose de Tristan, le roman de Palamède et la compilation de Rusticien de Pise; analyse critique d'après les manuscrits de Paris, par E. Löseth. 18 fr.
83. Le théâtre indien, par Sylvain Lévi. 18 fr.
84. Documents des archives de la Chambre des comptes de Navarre, publiés par J.-A. Brutails. 6 fr.
85. Commentaire sur le Séfer Yesira ou livre de la création par le Gaon Saadya de Fayyoum, publié et traduit par Mayer Lambert. 10 fr.
86. Étude sur Geoffroy de Vendôme, par L. Compain. 7 fr. 50
87. Les derniers carolingiens, Lothaire, Louis V, Charles de Lorraine (954-991), par F. Lot. 13 fr.
88. La politique extérieure de Louise de Savoie. Relations diplomatiques de la France et de l'Angleterre pendant la captivité de François Ier (1525-1526), par G. Jacqueton. 13 fr. 50
89. Aristote, Constitution d'Athènes, traduit par B. Haussoulier, avec la collaboration de E. Bourget, J. Bruhnes et L. Eisenmann. 5 fr.
90. Étude sur le poème de Gudrun, par A. Fécamp. 8 fr.
91. Pétrarque et l'humanisme d'après un essai de restitution de sa bibliothèque, par P. de Nolhac. (Epuisé.)
92. Études de Philologie néo-grecque, Recherches sur le développement historique du grec publiées par J. Psichari. 22 fr. 50
93. Chroniques de Za'ra Ya 'eqôb et de Ba'eda Mâryâm, rois d'Éthiopie de 1434 à 1478 (texte éthiopien et trad.), précédées d'une introd., par J. Perruchon. 13 fr.
94. La prose métrique de Symmaque et les origines du Cursus, par L. Havet. 4 fr.
95. Les lamentations de Matheolus et le livre de Leesce de Jehan Le Fèvre de Resson (poème français du XIVe siècle). Edition critique accompagnée de l'original latin des *Lamentations*, d'après l'unique manuscrit d'Utrecht, d'une introduction et de deux glossaires par A.-G. van Hamel, Tome Ier. Textes français et latin des Lamentations. 10 fr.
97. Le livre de savoir ce qu'il y a dans l'Hadès. Étude sur un papyrus égyptien du Musée de Berlin, par C. Jéquier. 9 fr.
98. Les fabliaux. Etudes de littérature comparée et d'histoire littéraire du moyen âge, par J. Bédier, seconde édition. 12 fr. 50
99. Eudes, comte de Paris et roi de France (882-898), par E. Favre. 8 fr.
101. Etude sur la vie et le règne de Louis VIII (1187-1226), par C. Petit-Dutaillis. 16 fr.
102. Plauti Amphitruo edidit L. Havet cum discipulis Belleville, Biais, Fourel, Gohin, Philipot, Ramain, Rey, Roersch, Segrestaa, Tailliart, Vitry. 6 fr.
103. Saint Césaire, évêque d'Arles (503-543), par A. Malnory. 8 fr.
104. Chronique de Galawdewôs. Texte éthiopien, traduction et commentaire par W. E. Conzelman. 10 fr.
105. Al Fakhri. Histoire du Khalifat jusqu'à la chute des Abbassides. Texte arabe, publié par H. Derenbourg. 25 fr.
106. Jean Balue, cardinal d'Angers (1421?-1491), par H. Forgeot. 7 fr.
107. Matériaux pour servir à l'histoire de la déesse bouddhique Târâ, par G. de Blonay. 2 fr. 50
108. Essai sur l'histoire de l'Augustalité dans l'Empire romain, par Félix Mourlot, avec 2 cartes. 5 fr.
109. Tite-Live, Etude et collation du manuscrit 5726 de la Bibliothèque nationale, par J. Dianu. 2 fr. 75.
110. Philippe de Mézières et la croisade du XIVe siècle, par N. Jorga. 18 fr.
111. Les Lapidaires indiens, par L. Finot. 10 fr.
112. Chronique de Denys de Tell-Mahré (4e partie). Texte syriaque, avec traduction française, par J. Chabot. 25 fr.
113. Études d'Archéologie orientale, par C. Clermont-Ganneau, t. II. 25 fr.
114. Etude sur le grec du Nouveau Testament comparé avec celui des Septante. Sujet, complément et attribut, par l'abbé J. Viteau. 12 fr.
115. Recherches sur l'emploi du génitif-accusatif en vieux slave, par A. Meillet. 6 fr.
116. L'Alsace au XVIIe siècle au point de vue géographique, historique, administratif, économique, social, intellectuel et religieux, par R. Reuss. T. Ier. 18 fr.
117. La religion védique, par A. Bergaigne. T. IV: Index par M. Bloomfield. 5 fr.
118. Etude sur l'alliance de la France et de la Castille au XIVe et au XVe siècles, par G. Daumet. 6 fr.
119. Études critiques sur les sources de l'hist. carol., par G. Monod, 1re partie. 6 fr.
120. L'Alsace au XVIIe siècle, par R. Reuss. T. II. 20 fr.
121. Le livre de l'ascension de l'esprit sur la forme du ciel et de la terre, par G. Aboulfarag dit Bar Hebraeus, publié par F. Nau. 1re part. Texte syriaque. 15 fr.

Annuaire de l'École, années 1893 à 1899 contenant, outre les documents et rapports concernant l'École, des travaux originaux de MM. G. Boissier, M. Bréal, A. Carrière, G. Maspero, G. Monod, G. Paris, M. Thevenin, E. Tournier. Prix de l'année. 2 fr.

CHALON-S-SAÔNE, IMP. FRANÇAISE ET ORIENTAE DE L. MARCEAU, E. BERTRAND, SUCr

www.ingramcontent.com/pod-product-compliance
Ingram Content Group UK Ltd.
Pitfield, Milton Keynes, MK11 3LW, UK
UKHW020424200726
13857UKWH00002B/280